Breuer
Marketingstrategien für rezeptfreie Arzneimittel

Robert Breuer

Marketingstrategien für rezeptfreie Arzneimittel

Eine empirische Untersuchung
im deutschen Pharmamarkt

Mit einem Geleitwort
von Prof. Dr. Torsten J. Gerpott

Springer Fachmedien Wiesbaden GmbH

Die Deutsche Bibliothek - CIP-Einheitsaufnahme

Breuer, Robert:
Marketingstrategien für rezeptfreie Arzneimittel : eine empirische Untersuchung im
deutschen Pharmamarkt / Robert Breuer. Mit einem Geleitw. von Torsten J. Gerpott.
(Gabler Edition Wissenschaft)
Zugl.: Duisburg, Univ., Diss., 1998
ISBN 978-3-8244-6918-5   ISBN 978-3-663-10738-5 (eBook)
DOI 10.1007/978-3-663-10738-5

Alle Rechte vorbehalten

© Springer Fachmedien Wiesbaden 1999
Ursprünglich erschienen bei Betriebswirtschaftlicher Verlag Dr. Th. Gabler GmbH, Wiesbaden, und
Deutscher Universitäts-Verlag, Wiesbaden GmbH, 1999

Lektorat: Ute Wrasmann / Marcus Weber

http://www.gabler-online.de
http://www.duv.de

Höchste inhaltliche und technische Qualität unserer Werke ist unser Ziel. Bei der Produktion und
Verbreitung unserer Werke wollen wir die Umwelt schonen. Dieses Buch ist deshalb auf säure-
freiem und chlorfrei gebleichtem Papier gedruckt. Die Einschweißfolie besteht aus Polyäthylen
und damit aus organischen Grundstoffen, die weder bei der Herstellung noch bei der
Verbrennung Schadstoffe freisetzen.

Die Wiedergabe von Gebrauchsnamen, Handelsnamen, Warenbezeichnungen usw. in diesem
Werk berechtigt auch ohne besondere Kennzeichnung nicht zu der Annahme, daß solche Namen
im Sinne der Warenzeichen- und Markenschutz-Gesetzgebung als frei zu betrachten wären
und daher von jedermann benutzt werden dürften.

ISBN 978-3-8244-6918-5

V

Geleitwort

Seit längerer Zeit ist die Analyse von gesamtwirtschaftlich sinnvollen Ausgestaltungs-
mustern der Gesundheitssysteme entwickelter westlicher Industriestaaten Gegenstand
gesundheitsökonomischer Arbeiten. Betriebswirtschaftlich ausgerichtete neuere Untersuchungen zu dem Problemkreis, wie Unternehmen, die auf bestimmten Wertschöpfungsstufen der Gesundheitsbranche Produkte und Leistungen vermarkten, sich auf diesem durch zahlreiche regulative Eingriffe gekennzeichneten Angebotsfeld erfolgreich
positionieren können, sind dagegen zumindest im deutschen Sprachraum bislang deutlich seltener. Die wenigen einschlägigen Arbeiten beruhen dabei fast durchweg auf theoretischen Plausibilitätsüberlegungen oder praktischen Einzelfallerfahrungen, nicht jedoch auf einer genaueren Betrachtung des wettbewerbsstrategischen Verhaltens einer
größeren Stichprobe von Unternehmen, die in (bestimmten Angebotssegmenten) der
Gesundheitsbranche tätig sind.

In dieser Situation ist es Ziel der vorliegenden, am Lehrstuhl Planung & Organisation der
Gerhard-Mercator-Universität Duisburg als Dissertation entstandenen Schrift von *Robert
Breuer*, einen empirisch fundierten betriebswirtschaftlichen Forschungsbeitrag zur Identifikation von erfolgsfördernden Marketingstrategien von Unternehmen, die Produkte zur
Selbstmedikation (SM) in Deutschland verkaufen, zu leisten. Hierzu profiliert der Autor in
gut lesbarer Weise zunächst (1) besondere Merkmale typischer SM-Präparate und (2) den
SM-Markt in Deutschland einschließlich wichtiger einschlägiger rechtlicher Rahmenbedingungen für betriebswirtschaftliche Vermarktungsüberlegungen. Herzstück der Arbeit
ist dann eine empirische Untersuchung, bei der jeweils ein Experte aus 84 SM-Unternehmen, die ca. 28% des SM-Apothekenumsatzes in Deutschland im Jahr 1995 auf sich ver-
einten, zu Vorgehensweisen und (Miß-)Erfolgen ihres Unternehmens beim Absatz von
SM-Produkten über Apotheken schriftlich befragt wurde.

Die Arbeit bietet dem Leser einen guten Überblick bezüglich (1) der allgemeinen wirtschaftlichen Situation auf dem deutschen SM-Markt, (2) der Marketingverhaltensmuster
von SM-Unternehmen auf diesem Markt und (3) der bis Mitte 1998 publizierten deutschsprachigen Literatur, die sich mit Fragen des Pharmamarketing im allgemeinen und der
Vermarktung von SM-Präparaten im besonderen beschäftigt. Zudem wird mit der Studie der Versuch unternommen, statistische Zusammenhänge zwischen der Gestaltung
des Marketing für SM-Produkte und deren wirtschaftlichem Erfolg herauszuarbeiten.
Die von *Robert Breuer* aufgezeigten empirischen Regelmäßigkeiten sind m.E. geeignet,

VI

sowohl Praktikern in SM-Unternehmen als auch Wissenschaftlern, die sich mit Pharma-Marketingthemen oder der Sinnhaftigkeit einer Suche nach betriebswirtschaftlichen strategischen Erfolgsfaktoren beschäftigen, Denkanstöße für ihre Arbeit zu geben.

Prof. Dr. Torsten J. Gerpott

VII

Vorwort

Nicht zuletzt für Pharmaunternehmen, deren Arzneimittel im Zuge von Kostendämpfungsmaßnahmen nicht mehr erstattet werden, erlangt die Selbstmedikation zunehmende Bedeutung. Um die sich bietenden Marktchancen erfolgreich wahrnehmen zu könen, kann ein Pharma-Unternehmen jedoch nicht an das „klassische (verordnerzentrierte) Marketing" anknüpfen, zu unterschiedlich sind die Rahmenbedinungen und die Beziehungsstrukturen im Selbstmedikationsgeschäft. Daher sind grundlegende Änderungen der Marketingstrategie von Anbietern im Selbstmedikationsmarkt erforderlich. Jedoch kommt die Ableitung empirisch fundierter Handlungsempfehlungen für eine erfolgsfördernde Gestaltung von Marketingstrategien im Selbstmedikationsmarkt in der betriebswirtschaftlichen Forschung bislang deutlich zu kurz. Die vorliegende Arbeit will daher einen ersten Beitrag zur Schließung dieses Forschungsdefizites leisten.

Die Oberziele der Arbeit sind (1) einen Erkenntnisfortschritt zu erfolgversprechenden Marketingstrategien im deutschen Markt für Selbstmedikation zu leisten und (2) Implikationen für das Management von Pharmaunternehmen in diesem Markt abzuleiten. Die Grundlage hierfür bilden empirische Daten aus 84 im deutschen Selbstmedikationsmarkt tätigen Pharmaunternehmen, die 1996 im Rahmen einer schriftlichen Befragung erhoben wurden.

Die vorliegende Schrift stellt meine Dissertation dar, die im Wintersemester 1998/99 vom Fachbereich Wirtschaftswissenschaften der Gerhard-Mercator-Universität Duisburg angenommen wurde und größtenteils neben meiner Tätigkeit als Unternehmensberater entstanden ist.

Die Möglichkeit, als Berater tätig zu sein und gleichzeitig ein Dissertationsprojekt zu beenden, verdanke ich in hohem Maß der Unterstützung Dritter. Auf der universitären Seite möchte ich zunächst meinem Doktorvater Herrn Prof. Dr. *Torsten J. Gerpott* danken, der mir Selbständigkeit und kreativen Freiraum bei der Konzeption der Arbeit gewährte und in den wichtigen Phasen mit konstruktiver Unterstützung mir stets zur Seite stand. Ebenfalls herzlich danken möchte ich Herrn Prof. Dr. *Hermann Freter*, der aus Interesse an der Sache die Mühen eines externen, nicht der Gerhard-Mercator-Universität Duisburg angehörenden, Zweitgutachters übernommen hat. Schließlich gilt mein Dank auch allen weiteren Mitgliedern der Promotionskommission, Herrn Prof. Dr. *Dieter Cassel* und Herrn Prof. Dr. *Gerhard Bodenstein*.

VIII

Auf Seiten der Beratungspraxis bin ich all denen zu Dank verpflichtet, die mir die notwendigen „nebenberuflichen" Freiräume zur Umsetzung meines Dissertationsvorhabens einräumten. Danken möchte ich vor allem Herrn Dr. *Rolf Porsche*, Principal bei der IBM - The Wilkerson Group für die Unterstützung bei der Drucklegung dieser Arbeit.

Zu großem Dank verpflichtet bin ich zudem Herrn Dr. *Mark Seidscheck*, Hauptgeschäftsführer des Bundesfachverbandes der Arzneimittel-Hersteller (BAH) und Frau Dr. *Dagmar Walluf-Blume* vom Bundesverband der Pharmazeutischen Industrie (BPI), die mir durch ihre Kooperationsbereitschaft bei der Datenerhebung wertvolle Unterstützung gewährten.

Meine größte Dankbarkeit gilt allerdings meinen Eltern; ihre uneingeschränkte Unterstützung war mir stets gewiß.

Robert Breuer

Inhaltsverzeichnis

Abkürzungsverzeichnis... XV

Abbildungsverzeichnis.. XIX

Tabellenverzeichnis..XXIII

1. **Einführung**... 1

  1.1 Ausgangssituation... 1

    1.1.1 Wirtschaftliche Relevanz der Selbstmedikation in Deutschland..... 1

    1.1.2 Erfolgshemmnisse im Selbstmedikationsmarketing aus Sicht von Pharmaunternehmen... 4

    1.1.3 Forschungsdefizit zur erfolgsfördernden Gestaltung von Marketingstrategien im deutschen Selbstmedikationsmarkt.................. 6

  1.2 Zielsetzung der Arbeit.. 8

  1.3 Abgrenzung des untersuchungsrelevanten Selbstmedikationsmarktes 9

  1.4 Aufbau der Untersuchung.. 12

2. **Rahmenbedingungen und Entwicklung des Selbstmedikationsmarktes in Deutschland**... 15

  2.1 Profilierung von Präparaten zur Selbstmedikation............................. 15

  2.2 Arzneimittel- und werberechtliche Rahmenbedingungen für den Selbstmedikationsmarkt in Deutschland 19

    2.2.1 Gesetz über die Neuordnung des Arzneimittelrechts (Zweites Arzneimittelgesetz) 20

    2.2.2 Gesetz über die Werbung auf dem Gebiete des Heilwesens (Heilmittelwerbegesetz) 24

  2.3 Teilnehmer am Selbstmedikationsmarkt.. 25

    2.3.1 Verwender.. 26

    2.3.2 Öffentliche Apotheken 27

    2.3.3 Pharmazeutischer Großhandel... 30

    2.3.4 Ärzte bzw. Heilpraktiker 32

    2.3.5 Selbstmedikationsunternehmen.. 34

2.4 Marktgröße und Indikationsschwerpunkte des Selbstmedikations-
marktes in Deutschland... 36

2.5 Implikationen der strukturellen und wirtschaftlichen Rahmenbedingungen des Selbstmedikationsmarktes für die eigene Untersuchung....... 42

3. Ausgestaltung von Marketingstrategien im Selbstmedikationsmarkt 43

3.1 Marketingstrategie: Begriffspräzisierung und Strukturierung strategischer Marketinghandlungsmuster 43

3.2 Grundsatzstrategische Marketinghandlungsmuster........................... 46

   3.2.1 Marktfeldstrategien.. 46

   3.2.2 Marktbearbeitungsstrategien 49

   3.2.3 Marktteilnehmergerichtete Strategiedimensionen.......................... 51

      3.2.3.1 Verwendergerichtete Strategien 51

      3.2.3.2 Wettbewerbergerichtete Strategien 56

      3.2.3.3 Apothekengerichtete Strategien..................................... 60

      3.2.3.4 Pharmagroßhandelgerichtete Strategien...................... 62

      3.2.3.5 Arzt-/heilpraktikergerichtete Strategien 65

3.3 Instrumentalstrategische Marketinghandlungsmuster....................... 66

   3.3.1 Gestaltung des Präparateprogramms 67

   3.3.2 Markenbildung... 69

   3.3.3 Preis- und Konditionengestaltung.. 71

   3.3.4 Marktkommunikation 74

   3.3.5 Vertriebsformen in der Selbstmedikation................................. 78

**4. Bezugsrahmen zur empirischen Erforschung erfolgsfördernder Marke-
tingstrategien im Selbstmedikationsmarkt**...................................... 81

4.1 Bezugsrahmen der eigenen Untersuchung 81

4.2 Präzisierung der Erfolgsmessung von Marketingstrategien.................... 84

   4.2.1 Prinzipielle Handlungsfelder bei der Erfolgsmessung von
Marketingstrategien... 85

   4.2.2 Implikationen für die eigene Strategieerfolgsmessung................ 89

4.3 Forschungshypothesen zu direkten Erfolgswirkungen von Marketing-
Strategieausprägungen... 90

   4.3.1 Erwartete Erfolgswirkungen von grundsatzstrategischen Marketinghandlungsmustern 91

4.3.1.1 Marktfeldstrategien 91

4.3.1.2 Marktbearbeitungsstrategien 93

4.3.1.3 Verwendergerichtete Strategien 95

4.3.1.4 Wettbewerbergerichtete Strategien 97

4.3.1.5 Apothekengerichtete Strategien 97

4.3.1.6 Pharmagroßhandelgerichtete Strategien 98

4.3.1.7 Arzt-/heilpraktikergerichtete Strategien 99

4.3.2 Erwartete Erfolgswirkungen von instrumentalstrategischen Marketinghandlungsmustern 100

4.3.2.1 Gestaltung des Präparateprogramms 100

4.3.2.2 Markenbildung 101

4.3.2.3 Preis- und Konditionengestaltung 103

4.3.2.4 Marktkommunikation 104

4.3.2.5 Vertriebsformen in der Selbstmedikation 105

4.3.3 Zusammenfassung der Forschungshypothesen zu direkten Erfolgswirkungen von strategischen Marketinghandlungsmustern . 106

4.4 Situationsvariablen zur Exploration interaktiver Erfolgswirkungen von Marketinghandlungsmustern 107

5. Empirische Untersuchung: Methodik der Datenerhebung und Struktur der eigenen Stichprobe 113

5.1 Methodisches Vorgehen bei der Datenerhebung und -auswertung 113

5.1.1 Erhebungsdesign und Erhebungsmethode 113

5.1.2 Fragebogengestaltung 116

5.1.3 Durchführung der Datenerhebung 117

5.1.4 Statistische Datenauswertung 119

5.2 Charakteristika der vorliegenden Stichprobe 123

5.2.1 Merkmale der befragten Marketingexperten 123

5.2.2 Merkmale der erfaßten Selbstmedikationsunternehmen 126

5.2.2.1 Indikationsbereiche der Produkt-Markt-Tätigkeit 126

5.2.2.2 Angebotsstruktur nach Wirkstoffgruppen 129

5.2.2.3 Altersstruktur des Präparateprogramms 130

5.2.2.4 Gestaltung des Präparatenachschubs 132

5.2.2.5 Wertschöpfungstiefe der Selbstmedikationsunternehmen 133

5.2.2.6 Markterfahrung in der Selbstmedikation 135

5.2.2.7   Organisatorische Anbindung der Selbstmedikation 136

5.2.2.8   Konzernanbindung 136

5.2.2.9   Größe der Selbstmedikationsunternehmen 138

5.2.2.10 Wettbewerbsposition 140

5.2.2.11 Marktwachstum 142

5.2.2.12 Konkurrenzintensität 143

6.   **Empirische Präzisierung marketingstrategischer Handlungsmuster von Selbstmedikationsunternehmen** 145

6.1 Grundsatzstrategische Marketinghandlungsmuster 145

    6.1.1   Marktfeldstrategien 145

    6.1.2   Marktbearbeitungsstrategien 147

    6.1.3   Verwendergerichtete Strategien 151

    6.1.4   Wettbewerbergerichtete Strategien 156

    6.1.5   Apothekengerichtete Strategien 157

    6.1.6   Pharmagroßhandelgerichtete Strategien 159

    6.1.7   Arzt-/heilpraktikergerichtete Strategien 161

6.2 Instrumentalstrategische Marketinghandlungsmuster 162

    6.2.1   Gestaltung des Präparateprogramms 162

    6.2.2   Markenbildung 166

    6.2.3   Preis- und Konditionengestaltung 168

    6.2.4   Marktkommunikation 172

    6.2.5   Vertriebsformen in der Selbstmedikation 178

7.   **Empirische Erfolgsanalyse von Marketingstrategien im Selbstmedikationsmarkt unter Berücksichtigung situativer Merkmale** 181

7.1 Erhebungsresultate der Erfolgsmessung 181

    7.1.1   Ökonomische Erfolgskriterien 181

    7.1.2   Erfolgsindex „Selbstmedikation" (ESM-Index) 185

7.2 Erfolgswirkungen strategischer Marketinghandlungsmuster 191

    7.2.1   Grundsatzstrategische Marketinghandlungsmuster 191

        7.2.1.1   Marktfeldstrategien 191

        7.2.1.2   Marktbearbeitungsstrategien 193

        7.2.1.3   Verwendergerichtete Strategien 194

        7.2.1.4   Wettbewerbergerichtete Strategien 196

7.2.1.5 Apothekengerichtete Strategien 199

7.2.1.6 Pharmagroßhandelgerichtete Strategien 199

7.2.1.7 Arzt-/heilpraktikergerichtete Strategien 200

7.2.2 Instrumentalstrategische Marketinghandlungsmuster 202

7.2.2.1 Gestaltung des Präparateprogramms 202

7.2.2.2 Markenbildung 204

7.2.2.3 Preis- und Konditionengestaltung 205

7.2.2.4 Marktkommunikation 206

7.2.2.5 Vertriebsformen in der Selbstmedikation 208

7.2.3 Synoptische Analyse zur Erfolgsbedeutung von Marketinghandlungsmustern 209

7.3 Interaktive Erfolgswirkungen von Marketingstrategien und Situationsvariablen 213

7.3.1 Methodisches Vorgehen zur Auswahl untersuchungsrelevanter
Interaktionseffekte 213

7.3.2 Situationsbedingte Erfolgswirkungen von grundsatzstrategischen
Marketinghandlungsmustern 216

7.3.3 Situationsbedingte Erfolgswirkungen von instrumentalstrategischen Marketinghandlungsmustern 226

8. Schlußfolgerungen 237

8.1 Praxisimplikationen für eine erfolgsfördernde Gestaltung von
Marketingstrategien im deutschen Selbstmedikationsmarkt 237

8.2 Ansatzpunkte für die weitere Forschung 245

Anhang 1: Ausgewählte Freistellungen von Substanzen aus der Verschreibungspflicht in Deutschland seit 1983 251

Anhang 2: Empirische Untersuchung 255

Anhang 3: Interkorrelationen relevanter Variablen 273

Anhang 4: Erfolgszusammenhänge von zielgruppenspezifischen Kommunikationsinstrumenten 277

Literaturverzeichnis 279

Abkürzungsverzeichnis

a.	auch
Abb.	Abbildung
ABDA	Bundesvereinigung deutscher Apothekenverbände
ABL	alte Bundesländer
AD	Außendienst
AESGP	Association Européenne des Spécialités Pharmaceutiques Grand Public
AMG	Arzneimittelgesetz
AMPreisV	Arzneimittelpreisverordnung
BAH	Bundesfachverband der Arzneimittel-Hersteller
Bd.	Band
BfArM	Bundesinstitut für Arzneimittel und Medizinprodukte
BGBl.	Bundesgesetzblatt
BMG	Bundesministerium für Gesundheit
BPI	Bundesverband der pharmazeutischen Industrie
BPI/SM	Bundesverband der pharmazeutischen Industrie, Fachbereich Selbstmedikation
bzw.	beziehungsweise
ca.	circa
d.h.	das heißt
Diss.	Dissertation
DM	Deutsche Mark
ESM	(subjektiver) Erfolgsindex „Selbstmedikation"
et al.	et alii
etc.	et cetera
F&E	Forschung und Entwicklung
f.	folgende
Fn	Fußnote
ggf.	gegebenenfalls
GKV	Gesetzliche Krankenversicherung

GSG	Gesundheitsstrukturgesetz
HGB	Handelsgesetzbuch
Hrsg.	Herausgeber
HWG	Heilmittelwerbegesetz
i.d.R.	in der Regel
i.e.S.	im engeren Sinne
i.S.	im Sinne
i.w.S.	im weiteren Sinne
IFPMA	International Federation of Pharmaceutical Manufacturers Association
IMS	Institut für medizinische Statistik
Kap.	Kapitel
M	(arithmetischer) Mittelwert
m.E.	meines Erachtens
Mio.	Millionen
Mrd.	Milliarden
N	Fallzahl
n.a.	nicht anwendbar
NBL	neue Bundesländer
Nr.	Nummer
o.a.	oben angeführt
o.Jg.	ohne Jahrgang
o.V.	ohne Verfasser
OTC	over-the-Counter
p	Irrtumswahrscheinlichkeit
p.a.	pro anno
PE	Packungseinheiten
r	Pearson´sche Produkt-Moment Korrelation
RE	Rentabilitätserfolg
RWP-Index	Index der relativen Wettbewerbsposition
RX	Receipt exclusive
S	Standardabweichung
S.	Seite

s.	siehe
SGB V	Fünftes Sozialgesetzbuch
SM	Selbstmedikation
SMU	Unternehmen, die als Anbieter von Präparaten zur Selbstmedikation auftreten
sog.	sogenannte
τ	Kendall'sche Rangkorrelation
Tab.	Tabelle
u.	und
u.a.	unter anderem
u.ä.m.	und ähnliches mehr
u.U.	unter Umständen
v.a.	vor allem
vgl.	vergleiche
VO-OTC	verordnete rezeptfreie Arzneimittel
vs.	versus
WE	Wachstumserfolg
z.B.	zum Beispiel
z.T.	zum Teil
ZA	Zentralarchiv für empirische Sozialforschung an der Universität zu Köln

XIX

Abbildungsverzeichnis

Abb. 1-1:   Kurzprofil des deutschen SM-Marktes...................................   2

Abb. 1-2:   Ziele der eigenen Untersuchung...   8

Abb. 1-3:   Abgrenzung des untersuchungsrelevanten SM-Marktes...................   10

Abb. 2-1:   Profilierung „typischer" Selbstmedikationspräparate.................   16

Abb. 2-2:   Wichtige arzneimittelrechtliche Bestimmungen für das Inverkehr-
            bringen von Arzneimitteln zur Selbstmedikation......................   21

Abb. 2-3:   Eckdaten zu öffentlichen Apotheken in Deutschland...................   28

Abb. 2-4:   Marktstruktur des Pharmagroßhandels in Deutschland..................   31

Abb. 2-5:   Führende Anbieter im deutschen SM-Markt.............................   35

Abb. 2-6:   Entwicklung des SM-Umsatzes in der Apotheke in Deutschland
            1988-1997 – zu Endverbraucherpreisen................................   36

Abb. 2-7:   Entwicklung des Absatzes im SM-Markt in der Apotheke in
            Deutschland 1988-1997...   38

Abb. 2-8:   Entwicklung der Durchschnittspreise für SM-Präparate in der
            Apotheke in Deutschland-West 1988-1997..............................   39

Abb. 2-9:   Marktgrößen der Selbstmedikation in ausgewählten Indikationsbe-
            reichen in Apotheken 1997...   41

Abb. 3-1:   Ausprägungsformen von Marktfeldstrategien...........................   47

Abb. 3-2:   Alternative Strategien zur Beeinflussung des Verwenderverhaltens.   52

Abb. 3-3:   Idealtypische Merkmalsunterschiede zwischen einem offensiven
            und defensiven Wettbewerbsstil......................................   59

Abb. 3-4:   Handlungsaspekte zur Verhaltensbeeinflussung von Apotheken.......   61

Abb. 3-5:   Katalog von Serviceleistungen eines Pharmagroßhandels..............   64

XX

Abb. 3-6:   Anteilsentwicklung der Werbemedien an der OTC-Publikums-
            werbung – in Prozent der Werbeaufwendungen 1993-1997 –   75

Abb. 4-1:   Grundstruktur des Bezugsrahmens   82

Abb. 4-2:   Prinzipielle Handlungsfelder bei der Erfolgsmessung von
            Marketingstrategien   86

Abb. 5-1:   Umsatzanteilsstruktur angebotener Wirkstoffgruppen   130

Abb. 5-2:   Umsatzanteilsstruktur von SM-Präparaten entsprechend ihrer
            Stellung im Produktlebenszyklus   131

Abb. 5-3:   Nutzungsausmaß von Maßnahmen für den SM-Präparatenach-
            schub   133

Abb. 5-4:   Tiefe der Wertschöpfung   134

Abb. 5-5:   Beurteilung von Wettbewerbsparametern   141

Abb. 5-6:   Antwortverteilungen zu Variablen der Konkurrenzintensität   144

Abb. 6-1:   Einsatz von Marktfeldstrategien   146

Abb. 6-2:   Bedeutung verschiedener Marketingzielgruppen für die SM-Markt-
            bearbeitung   148

Abb. 6-3:   Einsatz von Marktbearbeitungsstrategien   150

Abb. 6-4:   Einsatz verwendergerichteter Strategien   152

Abb. 6-5:   Nutzungsausmaß von Aktionsparametern zur Präferenzbildung   154

Abb. 6-6:   Ausprägungen des wettbewerbergerichteten Verhaltensstils   156

Abb. 6-7:   Einsatz apothekengerichteter Verhaltensstrategien   158

Abb. 6-8:   Intensität der Zusammenarbeit im Marketing zwischen SM-Unter-
            nehmen und dem Pharmagroßhandel im Vergleich zum Wettbe-
            werb   160

Abb. 6-9:   Verhaltensstrategien gegenüber Ärzten bzw. Heilpraktikern   161

Abb. 6-10: Breite und Tiefe des SM-Präparateprogramms 164

Abb. 6-11: Einsatz von Markenstrategien 167

Abb. 6-12: Niveau der Herstellerabgabepreise im Vergleich zu den Hauptwettbewerbern 168

Abb. 6-13: Nutzung von Konditionen zur Modifikation der Herstellerabgabepreise von SM-Präparaten 170

Abb. 6-14: Nutzung verschiedener Kommunikationsformen 173

Abb. 6-15: Nutzung unterschiedlicher Vertriebsformen in der
Selbstmedikation 179

Abb. 7-1:   Prozentuale Verteilung der Ausprägungen ökonomischer Erfolgskriterien 183

Abb. 7-2:   Bedeutungs- und Erreichungsgrade von möglichen Marketingzielen in der Selbstmedikation 187

Abb. 7-3:   Prozentuale Verteilung der Ausprägungen der ESM-Index-Werte 189

Abb. 7-4:   Dichotomisierung der Situationsvariablen und ihre Operationalisierung 215

Abb. 8-1:   Prinzipielle Implikationen der empirischen Befunde für das Management zur Gestaltung von Marketingstrategien im deutschen
SM-Markt 239

Abb. 8-2:   Situationsspezifische Handlungsempfehlungen zur Gestaltung von
Marketingstrategien im deutschen SM-Markt 245

Abb. 8-3:   Inhaltliche und methodische Ansatzpunkte für die weitere
Forschung 246

Tabellenverzeichnis

Tab. 4-1:   Zusammenfassender Überblick der Hypothesen zu direkten Er-
             folgswirkungen von strategischen Marketinghandlungsmuster 106

Tab. 5-1:   Struktur der antwortenden SM-Unternehmen nach Indikations-
             gebieten.. 128

Tab. 5-2:   Deskriptive Statistiken und Korrelationen zu absoluten und
             relativen Größenindikatoren der SM-Unternehmen........................... 138

Tab. 5-3:   Mengenmäßige Marktwachstumsraten nach Indikationsmärkten..... 142

Tab. 6-1:   Deskriptive Statistiken und Interkorrelationen der Variablen zur
             Präferenzbildung 155

Tab. 6-2:   Kreuztabellierung von Breite und Tiefe des SM-Präparatepro-
             gramms.. 165

Tab. 6-3:   Deskriptive Statistiken und Interkorrelationen von Konditionen-
             arten 171

Tab. 6-4:   Eigenschaften der SM-Werbung im Fernsehen und in Printmedien .. 175

Tab. 6-5:   Einsatz von Instrumenten zur Ansprache der Hauptzielgruppen im
             SM-Markt 177

Tab. 7-1:   Interkorrelationen der ökonomischen Erfolgskriterien 184

Tab. 7-2:   Interkorrelationen der Erfolgsmaße.. 190

Tab. 7-3:   Erfolgsunterschiede zwischen Marktfeldstrategien 191

Tab. 7-4:   Erfolgsunterschiede zwischen Marktbearbeitungsstrategien 193

Tab. 7-5:   Erfolgsunterschiede zwischen verwendergerichteten Strategien........ 195

Tab. 7-6:   Erfolgsunterschiede zwischen wettbewerbergerichteten Strategien .. 197

Tab. 7-7:   Erfolgsunterschiede zwischen apothekengerichteten Strategien 198

Tab. 7-8: Erfolgsunterschiede zwischen pharmagroßhandelgerichteten Strategien 199

Tab. 7-9: Erfolgsunterschiede zwischen arzt-/heilpraktikergerichteten Strategien 201

Tab. 7-10: Erfolgsunterschiede zwischen Gestaltungsoptionen des SM-Präparateprogramms 203

Tab. 7-11: Erfolgsunterschiede zwischen Markenstrategien 204

Tab. 7-12: Erfolgszusammenhänge der Preis- und Konditionengestaltung 205

Tab. 7-13: Erfolgszusammenhänge der Kommunikationsformen 207

Tab. 7-14: Erfolgszusammenhänge direkter und indirekter Vertriebsformen 208

Tab. 7-15: Zusammenfassende multiple Regression von Erfolgskriterien auf strategische Marketinghandlungsmuster 210

Tab. 7-16: Situationsbedingte Erfolgswirkungen von Marktfeldstrategien 217

Tab. 7-17: Situationsbedingte Erfolgswirkungen von Marktbearbeitungsstrategien 219

Tab. 7-18: Situationsbedingte Erfolgswirkungen von verwendergerichteten Strategien 220

Tab. 7-19: Situationsbedingte Erfolgswirkungen von wettbewerbergerichteten Strategien 222

Tab. 7-20: Situationsbedingte Erfolgswirkungen von apothekengerichteten Strategien 224

Tab. 7-21: Situationsbedingte Erfolgswirkungen von pharmagroßhandelgerichteten Strategien 225

Tab. 7-22: Situationsbedingte Erfolgswirkungen von Gestaltungsoptionen des SM-Präparateprogramms 227

Tab. 7-23: Situationsbedingte Erfolgswirkungen von Markenstrategien 228

Tab. 7-24: Situationsbedingte Erfolgskorrelationen der Preisgestaltung 229

Tab. 7-25: Situationsbedingte Erfolgskorrelationen der Konditionengestaltung 230

Tab. 7-26:   Situationsbedingte Erfolgskorrelationen der Kommunikations-
             formen.. 232

Tab. 7-27:   Situationsbedingte Erfolgskorrelationen von zielgruppenspe-
             zifischen Kommunikationsinstrumenten... 233

Tab. 7-28:   Situationsbedingte Erfolgskorrelationen direkter und indirekter
             Vertriebsformen.. 235

Tab. A 1-1: Ausgewählte Freistellungen von Substanzen aus der Verschrei-
             bungspflicht in Deutschland seit 1983.. 252

Tab. A 3-1: Interkorrelationen der Kommunikationsformen............................... 274

Tab. A 3-2: Interkorrelationen der Verkaufsförderungsparameter..................... 275

Tab. A 3-3: Interkorrelationen der Marketingziel-Erreichungsgrade.................. 276

Tab. A 4-1: Erfolgszusammenhänge zielgruppenspezifischer Kommunikations-
             instrumente... 278

1. Einführung

1.1 Ausgangssituation

Nicht zuletzt aufgrund der vielfältigen Maßnahmen zur Reduzierung der Arzneimittelausgaben in der gesetzlichen Krankenversicherung und des gestiegenen Gesundheitsbewußtseins breiter Bevölkerungsteile hat die Selbstmedikation in Deutschland in den
vergangenen Jahren an Bedeutung zugenommen.[1] Selbstmedikation[2], verstanden als die
Anwendung von nicht-verschreibungspflichtigen Arzneimitteln[3] zur Vorbeugung gegen
und zur Behandlung von geringfügigen Gesundheitsstörungen *ohne* ärztliche Verordnung, wird daher von zahlreichen Pharmaunternehmen als Wachstumschance erkannt.
Entsprechend hat auch das SM-Marketing in Wissenschaft und Praxis vermehrte Beachtung gefunden. *Trotzdem* bestehen noch erhebliche Erkenntnislücken im Hinblick auf
fundierte Empfehlungen zu Marketingstrategien, die den Unternehmen zur Verbesserung des eigenen Erfolges im SM-Markt zur Verfügung stehen. Vor diesem Hintergrund
wird zunächst die Ausgangssituation weitergehend konkretisiert, indem (a) die wirt-
schaftliche Bedeutung der Selbstmedikation in Deutschland erläutert, (b) mögliche Er-
folgshemmnisse im SM-Marketing aus Sicht der Anbieter näher beleuchtet und (c) der
aktuelle Forschungsstand zum SM-Marketing transparent gemacht werden.

1.1.1 Wirtschaftliche Relevanz der Selbstmedikation in Deutschland

Die wirtschaftlichen Rahmendaten des deutschen SM-Marktes, die in Abb. 1-1 dargestellt
sind, vermitteln insgesamt ein positives Bild: Ein Wachstumstrend der Selbstmedikation
ist bereits seit Ende der achtziger Jahre zu beobachten. So ist der Umsatz mit rezeptfrei-
en, vom Verwender gekauften Arzneimitteln in und außerhalb der Apotheke in den alten Bundesländern zwischen 1988 und 1997 im Durchschnitt um nominal 4,7% p.a. von
DM 5,1 Mrd. auf DM 7,7 Mrd. gewachsen.[4] Bedenkt man, daß das Umsatzvolumen des
gesamten Arzneimittelmarktes in Deutschland 1997 in und außerhalb der Apotheke

---

[1] Zur Bedeutung der Selbstmedikation in Deutschland vgl. Fink-Anthe 1998: 143; Walluf-Blume 1998a:
567f.; WestLB Research 1998: 21; Arnold 1995: 63f. Zum Stellenwert der Selbstmedikation europa- und
weltweit s. Walluf-Blume 1998b: 28-31; Bruhn 1997a: 45f.; Bruhn 1997b: 107; Kortland 1996: 761; AESGP
1994: 19-22.

[2] Der Begriff „Selbstmedikation" wurde 1967 vom Medizinsoziologen Pflanz in Deutschland eingeführt.
S. zum Begriff der Selbstmedikation insbesondere Pflanz 1975: 16f. sowie auch Bundesfachverband der
Arzneimittel-Hersteller 1995d: 4; Walluf-Blume 1991: 178 und Cranz et al. 1982: 19-23.

[3] Zum Begriff des Arzneimittels s. § 2 AMG. Im weiteren Verlauf der Arbeit werden die Begriffe „Arzneimittel", „Medikament" und „Präparat" synonym verwendet.

[4] Im Vergleich dazu ist der gesamte Pharmamarkt in den alten Bundesländern zwischen 1988 und 1997
wertmäßig nur um nominal 3,7% p.a. von DM 29,5 Mrd. auf DM 40,8 Mrd. gestiegen.

Abbildung 1-1:
Kurzprofil des deutschen SM-Marktes

Kenndaten des SM-Marktes[a] 1997		Entwicklungstrends[b] der Selbstmedikation 1988-1997 (nur ABL)
• Umsatz: [c]	9,0 Mrd. DM	+ 4,7% p.a.
• Absatz:	683 Mio. PE	+ 6,7% p.a.
• Durchschnittspreise: [d]	12,98 DM/PE	+ 2,0% p.a., seit 1990
• Anteil SM am Pharma-gesamtmarkt		
- wertmäßig	18%	± 0%
- mengenmäßig	41%	± 0%

Quantitativ

Qualitativ

- Anhaltend steigende Gesundheitsausgaben in der gesetzlichen Krankenversicherung
- Restriktives Verordnungsverhalten der Ärzte
- Steigendes Gesundheitsbewußtsein in der Bevölkerung und Bereitschaft zu mehr Eigenverantwortung für die Gesundheit
- Weitere Freistellungen von Arzneimitteln aus der Verschreibungspflicht (Delisting)
- Demographische Entwicklungen

a) Die Angaben beziehen sich auf die Selbstmedikation in und außerhalb der Apotheke in den alten und neuen Bundesländern.
b) Durchschnittliche jährliche Wachstumsraten der Selbstmedikation in den alten Bundesländern.
c) Umsatzangaben zu Endverbraucherpreisen.
d) Alte Bundesländer.
Quelle: Bundesfachverband der Arzneimittel-Hersteller; eigene Berechnungen.[5]

rund DM 50,0 Mrd. betragen hat, so erscheint der Umsatz von DM 9,0 Mrd., der im gleichen Jahr für die Selbstmedikation in und außerhalb der Apotheke erzielt wurde, als wirtschaftlich durchaus bedeutsam, da dies immerhin 18% des Umsatzes des gesamten Arzneimittelmarktes entspricht.[6] Zieht man die verkauften Packungseinheiten als Grundlage der Betrachtung heran, wird die Bedeutung der Selbstmedikation noch offensichtlicher. So ist der Absatz von im Wege der Selbstmedikation abgegebenen Arzneimit-

---

[5] Die Daten entstammen überwiegend der vom Bundesfachverband der Arzneimittel-Hersteller herausgegebenen Broschüre „Der Selbstmedikationsmarkt in der Bundesrepublik Deutschland in Zahlen 1997" sowie den entsprechenden Broschüren der Vorjahre.

[6] Von den DM 9,0 Mrd. SM-Umsatz entfielen auf die alten Bundesländer DM 7,7 Mrd. (= 86%), auf die neuen Länder DM 1,3 Mrd. (= 14%). Eine Betrachtung des SM-Marktes differenziert nach einzelnen Distributionskanälen zeigt, daß bundesweit 1997 in den Apotheken für DM 7,7 Mrd. SM-Präparate abgesetzt wurden (= 86%), außerhalb der Apotheke (z.B. in Drogerien/Verbrauchermärkten) lag der SM-Umsatz bei DM 1,3 Mrd. (= 14%). S. Bundesfachverband der Arzneimittel-Hersteller 1998: Abb. 1-3.

teln in den alten Bundesländern seit 1988 durchschnittlich um 6,7% p.a. auf nunmehr 573 Mio. PE gestiegen. Im ganzen verzeichnet der SM-Markt mit 683 Mio. PE, die 1997 bundesweit in und außerhalb der Apotheken abgegeben wurden, einen mengenmäßigen Anteil von 41% am gesamten Arzneimittelmarkt.[7] Daß die wertmäßige Entwicklung hinter dem mengenmäßigen SM-Wachstum zurückbleibt, ist auf ein nominal annähernd konstantes Preisniveau im SM-Markt zurückzuführen. So ist der Durchschnittspreis für SM-Präparate in den alten Bundesländern seit 1988 nur nominal um durchschnittlich 2,0% p.a. auf 12,98 DM/PE im Jahr 1997[8] gestiegen und damit deutlich hinter der durchschnittlichen inflationären Kaufkraftentwicklung von 2,7% p.a.[9] zurückgeblieben. Daraus kann gefolgert werden, daß die deutlichen Umsatzzuwächse in den vergangenen Jahren nicht in erster Linie preisliche, sondern primär mengenmäßige Wachstumsentwicklungen der Selbstmedikation widerspiegeln.

Als *Wachstumsfaktoren* für die positive Entwicklung des SM-Marktes lassen sich verschiedene Gründe anführen, die hier nur im Überblick dargestellt werden können:[10]

- *Steigende Gesundheitsausgaben* der gesetzlichen Krankenversicherung begünstigen das Wachstum der Selbstmedikation. Der Selbstkauf von rezeptfreien Arzneimitteln entlastet das Verordnungsbudget der Ärzte und die Ausgabenseite des staatlichen Krankenversicherungssystem. Nach Schätzungen könnten etwa 20 bis 25% der Arzneimittelausgaben der gesetzlichen Krankenversicherung eingespart werden, wenn bei bestimmten Erkrankungen (z.B. leichte Erkältungen, Kopfschmerzen) verstärkt eine Selbstmedikation vorgenommen würde.[11]

- Das *restriktive Verordnungsverhalten* der Ärzte veranlaßt die Patienten, ihre Arzneimittel in stärkerem Maße selbst zu zahlen. Insbesondere das im Zuge des Gesundheitsstrukturgesetzes 1993 eingeführte Arzneimittelbudget war Auslöser für z.T.

---

[7]   Von den insgesamt 683 Mio. PE, die 1997 im Wege der Selbstmedikation an die Verbraucher abgegeben wurden, entfielen 573 Mio. PE (= 84%) auf die alten Bundesländer und 110 Mio. PE (= 16%) auf die neuen Bundesländer. Differenziert nach Distributionskanälen ist festzustellen, daß 1997 in den Apotheken insgesamt 591 Mio. PE (= 87%) im Wege der Selbstmedikation abgegeben wurden, außerhalb der Apotheken beläuft sich die Zahl abgegebener PE auf 92 Mio. (= 13%). Vgl. Bundesfachverband der Arzneimittel-Hersteller 1998: Abb. 4 bis 6.

[8]   Zum Vergleich betrugen 1997 die Durchschnittspreise für verschreibungspflichtige Arzneimittel 51,35 DM/PE und für die Gesamtheit aller rezeptfreien Arzneimittel liegt der durchschnittliche Preis bei 15,91 DM/PE. Vgl. Bundesfachverband der Arzneimittel-Hersteller 1998: Abb. 13.

[9]   Berechnet nach der Entwicklung des Preisindex für die Lebenshaltung aller privaten Haushalte zwischen 1988 und 1997. Vgl. Statistisches Bundesamt 1998: 7. S. auch Kap. 2.4, Abb. 2-8.

[10] Zu den Wachstumsursachen der Selbstmedikation vgl. im Detail Bundesfachverband der Arzneimittel-Hersteller 1997b: 36-44; May 1996a; Walluf-Blume 1997a: 277-279; AESGP 1994: 9-13.

[11] Vgl. a. Küpper 1998: 107-109; Walluf-Blume 1997b: 8; Fink-Anthe 1996: 99 und Walluf-Blume 1991: 178.

drastische Verordnungsrückgänge bei verordneten rezeptfreien Arzneimitteln bei gleichzeitiger Zunahme des Selbstkaufs dieser Präparate.[12]

- Ebenso führt das *steigende Gesundheitsbewußtsein* der Bevölkerung und die Bereitschaft zu mehr *Eigenverantwortung* für die eigene Gesundheit zu einer steigenden Nachfrage nach SM-Präparaten. Die positive Einstellung zur Prävention sowie zur aktiven gesunden Lebensgestaltung motiviert viele Menschen, sich ein Präparat selbst zu „verordnen". Es ist zu erwarten, daß dieser Trend sich insbesondere auf das Wachstum bei präventiven Arzneimitteln (z.b. Vitamine, Mineralstoffe) zukünftig auswirken wird.

- Nachhaltige Wachstumsimpulse erhält der SM-Markt auch durch *Freistellungen von Arzneimitteln aus der Verschreibungspflicht*. Durch die zunehmende Bereitschaft des Gesetzgebers, Arzneimittel aus der Verschreibungspflicht in die Verschreibungsfreiheit zu entlassen, erhöht sich gleichsam das Angebotpotential an SM-Präparaten. Nach Schätzungen von Experten entfielen etwa 15% des weltweiten SM-Umsatzes im Jahr 1995 auf Substanzen, die in den letzten zehn Jahren „geswitcht" wurden.[13]

- Schließlich bewirken *demographische Veränderungen* mittel- bis langfristig eine positive Entwicklung des SM-Marktes. Die Verschiebung der Altersstruktur hin zu einem größeren Anteil älterer Menschen an der Gesamtbevölkerung[14] wird sich auch bei der Arzneimittelnachfrage insgesamt bemerkbar machen. Daher ist zu erwarten, daß insbesondere die Selbstmedikation zur Behandlung altersbedingter Befindlichkeitsstörungen (z.b. Leistungs- und Konzentrationsschwäche, Gedächtnisschwäche) oder zur Therapieunterstützung bei chronischen Krankheiten hiervon profitieren wird.[15]

1.1.2 Erfolgshemmnisse im Selbstmedikationsmarketing aus Sicht von Pharmaunternehmen

Als problematisch erweist sich für viele pharmazeutische Unternehmen, daß Marketingerfolgsstrategien aus anderen pharmazeutischen Teilmärkten (z.B. Markt für verschreibungspflichtige Präparate) *nicht* unmittelbar auf den SM-Markt übertragbar sind. So stellt Gehrig (1992: 58) fest, daß „nicht verschriebene, über Apotheken ... verkaufte und vom Käufer selbst bezahlte Therapeutika in vielen Fällen etwas anderen Marketingge-

---

[12]   Zu den Einflüssen des GSG auf den nationalen Arzneimittelmarkt s. für viele Erbsland/Wille 1994a: 847-853; Erbsland/Wille 1994b: 941-948; Marx 1994: 224-234; Zipperer 1994: 411-414.

[13]   Vgl. Bundesfachverband der Arzneimittel-Hersteller 1997b: 36-39.

[14]   Entsprechend der Bevölkerungsprognosen des Statistischen Bundesamtes nimmt bis zum Jahr 2005 die Zahl der 20- bis 50jährigen um nahezu eine Million Bundesbürger ab, während im Gegenzug die Zahl der 50- bis 70jährigen in etwa gleichem Umfang ansteigt. Vgl. Bundesministerium des Innern 1997: 3 sowie o.V. 1998b: 11.

[15]   Nach Schätzungen des Bundesfachverbandes der Arzneimittel-Hersteller ist allein aufgrund des demographischen Effektes bis zum Jahr 2005 ein Umsatzwachstum der Selbstmedikation von knapp 8% auf Basis des 1997 erzielten Umsatzes zu erwarten. S. Bundesfachverband der Arzneimittel-Hersteller 1997b: 41-44 sowie ergänzend a. Walluf-Blume 1995a: 115 u. Rassat 1991: 173.

5

setzen gehorchen". Besonders zwei Aspekte machen die Spezifität des SM-Marketing aus:

(1) Die *Kundenstruktur im SM-Markt* und damit die Ausrichtung der Marketingaktivitäten von SM-Anbietern unterscheidet sich sehr deutlich von anderen pharmazeutischen Teilmärkten. Während für Unternehmen im Verordnungsmarkt letztlich der Arzt als Verordner von verschreibungspflichtigen Arzneimitteln *der* zentrale Kunde (Zielgruppe) ist auf den diese ihr Marketing ausrichten (arztzentriertes Marketing), rücken für Anbieter im SM-Markt *mehrere* Kundengruppen in den Blickpunkt:[16] Erstens die eigentlichen Verwender, die als Kaufentscheider den Präparatekauf vornehmen und somit als Zielgruppen des SM-Marketing Bedeutung erlangen. Zweitens die Apotheken und die Ärzte bzw. Heilpraktiker, denen als Empfehler von SM-Präparaten eine beratende Funktion im Rahmen der Selbstmedikation zukommt und daher als Zielgruppen strategischer und operativer Marketingentscheidungen von SMU von Interesse sind. Drittens der pharmazeutische Großhandel, der als Kunde von SMU ebenfalls beachtenswert ist, da er das Bindeglied zwischen SMU und den Verkaufsorten für SM-Präparate (z.B. Apotheke) darstellt und als Marketingpartner von SM-Anbietern bedeutsam sein kann.

(2) Die *gesetzlichen Rahmenbedingungen*[17] des SM-Geschäftes unterscheiden sich deutlich von anderen pharmazeutischen Teilmärkten. In diesem Zusammenhang sind vor allem die vergleichsweise „liberalen" werberechtlichen Bestimmungen (s. Kap. 2.2.2) zu nennen. So bestimmt das Heilmittelwerbegesetz als zentrale Rechtsnorm für die Arzneimittelwerbung, daß rezeptfreie Präparate – im Gegensatz zu verschreibungspflichtigen Arzneimitteln – nicht nur in Fachkreisen (z.B. Ärzte, Apotheker), sondern auch beim Publikum beworben werden dürfen (§§ 10 und 11 HWG). Diese werberechtlichen Rahmenbedingungen bleiben nicht ohne Auswirkungen auf die Kommunikationspolitik von SM-Anbietern.

In der eigenen Arbeit wird das SM-Marketing in erster Linie vor dem Hintergrund der oben unter (1) angesprochenen Besonderheit im Detail untersucht, indem das strategische Marketingverhalten von Unternehmen im deutschen SM-Markt mit der Zielsetzung analysiert wird, *SM-spezifische* Marketingerfolgsstrategien zu identifizieren. Dabei wird unterstellt, daß Erfolge bzw. Mißerfolge von SMU weniger eine Konsequenz der besonderen (deregulierteren) Rahmenbedingungen im SM-Markt darstellen, als vielmehr das Ergebnis unternehmensindividueller Marketingverhaltensweisen sind.

---

[16] Vgl. a. Kap. 2.3.1 bis 2.3.4.
[17] Vgl. a. Kap. 2.2.

6

1.1.3 Forschungsdefizit zur erfolgsfördernden Gestaltung von Marketingstrategien im deutschen Selbstmedikationsmarkt

Eine Analyse der betriebswirtschaftlichen Literatur zeigt, daß bislang einseitig dem Marketing im Verordnungsmarkt die bei weitem größte Bedeutung zuteil wurde; wissenschaftlichen Arbeiten, die sich mit Fragen der erfolgsfördernden Gestaltung von Marketingstrategien im deutschen SM-Markt auseinandergesetzt haben, fehlen bislang völlig.[18]

Die Aufbereitung gestalterischer Fragen zum SM-Marketing fand bisher primär in sogenannten *Praktikerartikeln* statt. Die Autoren – zumeist Unternehmensberater und/oder Führungskräfte im Marketing von SM-Unternehmen – nehmen sich dem SM-Marketing üblicherweise nur in Teilaspekten an, wie z.B. Werbung[19], Markenführung[20] und Markteintrittsstrategien[21]. Ganzheitliche Beiträge, die verschiedene Facetten des marketingstrategischen Handlungsspektrums von SM-Anbieter beleuchten, fehlen hingegen vollständig.

In der deutschsprachigen *wirtschaftswissenschaftlichen* Literatur sind vor allem zwei inhaltliche Schwerpunkte zum Themenkomplex „Selbstmedikation" auszumachen: *Erstens* Arbeiten, die sich aus volkswirtschaftlicher bzw. gesundheitsökonomischer Sicht mit der Selbstmedikation auseinandersetzen. Sie beschäftigen sich vornehmlich mit Fragen zu Einflußfaktoren, Nutzen und Risiken sowie Entwicklungstendenzen der Selbstmedikation im System der Arzneimittelversorgung in Deutschland.[22] *Zweitens* existieren Publikationen betriebswirtschaftlicher Herkunft, die sich mit der Anwendung des traditionellen Marketinginstrumentariums auf den SM-Markt beschäftigen. Hierzu liegen nach unseren Erkenntnissen bislang lediglich zwei Arbeiten vor, die aus einer theoretisch-deduktiven Perspektive sich mit Marketingverhaltensweisen im Kontext des SM-Marktes auseinandersetzen: Zum einen zeigt Czech-Steinborn (1982: 81-204) das operative Handlungsspektrum von Pharmaunternehmen bei der Ausgestaltung der Marketing-Instrumente im Kontext des deutschen SM-Marktes unverbindlich auf, ohne allerdings

---

[18] Für neuere Monographien zum Marketing im Verordnungsmarkt s. Heckner 1998; Hohensohn 1998; Kinzler 1997 und Crisand 1996. Darüber hinaus s. a. die älteren Monographien von Gehrig 1992; Walther 1989; Friesewinkel/Schneider 1988 und 1982. Im angloamerikanischen Schrifttum s. Corstjens 1991 und Smith 1991.

[19] Vgl. z.B. Zeiner/Franzen 1997: 48-52; Zeiner et al. 1996: 480-488; Zeiner/Franzen 1996: 143-147; Wilkes 1996: 41-46.

[20] Vgl. z.B. AESGP 1996; Arenz/Sprandel 1995: 126-131.

[21] Vgl. Crisand/Bungert 1995: 98-102; Arzneimittel-Zeitung 1994b; Rassat 1991: 363-386.

[22] S. Reichelt 1994: 106-116; Cranz 1986; Cranz 1985; Cranz et al. 1982; Herder-Dorneich 1977. S. vor allem auch May (1996b: 450-459), der auf der Grundlage von Bevölkerungsbefragungen und epidemiologischen Daten eine gesundheitsökonomische Analyse der Selbstmedikation in Deutschland vornimmt.

normative Aussagen zu „erfolgsfördernden" SM-Marketingstrategien zu treffen. Zum anderen diskutiert Küpper (1998: 170-194) Gestaltungsaspekte bei der Entwicklung einer „Switch-Strategie"[23]; begründete normative Aussagen zu „erfolgsfördernden" Switch-Strategien werden jedoch auch hier nicht getroffen. Zudem findet die Selbstmedikation – wenn auch nur am Rande – bei Crisand (1996: 103-105, 142-154) Berücksichtigung, der auf Basis einer Delphi-Befragung u.a. die Selbstmedikation als eine unternehmenspolitische Herausforderung für Pharmaunternehmen identifiziert und mögliche Eintrittsstrategien in den SM-Markt aufzeigt, ohne allerdings diese hinsichtlich ihrer Erfolgsimplikationen zu untersuchen.

Mit Blick auf den Stand der *angloamerikanischen Forschung* zum SM-Marketing ist festzuhalten, daß eine nicht unbedeutende Anzahl sowohl an praxisorientierten, aber auch wissenschaftlich-empirischen Arbeiten vorliegt.[24] Bei letzteren handelt es sich vornehmlich um empirische Untersuchungen, die Zusammenhänge zwischen ausgewählten präparatebezogenen Stellgrößen (z.B. Darreichungsformen, Überführung von Präparaten in die Verschreibungsfreiheit) und verschiedenen abhängigen Variablen (z.B. Arztverhalten bei der Verschreibung rezeptfreier Präparate, Einfluß auf die Selbstmedikation) analysieren.[25] Auffällig an diesen Arbeiten ist, daß sie betriebswirtschaftliche Erfolgskonsequenzen für Unternehmen nicht direkt erfassen, sondern vielmehr produktbezogene Verhaltens- und Entscheidungsmuster von Ärzten, Apothekern und/oder Patienten, die man als *indirekte* Determinanten des Markterfolges *einzelner* SM-Präparate interpretieren kann, in den Mittelpunkt der Untersuchung rücken.[26] Ganzheitliche Beiträge zum strategischen Marketingverhalten von SMU sowie empirische Studien, die Erfolgswirkungen von Marketingstrategien erkundet haben, existieren m.E. ebenfalls nicht.

In dieser Situation ist es aus wissenschaftlicher Sicht geboten, Marketingstrategien zur Verbesserung des Erfolgs von SMU im deutschen SM-Markt genauer zu erforschen.

---

[23] Der Begriff „Switch" bedeutet formal-rechtlich die Überführung von ehemals verschreibungspflichtigen Arzneimitteln in das verschreibungsfreie (rezeptfreie) Marktsegment. Zum Begriff des Switches vgl. Küpper 1998: 31-40; Crisand 1996: 143-145; Walluf-Blume 1996: 473f. Arzneimittel-Zeitung 1994b: 6f.

[24] Zu Arbeiten praxisorientierter Herkunft zum SM-Marketing s. Ho et al. 1997: 103-115; Sansgiry et al. 1997: 101-108; Reinstein 1996: 31-38; Burstein 1994: 10-14; Macarthur 1994: 14-21; McCarren 1991: 28-33.

[25] S. Reisenwitz/Wimbish 1996: 47-61; Sansgiry/Cady 1996: 3-21; Madhavan/Gore 1994: 55-84; Lumpkin et al. 1991: 155-179; Lumpkin et al. 1990: 95-114.

[26] Vgl. a. Gerpott/Breuer 1998a: im Druck.

8

1.2 Zielsetzung der Arbeit

Angesichts des zuvor konstatierten Forschungsdefizits ist es das *Oberziel* dieser Arbeit, einen Beitrag zur betriebswirtschaftlichen bzw. marketingwissenschaftlichen Forschung zu leisten, der empirisch fundierte Handlungsempfehlungen zur erfolgsfördernden Gestaltung von Marketingstrategien im deutschen SM-Markt aufzeigt.

Mit der Bewertung und Auswahl von marketingstrategischen Verhaltensmustern, die geeignet sind, das Erfolgsniveau von SMU zu verbessern, kann diese Untersuchung – ungeachtet der Tatsache, daß nicht sämtliche erfolgsbestimmenden Einflußgrößen erfaßt und ausgewertet werden – zugleich auch als Beitrag zur *Erfolgsfaktorenforschung* verstanden werden, die das Management von SMU bei der Identifikation von erfolgsfördernden Marketingstrategien unterstützt.[27]

Die abstrakte Hauptzielsetzung der Arbeit, Gestaltungsaussagen zu erfolgsfördernden Marketingstrategien im SM-Markt abzuleiten, läßt sich in die in Abb. 1-2 dargestellten vier Einzelziele aufgliedern.

Abbildung 1-2:
Ziele der eigenen Untersuchung

Untersuchungsziele
1. Deskriptive Präzisierung von Marketingverhaltensmuster im deutschen SM-Markt
2. Hypothesengestützte Analyse von SMU-Erfolgsunterschieden in Abhängigkeit von Marketingverhaltensmustern
3. Exploration der Erfolgswirkungen von Marketingverhaltensmustern in Abhängigkeit von Situationsvariablenausprägungen
4. Ableitung von Hinweisen für das Management von SMU zur erfolgsfördernden Gestaltung von SM-Marketingstrategien

Zunächst soll in dieser Untersuchung unter Berücksichtigung der SM-Marktbesonderheiten das Spektrum *marketingstrategischer Verhaltensmuster* präzisiert werden, das in dieser Arbeit zur Verbesserung des Erfolgsniveaus von SMU untersucht werden soll. Auf Basis von Hypothesen und durch eine empirische Untersuchung gestützt, sollen anschließend *Erfolgsunterschiede* in Abhängigkeit von den Ausprägungen unterschiedlicher Marketingverhaltensmuster aufgedeckt werden. Damit können Hinweise gewonnen werden, welche marketingstrategischen Verhaltensweisen zur Erhöhung des SMU-Er-

---

[27] Für neuere Übersichtsarbeiten zur Erfolgsfaktorenforschung s. z.B. Heckner 1998: 32-39; Grünig et al. 1996: 4-12; Fritz 1995a: 594-597; Grabner-Kräuter 1993: 278-296.

folgsniveaus beitragen. Um festzustellen, inwieweit *Marketingstrategieausprägungen* nur in bestimmten Situationen erfolgsfördernd sind, zielt die Untersuchung in einem weiterführenden Analyseschritt auf die *Exploration von situativ unterschiedlichen Erfolgswirkungen von Marketingverhaltensweisen* ab. Schließlich sollen aus den im Rahmen der Erfolgsanalyse gewonnenen Erkenntnissen – nicht zuletzt im Sinne der Betriebswirtschaftslehre als eine angewandte Sozialwissenschaft – *Hinweise für das Management* von SMU zur erfolgsfördernden Gestaltung von Marketingstrategien im SM-Markt abgeleitet werden.

Aus *wissenschaftstheoretischer* Perspektive ist die Arbeit dem *kritischen Rationalismus* verpflichtet.[28] Letztlich wird mit dieser Arbeit auf realwissenschaftliche Erkenntnisse mit Relevanz für das Management im SM-Markt abgestellt. Zwar erlaubt das Forschungskonzept des kritischen Rationalismus keine prinzipielle Wahrheitsfindung, wohl aber ist eine Annäherung an die Wahrheit durchaus möglich, indem Falsches identifiziert und selektiert werden kann.

1.3 Abgrenzung des untersuchungsrelevanten Selbstmedikationsmarktes

Zur *Abgrenzung* pharmazeutischer Teilmärkte haben sich in der einschlägigen Literatur insbesondere drei Kriterien etabliert:[29] (1) der Rechtsstatus von Arzneimittel, (2) der Erstattungsstatus bzw. die Erstattungsfähigkeit von Präparaten durch die gesetzliche Krankenversicherung und (3) der gewählte bzw. gesetzlich vorgeschriebene Absatzkanal. Abb. 1-3 stellt den untersuchungsrelevanten SM-Markt unter Berücksichtigung der oben genannten Abgrenzungskriterien dar.

Hinsichtlich der Dimension *Rechtsstatus* umfaßt der (untersuchungsrelevante) SM-Markt ausschließlich Präparate, die *nicht* der Verschreibungspflicht durch den Arzt unterliegen, also auch ohne Rezept erhältlich sind. Vom SM-Markt abzugrenzen ist der sog. VO-OTC-Markt, der rezeptfreie, aber durch den Arzt verordnete Präparate umfaßt. Zusammen

---

[28] Zum kritischen Rationalismus s. z.B. Schanz 1997: 81-98; Lingnau 1995: 124-129; Raffée 1995: 13-25 sowie entwicklungsgeschichtlich Alt 1988: 1-17. Speziell zum philosophischen Fundament des kritischen Rationalismus Buttiglione 1991: 178-194 u. Wallner 1991: 83-104.

[29] Vgl. Hohensohn 1998: 13-15; Küpper 1998: 12-15; Crisand 1996: 14-18; Kapp 1995: 79f.; Boroch 1994: 7. Neben diesen drei klassischen Abgrenzungskriterien existieren weitere Merkmale, nach denen pharmazeutische Teilmärkte unterschieden werden können. Je nach Geschäftsfelddefinition können Marktsegmente beispielsweise nach (1) Wirkstoffen (z.B. Captopril-Markt), (2) Indikationen (z.B. Schmerzmittel-Markt), (3) Arzneimittelherkunft (z.B. Markt für chemisch definierte Präparate versus Phytopharmaka-Markt) und (4) Patentschutz (Markt für Originalpräparate versus Generika-Markt) voneinander abgegrenzt werden.

10

Abbildung 1-3:
Abgrenzung des untersuchungsrelevanten SM-Marktes

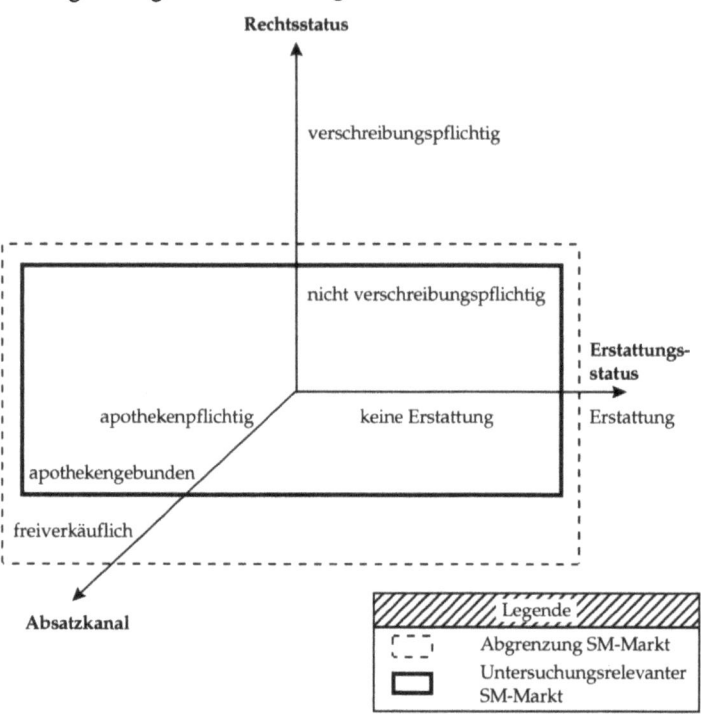

bilden der SM- und der VO-OTC-Markt den Gesamtmarkt der nicht-verschreibungs-pflichtigen Arzneimittel, den sog. OTC-Markt[30]; er stellt gleichsam das SM-Potential dar.

Vom SM-Markt bzw. vom OTC-Markt abzugrenzen ist der Markt für verschreibungs-pflichtige Präparate, der sog. RX-Markt, der ausschließlich Präparate umfaßt, die *nur* ge-gen Vorlage eines Rezeptes durch die Apotheken abgegeben werden dürfen.[31]

Aus der Perspektive des *Erstattungsstatus* zeichnet sich der SM-Markt definitionsgemäß dadurch aus, daß die nicht-verschreibungspflichtigen Präparate vom Verwender selbst gekauft werden, also *nicht* von der gesetzlichen Krankenversicherung erstattet werden. Allerdings ist die Verschreibungspflicht eines Präparates nicht zwangsläufig ein Indiz

---

[30] Präparate, die einer Verordnung durch den Arzt bedürfen, werden als verschreibungspflichtige (syn-onym: rezeptpflichtige) Präparate, sog. ethische bzw. RX-Präparate, bezeichnet.

[31] S. § 48 Abs. 1 AMG (Verschreibungspflicht).

dafür, daß die Präparatekosten von der gesetzlichen Krankenversicherung erstattet werden.[32]

Die Abgrenzung des SM-Marktes hinsichtlich der beiden Dimensionen Rechsstatus und Erstattungsstatus ist allerdings nicht immer ganz unproblematisch. Denn *einerseits* kann ein nicht-verschreibungspflichtiges Präparat, welches zunächst vom Arzt zu Lasten der gesetzlichen Krankenversicherung verordnet wurde, auf dem Wege des Nachkaufs vom Verwender auf eigene Kosten erstanden werden, so daß ein und dasselbe Präparat beim „Erstkauf" dem VO-OTC-Markt und beim „Nachkauf" dem SM-Markt zuzurechnen ist. *Andererseits* variiert auch die Erstattung eines nicht-verschreibungspflichtigen Präparates durch die GKV in Abhängigkeit von der Indikationsstellung.[33]

Aus der Perspektive des *Absatzkanals* sind SM-Präparate in Abhängigkeit von den gesetzlichen Bestimmungen sowohl in als auch außerhalb der Apotheke erhältlich. Im Mittelpunkt der vorliegenden Untersuchung steht der Markt für Selbstmedikation in der Apotheke. Entsprechend umfaßt der untersuchungsrelevante SM-Markt nicht-verschreibungspflichtige Präparate, die (1) *apothekenpflichtig* sind, d.h. die ausschließlich über die Apotheken abgegeben werden dürfen,[34] oder (2) *apothekengebunden* sind, so daß diese prinzipiell auch außerhalb der Apotheken in den Verkehr gebracht werden dürfen, jedoch das SMU sich freiwillig i.S. einer Apothekenexklusivität auf den alleinigen Vertriebskanal „Apotheke" beschränkt hat.

Gegenstand dieser Arbeit ist der *SM-Markt in der Apotheke.* Explizit aus dieser Untersuchung ausgegrenzt wird der SM-Markt außerhalb der Apotheke, d.h. die Selbstmedikation mit freiverkäuflichen Präparaten, die u.a. auch in Drogerien, Reformhäusern und Verbrauchermärkten erhältlich sind.[35] Für eine Beschränkung der Untersuchung auf den Vertriebskanal „Apotheke" war maßgeblich, daß die Apotheke den mit Abstand wichtigsten Vertriebskanal für SM-Präparate darstellt. So wurden von den DM 9,0 Mrd., die 1997 in den alten und neuen Bundesländern für die Selbstmedikation erzielt wurden,

---

[32] Als Beispiele lassen sich Präparate zur Schwangerschaftsverhütung (Kontrazeptiva) oder spezielle Schlankheitsmittel (z.B. XENICAL) anführen, die zwar verschreibungspflichtig sind, aber vom Verwender selbst bezahlt werden müssen.

[33] Während beispielsweise ASPIRIN zur Reinfarktprophylaxe vom Arzt zu Lasten der GKV verordnet werden kann und somit dem VO-OTC-Markt zuzuordnen ist, muß dasselbe Präparat zur Behandlung von Kopfschmerzen vom Verwender selbst gekauft werden und fällt damit in das SM-Segment.

[34] S. § 43 AMG (Apothekenpflicht) und § 44 AMG (Ausnahme von der Apothekenpflicht).

[35] S. § 44 Abs. 1 und 2 AMG (Ausnahme von der Apothekenpflicht).

rund 86% (= DM 7,7 Mrd.) durch die Selbstmedikation mit rezeptfreien Präparaten in der Apotheke erzielt.[36]

1.4   Aufbau der Untersuchung

Die im vorangegangenen Abschnitt dargestellten Untersuchungsziele (s. Abb. 1-2) bestimmen zugleich den Aufbau der eigenen Arbeit. Dieser gliedert sich in zwei Hauptteile. Im *ersten Teil* werden die für die empirische Untersuchung relevanten *allgemeinen* und *theoretischen Grundlagen* herausgearbeitet. Er umfaßt Kap. 2 bis 4:

- *Kap. 2* verdeutlicht die Rahmenbedingungen des SM-Marktes und zeigt wesentliche Eckdaten der Entwicklung des SM-Marktes in Deutschland auf. Hierbei gilt es, das Marktumfeld für SMU zu erhellen und das Verständnis für den SM-Markt als den zentralen Untersuchungsgegenstand dieser Arbeit zu vertiefen.

- *Kap. 3* spezifiziert den Marketingstrategiebegriff, diskutiert die generellen Vorgehensschritte zur Entwicklung einer Marketingstrategie für SMU und erörtert schließlich auf der Grundlage relevanter Strategiedimensionen die Ausgestaltungsmöglichkeiten strategischer Marketingverhaltensweisen im Kontext des deutschen SM-Marktes.

- *Kap. 4* stellt einen konzeptionellen Bezugsrahmen zur Analyse von Situations-, Strategie- und Erfolgszusammenhängen im Kontext des deutschen SM-Marktes vor. Hier werden auf Basis theoretischer Überlegungen Hypothesen zu direkten Erfolgswirkungen von Marketingverhaltensmustern aufgestellt, die in den darauf folgenden Kap.n einer Prüfung unterzogen werden. Die Analyse situationsspezifischer Erfolgswirkungen von Marketingverhaltensweisen hat demgegenüber explorativen Charakter.

Aufbauend auf diesen Grundlagen werden im *zweiten Teil* der Arbeit, der mit Kap. 5 bis 7 die *empirische Untersuchung* umfaßt, die mit der eigenen Primärerhebung zusammenhängenden Problemkomplexe bearbeitet:

- *Kap. 5* dokumentiert zunächst die methodischen Erhebungsdetails der eigenen Untersuchung. Anschließend werden die Charakteristika der antwortenden Marketingexperten sowie der an der Studie teilgenommenen SMU dargestellt.

- *Kap. 6* präzisiert aktuelle Ausprägungsformen strategischer Marketingverhaltensmuster von SMU in der Praxis und deckt ergänzend Zusammenhänge zwischen Strategieausprägungen und Situationsvariablen auf.

- *Kap. 7* stellt zunächst deskriptiv die Befunde zu den erhobenen Erfolgskriterien dar. Im Anschluß daran werden Erfolgsunterschiede zwischen *Marketingstrategieausprägungen* sowie Erfolgswirkungen strategischer Marketingverhaltensmuster in Abhängigkeit von der Ausprägung von Situationsvariablen ausführlich analysiert.

---

[36]   Vgl. a. Fn 7 oben.

Im abschließenden *Kap. 8* werden Implikationen der eigenen empirischen Befunde zusammenfassend dargestellt. Die Erkenntnisse, die sich aus der Bearbeitung der soeben umrissenen Problemfelder ergeben, werden als Gestaltungshinweise für das Management im SM-Markt aufbereitet. Ansatzpunkte, die sich aus der vorliegenden Arbeit für die weitere Forschung ergeben, werden abschließend aufgezeigt.

15

2. Rahmenbedingungen und Entwicklung des Selbstmedikationsmarktes in Deutschland

Während in den einführenden Kapiteln aus Gründen der Komplexität auf eine eingehende Marktbeschreibung verzichtet wurde, gilt es in diesem Kapitel den SM-Markt in Deutschland genauer zu betrachten. Dazu wird zunächst in *Kap. 2.1* dargelegt, welche Arzneimittel in Deutschland typischerweise zur Selbstmedikation angeboten werden (dürfen). Anschließend widmet sich *Kap. 2.2* den wichtigsten arzneimittel- und werberechtlichen Rahmenbedingungen, denen sich Anbieter von SM-Präparaten in Deutschland gegenübersehen. Welche Teilnehmer im Markt für Selbstmedikation aktiv sind und welche Beziehungen zwischen ihnen bestehen, zeigt *Kap. 2.3* auf. In *Kap. 2.4* erfolgt schließlich eine Analyse der SM-Marktentwicklung in Deutschland. Ausgehend von den in den vorherigen Kapiteln dargestellten Rahmenbedingungen und Marktentwicklungstendenzen werden abschließend in *Kap. 2.5* deren Implikationen für die eigene Untersuchung aufgezeigt.

2.1 Profilierung von Präparaten zur Selbstmedikation

Neben der grundsätzlichen Eingrenzung des SM-Marktes anhand der Kriterien „Rechtsstatus", „Erstattungsstatus" und „Absatzkanal" (s. Abb. 1-3) zeichnet sich der SM-Markt durch die dort angebotenen Arzneimittel aus. Abb. 2-1 profiliert „typische", d.h. nichtverschreibungspflichtige *und* nicht-erstattungsfähige SM-Präparate, sog. *SM-Präparate i.e.S.* anhand von acht Kriterien.

Die verantwortungsvoll durchgeführte Selbstmedikation sieht die Behandlung von *geringfügigen Gesundheitsstörungen,* auch als Bagatellerkrankungen oder Befindlichkeitsstörungen bezeichnet, vor.[1] Trotz der häufigen Verwendung des Begriffs „geringfügige Gesundheitsstörung" in der gesundheitspolitischen Diskussion existiert keine konkrete Begriffsbestimmung, weder in medizinisch-wissenschaftlicher noch in juristischer Hinsicht.[2] Ein Hinweis auf den Begriff „geringfügige Gesundheitsstörung" findet sich in § 34 Abs. 1 SGB V im Zusammenhang mit dem (indikationsbezogenen) Erstattungsausschluß von Arzneimitteln für über 18jährige Versicherte. Konkret schließt dieser Paragraph Arzneimittelgruppen in den folgenden Anwendungsgebieten von der Erstattung durch die ge-

---

[1] Vgl. Kortland 1996: 761; Bundesfachverband der Arzneimittel-Hersteller 1995b: 4.

[2] Vgl. Harms/Beske 1995: 9; Reichelt 1994: 109. Den unklaren Begriffsinhalt bezüglich einer geringfügigen Gesundheitsstörung nahm das Institut für Gesundheits-System-Forschung, Kiel zum Anlaß für eine Meinungsumfrage in der Bevölkerung zu Bagatellen in der Medizin. Zu den Ergebnissen der Meinungsumfrage s. im Detail Harms/Beske 1995: 23-40.

16

Abbildung 2-1:
Profilierung „typischer" Selbstmedikationspräparate

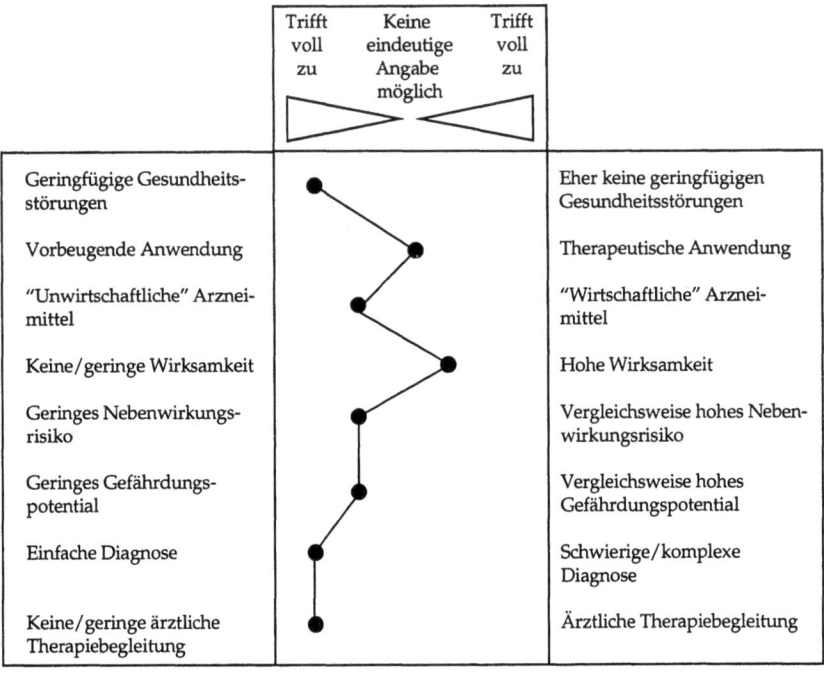

| Trifft voll zu | Keine eindeutige Angabe möglich | Trifft voll zu |

Geringfügige Gesundheits-störungen	Eher keine geringfügigen Gesundheitsstörungen
Vorbeugende Anwendung	Therapeutische Anwendung
"Unwirtschaftliche" Arznei-mittel	"Wirtschaftliche" Arznei-mittel
Keine/geringe Wirksamkeit	Hohe Wirksamkeit
Geringes Nebenwirkungs-risiko	Vergleichsweise hohes Neben-wirkungsrisiko
Geringes Gefährdungs-potential	Vergleichsweise hohes Gefährdungspotential
Einfache Diagnose	Schwierige/komplexe Diagnose
Keine/geringe ärztliche Therapiebegleitung	Ärztliche Therapiebegleitung

setzliche Krankenversicherung aus, und zwar (a) Arzneimittel zur Behandlung von Erkältungskrankheiten und grippalen Infekten, (b) Mund- und Rachentherapeutika (aus–
genommen bei Pilzinfektionen), (c) Abführmittel sowie (d) Arzneimittel gegen Reise-
krankheiten.[3] Der Hintergrund des Erstattungsausschlusses von Arzneimitteln zur Behandlung geringfügiger Gesundheitsstörungen ist, daß der Gesetzgeber die genannten
Indikationen für so ungefährlich hält, daß eine Versorgung mit Arzneimitteln aus medizinischer Sicht im allgemeinen *nicht* unbedingt notwendig erscheint.[4] Lediglich beim
Auftreten ausgeprägter Krankheitssymptome (z.B. starke Schmerzen, Fieber) kann der
Arzt die notwendigen Präparate zu Lasten der gesetzlichen Krankenversicherung ver-
ordnen. Zu den „typischen" SM-Präparaten zählen somit jene Präparate, die ihrer
Zweckbestimmung nach *üblicherweise* bei den in § 34 Abs. 1 SGB V genannten Anwen-

---

3   § 34 SGB V wird auch als sog. Negativlisten-Paragraph bezeichnet, da er den Verordnungsausschluß
       von spezifischen Präparaten vorsieht.
4   Vgl. Harms/Beske 1995: 14.

17

dungsgebieten eingesetzt werden und daher gemeinhin nicht zu Lasten der gesetzlichen Krankenversicherung vom Arzt verordnet werden dürfen. Als Produktbeispiele sind das Erkältungspräparat GRIPPOSTAD, das Präparat FRUBIENZYM zur Behandlung von Erkrankungen im Mund-, Hals- und Rachenraum sowie das Präparat REISEGOLD zur Vorbeugung gegen und der Behandlung von Reiseübelkeit zu nennen.[5]

Selbstmedikationspräparate dienen nicht ausschließlich der therapeutischen Anwendung i.S. einer Reaktion auf vorhandene Befindlichkeitsstörungen, sondern auch der Aufrechterhaltung der Gesundheit i. S. der *Vorbeugung*. Dementsprechend zählen zu den SM-Präparaten typischerweise auch Arzneimittel (1) zur Stärkung und Kräftigung (*Roborantien*), (2) zur Verbesserung des Befindens bzw. gegen Mißbefindlichkeiten, (3) zur Unterstützung der Organfunktionen (*Tonika*), (4) zur Abwehr von Störungen im Vorfeld krankhafter Veränderungen und diagnostisch faßbarer Krankheiten (*Prophylaktika*).[6] In diesem Zusammenhang lassen sich beispielhaft Präparate wie das Tonikum VOLTAX, das Vitaminpräparat CEBION und das Präparat HALLOO-WACH gegen Ermüdungserscheinungen und Konzentrationsschwäche anführen.

Im Hinblick auf das Kriterium der *Wirtschaftlichkeit* von Arzneimitteln i.S. eingesetzter Wirkstoffkombinationen ist das SM-Segment durch „unwirtschaftliche Arzneimittel" geprägt, die – analog den Präparaten gegen geringfügige Gesundheitsstörungen – einem Erstattungsausschluß durch die gesetzliche Krankenversicherung unterliegen. Als „unwirtschaftlich" gelten gemäß § 34 Abs. 3 SGB V insbesondere Arzneimittel, „… die für das Therapieziel oder zur Minderung von Risiken nicht erforderliche Bestandteile enthalten oder deren Wirkung wegen der Vielzahl der enthaltenen Wirkstoffe nicht mit ausreichender Sicherheit beurteilt werden können …". Unter diesen Paragraphen fallen u.a. so bekannte Präparate wie ASPIRIN PLUS C gegen Kopfschmerzen, KWAI KNOBLAUCH KAPSELN zur Steigerung der zerebralen Leistungsfähigkeit sowie das Beruhigungsmittel BALDRIPARAN.[7]

Dem SM-Segment zuzuordnen sind vielfach auch Präparate, deren *therapeutischer Nutzen* nicht immer nachweisbar ist (z.B. Multivitaminpräparate, Immunstimulanzien) und auf-

---

5   Der Verzicht des Gesetzgebers auf die Benennung konkreter Präparate oder Substanzgruppen eröffnet den Ärzten, der Pharmaindustrie und den Patienten jedoch zahlreiche „Ausweichstrategien", die eine Erstattung des Präparates durch die gesetzliche Krankenversicherung erlauben.
6   Die vier Arzneimittelgruppen wurden in Anlehnung an die in § 2 Abs. 1 Nr. 1 und § 5 AMG getroffene Definition des Arzneimittelbegriffs bestimmt. Sie sind das Ergebnis einer Arbeitsgruppe der Gesellschaft für Phytotherapie, einer Vereinigung von Pharmaunternehmen zur Förderung und zum Erhalt der Therapie mit Phytopharmaka. Vgl. a. Cranz 1987: 16f.
7   S. zu weiteren Präparatebeispielen a. Crisand 1996: 130.

18

grund dessen – abgesehen von einigen Ausnahmen – gemäß der Arzneimittel-Richtlinie 17.1 vom 31. August 1993 von der Erstattung ausgeschlossen sind.[8] Darunter fallen beispielsweise Präparate zur Reinigung, Pflege und Färbung der Haut, (Leistungs-)Stimulanzien, Mittel zur Raucherentwöhnung, Tonika und appetitanregende Präparate.[9] Falls derartige Arzneimittel dennoch unter Berufung auf geltende Ausnahmen vom Arzt verordnet werden, bedarf dies der schriftlichen Begründung gegenüber der gesetzlichen Krankenversicherung. In der Praxis stellt die Pflicht zur Dokumentation jedoch für den Arzt eine erhebliche Barriere dar, solche Präparate überhaupt zu verordnen, so daß sie faktisch zu den „typi-schen" SM-Arzneimitteln zu zählen sind.

Präparate, die auf dem Wege der Selbstmedikation erhältlich sind, weisen in der Regel ein hohes Maß an Sicherheit für den Verwender auf. Dazu gehört auch, daß SM-Präparate über ein *geringes Nebenwirkungsrisiko* verfügen. Bereits bei der Entscheidung über die Zulassung von Präparaten prüft das Bundesinstitut für Arzneimittel und Medizinprodukte unter dem Aspekt der Sicherheit für den Verwender u.a. das Nebenwirkungsrisiko eines Präparates und schreibt vor, ob das Arzneimittel nur vom Arzt verschrieben oder vom Verwender selbst gekauft werden kann, ohne daß ein Rezept notwendig ist.[10]

Das hohe Sicherheitsniveau von Präparaten im SM-Segment impliziert zugleich auch ein – im Vergleich zu den verschreibungspflichtigen Arzneimitteln – *geringes Gefährdungspotential* beim Arzneimittelgebrauch bzw. -fehlgebrauch. Dementsprechend weisen „typische" SM-Präparate (1) keine oder nur eine sehr geringe Toxizität auf, (2) bergen wenig Gefahren bei Mißbrauch oder Falschanwendung in sich, (3) beinhalten in der Regel kein oder nur ein geringes Abhängigkeits- oder Suchtpotential und (4) führen zu keiner oder nur zu einer geringen Gefährdung im Hinblick auf Wechselwirkungen (z.B. mit Alkohol oder anderen Arzneimitteln). Darüber hinaus sind die für die Selbstmedikation „typischen" Präparate zur Behandlung von Krankheiten angezeigt, deren *Diagnose* durch den Laien einfach und unkompliziert vorgenommen werden kann.[11]

Schließlich werden zur Selbstmedikation nur solche Präparate zugelassen, die keiner oder nur einer *geringen ärztlichen Therapiebegleitung* bedürfen. Präparate, die zur Behandlung von Krankheiten Verwendung finden, die der ärztlichen Überwachung bedür-

---

[8]   Die Arzneimittel-Richtlinie 17.1 in seiner Fassung vom 31. August 1993 ist seit dem 01. Januar 1994 in Kraft. S. zum Inhalt der Arzneimittel-Richtlinie 17.1 a. Crisand 1996: 131f.; Reichelt 1994: 107f.

[9]   Zur vollständigen Auflistung aller Präparate ohne therapeutischen Nutzen s. Bundesanzeiger 1993: 11-156.

[10]   S. a. Kap. 2.2.1.

[11]   Ähnlich a. Crisand 1996: 153.

fen bzw. deren Wirkstoffe derart hochwirksam sind (z.B. Antibiotika), daß eine Kontrolle des Arztes geboten ist, verbleiben in der Verschreibungspflicht. Erst wenn sichergestellt ist, daß Arzneimittel zur Behandlung von Befindlichkeitsstörungen bedenkenlos eingesetzt werden können, ohne daß es einer dauerhaften Kontrolle des Arztes bedarf, werden diese aus der Verschreibungspflicht entlassen und sind für den Verwender auf dem Wege der Selbstmedikation erhältlich.[12]

Neben den SM-Präparaten i.e.S. sind auch solche nicht-verschreibungspflichtigen Arzneimittel dem SM-Segment zuzurechnen, die zwar wegen ihrer Erstattungsfähigkeit de facto für die Verordnung durch den Arzt positioniert sind, aber häufig vom Verwender selbständig nachgekauft werden, wenn sie erst einmal durch den Arzt verschrieben worden sind. Man kann sie daher auch als *SM-Präparate i.w.S.* bezeichnen. Als bekannte Beispiele lassen sich z.B. das Antimykotika CANESTEN und die NICORETTE zur Raucherentwöhnung anführen.

Aufbauend auf dem Verständnis der typischen Merkmale von zur Selbstmedikation angebotenen Arzneimitteln werden nun wichtige im deutschen SM-Markt geltende Rahmenbedingungen beschrieben, denen sich SM-Anbieter gegenübersehen.

2.2   Arzneimittel- und werberechtliche Rahmenbedingungen für den Selbstmedikationsmarkt in Deutschland

Der deutsche SM-Markt wird – wie der Arzneimittelmarkt generell – von einer Vielzahl rechtlicher Bestimmungen und von regulierenden Eingriffen des Staates geprägt. Dies trägt dem Umstand Rechnung, daß Arzneimittel im Vergleich zu anderen Verbrauchsgütern Waren besonderer Art sind, vor deren möglichen Gefahren die Bevölkerung geschützt werden muß. Wesentliche Rahmenbedingungen für den gesamten Arzneimittelmarkt werden durch das Gesetz über die Neuordnung des Arzneimittelrechts (Zweites Arzneimittelgesetz) festgelegt. Darüber hinaus sind im deutschen SM-Markt die umfangreichen gesetzlichen und z.T. auf freiwilligen Beschränkungen beruhenden Regelungen zur Arzneimittelwerbung, die im Gesetz über die Werbung auf dem Gebiete des Heilwesens (Heilmittelwerbegesetz) enthalten sind, zu beachten. Nachfolgend werden die wichtigsten arzneimittel- und werberechtlichen Regelungen dargestellt.

---

[12]   S. a. Kap. 2.2.1.

20

2.2.1 Gesetz über die Neuordnung des Arzneimittelrechts (Zweites Arzneimittelgesetz)

Das Gesetz über die Neuordnung des Arzneimittelrechts, das sog. Zweite Arzneimittelgesetz, vom 24. August 1976, das am 01. Januar 1978 in Kraft trat, schafft den Rahmen für den Verkehr mit Arzneimitteln in Deutschland. Es wurde in erster Linie eingeführt, um die Sicherheit im Verkehr mit Arzneimitteln, insbesondere deren Qualität, Wirksamkeit und Unbedenklichkeit, zu gewährleisten (§ 1 AMG).[13] Seit seiner Einführung hat das AMG – nicht zuletzt bedingt durch die Umsetzung von zahlreichen EG-Richtlinien – eine Reihe von Änderungen erfahren; die letzte Änderung des AMG wurde durch das Siebte Gesetz zur Änderung des Arzneimittelgesetzes (7. AMG-Novelle) herbeigeführt, das seit dem 04. März 1998 Rechtsgültigkeit besitzt.[14]

Die Möglichkeit von Pharmaunternehmen, SM-Präparate überhaupt in den Verkehr zu bringen, ist i.S. des Verbraucherschutzes an eine Reihe von gesetzlichen Bestimmungen gebunden. Die Regelungen zum Inverkehrbringen von SM-Arzneimitteln sind größtenteils genereller Art und gelten grundsätzlich für jedes Arzneimittel, das in den Verkehr gebracht werden soll. Des weiteren resultieren eine Reihe von Bestimmungen aus speziellen Anforderungen, die an nicht-verschreibungspflichtige Präparate gestellt werden. Abb. 2-2 zeigt im Überblick die wichtigsten arzneimittelrechtlichen Regelungen für SM-Präparate.

Selbstmedikationspräparate unterliegen, wie grundsätzlich jedes Arzneimittel, der Pflicht zur Zulassung (§ 21 AMG), d.h. sie dürfen nur dann in den Verkehr gebracht werden, wenn sie durch das Bundesinstitut für Arzneimittel und Medizinprodukte (BfArM) zugelassen sind. Grundsätzlich werden SM-Präparate unter den gleichen gesetzlichen Anforderungen zugelassen wie verschreibungspflichtige Arzneimittel und unterliegen somit den gleichen Anforderungen an den Nachweis der Wirksamkeit, der Unbedenklichkeit und der Qualität. Zur Erreichung der Zulassung ist von Pharmaunternehmen ein Antrag beim BfArM zu stellen, dem nach § 22 AMG Informationen beizufügen sind, die sich beziehen auf (1) allgemeine Angaben zum Arzneimittel (z.B. Bestandteile, Bezeich-

---

[13]   Das Zweite AMG löste das aus dem Jahr 1961 stammende und mehrfach novellierte „Gesetz über den Verkehr mit Arzneimitteln" ab. Das Zweite AMG stellt keine Ergänzung des AMG von 1961 dar, sondern ist ein inhaltlich und systematisch völlig neu gestaltetes Gesetzeswerk. Die Bekanntmachung erfolgte am 24.8.1976 im BGBl.: I 2445-2448. Für einen Überblick über die Entwicklung der Arzneimittelgesetzgebung in Deutschland s. Müller-Römer/Fischer 1998: 21-28.

[14]   Am 4.3.1998 wurde das Siebte Gesetz zur Änderung des AMG im BGBl.: I 2084-2087 bekanntgemacht. Die 8. AMG-Novelle befindet sich derzeit im Gesetzgebungsverfahren. Zu den wichtigsten Regelungen der 8. AMG-Novelle s. o.V. 1998a: 5.

Abbildung 2-2:
Wichtige arzneimittelrechtliche Bestimmungen für das
Inverkehrbringen von Arzneimitteln zur Selbstmedikation

	Wichtige arzneimittelrechtliche Bestimmungen für das Inverkehrbringen von Arzneimitteln zur Selbstmedikation
Generelle Bestimmungen	• Zulassung von SM-Arzneimittel durch das BfArM (§ 21 AMG) • Dokumentation allgemeiner Zulassungsunterlagen (§ 22 AMG); Ausnahmen von den Zulassungsanforderungen sind möglich • Bei homöopathischen Arzneimitteln Pflicht zur Registrierung beim BfArM (§ 38 AMG) • Apothekenpflicht (§ 43 AMG); Ausnahme von der Apothekenpflicht bei freiverkäuflichen Arzneimitteln (§ 44 AMG)
Spezielle Bestimmungen	• Freistellung aus der Verschreibungspflicht (§ 48 und § 49 AMG) – bereits bei der Arzneimittelzulassung – nach Ablauf der automatischen Verschreibungspflicht (3 oder 5 Jahre) und auf Antrag des Pharmaunternehmens, wenn folgendes gewährleistet ist: Wirksamkeit, Selbstmedikationsfähigkeit der Indikation, Unbedenklichkeit, positive Erfahrungen in der bisherigen Arzneimittelanwendung, selbstmedikationsgerechte Produktinformationen

nung), (2) den Nachweis der Erlaubnis zur Herstellung von Arzneimitteln, (3) den Entwurf einer Fachinformation sowie der Wortlaut für vorgesehene Angaben auf dem Behältnis, der äußeren Umhüllung und der Packungsbeilage und (4) Ergebnisse der analytischen, pharmakologisch-toxikologischen und klinischen Prüfung.[15] Im Rahmen der Zulassung von (SM-)Arzneimitteln, deren Wirkungen und Nebenwirkungen i.S. eines „well established medical use"[16] bereits bekannt sind, die in ihrer Zusammensetzung mit einem bereits bekannten Arzneimittel vergleichbar sind oder die eine Kombination bekannter Bestandteile darstellen, müssen dem Zulassungsantrag im allgemeinen keine Originalergebnisse zur Pharmakologie und Toxikologie sowie zur klinischen Prüfung beigelegt werden. Die Durchführung pharmakologisch-toxikologischer Versuche sowie der klinischen Tests durch jedes einzelne Pharmaunternehmen wäre wissenschaftlich wenig sinnvoll, und die damit verbundenen Aufwendungen stehen in keinem Verhältnis zum erzielten Erkenntnisfortschritt.[17] An Stelle der Originaldokumentationen können Pharmaunternehmen daher auf anderes wissenschaftliches Erkenntnismaterial zum Nachweis von Wirksamkeit und Unbedenklichkeit zurückgreifen, und zwar auf (a) vorhan-

---

[15] Zu den inhaltlichen Anforderungen an die Zulassungsunterlagen vgl. Blasius 1998a: 107-120.
[16] Vgl. Ernst 1997: 14.
[17] Vgl. Cranz 1987: 145f.

dene Monographien[18] oder (b) bereits erteilte Zulassungen (sog. bezugnehmende Zulassung).[19]

Auf dem Wege der Selbstmedikation sind auch Arzneimittel erhältlich, die zum Zeitpunkt des Inkrafttretens des AMG am 01. Januar 1978 sich bereits im Verkehr befunden haben. Für diese Arzneimittel waren die Pharmaunternehmen gemäß § 105 Abs. 1 AMG aufgefordert, diese dem BfArM innerhalb einer 6monatigen Frist (01. Juli 1978) unter Mitteilung der Bezeichnung der wirksamen Bestandteile und der Anwendungsgebiete anzuzeigen. Fristgerecht angezeigte Arzneimittel gelten bis zum heutigen Zeitpunkt als „fiktiv" zugelassen, sofern vor Ablauf einer 12-Jahres-Frist (31. Juli 1990) von den Unternehmen ein Antrag auf Verlängerung der Zulassung (sog. *Nachzulassungsantrag*) gestellt wurde. Im Rahmen dieser Nachzulassung sind die Unternehmen verpflichtet, Wirksamkeit und Unbedenklichkeit der im Verkehr befindlichen Arzneimittel nachträglich zu belegen; hierbei kann – wie bei der Neuzulassung – ggf. auf anderes wissenschaftliches Erkenntnismaterial (z.B. Monographien) zurückgegriffen werden. Unternehmen, die für ihre sog. „Alt-Präparate" z.B. den Nachweis der Wirksamkeit nicht erbringen können, haben nach § 105 Abs. 5c AMG die Möglichkeit, ihren Antrag auf Zulassungsverlängerung bis zum Ende des Jahres 1999 zurückzunehmen, mit der Konsequenz, daß die „Alt-Arzneimittel" auf Basis der fiktiven Zulassung noch bis zum 31. Dezember 2004 verkehrsfähig sind. Mit dem aktuell gültigen Stichtag 31. Dezember 1999, der bereits mehrmals nach hinten verschoben wurde, trägt das BfArM der Tatsache Rechnung, daß zu dem ursprünglich im Gesetz verankerten Stichtag (31. Dezember 1995) die Arbeiten für die Umsetzung der Nachzulassung nach § 109a AMG noch nicht abgeschlossen waren.[20]

Von der Pflicht zur (Einzel-)Zulassung freigestellt sind SM-Arzneimittel, falls eine entsprechende *Standardzulassung* existiert. Standardzulassungen liegen vor für Arzneimittel, bei denen eine mittelbare oder unmittelbare Gefährdung der Gesundheit von Menschen nicht zu befürchten ist, weil die Anforderungen an die erforderliche Qualität, Wirksamkeit und Unbedenklichkeit erwiesen sind (§ 36 AMG). Arzneimittel generell, die als homöopathische Arzneimittel in den Verkehr gebracht werden, sind ebenfalls von der Zulassungspflicht freigestellt; für sie existiert nach § 38 AMG lediglich eine Registrierungspflicht beim BfArM.

---

[18] Eine Monographie dokumentiert den aktuellen Stand der wissenschaftlichen Erkenntnis bezüglich Wirksamkeit und Unbedenklichkeit bestimmter Arzneimittel. Vgl. Cranz 1987: 146.

[19] Zum Inhalt und zum Verfahren der bezugnehmenden Zulassung s. Blasius 1998a: 121-124.

[20] Zu Hintergründen, inhaltlichen Anforderungen und Verfahren der Nachzulassung s. ausführlich Blasius 1998a: 129-139.

23

Die große Mehrheit der SM-Präparate unterliegt – wie prinzipiell alle verschreibungspflichtigen Arzneimittel – der Apothekenpflicht, d.h. sie dürfen im Einzelhandel nur in
Apotheken in den Verkehr gebracht werden (§ 43 AMG).[21] Hierdurch wird sichergestellt,
daß die Anwendung von SM-Präparaten auch bei bestimmungsgemäßem Gebrauch zu
keiner gesundheitlichen Gefährdung führt, indem der Apotheker die für eine angemes-
sene Selbstbehandlung notwendigen Informationen über Anwendungsmöglichkeiten,
Dosierungsvorschriften, Risiken, Nebenwirkungen und Unverträglichkeiten bereitstellt.[22]
Außerhalb der Apotheke (z.B. in Drogeriemärkten, Lebensmitteleinzelhandel, Reform-
häuser) dürfen nur sog. freiverkäufliche Arzneimittel in den Verkehr gebracht werden,
wie beispielsweise Teezubereitungen, natürliche Heilwässer, Heilerden, Bademoore,
Pflanzen und Pflanzenteile sowie Mund- und Rachendesinfektionsmittel (§ 44 Abs. 2
AMG).

Neben den generellen Bestimmungen gelten für Arzneimittel zur Selbstmedikation noch
einige spezielle Regelungen. So wurden in Kap. 2.1 die Rezeptfreiheit und der Erstattungsausschluß, als *die* konstitutiven Merkmale von SM-Präparaten herausgestellt. Arzneimittel, die Stoffe mit in der medizinischen Wissenschaft nicht allgemein bekannten
Wirkungen enthalten, unterliegen für mindestens drei Jahre der automatischen Verschreibungspflicht nach § 49 AMG. Im einzelnen bestimmt dieser Paragraph, daß jedes
Arzneimittel ab dem Zeitpunkt seiner Zulassung einer (automatischen) Verschreibungspflicht unterliegt, wenn es (a) bei bestimmungsgemäßem Gebrauch ohne ärztliche Überwachung die Gesundheit von Menschen gefährden kann oder (b) häufig und in sehr
starkem Maße nicht bestimmungsgemäß gebraucht wird und dies die Gesundheit von
Menschen mittelbar oder unmittelbar gefährden kann (§ 48 AMG). Auf Antrag des
Pharmaunternehmens jedoch kann das BMG nach Anhörung eines Sachverständi-
genausschusses die Verschreibungspflicht aufheben. Im Rahmen des Freistellungsan-
trags, der in Fachkreisen als *RX-OTC-Switch* bezeichnet wird, sind vom Unternehmen
Dokumentationen darzulegen zu(r) (1) Wirksamkeit, (2) Selbstmedikationsfähigkeit der
Indikation (Möglichkeit der Diagnose durch den Laien), (3) Unbedenklichkeit (u.a. all-
gemeine Pharmakologie und Toxikologie, Nebenwirkungen, Suchtpotential), (4) Erfahrungen in der bisherigen Arzneimittelanwendung und (5) selbstmedikationsgerechten
Produktinformation.[23]

---

[21] Zum Apothekenmonopol bei der Abgabe von Arzneimitteln s. weiterführend Blasius 1998b: 192 sowie Bundesverband der Pharmazeutischen Industrie 1996a: 94f.
[22] Vgl. Küpper 1989: 77.
[23] Vgl. a. Blasius 1998b: 205f.

24

Insgesamt fördern Freistellungen aus der Verschreibungspflicht das Angebot an SM-Präparaten, erweitern die Therapiemöglichkeiten innerhalb eines Indikationsgebietes oder erschließen neue Anwendungsgebiete für die Selbstmedikation.[24] Im Anhang 1 dieser Arbeit findet sich eine Liste wichtiger Wirkstoffe, die seit 1983 aus der Verschreibungspflicht entlassen worden sind und seitdem für die Selbstmedikation zur Verfügung stehen.

2.2.2 Gesetz über die Werbung auf dem Gebiete des Heilwesens (Heilmittelwerbegesetz)

Das Gesetz über die Werbung auf dem Gebiete des Heilwesens, das sog. Heilmittelwerbegesetz, vom 11. Juli 1965 in der Fassung der Bekanntmachung vom 19. Oktober 1994 schafft den gesetzlichen Rahmen der Werbung für (SM-)Arzneimittel.[25] Das HWG wurde eingeführt mit dem Ziel, „...die Gesundheit des einzelnen und die Volksgesundheit zu schützen."[26] Dabei gehen die Vorschriften dieses Gesetzes über die Regelungen des allgemeinen Wettbewerbsrechts hinaus. Dies ist damit begründbar, daß bei der Arzneimittelanwendung besondere gesundheitliche Risiken auftreten können, vor denen der Gesetzgeber – sofern die Gefährdungen durch die Werbung verursacht werden können – den Verbraucher schützen muß. Entsprechend enthält das HWG i.S. eines wirksamen Verbraucherschutzes einschränkende Vorschriften für die Heilmittelwerbung beim Verbraucher.

Zur Werbung i.S. des HWG gehören Produktinformationen in Wort, Bild und Ton, die mit der Absicht der eigenen oder fremden Absatzförderung veröffentlicht werden. Auch die nach dem AMG für die Kennzeichnung der Behältnisse, äußeren Umhüllungen und Packungsbeilagen von Arzneimitteln vorgeschriebenen Angaben werden als Werbung angesehen.[27]

Der § 4 HWG schreibt bei *jeder* Arzneimittelwerbung einen Katalog von Pflichtangaben vor, die jegliche Werbung für Arzneimittel enthalten muß.[28] Diese Vorschrift hat das Ziel,

---

[24] Vgl. a. die Ausführungen zu den Wachstumsursachen der Selbstmedikation in Kap. 1.1.1.
[25] S. HWG vom 11.7.1965 im BGBl.: I 604 sowie in der Fassung der Bekanntmachung vom 19.10.1994 BGBl.: I 3068.
[26] S. Bundesverband der Pharmazeutischen Industrie 1996b: 971; § 1 HWG.
[27] Vgl. Blasius 1998b: 264.
[28] Als Pflichtangaben muß jede Arzneimittelwerbung enthalten: (1) den Namen oder die Firma und den Sitz des pharmazeutischen Unternehmens, (2) die Bezeichnung des Arzneimittels, (3) die Zusammensetzung des Arzneimittels, (4) die Anwendungsgebiete, (5) die Gegenanzeigen, (6) die Nebenwirkungen, (7) Warnhinweise, soweit vorgeschrieben und (8) bei verschreibungspflichtigen Arzneimitteln der Hinweis „Verschreibungspflichtig".

die Arzneimittelwerbung zu versachlichen, und verlangt daher vom Werbenden ein Mindestmaß an Informationen für das beworbene Produkt. Der Beworbene soll aufgrund dieser Informationen in die Lage versetzt werden, eine sachgerechte Entscheidung zu treffen, ob das Arzneimittel seinen gesundheitlichen Bedürfnissen entspricht.

Besondere Relevanz für das SM-Marketing hat die Werbung außerhalb der Fachkreise, die sog. Publikumswerbung. Während in Fachkreisen grundsätzlich alle Arzneimittel – also auch verschreibungspflichtige Arzneimittel – beworben werden dürfen (§ 10 Abs. 1 HWG), ist im Rahmen der Publikumswerbung ausschließlich die Werbung für nichtverschreibungspflichtige Arzneimittel zulässig, sofern es sich nicht um Schlafmittel, Mittel gegen psychische Störungen oder die Stimmungslage beeinflussende Präparate handelt (§ 10 Abs. 2 HWG). Ergänzend bestimmt § 12 HWG zehn weitere Krankheiten (z.B. organische Krankheiten, Trunksucht, Geisteskrankheiten) die nicht Gegenstand der Publikumswerbung sein dürfen.

Mit der Beachtung der Gesetzesnormen hat ein Unternehmen seine werberechtlichen Verpflichtungen jedoch noch nicht erfüllt. Vielmehr gelten auch sog. *Verbandsdirektiven*, die sich Mitgliedsfirmen im Sinne einer freiwilligen Selbstbeschränkung bei der Werbung für Arzneimittel auferlegen. Von Bedeutung sind hier der Kodex der Mitglieder des Bundesverbandes der pharmazeutischen Industrie (BPI-Kodex) sowie auf europäischer Ebene der Marketingkodex der International Federation of Pharmaceutical Manufacturers Association (IFPMA-Marketingkodex) und der IFPMA-Code of Pharmaceutical Marketing Practices.[29] Sie enthalten jeweils weitere einengende (vereinsrechtliche) Verpflichtungen, die Unternehmen bei der Werbung mit nicht-verschreibungspflichtigen Arzneimittel zu beachten haben.

2.3   Teilnehmer am Selbstmedikationsmarkt

Als Teilnehmer am SM-Markt prägen Verwender, Apotheken, pharmazeutische Großhandlungen, Ärzte bzw. Heilpraktiker und SMU das Marktgeschehen. Welche Aufgaben (Funktionen) dem jeweiligen Marktteilnehmer im SM-Markt zukommt und welche Beziehungen zwischen den Marktpartnern bestehen, wird nachfolgend herausgearbeitet.

---

[29]   Zu den verschiedenen Kodices s. Bundesverband der pharmazeutischen Industrie 1996b: 985-1008 (BPI-Kodex), 1033-1060 (IFPMA-Marketingkodex) und 1061-1086 (IFPMA-Code of Pharmaceutical Marketing Practices).

26

2.3.1 Verwender

Entgegen der dem Markt für verschreibungspflichtige Präparate immanenten Dreitei-
lung der Nachfrage, wo Ärzte die Präparate verordnen, Krankenkassen die Präparate
bezahlen und Verwender die Präparate „konsumieren", ist für den SM-Markt – analog
zu den Konsumgütermärkten – das Zusammenfallen der Nachfragefunktionen Aus-
wählen, Bezahlen und Verbrauchen charakteristisch.[30] Dementsprechend hoch ist auch
die Bedeutung der Verwender als Zielgruppe von Marketingaktivitäten der SMU.

Als *Verwender*[31] werden hier Personen bezeichnet, die nicht-verschreibungspflichtige
Präparate zur therapeutischen Behandlung anwenden oder prinzipiell anzuwenden bereit sind (z.B. Behandlung von Erkältungskrankheiten, Kopfschmerzen u.ä.) und/oder
jeder möglichen Gesundheitsverschlechterung durch die Einnahme von SM-Präparaten
vorbeugen wollen (z.B. Einnahme von Vitamin- oder Mineralstoffpräparaten, Tonika).

Daß es *den* Verwender von SM-Präparaten nicht gibt, zeigen zahlreiche Typologieversu-
che, die zumeist im Auftrag von Zeitschriftenverlagen ermittelt werden.[32] Insgesamt lassen die SM-Verwendertypologien im einzelnen Folgendes erkennen:

(1) *Verwender weisen unterschiedliche Einstellungen und Motive gegenüber der Gesundheit allgemein und der Selbstmedikation im speziellen auf.* Einer im Jahr 1997 durchgeführten repräsentativen Bevölkerungsumfrage[33] zufolge behandeln sich 38%
der Gesamtbevölkerung ab 18 Jahren zu Beginn einer leichten Erkrankung mit
rezeptfreien Arzneimitteln. Die Konsultation des Hausarztes ist bei deutlich
weniger Menschen die bevorzugte Alternative, nämlich nur bei rund 31%. Eine
Behandlung ohne Arzneimitteleinnahme erfolgte bei weiteren 31% der Gesamtbevölkerung ab 18 Jahren. Im Vergleich der Gesamtbevölkerung sind es insbesondere weibliche Personen ab 40 Jahren, die als Käufer rezeptfreier Arzneimittel überdurchschnittlich häufig auftreten und darüber hinaus auch mehr Arz-
neimittelpackungen kaufen als männliche Personen.[34]

---

[30] Vgl. Küpper 1998: 20; Crisand 1996: 145; Uhlmann 1989: 36f.

[31] Synonym auch als Verbraucher, Endkunden oder Konsumenten bezeichnet.

[32] So z.B. Frau im Spiegel 1997: 123-125; Gruner+Jahr 1997: 45-55; Axel Springer Verlag 1993: 18-45; Verlagsgruppe Bauer 1993: 42-67.

[33] S. Frau im Spiegel 1997: 32f. Die Ergebnisse basieren auf einer Untersuchung, bei der jeweils repräsentative Stichproben von deutschsprachigen Frauen und Männern im Alter ab 18 Jahren, die in Privat-
haushalten leben, befragt wurden. Die Stichprobe umfaßte 2.022 Personen, und zwar 1.486 Frauen und
536 Männer.

[34] Motivtypen der Selbstmedikation werden von Frau im Spiegel (1997: 50-57) vorgestellt. Dabei werden
fünf Motivtypen unterschieden: (1) Ärzteskeptiker mit gutem Gesundheitszustand, (2) Unterstützung
der ärztlichen Behandlung bei schlechtem Gesundheitszustand, (3) Gesundheits-Selbstmanager aus
Selbstverantwortung, (4) Ablehnen von Selbstmedikation bei gutem Gesundheitszustand und (5) Ge-
sundheits-Selbstmanager in risikolosen Fällen.

(2) *Verwender betreiben Selbstmedikation in Abhängigkeit vom Schweregrad der Erkran-kung und der Indikationsstellung.* Im Hinblick auf die Anwendungsgebiete von SM-Präparaten ist je nach Verwendertyp ein abnehmender Schweregrad der Krankheitssymptome bzw. der Beschwerden auszumachen. Während sog. „Ge-sundheits-Selbstmanager aus Selbstverantwortung" auch schwerere Beschwer-debilder (z.b. Fieber, Bronchitis, Allergien) auf dem Wege der Selbstmedikation therapieren, schwächen sich die Erkrankungen bzw. Befindlichkeitsstörungen bei „Gesundheits-Selbstmanagern in risikolosen Fällen" deutlich ab; sie kaufen primär Arzneimittel zur Vorbeugung bzw. Prävention (z.b. Abwehrstärkung) oder i.S. einer Begleitmedikation (z.b. Hustenbonbons, Gesundheitstees).

(3) *Verwender erachten unterschiedliche Eigenschaften von SM-Präparaten je nach Indika-tion für wichtig* Während bei SM-Präparaten zur Behandlung von Magenbe-schwerden von mehr als drei Viertel der befragten Verwender Präparateeigen-schaften wie „sehr gute Wirkung" (95%), „hilft bei Schmerzen" (90%), „habe gute Erfahrungen damit gemacht" (90%), „wirkt schnell" (88%) und „angenehm anzuwenden" (82%) als „wichtig" bis „sehr wichtig" erachtet wurden, wurden von mehr als drei Viertel der Verwender von Aufbau- und Stärkungsmitteln folgende Präparateeigenschaften als „sehr wichtig" bis „wichtig" eingestuft: „gute Erfahrung mit dem Präparat" (90%), „gute Information über das Präpa-rat" (85%), „hat eine gute Zusammensetzung" (84%).[35]

(4) *Verwender nutzen im Rahmen ihres SM-Entscheidungsprozesses unterschiedliche In-formationsquellen (z.B. Arzt versus Apotheker).* Sowohl die Ärzte als auch die Apo-theker stellen aufgrund ihrer Fachkompetenz im Umgang mit Arzneimitteln ei-ne bedeutsame Informationsquelle für Verwender dar und treten im SM-Markt als Beeinflusser/Empfehler bei der SM-Präparateauswahl auf.[36]

2.3.2 Öffentliche Apotheken

Rund 86% der Selbstmedikation mit nicht-verschreibungspflichtigen Präparaten fand 1997 in öffentlichen Apotheken[37] statt.[38] Dies unterstreicht die zentrale Bedeutung, die den Apotheken als Vertriebskanal von SM-Produkten zukommt.

Wesentliche Eckdaten der öffentlichen Apotheken in Deutschland sind in Abb. 2-3 zu-sammengefaßt. So versorgten im Jahr 1997 bundesweit 21.457 Apotheken die Bevölke-rung mit Arzneimitteln, was einer Apothekendichte von 3.775 Einwohnern je Apotheke entspricht. Im Zeitablauf hat sich in den alten Bundesländern die Anzahl der Apotheken

---

[35] Vgl. a. Fn 34 in Kap. 3.2.3.1.

[36] Vgl. Küpper 1998: 21f. sowie insbesondere die Ausführungen in Kap. 2.3.2 und 2.3.4.

[37] Im folgenden vereinfachend als Apotheken bezeichnet. Von den öffentlichen Apotheken abzugrenzen sind die Krankenhausapotheken, die hier nicht berücksichtigt werden.

[38] S. ABDA 1998: Abb. 2.

28

Abbildung 2-3:
Eckdaten zu öffentlichen Apotheken in Deutschland

Eckdaten[a] zu öffentlichen Apotheken		Entwicklung 1988-1997[b]
Apothekenzahl:	21.457	+ 0,3% p.a.; seit 1995 + 5,2% p.a. in den NBL
Einwohner je Apotheke:	3.775	+ 0,5% p.a.; seit 1995 - 5,3% p.a. in den NBL
Umsatz je Apotheke[c]	DM 2,03 Mio.	+ 3,0% p.a.
∅ Umsatzrendite[d]	0,4%	- 15,4% p.a.
Beschäftigte:	132.607	+ 3,3% p.a.

a) Die Angaben beziehen sich auf Apotheken in den alten und neuen Bundesländern.
b) Durchschnittliche jährliche Wachstumsraten in den alten Bundesländern.
c) Umsatz auf Basis von Apothekenabgabepreisen.
d) Umsatzrendite vor Steuern.

Quelle: ABDA; eigene Berechnungen.[39]

nur geringfügig von 17.781 Apotheken im Jahr 1988 um durchschnittlich 0,3% p.a. auf 18.306 Apotheken erhöht. Auch die Apothekendichte ist in den vergangenen zehn Jahren in Westdeutschland mit einem durchschnittlichen Wachstum von 0,5% p.a. nahezu konstant geblieben. Anders als in Westdeutschland stellen sich die Marktbedingungen für Apotheken in den neuen Bundesländern dar. Dort stieg die Apothekenzahl von 2.706 im Jahr 1994 um durchschnittlich 5,2% p.a. auf 3.151 Apotheken im Jahr 1997. Im gleichen Zeitraum verringerte sich das Verhältnis „Einwohner je Apotheke" von 5.760 um durchschnittlich 5,3% p.a. auf 4.890 Einwohner je Apotheke. Trotzdem war 1997 die Apothekendichte in Westdeutschland mit 3.775 Einwohner je Apotheke deutlich höher als in Ostdeutschland, wo 4.890 Einwohner auf eine Apotheke kamen.

Der durchschnittliche Umsatz pro Apotheke ist von DM 1,55 Mio. im Jahr 1988 um durchschnittlich 3,0% p.a. auf DM 2,03[40] Mio. im Jahr 1997 gestiegen. Parallel dazu ist – bezogen auf Westdeutschland – jedoch ein drastischer Rückgang der durchschnittlichen Umsatzrendite (vor Steuern) um durchschnittlich 15,4% p.a. auf 0,4% p.a. im Jahr 1997 zu verzeichnen. Dennoch stieg die Beschäftigung in westdeutschen Apotheken um durchschnittlich 3,3% p.a. an, und zwar von 98.585 im Jahr 1988 auf 132.607 Apothekenmitar-

---

[39] Die Daten entstammen der Broschüre „Die Apotheke — Zahlen, Daten, Fakten 1997" sowie den entsprechenden Broschüren der Vorjahre.

[40] Von den DM 2,03 Mio. Umsatz je Apotheke entfielen 78,0% auf verordnete Arzneimittel, 15,5% auf Präparate zur Selbstmedikation, 3,5% auf Krankenpflegeartikel und 3% auf das apothekenübliche Ergänzungssortiment (z.B. Diät- und Ernährungsprodukte, Kosmetika). Vgl. ABDA 1998: Abb. 10.

29

beiter im Jahr 1997. Der konstatierte Rentabilitätsrückgang wird regelmäßig nicht durch ein entsprechendes Umsatzwachstum kompensiert, so daß eine Verschlechterung der Erfolgsposition von Apotheken insbesondere in den alten Bundesländern die Folge ist. So erwirtschafteten 1997 nach Angaben der Bundesvereinigung deutscher Apothekenverbände rund 40% aller bundesdeutschen Apotheken ein negatives Betriebsergebnis.[41]

Angesichts des hohen Umsatzanteils verordneter Arzneimittel am gesamten Apothekenumsatz[42] beschränkte sich die Rolle des Apothekers bislang primär auf eine Verteilungsfunktion, indem Arzneimittel an die Patienten unter Vorlage eines Rezeptes „verteilt" wurden. Demgegenüber erfährt die Rolle der Apotheken bei der Selbstmedikation einen Wandel dergestalt, daß die bloße Verteilungsfunktion[43] zugunsten einer aktiveren *Informations- und Beratungsfunktion*[44] in den Hintergrund tritt. Dies ist in der besonderen Erklärungsbedürftigkeit des Gutes Arzneimittel und der daraus resultierenden Notwendigkeit einer fachkundigen Beratung begründet. So gehört es im Rahmen der Selbstmedikation zu den Hauptaufgaben der Apotheken, (1) die Verwender als medizinische Laien über Möglichkeiten und Grenzen einer sinnvollen und angemessenen Selbstbehandlung zu informieren und (2) im Sinne der Arzneimittelsicherheit die Verbraucher mit der ordnungsgemäßen Anwendung geeigneter Präparate vertraut zu machen. Konkret kommt die Informations- und Beratungsfunktion der Apotheken im SM-Bereich darin zum Ausdruck, daß sie die Verwender u.a. über Anwendungsmöglichkeiten, Dosierungsvorschriften, Nebenwirkungen und Wechselwirkungen von SM-Präparaten mit anderen Arzneimitteln informieren. Die Beratungsfunktion der Apotheken manifestiert sich beispielsweise in der Empfehlung eines der Befindlichkeitsstörung in Stärke und Indikation angemessenen nicht-verschreibungspflichtigen Präparates.

Infolge der verstärkten Beratungs- und Informationsfunktion der Apotheken steigt auch ihr Einfluß auf die Wahl und damit auf den Absatz nicht-verschreibungspflichtiger Präparate, was sie aus SMU-Sicht als Marketingzielgruppe bedeutsam werden läßt.[45] Ent-

---

41 Vgl. ABDA 1998: Abb. 11.

42 Vgl. Fn 40 in diesem Kapitel.

43 Die Apotheken sind bei der Ausgabe von Arzneimitteln, die von einem Arzt verordnet wurden, grundsätzlich an die Verschreibung der Ärzte gebunden (Substitutionsverbot der Apotheker). Nur wenn ein Arzt ausdrücklich einen Wirkstoff verschreibt (z.B. Ambroxol) oder zusätzlich zum Präparatenamen „aut simile" vermerkt, sind die Apotheken berechtigt, ein anderes als das auf dem Rezept verordnete Präparat auszugeben.

44 Zur veränderten Rolle der Apotheken im Rahmen der Selbstmedikation s. Theimann 1997: 24-26; Rassat 1995: 383f; AESGP 1993: 16-19; Walluf-Blume 1993: 878.

45 Eine steigende Bedeutung der Apotheken im SM-Bereich konstatieren u.a. Küpper 1998: 25; Benatzky 1995: 117; Walluf-Blume 1995b: 357; Blesel 1994: 48f.; o.V. 1994b: 9; AESGP 1993: 17. Brown (1996: 3) spricht sogar von einem apothekenkontrollierten SM-Markt.

sprechend kommt dem apothekengerichteten Marketing der SMU eine große Bedeutung zu, da die Apotheken mit ihrer Nähe zu den Verwendern den SMU wertvolle Unterstützung beim Absatz ihrer SM-Arzneimittel bieten können.[46]

2.3.3 Pharmazeutischer Großhandel

Auch wenn der pharmazeutische Großhandel aufgrund seines mangelnden direkten Einflusses auf die Verwendernachfrage i.S. des Verkaufs eines bestimmten SM-Präparates bislang als Marktteilnehmer im SM-Segment häufig vernachlässigt worden ist,[47] stellt er dennoch die bedeutendste Nachfragergruppe für SM-Unternehmen dar. So wurden nach Schätzung erfahrener Praktiker[48] Mitte der 90er Jahre in Deutschland mengenmäßig ca. 85% aller nicht-verschreibungspflichtigen Präparate über den pharmazeutischen Großhandel an die öffentlichen Apotheken geliefert.[49]

Derzeit gibt es in Deutschland 18 pharmazeutische Großhandlungen mit insgesamt 108 lokalen Betriebsstätten. Die fünf größten der 18 Großhandlungen hielten im Jahr 1995 zusammen einen Marktanteil von 85%.[50] Bis auf wenige private Großhandlungen läßt sich der Pharmagroßhandelsmarkt in drei Anbietergruppen gliedern: (1) der Phönix-Pharmahandel, der ein Zusammenschluß von fünf Pharmagroßhändlern darstellt und zur Merckle-Gruppe[51] gehört, (2) die genossenschaftlich organisierten Großhändler wie Sanacorp, Anzag, Noweda sowie (3) die Gehe-Pharmagroßhandlung.[52] Die Marktstruktur des Pharmagroßhandels in Deutschland verdeutlicht Abb. 2-4.

In Deutschland erzielten die Pharmagroßhandlungen im Jahr 1995 einen Umsatz von insgesamt DM 31,0 Mrd. Als marktführender Pharmagroßhandel ist mit einem Anteil von 31% der Phoenix-Pharmahandel zu erkennen. Mit deutlichem Abstand folgen Gehe

---

[46] Zur Bedeutung der Apotheken im Rahmen der Selbstmedikation vgl. für viele Kohout 1998: 96 u. 98; Küpper 1998: 24; Crisand 1996: 147 u. 154; Rassat 1995: 383f., Rassat 1992b: 10f.

[47] Lediglich Benatzky (1995: 114-117) stellt Überlegungen zur strategischen Einbindung des Pharmagroßhandels in das SM-Marketing an.

[48] Der Verfasser dankt Herrn H. Ringenaldus, Geschäftsführer des Bundesverbandes des pharmazeutischen Großhandels (PHGRO) für ein ausführliches Telefongespräch am 28.7.1997. Zu ähnlichen Schätzungen gelangen auch Benatzky 1995: 106 und Hilleke-Daniel 1989: 98.

[49] Wertmäßig wird der Anteil der über den Pharmagroßhandel an die Apotheken gelieferten SM-Präparate geringer ausfallen, da es sich bei SM-Präparaten um vergleichsweise preisgünstige Präparate handelt. Nach Schätzungen der ABDA liegt der wertmäßige Anteil zwischen 70 und 75%.

[50] Vgl. Tuckermann 1996: 8.

[51] Zur Merckle-Gruppe gehört auch das Pharmaunternehmen Ratiopharm.

[52] Zur Struktur des Großhandelsbereichs in Deutschland s. a. Küpper 1998: 22f., Benatzky 1995: 106-111, Fink-Anthe 1995: 44f.

31

Abbildung 2-4:
Marktstruktur des Pharmagroßhandels in Deutschland

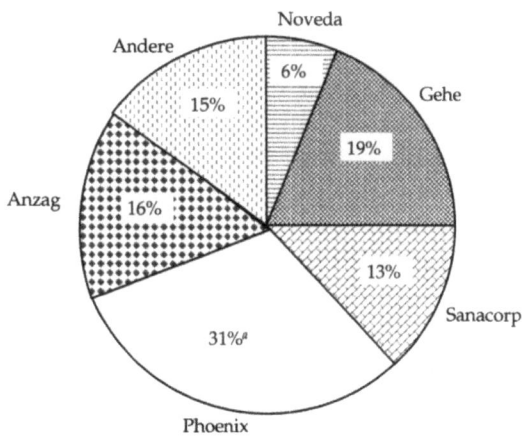

Umsatz 1995 = DM 31,0 Mrd.

a) Zahlenangabe: Umsatzanteile 1995.

Quelle: Tuckermann 1996: 10.

(19%), Anzag (16%) und Sanacorp (13%). Dies verdeutlicht den hohen Konzentrationsgrad des Pharmagroßhandelsmarktes in Deutschland.

Grundsätzlich nimmt der Pharmagroßhandel als Mittler zwischen SMU und den öffentlichen Apotheken eine wichtige Lagerhaltungs- und Distributionsfunktion wahr.[53] So
übernimmt der Pharmagroßhandel sowohl die Lagerung als auch durch Aufrechterhaltung eines Vollsortimentes die kurzfristige Belieferung aller Apotheken (bis zu dreimal
am Tag) mit verschreibungs- und nicht-verschreibungspflichtigen Arzneimitteln und
Produkten aus dem Apothekenrandsortiment (z.B. Kosmetika, Diagnostika). Zusätzlich
zu den Grundleistungen bietet der Pharmagroßhandel den Apotheken zusätzliche
Dienstleistungen im Bereich der Weiterbildung, des wissenschaftlichen Informations-
dienstes und des Marketings für OTC-Präparate an. Aufgrund ihrer Marktnähe zur Apotheke sind sie zugleich auch ein interessanter Marktpartner für SMU, denn der Phar-

---

[53] Vgl. zu den Aufgaben des Pharmagroßhandels im Rahmen der Arzneimittelversorgung Siecker 1996:
207-221; Benatzky 1995: 106-117; Platford 1995: 83, 86.

magroßhandel kann eine wertvolle Unterstützung bei Marketing und Vertrieb von nicht-verschreibungspflichtigen Präparaten leisten.[54]

2.3.4   Ärzte bzw. Heilpraktiker

Im Jahr 1997 gab es bundesweit 282.737 praktizierende Ärzte, von denen 114.955 (= 41%) als niedergelassene Ärzte tätig waren.[55] Die historische Entwicklung der Zahl der nieder-gelassenen Ärzte zeigt, daß in den alten Bundesländern zwischen 1990 und 1994[56] die Zahl niedergelassener Ärzte im Durchschnitt um 4,7% p.a. von 75.251 auf 90.406 Ärzte gestiegen ist. Von den niedergelassenen Ärzten abzugrenzen sind die (kassen)zu-gelassenen Vertragsärzte (sog. Kassenärzte), zu denen – bezogen auf das gesamte Bun-desgebiet – im Jahr 1997 etwa 110.000 Ärzte gehörten.[57] Betrachtet man die Entwicklung der Zahl der Vertragsärzte, so ist auch hier ein positiver Wachstumstrend festzustellen: Die Zahl der niedergelassenen Ärzte mit Kassenzulassung stieg in den alten Bundeslän-dern von 71.711 im Jahr 1990 um durchschnittlich 5,6% p.a. auf 89.233 Ärzte im Jahr 1994 an.[58] Da die Vertragsärzte als Teilmenge der niedergelassenen Ärzte aufzufassen sind, wird im weiteren Verlauf der Arbeit auf die niedergelassenen Ärzte Bezug genommen.

Entgegen der traditionellen Rolle des Arztes, die sich in der Krankheitsdiagnose, der Therapieauswahl und -durchführung und letzten Endes im Ausstellen eines Rezeptes manifestiert, agiert der Arzt bzw. der Heilpraktiker[59] im Bereich der Selbstmedikation in erster Linie als Beeinflusser, indem er im Rahmen der Selbstbehandlung eine *Informati-ons- bzw. Empfehlungsfunktion* wahrnimmt. Die Informations- bzw. Empfehlungskompe-tenz des Arztes rührt aus der Tatsache, daß ihm eine hohe Kompetenz in der Gesund-heitsberatung von Seiten der Verwender zugesprochen wird. Dies ist u.a. das Ergebnis einer 1995 vom Emnid-Institut im Auftrag der Stada AG durchgeführten repräsentativen Untersuchung bei über 2.000 Verwendern.[60] Danach gaben 88% der männlichen und 86%

---

[54]   S. a. Kap. 3.2.3.4, Abb. 3-6.

[55]   Von den 282.737 Ärzten sind weitere 48% der Ärzte in Krankenhäusern beschäftigt und 12% bei Be-hörden, Bundeswehr, Körperschaften sowie Industrie und Forschung. Vgl. Bundesärztekammer 1998. Zahlenangaben über die Anzahl der Heilpraktiker in Deutschland lagen dem Verfasser nicht vor.

[56]   Zahlenangaben für weitere Jahre lagen bei der Bundesärztekammer nicht vor, da die Arztzahlen ab 1994 nur noch für das gesamte Bundesgebiet erfaßt werden.

[57]   Vgl. Kassenärztliche Bundesvereinigung 1998. Daß die Zahl der Vertragsärzte nicht mit der Zahl zu-gelassener Ärzte übereinstimmt, ist auf die privat abrechnenden Ärzte zurückzuführen, die in der Sta-tistik der Kassenärztlichen Bundesvereinigung nicht erfaßt sind.

[58]   Zur Vergleichbarkeit der Entwicklungstrends wurde auch hier auf den Zeitraum 1990 bis 1994 Bezug genommen.

[59]   Im folgenden wird nicht explizit zwischen Ärzten und Heilpraktikern unterschieden.

[60]   Zu dieser Untersuchung s. Draxler 1996: 8f.; Stada AG 1996.

der weiblichen Befragten an, in Gesundheitsfragen vordringlich vom Arzt beraten zu werden. Als Gründe für die bevorzugte Beratung durch den Arzt wurden mehrheitlich die besondere Kompetenz des Arztes sowie das bestehende Vertrauensverhältnis zum Arzt angeführt.

Befragungen bei niedergelassenen Ärzten haben dagegen ergeben, daß vom Arzt selbst noch relativ selten eine aktive Information des Patienten bzw. eine aktive Empfehlung zum Kauf von SM-Präparaten erfolgt.[61] Als Gründe für das eher zurückhaltende Informations- und Empfehlungsverhalten der Ärzte sind *einerseits* die zurückhaltende Einstellung der Ärzte zur Selbstmedikation aufgrund der Gefahr der Arzneimittelfehlanwendung sowie der Möglichkeit der Krankheitsverschleppung wegen falscher Selbstdiagnose zu nennen. *Andererseits* liegt das passive Informations- und Empfehlungsverhalten der Ärzte, nach Auffassung von Praktikern, auch in den negativen ökonomischen Konsequenzen der Selbstmedikation für die Ärzte begründet. So befürchten zahlreiche Ärzte den Verlust von Krankenscheinen und damit verbunden individuelle Einkommenseinbußen aufgrund von eigenständigen Wiederholungskäufen der Verwender von zuvor vom Arzt empfohlenen nicht-verschreibungspflichtigen Präparaten.[62]

Daß die Ärzte im Hinblick auf die Selbstmedikation in der Praxis informierend bzw. empfehlend tätig sind, belegt eine vom Bundesfachverband der Arzneimittelhersteller in Auftrag gegebene Studie. Sie zeigt, daß von den 44% der Verwender, denen der Arzt eine von ihm selbst ausgehende oder vom Verwender gewünschte Information bzw. Empfehlung zum Selbstkauf von Präparaten gegeben hat, 85% dieser Empfehlung gefolgt sind und das Präparat gekauft haben.[63]

Die Tatsache, daß der Arzt als Informant über bzw. Empfehler von nicht-verschreibungspflichtigen Präparaten tätig ist, macht ihn auch als Marktpartner für SMU interessant. Das Interesse der SMU an den Ärzten verstärkt sich in letzter Zeit insbesondere deswegen, weil ökonomische Aspekte (z.B. Überschreitung des Arzneimittelbudget) sowie Ein-

---

[61] Vgl. die Studie des Emnid-Instituts, die 1994 im Auftrag eines Pharmaunternehmens zum Thema „Arztgestützte Selbstmedikation/Empfehlungen zum Selbstkauf" durchgeführt wurden. Angaben zur Untersuchungsmethodik sowie zur Anzahl der befragten Ärzte lagen dem Verfasser nicht vor. Vgl. Emnid 1994.

[62] Für eine Diskussion bezüglich der Einstellung der Ärzte zur Selbstmedikation s. Madhavan/Gore 1994: 57f.; o.V. 1994a: 2; Rahner 1994: 162; Cranz 1987: 126-128; Cranz 1985: 211-216.

[63] In dieser von der Infratest Gesundheitsforschung, München 1994 durchgeführten Untersuchung wurden 2.562 Personen, repräsentativ für die Gesamtbevölkerung über 16 Jahre in Deutschland, befragt. Die Studie stellt eine Wiederholungsstudie von einer 1990 erstmalig durchgeführten Erhebung dar und dokumentiert die Auswirkungen des 1993 in Kraft getretenen Gesundheitsstrukturgesetzes auf die gesundheitspolitische Entwicklung in Gesamtdeutschland und auf die Bedeutung der Selbstmedikation. Vgl. Bundesfachverband der Arzneimittel-Hersteller 1995d.

34

stellungsveränderungen bei den Ärzten fördernde Impulse zur aktiven Empfehlung von SM-Präparaten erwarten lassen. Angesichts dessen gilt es aus Sicht der SMU, den Arzt im Rahmen seiner Empfehlungs- bzw. Informationstätigkeit für die eigenen SM-Präparate zu gewinnen.

2.3.5 Selbstmedikationsunternehmen

Pharmaunternehmen treten im SM-Markt als Anbieter auf. Dabei handelt es sich sowohl um inländische wie auch um ausländische Pharmaunternehmen. Die überwiegende Anzahl der Arzneimittel-Hersteller ist zu den mittelständischen Unternehmen zu zählen.[64] Die zehn führenden Unternehmen im SM-Markt vereinigen rund 32% des erzielten SM-Umsatzes auf sich. Dies spiegelt den hohen Konzentrationsgrad auf der SM-Anbieterseite wider. Abb. 2-5 zeigt zur Verdeutlichung die Marktanteile der zehn führenden SM-Anbieter in Deutschland. Demnach wird der deutsche SM-Markt im wesentlichen von Unternehmen beherrscht, die einem großen Pharma-Konzern zugehörig sind. Zudem ist festzustellen, daß vier der zehn führenden SM-Anbieter in Deutschland einem international tätigen Pharmaunternehmen angehören. Damit wird die zunehmende Internationalisierung des Wettbewerbs im deutschen SM-Markt deutlich.

Insgesamt können die im deutschen SM-Markt aktiven Pharmaunternehmen in drei Gruppen von SM-Anbietern eingeteilt werden:

(1) *SM-Vollsortimenter:* Dabei handelt es sich um SM-Anbieter, die über ein breites Sortiment an nicht-verschreibungspflichtigen Präparaten verfügen und deren OTC-Umsatz zum größten Teil aus dem SM-Geschäft generiert wird; der Rest stammt aus verordneten rezeptfreien Präparaten. Zu den SM-Vollsortimentern im hier verstandenen Sinne sind Unternehmen wie M.C.M Klosterfrau, Bayer-Vital oder Merck Produkte (Mepro) zu rechnen.

(2) *SM-Schwellenanbieter:* So können Unternehmen gekennzeichnet werden, deren ausschließlich nicht-verschreibungspflichtiges Präparatesortiment primär zur Verordnung beim Arzt positioniert ist und deren SM-Umsatz bislang weniger als die Hälfte zum Pharmagesamtumsatz beiträgt. Aufgrund eines weiterhin restriktiven Verordnungsverhaltens der Ärzte sowie weiterer Entlassungen aus der Verschreibungspflicht in der Zukunft ist jedoch ein stetiger Anstieg des SM-Umsatzanteils bei diesen Pharmaunternehmen zu erwarten. Zu dieser Gruppe von SM-Anbietern zählen beispielsweise Zyma, Schaper & Brümmer sowie Sanofi Winthrop.

---

[64] Vgl. Bundesverband der Pharmazeutischen Industrie 1996c: 7.

Abbildung 2-5:
Führende Anbieter im deutschen SM-Markt

Führende Anbieter im deutschen SM-Markt	SM-Marktanteil[a] 100% = DM 9,0 Mrd.
M.C.M. Klosterfrau	5,9%
Bayer Vital	5,1%
Boehringer Ingelheim	4,0%
Ratiopharm	3,7%
Novartis	2,9%
Roche Nicholas	2,3%
Strathmann	2,1%
Stada	2,0%
SmithKline Beecham	1,9%
Whitehall-Much	1,8%

a) Marktanteilsangaben sind 12-Monatswerte für den Zeitraum 04/97 bis 04/98 für das gesamte Bundesgebiet in und außerhalb der Apotheke.

Quelle: *Institut für medizinische Statistik.*

(3) *Fokussierte SM-Anbieter:* In diesen Unternehmen stellt das SM-Marktsegment bisweilen nur ein Teil, z.T. nur ein kleiner Teil, des gesamten Pharmaumsatzes dar. Fokussierte SM-Anbieter konzentrieren sich ausschließlich auf spezifische Verwender- und/oder Produktgruppen. Sie bieten vorrangig verschreibungspflichtige Präparate an bzw. positionieren ihre rezeptfreien Arzneimittel vorwiegend beim Arzt, während die Selbstmedikation nur von untergeordneter Bedeutung ist. Als Beispiele sind Pharmaunternehmen wie CT-Arzneimittel und Thiemann Arzneimittel zu nennen.

Wenn auch die Kategorisierung der im SM-Markt agierenden Anbieter wissenschaftlichen Anforderungen nicht in ausreichendem Maße genügt, so ist die oben vorgenommene Abgrenzung als ein erster Versuch zu werten, der Heterogenität der SM-Anbieterstruktur in Deutschland zu begegnen.

2.4   Marktgröße und Indikationsschwerpunkte des Selbstmedikationsmarktes in Deutschland

Um ein grundlegendes Verständnis für die Situation des SM-Marktes in Deutschland bis Ende 1997 zu schaffen, werden in diesem Kapitel wesentliche Eckdaten des Marktes im Überblick dargestellt.[65] Zunächst zeigt Abb. 2-6 die *Entwicklung des Umsatzes* im deutschen SM-Markt.

Abbildung 2-6:
Entwicklung des SM-Umsatzes in der Apotheke in Deutschland 1988-1997
– zu Endverbraucherpreisen –

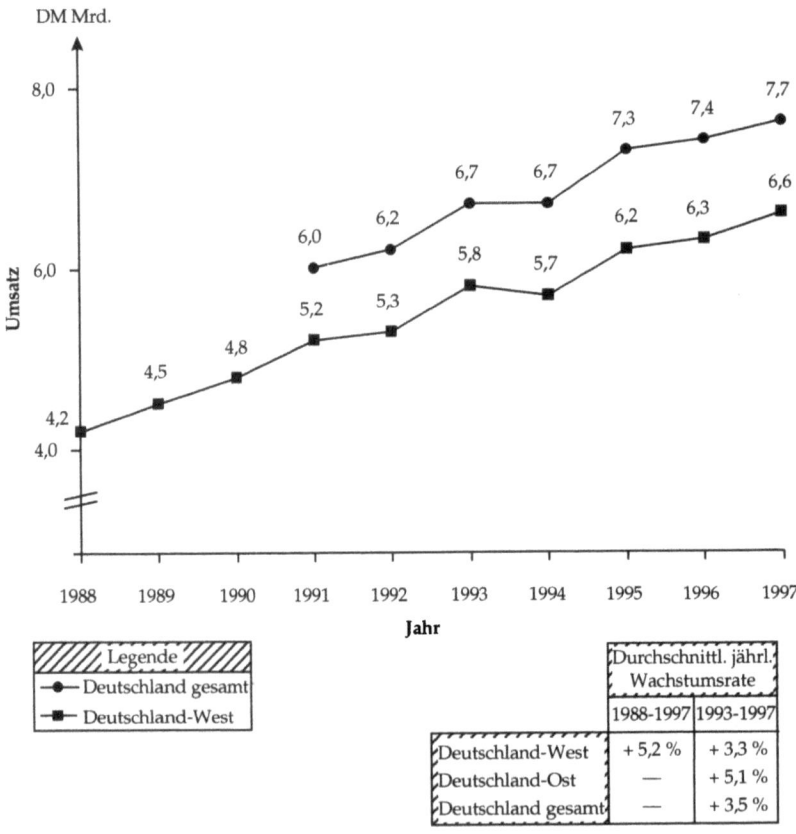

Quelle: BAH-Statistiken 1988-1997; eigene Berechnungen.

---

[65]   Aus Aktualitätsgründen werden im folgenden Marktdaten bis einschließlich 1997 in die Analyse einbezogen, auch wenn die eigene empirische Datenerhebung sich auf das Jahr 1995 bezieht.

Demnach ist in den alten Bundesländern zwischen 1988 bis 1997 die Selbstmedikation mit rezeptfreien Präparaten in der Apotheke von DM 4,2 Mrd. nominal um durchschnittlich 5,2% p.a. auf DM 6,6 Mrd. gewachsen; wobei allerdings seit 1993 eine Abschwächung der Wachstumsrate auf durchschnittlich 3,3% p.a. stattgefunden hat. Wenngleich als Ursache für diese Abschwächung in erster Linie Maßnahmen anzusehen sind, die primär den Verordnungsmarkt betreffen, so blieben diese nicht ohne Auswirkungen auf den SM-Markt. Vor allem budgetbedingte Sparmaßnahmen der Ärzte bewirkten eine Verringerung der Rezeptzahl, wodurch gleichzeitig die Kundenfrequenz in der Apotheke mit der Konsequenz abnahm, daß Verbraucher seltener den Weg in die Apotheke fanden und sog. „Mitnahmeeffekte", die häufig im Kauf eines SM-Präparates bestehen, deutlich zurückgingen. Anders gestaltet sich die Situation in den neuen Bundesländern, wo hohe Zuwachsraten bei einer SM-Marktgröße von DM 1,1 Mrd. im Jahr 1997 – bezogen auf die Selbstmedikation in der Apotheke – zu verzeichnen sind. So stieg der Umsatz mit SM-Präparaten in der Apotheke seit 1993 – wenn auch auf deutlich niedrigem Niveau – von DM 0,9 Mrd. nominal um durchschnittlich 5,1% p.a. auf DM 1,1 Mrd. an. Verantwortlich hierfür sind vor allem die z.T. drastischen Verordnungsrückgänge rezeptfreier Arzneimittel, die durch Selbstkäufe teilweise kompensiert wurden. Im ganzen ergab sich bundesweit damit zwischen 1993 und 1997 ein moderates Wachstum des SM-Umsatzes in der Apotheke um durchschnittlich 3,5% p.a. auf eine Marktgröße von zuletzt DM 7,7 Mrd.[66]

Die positive Umsatzentwicklung der Selbstmedikation ist zu einem erheblichen Teil mengeninduziert. Dies zeigt die historische *Entwicklung des Absatzes* von SM-Präparaten in den Jahren 1988 bis 1997 (s. Abb. 2-7). So stieg in Westdeutschland die Anzahl der in der Apotheke auf dem Wege der Selbstmedikation abgegebenen Präparate zwischen 1988 und 1997 um durchschnittlich 2,9% p.a. auf 494 Mio. PE. Während seit 1993 in Westdeutschland im Durchschnitt nahezu ein Nullwachstum festzustellen ist, ergab sich im gleichen Zeitraum in Ostdeutschland mit einem durchschnittlichen Wachstum von 1,9% p.a. ein leicht positives Mengenwachstum. Insgesamt hat im gesamten Bundesgebiet der SM-Präparateabsatz in der Apotheke zwischen 1993 und 1997 um durchschnittlich 0,9% p.a. zugenommen und belief sich 1997 auf 591 Mio. PE. Als Grund für den Mehrabsatz von SM-Präparaten führt der Bundesfachverband der Arzneimittel-Hersteller in erster Linie eine substitutive Beziehung zwischen dem ärztlichen Verordnungsverhalten von rezeptfreien Präparaten und der Selbstmedikation an. Derartige Subitutionsbeziehungen

---

[66] Zu den Wachstumsursachen der Selbstmedikation in Deutschland vgl. Kap. 1.1.1.

38

Abbildung 2-7:
Entwicklung des Absatzes im SM-Markt in der Apotheke
in Deutschland 1988-1997

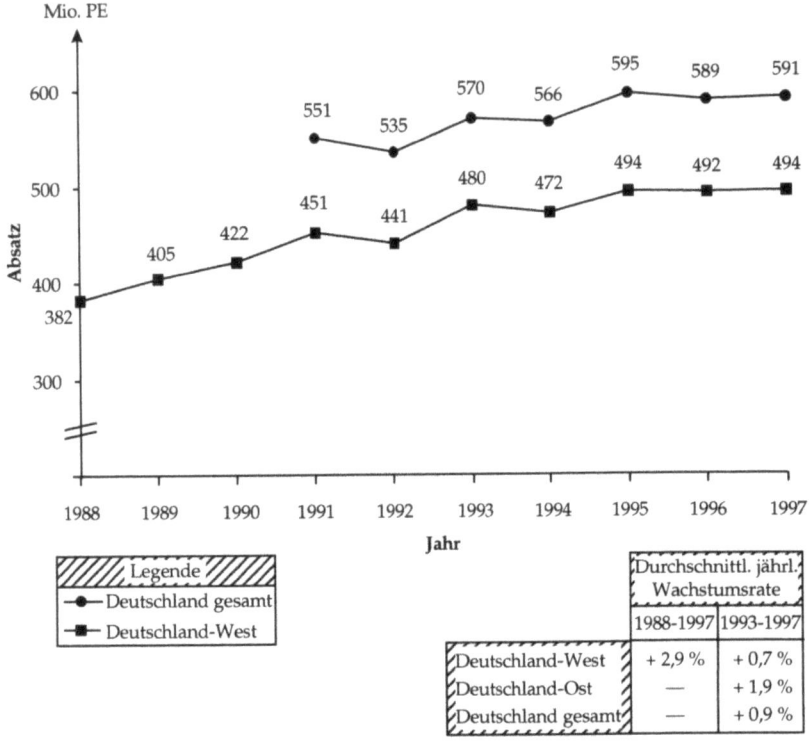

	Durchschnittl. jährl. Wachstumsrate	
	1988-1997	1993-1997
Deutschland-West	+ 2,9 %	+ 0,7 %
Deutschland-Ost	—	+ 1,9 %
Deutschland gesamt	—	+ 0,9 %

Quelle: BAH-Statistiken 1988-1997; eigene Berechnungen.

treffen zwar partiell zu,[67] über die Jahre hinweg können diese jedoch nach unserer Einschätzung nicht generell bestätigt werden. So zeigt eine Betrachtung der Absatzentwicklung in Westdeutschland in den Jahren 1988 bis 1997, daß einem im Durchschnitt stagnierenden Absatz verordneter rezeptfreier Präparate (Mengenwachstum: - 0,2% p.a.) ein durchschnittlicher Mehrabsatz von SM-Präparaten in Apotheken von 2,9% p.a. gegenübersteht. Demnach ist die positive Absatzentwicklung im SM-Markt nur zum Teil auf *strukturelle* Verschiebungen innerhalb des OTC-Marktes zurückzuführen, der andere Teil liegt offenbar in einem „Mehrkonsum" von SM-Präparaten begründet, der u.a. Aus-

---

[67] Im Jahre 1993 stand einem Verordnungsrückgang bei rezeptfreien Präparaten von 37 Mio. PE gegenüber dem Vorjahr ein Mehrverkauf von SM-Präparaten von 39 Mio. PE gegenüber. Derartige substitutive Beziehungen sind auch in den Jahren 1989 und 1992 beobachtbar.

druck des gestiegenen Gesundheitsbewußtseins der Bevölkerung in den letzten Jahren
ist.

Die *Entwicklung der Preise* für die auf dem Wege der Selbstmedikation abgegebenen Präparate (s. Abb. 2-8) zeigt, daß der SM-Markt aus preislicher Sicht für SMU eher unattraktiv ist.

Abbildung 2-8:
Entwicklung der Durchschnittspreise für SM-Präparate in der Apotheke in Deutschland-West 1988-1997

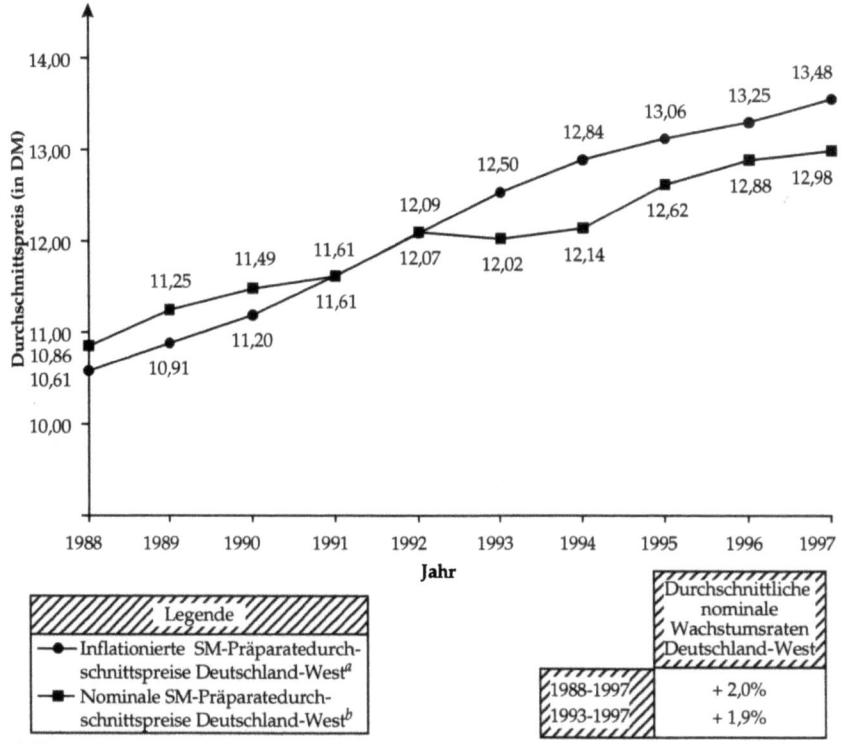

a) Entwicklung der Lebenshaltungskosten aller privaten Haushalte in Deutschland-West;
Index: 1991 = 100.
b) Durchschnittspreise für SM-Präparate in Apotheken zu Endverbraucherpreisen.

Quelle: BAH-Statistiken 1988-1997; Statistisches Bundesamt 1998: 7; eigene Berechnungen.

Bei dieser Attraktivitätsbeurteilung wird unterstellt, daß die Kostensteigerungsraten für
Inputfaktoren von SMU zumindest in den letzten vier Jahren des Betrachtungszeitraums

in Abb. 2-8 über der am Markt durchsetzbaren Preissteigerung für SM-Präparate lagen und damit die Profitabilität dieser Präparate im Mittel eher abgenommen hat.

In den alten Bundesländern ist der Durchschnittspreis für SM-Präparate in der Apotheke zwischen 1988 und 1997 nominal um durchschnittlich 2,0% pro Jahr auf DM 12,98 je Pakkung gestiegen. Demgegenüber betrug für den gleichen Zeitraum die durchschnittliche Inflationsrate in den alten Bundesländern 2,7%.[68] Damit blieb die Entwicklung des Preisniveaus im SM-Segment deutlich hinter der Inflationsentwicklung zurück, so daß die SM-Präparatepreise seit 1991 real zurückgegangen sind. Die Tatsache, daß die SM-Präparatepreise seit 1991 real gesunken sind, ist mit der Einführung des Preismoratoriums[69] im Jahre 1992 erklärbar. Denn das Preismoratorium schrieb eine Absenkung der Arzneimittelpreise bei rezeptfreien Präparaten um 2,0% vor. Insgesamt gibt die vorgestellte SM-Präparatepreisentwicklung Anlaß zu der Vermutung, daß es sich beim SM-Markt um einen Nachfragermarkt handelt, in dem von etlichen SM-Anbietern Erfolge über einen niedrigen Präparatepreis angestrebt werden. Untermauert wird diese Vermutung durch Crisand (1996: 149), der für OTC-Markenpräparate eine „OTC-Schallgrenze" bei DM 20,00 pro Packung sieht.

Die Entwicklung des SM-Marktes verlief differenziert nach *Indikationsgruppen* sehr uneinheitlich. Dies läßt sich an den in Abb. 2-9 dargestellten Umsatzgrößen einzelner Indikationsbereiche in der Apotheke und deren Veränderung zum Vorjahr erkennen. Das Umsatzwachstum der Selbstmedikation in Westdeutschland schlug sich 1997 mit Abstand am deutlichsten in der Indikation „Rheuma-/Muskelschmerz" nieder, gefolgt von „Vitaminen/Mineralstoffen/Spurenelementen" sowie den Husten- und Erkältungsmitteln, die 1997 jeweils ein Umsatzwachstum von mehr als 5% gegenüber dem Vorjahr verzeichnen konnten. Die deutlichen Umsatzwachstumsraten sind dabei auf verschiedene Faktoren zurückzuführen. So erklärt sich die starke Expansion der Rheuma- und Muskelschmerzpräparate sowie der Husten- und Erkältungsmittel einerseits aus Verordnungsrückgängen, die in diesen Indikationsgruppen bereits seit längerem zu beobachten sind, andererseits ist das Umsatzwachstum in diesen Indikationen induziert durch Freistellungen von Substanzen aus der Verschreibungspflicht (z.B. Ibuprofen flüs-

---

[68]   Vgl. Statistisches Bundesamt 1998: 7.

[69]   Das Preismoratorium legte fest, daß die Herstellerabgabepreise apothekenpflichtiger Arzneimittel, die nicht der Verschreibungspflicht unterliegen, in den Jahren 1993 und 1994 höchstens 98% der am 01. Mai 1992 geltenden Preise betragen durften. Bei apotheken- und verschreibungspflichtigen Medikamenten, für die am 01. Januar 1993 kein Festbetrag galt, durften die Preise analog nur 95% bezogen auf den Stand im Mai 1992 betragen.

Abbildung 2-9:
Marktgrößen der Selbstmedikation in ausgewählten
Indikationsbereichen in Apotheken 1997

Indikationsbereiche der Selbstmedikation	Umsatz in Apotheken[a] (in DM Mio.)	Veränderung zum Vorjahr
Husten-, Erkältungsmittel	1.459	+ 5,3%
Magen und Verdauung	945	+ 4,5%
Schmerzmittel	934	+ 3,1%
Hautmittel	773	- 0,1%
Vitamine, Mineralstoffe, Spurenelemente	734	+ 9,9%
Rheuma-, Muskelschmerz	537	+ 30,0%
Herz-, Kreislauf-, Venenmittel	506	+ 2,4%
Tonika, Geriatrika	409	- 28,2%

a) Die Umsatzangaben erfolgen zu Endverbraucherpreisen und beziehen sich auf die alten und neuen Bundesländer.

Quelle: BAH-Statistiken 1998; eigene Berechnungen.

sig). Speziell für die Husten- und Erkältungsmittel waren auch die saisonalen Einflüsse (z.B. Grippewelle) stark wachstumsfördernd. Im Hinblick auf Tonika und Geriatrika ist 1997 gegenüber dem Vorjahr in der Apotheke ein drastischer Umsatzrückgang von -28% zu beobachten. Die Ursache hierfür ist primär auf eine Verlagerung der Einkäufe aus der Apotheke in die Drogerie- und Verbrauchermärkte zurückzuführen. Das spürbare Umsatzwachstum anderer wichtiger Indikationsgruppen, wie beispielsweise Vitamine-, Mineralstoffe und Spurenelemente, kann als Ausdruck des gestiegenen Gesundheitsbewußtseins der Bevölkerung verstanden werden, was zugleich den präventiven Charakter der Selbstmedikation hervorhebt.

2.5 Implikationen der strukturellen und wirtschaftlichen Rahmenbedingungen des Selbstmedikationsmarktes für die eigene Untersuchung

Bei der Frage nach den Implikationen der in den vorhergehenden Kapiteln dargestellten strukturellen und wirtschaftlichen Rahmenbedingungen des SM-Marktes für die eigene Untersuchung dürfen vier wesentliche Aspekte nicht übersehen werden:

(1) Angesichts der Spezifität des Marktes für Selbstmedikation, die im wesentlichen in den angebotenen Arzneimitteln und den gesetzlichen Rahmenbedingungen begründet liegt, ist die Selbstmedikation als ein eigenständiges Marktsegment aufzufassen, in dem traditionelle Pharmamarktteilnehmer veränderte Funktionen bzw. Rollen wahrnehmen. Dies erlaubt es auch, das SM-Marketing insgesamt als eine selbständige Disziplin im Rahmen des (Pharma-)Marketing zu begreifen, was letztlich die *branchen-/marktspezifische* Auseinandersetzung mit dem Themenkomplex „SM-Marketing" rechtfertigt.

(2) Die Ausführungen in Kap. 2.1 bis 2.4 verdeutlichen, daß Erfolgsstrategien aus dem Verordnungsmarkt angesichts der besonderen Rahmenbedingungen und Beziehungsstrukturen zwischen den Marktteilnehmern nicht auf den SM-Markt übertragbar sind, so daß *generalisierende* Aussagen zu erfolgsfördernden Marketingstrategien unter Bezugnahme auf den Pharmagesamtmarkt nicht möglich sind. Dies unterstreicht das Oberziel dieser Arbeit, *SM-spezifische* Gestaltungshinweise für Marketingerfolgsstrategien herauszuarbeiten.[70]

(3) Um den verschiedenen Interessen und Anforderungen der unterschiedlichen Marktpartner im Rahmen des SM-Marketing Rechnung zu tragen, ist bei der Auseinandersetzung mit dem SM-Marketing eine differenzierte, *marktteilnehmerspezifische* Betrachtung/Präzisierung von Marketingverhaltensweisen erforderlich.[71]

(4) Die positive Wachstumsentwicklung der Selbstmedikation in Deutschland eröffnet zahlreichen Pharmaunternehmen die Möglichkeit, in einen Wachstumsmarkt einzutreten. Zugleich impliziert das SM-Marktwachstum jedoch einen erhöhten Wettbewerbsdruck sowohl für etablierte Anbieter wie auch für neue noch nicht in diesem Segment tätige Unternehmen. Dies stellt die SMU vor die Herausforderung, ihr Verhalten gegenüber dem Wettbewerb so auszurichten, daß sie sich im SM-Markt langfristig behaupten können.[72] Entsprechend sind auch wettbewerbergerichtete Verhaltensweisen von SMU zu berücksichtigen.

---

[70] S. a. Kap. 1.2.

[71] Vgl. a. Küpper 1998: 31.

[72] Vgl. a. Gerpott/Breuer 1998a: im Druck.

43

3.   Ausgestaltung von Marketingstrategien im Selbstmedikationsmarkt

In diesem Kapitel werden die inhaltlichen Ausgestaltungsmöglichkeiten von Marketingstrategien aus der Sicht der SMU beleuchtet. Ausgangspunkt hierzu bildet zunächst die
Präzisierung des Marketingstrategiebegriffs in *Kap. 3.1*. Daran schließt die Darstellung
der konkreten Ausgestaltungsmöglichkeiten marketingstrategischer Verhaltensmuster
an, die in *Kap. 3.2* und *3.3*, getrennt für grundsatz- und instrumentalstrategische Ausprägungsformen, erfolgt.

**3.1   Marketingstrategie: Begriffspräzisierung und Strukturierung strategischer
Marketinghandlungsmuster**

Die im Zusammenhang mit dem Begriff „Marketingstrategie" in der einschlägigen Literatur verbundenen Inhalte lassen kein einheitliches Begriffsverständnis erkennen. So ist
in der *angloamerikanischen Marketingliteratur* die synonyme Verwendung der Begriffe
„Marketingstrategie" und „Marketinginstrumente" bzw. deren kombinierter Einsatz im
Sinne eines Marketing-Mix weit verbreitet.[1] Ferner finden dort auch Begriffsdefinitionen
Verwendung, die neben der Gestaltung und Kombination der Marketinginstrumente zusätzlich auch Entscheidungen bezüglich der Höhe der Marketingaufwendungen sowie
der Verteilung der verfügbaren Marketingressourcen inhaltlich einer *Marketingstrategie*
zuordnen.[2] Problematisch an einem derartigen Marketingstrategieverständnis ist, daß

- nicht transparent wird, in welcher Weise ein Wettbewerbsvorteil im Markt erreicht werden soll (z.B. durch die Bearbeitung einer Nische oder des Gesamt-
  marktes);

- vielfach auf die Betrachtungsebene eines bestimmten Produktes Bezug genommen wird, wodurch Interdependenzen zu anderen Produkten vernachlässigt
  werden und eine zielgerichtete Abstimmung des strategischen Marktverhaltens
  aller Produkt-Markt-Bereiche nur schwer erreicht werden kann;

- kurzfristig wirkende Marketingmaßnahmen im Mittelpunkt stehen, die einer
  mittel- bis langfristigen Sicherung des Markterfolgs entgegenstehen (können);

- ein Handlungsrahmen fehlt, der die konkrete Ausgestaltung der Marketinginstrumente anleitet und dadurch der hohen Komplexität entgegenwirkt, die
  durch die hohen Freiheitsgrade bei der Maßnahmenplanung induziert werden.

---

[1]   Als Beispiele für neuere Monographien s. Brassington/Pettitt 1997: 888; Wilson/Gilligan 1997: 674;
Bradley 1995: 878; O'Shaughnessy 1995: 74f. Einen kurzen Abriß über das Marketingstrategieverständnis im angloamerikanischen Schrifttum vermittelt Gordon 1995: 40-44. Ein analoges Begriffsverständnis findet sich auch in speziellen Monographien zum „Pharmaceutical Marketing". Vgl. hierzu
Corstjens 1991: 18-21; Smith 1991: 11-13; Lidstone 1987: 16f.

[2]   Vgl. Kotler/Bliemel 1995: 95. Ähnlich a. Dalrymple/Parsons 1995: 59.

Entgegen der angloamerikanischen Begriffsauffassung hat sich in den letzten Jahren in der *deutschsprachigen Marketingliteratur* ein Strategieverständnis durchgesetzt, welches die Marketingstrategie als einen Bereich eigener Art betrachtet, wo Fragen zur Festlegung von Instrumentalmaßnahmen *explizit* ausgeklammert und auf einer nachgelagerten Stufe betrachtet werden.[3] Entsprechend werden Aspekte der operativen Marketing-Mix-Planung eindeutig von strategischen Marketinghandlungsmustern abgegrenzt. Nach Becker (1993: 113f.) kanalisiert eine *Marketingstrategie* die Wahl der Marketinginstrumente aufgrund ihres Richtliniencharakters, fixiert aber *keine* operativen Marketingmaßnahmen.

Einige Autoren grenzen die Entwicklung einer *Marketingstrategie* inhaltlich auch von der Zielformulierung als einer vorgelagerten Stufe ab:[4] Während die Ziele die anvisierten Wunschorte unternehmerischen Handelns festlegen, wird der *Marketingstrategie* eine *Lenkungsleistung* zugesprochen, indem sie den Weg festlegt, der zur Erreichung der Ziele führen soll.[5] Insgesamt übt eine *Marketingstrategie* damit eine *Schanierfunktion* aus, in dem sie Ziele als angestrebte Zustände und die operative Planung der Marketinginstrumente bzw. die operative Marketing-Mix-Planung miteinander verknüpft. In Anlehnung an das im deutschsprachigen Schrifttum verbreitete Marketingstrategieverständnis wird in dieser Arbeit eine *Marketingstrategie* verstanden als

> ein mittel- bis langfristig geltendes Handlungsprogramm, das darauf abzielt, Unternehmen eine nachhaltig erfolgversprechende Marktposition zu verschaffen, um so im Vergleich zum Branchendurchschnitt überdurchschnittliche Markterfolge zu erzielen.[6]

---

[3] Vgl. z.B. Nieschlag et al. 1997: 870-873; Fritz/Oelsnitz 1996: 88f.; Haedrich/Tomczak 1996a: 96-98; Meffert 1994: 24-28; Steffenhagen 1994: 117f.; Becker 1993: 111f.; Fronhoff 1986: 23f. Für einen Überblick zum Strategiebegriff im Marketing s. insbesondere Steffenhagen 1982: 5-36. Entgegen der allgemeinen deutschsprachigen Marketingliteratur herrscht in der speziellen Pharmamarketingliteratur ein eher heterogenes Begriffsverständnis: Zur Abgrenzung der Marketingstrategie von Marketinginstrumenten s. Walther 1989: 58; Friesewinkel/Schneider 1988: 23. Zur synonymen Verwendung der Begriffe Marketingstrategie und -instrumente im Pharmamarketing s. Gehrig 1992: 55f.; Uhlmann 1989: 68; Friesewinkel/Schneider 1982: 56.

[4] Zur Ausklammerung von Zielen im Marketingstrategiebegriff s. z.B. Fritz/Olesnitz 1996: 88f.; Haedrich/Tomczak 1996a: 97f.; Becker 1993: 119-121. Eine Integration der Zielformulierung in das Strategiekonzept wird dagegen z.B. vorgenommen von Nieschlag et al. 1997: 871.

[5] Vgl. Hinterhuber 1996: 22f.; Becker 1995: 2413.

[6] Ähnlich a. Haedrich/Tomzak 1996a: 96; Gussek 1992: 24. Vgl. auch Gerpott (1998: 238) mit nahezu analoger Formulierung des Wettbewerbsstrategiebegriffs. Zur weitgehenden Kongruenz des Marketingstrategiebegriffs mit dem Konstrukt „Wettbewerbsstrategie" s. Kap. 6.1.3, in dem zur Operationalisierung verwendergerichteter Verhaltensmuster auf die Porterschen Wettbewerbsstrategien zurückgegriffen wird.

Marketingstrategische Handlungsmuster werden in einem (Pharma-)Unternehmen unter Bezugnahme auf unterschiedliche Aggregationsebenen (Planungsebenen) getroffen. Dabei kann zwischen marketingstrategischen Festlegungen auf der Ebene des Gesamtunternehmens und denen auf der Ebene strategischer Geschäftsfelder[7] differenziert werden. Auf der *Ebene des Gesamtunternehmens* äußert sich die *Marketingstrategie* vor allem in der Festlegung des (der) grundsätzlichen Betätigungsfeldes(r) eines Unternehmens („scope of the firm") sowie der Aufteilung der Ressourcen auf verschiedene Geschäftsfelder.[8] Entsprechend nehmen Marketingstrategien auf Gesamtunternehmensebene oft die Form von Normstrategien an, welche die allgemeine Entwicklungsrichtung für einzelne Geschäftsfelder aufzeigen.[9] Die konkrete Ausgestaltung der „Corporate Strategy" erfolgt auf *Geschäftsfeldebene*, wo eine *Marketingstrategie* zum Ausdruck bringt, wie Unternehmen in einem gegebenen Markt (hier: SM-Markt) erfolgreich konkurrieren sollen. Damit sind z.B. der Umfang der Marktbearbeitung und die Verhaltensweisen gegenüber Kunden (z.B. Apotheker, Verwender, Ärzte, pharmazeutischer Großhandel) angesprochen.[10]

Eine *Marketingstrategie* zeichnet sich durch ihre *Mehrdimensionalität* aus, d.h. sie zerfällt in einzelne marketingstrategische Teilentscheidungen, die als Dimensionen (Handlungsmuster) einer Marketingstrategie aufgefaßt werden und deren abgestimmte Beantwortung erst eine konsistente Marketingstrategie ausmacht. Die Handlungsaspekte, die im Rahmen der Festlegung einer *Marketingstrategie* zu klären sind, lassen sich in Handlungsaspekten im Rahmen einer Marketinggrundsatzstrategie[11] (synonym: Rahmenstrategie, Basisstrategie) und einer Instrumentalstrategie differenzieren.[12] Während die Marketinggrundsatzstrategie den Handlungsrahmen für die Ausgestaltung der Instrumentalstrategie absteckt, legt die *Instrumentalstrategie* wiederum die Grundlinie für den ope-

---

[7] Unter einem *strategischen Geschäftsfeld* wird eine Zusammenfassung von homogenen Produkt-Markt-Kombinationen zu autonomen Organisationseinheit verstanden, die sich in ihrer Marktaufgabe und Branchenstruktur von anderen Geschäftsfeldern abhebt und einen eigenständigen Erfolgsbeitrag für das Gesamtunternehmen leistet. Vgl. Bea/Haas 1997: 126-134; Aaker 1995: 8f.; Kreilkamp 1987: 317.

[8] Vgl. Collis/Montgomery 1997: 7-9; Meffert 1994: 24f.; Welge/Al-Laham 1992: 181f.

[9] Im folgenden wird unterstellt, daß ein Unternehmen bereits im deutschen SM-Markt vertreten ist und sich auf Gesamtunternehmensebene grundsätzlich entschieden hat, auch zukünftig in diesem Marktsegment tätig zu sein und seine bisher erreichte Marktposition auszubauen.

[10] Die eigenen Ausführungen zu Marketingstrategien im deutschen SM-Markt beziehen sich auf Geschäftsfeldebene, da unter Beachtung der übergeordneten unternehmensstrategischen Zielvorgaben erst auf Geschäftsfeldebene (hier: SM-Markt) konkrete Marketingstrategien festgelegt werden.

[11] Nachfolgend vereinfachend auch als Grundsatzstrategie bezeichnet.

[12] Vgl. zu dieser Zweiteilung einer Marketingstrategie Haedrich/Tomczak 1996a: 97; Meffert 1994: 123; Hoffmann/Wolff 1977: 161.

rativen Einsatz der Marketinginstrumente fest; sie kann insofern als instrumentelle Handlungskomponente einer *Marketingstrategie* begriffen werden.

3.2 Grundsatzstrategische Marketinghandlungsmuster

Als grundsatzstrategische Handlungsmuster von SMU können drei Dimensionen unterschieden werden:[13] (1) die Marktfeldstrategie*n*, durch die die zu besetzenden Produkt-Markt-Kombinationen fixiert werden und maßgeblich die Ausgestaltung der nachfolgenden Handlungsaspekte bestimmen, (2) die Marktbearbeitungsstrategien, deren Ausprägungen die Zielgruppe(n) für die absatzpolitischen Anstrengungen der SMU bestimmt(en) und (3) die *marktteilnehmergerichteten Strategien*, wodurch SMU ihre grundsätzlichen Verhaltensweisen gegenüber ihren Marktpartnern (Verwendern, Apothekern, pharmazeutischer Großhandel, Ärzte/Heilpraktiker) in den Zielsegmenten der Selbstmedikation zum Ausdruck bringen.[14] Da der Alternativenraum für jeden Marktteilnehmer unterschiedliche Ausprägungsarten umfaßt, werden als grundsatzstrategische Subdimensionen verwendergerichtete, wettbewerbergerichtete, apothekengerichtete, pharmagroßhandelgerichtete und ärzte-/heilpraktikergerichtete Strategiedimensionen eingeführt.

Die nachfolgenden Ausführungen stellen auf ein *indikationsbezogen* abgegrenztes Geschäftsfeld im SM-Markt – im weiteren Verlauf als SM-Indikationsmarkt bezeichnet – ab. Weiterhin ist an dieser Stelle darauf hinzuweisen, daß, wenn in den nachfolgenden Ausführungen von SMU die Rede ist, es sich hierbei entweder (a) nur um einen organisatorischen Bereich eines (Pharma-)Unternehmens i.S. einer strategischen Geschäftseinheit „Selbstmedikation" oder (b) um einen Arzneimittelanbieter handeln kann, der mit seinem Angebotsprogramm *ausschließlich* im SM-Segment tätig ist.

3.2.1 Marktfeldstrategien

Den Ausgangspunkt bei der Formulierung einer Marketinggrundsatzstrategie bildet die grundlegende Ausrichtung des SM-Präparateprogramms durch die Wahl alternativer Produkt-Markt-Kombinationen, sog. Marktfeldstrategien.[15] Diese zeigen alternative Stoßrichtungen auf, die ein SMU zur Erreichung seiner Wachstumsziele verfolgen kann.

---

[13] Die Systematisierung grundsatzstrategischer Marketinghandlungsmuster erfolgt in Anlehnung an Meffert 1994: 123f. Ähnlich a. Fritz/Oelsnitz 1996: 88-90.

[14] Zur Notwendigkeit, Marketingverhaltensweisen im SM-Markt marktteilnehmerspezifisch zu erörtern, s. a. Kap. 2.5.

[15] Vgl. einführend zu Marktfeldstrategien u.a. Aaker 1995: 237-259; Becker 1993: 123-153; Ansoff 1966: 130-132. Zu Marktfeldstrategien im Kontext des Pharmamarktes s. Walther 1989: 69-78.

Eine Möglichkeit zur systematischen Erarbeitung von Marktfeldstrategien ergibt sich durch Anwendung der von Ansoff entwickelten Produkt-Markt-Matrix. Diese Matrix unterscheidet marktfeldstrategische Ausprägungen für SM-Präparate bestehend aus bereits angebotenen Präparaten/Wirksubstanzen und neuen Präparaten/Wirksubstanzen sowie für bereits bediente und neue Verwendersegmente. Durch Kreuztabellierung ergeben sich die in Abb. 3-1 dargestellten alternativen Wachstumspfade der Marktdurchdringung, der Markterweiterung, der Sortimentserweiterung und der Diversifikation.[16]

Abbildung 3-1:
Ausprägungsformen von Marktfeldstrategien

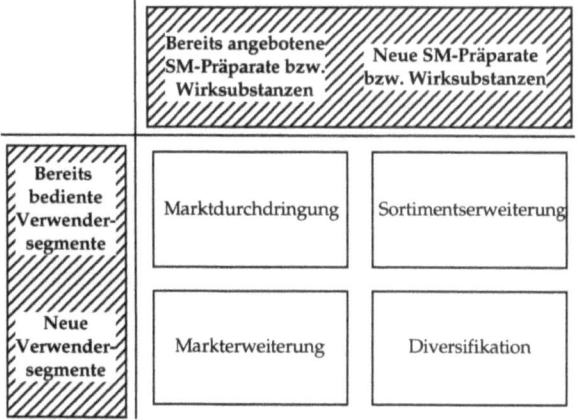

Quelle: In enger Anlehnung an Ansoff 1966: 132.

Die Strategie der *Marktdurchdringung* (Marktpenetration) besteht darin, daß SMU in bereits bedienten Verwendersegmenten verstärkt bereits am Markt vorhandene SM-Präparate bzw. -Wirksubstanzen anbieten, mit dem Ziel, das dort bestehende Marktpotential besser auszuschöpfen.[17] Zur Durchsetzung dieser Strategie, die vordringlich auf eine Intensivierung der Marketinganstrengungen fußt, stehen den SM-Anbietern grundsätz-

---

[16] Neben der hier im Mittelpunkt stehenden Betrachtungsebene eines strategischen Geschäftsfeldes (Indikationsmarkt) können die Marktfeldstrategien auch auf der Ebene des Gesamtunternehmens Anwendung finden. Ihre Wahl ist dabei eng mit dem Entwicklungsziel von Unternehmen verbunden. Eine gesamtunternehmensbezogene Marktfeldstrategie stellt beispielsweise eine Markterweiterung eines forschenden Pharmaunternehmens dar, mit vorhandenen patentfreien Substanzen in den noch nicht bearbeiteten Generikamarkt einzutreten.

[17] Vgl. Aaker 1995: 239; Becker 1993: 125; Ansoff 1966: 132.

48

lich folgende Handlungsansätze zur Verfügung, die u.U. auch kombiniert eingesetzt werden können:[18]

- *Erhöhung der Empfehlungshäufigkeit bei aktuellen Empfehlern* (z.B. Apotheker, ggf. auch Ärzte bzw. Heilpraktiker): Fördernde Maßnahmen hierzu sind z.B. eine Intensivierung der apotheker- ggf. auch der arzt-/heilpraktikergerichteten Kommunikation u.a. in Form von Außendienstaktivitäten, gemeinsamen Marketingaktionen und/oder Schulungsveranstaltungen.
- *Gewinnung neuer Verwender bzw. Empfehler durch Abwerbung von bisherigen Verwendern bzw. Empfehlern von Konkurrenzpräparaten.* Als unterstützende Maßnahmen können u.a. eine gezielte Publikumswerbung sowie eine konkurrenzorientierte Preis- und Konditionenpolitik (z.B. aktionsorientierte Preissenkungen, Gewährung von Naturalrabatten) dienen.

Eine weitere Option der marktfeldstrategischen Ausrichtung ist die *Sortimentserweiterung*. Kennzeichnend für diese Strategie ist die Einführung von neuen, zusätzlichen SM-Präparaten bzw. -Wirksubstanzen in gegenwärtig bereits bearbeiteten Verwendersegmenten, mit dem Ziel, das bisherige indikationsbezogene SM-Präparateprogramm zu erweitern.[19] Die Strategieausprägung kann offensiv ausgerichtet sein, um mit neuen SM-Präparaten den Markt besser auszuschöpfen, indem eine breitere Produktpalette angeboten wird. Andererseits kann sie auch als defensive Reaktion auf geänderte Verwenderanforderungen (z.B. vermehrte Nutzung von pflanzlichen anstelle von chemisch definierten Wirkstoffen) und/oder auf ein aggressives Wettbewerbsverhalten verstanden werden. Aus Sicht der SMU kann es sich bei dem (der) einzuführenden Präparat (Wirksubstanz) um eine Unternehmensneuheit oder um eine Marktneuheit handeln. Als *Unternehmensneuheiten* sind solche SM-Präparate zu bezeichnen, deren Wirkstoff bislang im SM-Segment noch nicht angeboten, aber bereits von der Konkurrenz im Markt vertrieben wurde. Hingegen stellen Präparate – bezogen auf die Selbstmedikation – *Marktneuheiten* dar, die aufgrund des Wegfalls der Verschreibungs- und Erstattungsfähigkeit erstmalig im Wege der Selbstmedikation erhältlich sind.

Die Strategie der *Markterweiterung* zielt darauf ab, für vorhandene SM-Präparate bzw. Wirksubstanzen ein oder mehrere neue Verwendersegmente (z.B. Senioren, Frauen, Kinder) innerhalb eines SM-Indikationsmarktes zu erschließen.[20] Mögliche Ansatzpunkte zur Gewinnung neuer Verwendersegmente bietet beispielsweise eine „psychologische"

---

[18] Allgemein zu Ansatzpunkten einer Marktdurchdringungsstrategie s. für viele Aaker 1995: 239-244; Becker 1993: 125f.; Ansoff 1966: 132. Zur Marktdurchdringung speziell im Pharmamarkt vgl. Walther 1989: 70-72.
[19] Vgl. Aaker 1995: 244-249; Becker 1993: 130-138.
[20] Vgl. Becker 1993: 126-129; Ansoff 1966: 131.

49

Produktdifferenzierung, bei der aufgrund von geänderten Werbebotschaften ein SM-Präparat von neuen, zusätzlichen Verwendern verstärkt wahrgenommen wird.

Schließlich ist als Ausprägung einer Marktfeldstrategie die *Diversifikation* zu nennen. Charakteristisch ist hierbei die Entwicklung von neuen SM-Präparaten für neue Absatzmärkte innerhalb eines SM-Indikationsmarktes, mit dem Ziel, die bisherige Wettbewerbsposition zu festigen. Zu unterscheiden sind grundsätzlich drei verschiedene Arten der Diversifikation, nämlich die horizontale, die vertikale und die laterale Diversifikation.[21] Aufgrund der indikationsbezogenen Geschäftsfeldabgrenzung kommt hier der *horizontalen Diversifikation* die größte Bedeutung zu. Sie kennzeichnet die Erweiterung des bisherigen SM-Präparateprogramms um neue zusätzliche Produkte, mit denen neue Verwendersegmente erschlossen werden können.[22] Ein bedeutender und in der SM-Praxis zunehmend realisierter Anknüpfungspunkt für eine horizontale Diversifikation ist z.B. die Aufnahme von Phythopharmaka, also von SM-Präparaten auf der Basis pflanzlicher Wirkstoffe, zur Ansprache neuer Verwender in einem SM-Indikationsmarkt.

3.2.2 Marktbearbeitungsstrategien

Ein weiterer grundsatzstrategischer Handlungsaspekt von SMU ist die Festlegung bezüglich des Ausmaßes der Bearbeitung eines Indikationsmarktes. Der im folgenden zu behandelnde Marktbearbeitungsaspekt bezieht sich hier auf die Feinabgrenzung des SM-Marktes im Hinblick auf die Marketingzielgruppen,[23] auf die primär die absatzpolitischen Maßnahmen gerichtet werden (sollen). Im Mittelpunkt der zielgruppenbezogenen Marktbearbeitung steht daher die Frage, ob ein SM-Anbieter alle relevanten Marketingzielgruppen (Verwender, Apotheker, Ärzte/Heilpraktiker, pharmazeutischer Großhandel, Selbsthilfeorganisationen u.a.m.) bearbeiten soll oder nur ausgewählte Kundengruppen. Als grundsätzliche Gestaltungsalternativen können hierbei die Einzelsegmentstrategie, die gleichzeitige Bearbeitung mehrerer, aber nicht aller Zielgruppen i.S. einer sog. Multisegmentstrategie und die Bearbeitung aller relevanten Zielgruppen in Form einer Gesamtmarktstrategie unterschieden werden.[24]

---

[21] Die Unterteilung der Diversifikationsarten erfolgt in Anlehnung an Ansoff 1966: 132.

[22] Vgl. Aaker 1989: 259f.

[23] Der Begriff „Zielgruppe" kennzeichnet hier den Personenkreis, an die sich ein SMU mit seiner Marketingbotschaft und seinen Marketingmaßnahmen wendet. Zu diesem Begriffsverständis vgl. a. Horn 1995: 6; Kotler/Bliemel 1995: 421f.

[24] Vgl. Jain 1993: 357-360; Smith 1991: 278f, auf die sich im wesentlichen die nachfolgenden Ausführungen stützen.

Die *Einzelsegmentstrategie* ist dadurch charakterisiert, daß ein SMU seine Marketing-anstrengungen primär auf eine einzelne Zielgruppe konzentriert. Primäres Ziel einer solchen fokussierten Marktbearbeitung ist, bei genau *einer* Zielgruppe eine Vorzugsstellung gegenüber der Konkurrenz aufzubauen. Dies erfordert eine konsequente Ausrichtung des Marketings auf die Bedürfnisse der Zielgruppe, um Markteintrittsbarrieren für die Konkurrenz aufzubauen (z.B. Schaffung von Kundenbindung und Markenpräferenzen). Das Risiko der Einzelsegmentstrategie liegt in der Schwerpunktsetzung der Marketing-anstrengungen auf nur eine Zielgruppe, wodurch eine Abhängigkeit von dieser einen Zielgruppe entstehen kann. Für die Verfolgung einer Einzelsegmentstrategie könnte jedoch sprechen, daß (1) ein SMU über eine herausragende Marktposition bei genau einer Zielgruppe verfügt und daß (2) ein begrenztes Ressourcenpotential zu einer Beschränkung auf lediglich eine Marketingzielgruppe zwingt.[25]

Bei der *Multisegmentstrategie* wählt ein SMU zwei oder mehrere attraktive Zielgruppen-segmente aus, die jeweils mit der gleichen Marketingintensität bearbeitet werden.[26] Dies wäre der Fall, wenn ein SMU im Rahmen der Vermarktung seiner SM-Präparate Verwender, Ärzte und Apotheker marketingmäßig zugleich ansprechen würde. Diese Strategie ermöglicht im Vergleich zur Einzelsegmentstrategie eine Verteilung des Risikos i.S. einer Abwendung der Abhängigkeit von einer einzigen Zielgruppe.[27] Den möglicherweise höheren Umsätzen stehen jedoch auch höhere Marketingkosten (z.B. Werbung, Verkaufsförderung, Personalressourcen) durch die Zielgruppenzersplitterung gegenüber.

Bei der *Gesamtmarktstrategie* bearbeiten die SMU alle relevanten Zielgruppen in einem SM-Indikationsmarkt mit der gleichen Intensität,[28] wobei saisonbedingte Schwerpunkt-setzungen (z.B. bei Husten- und Erkältungspräparaten) durchaus möglich sind. Die Gesamtmarktstrategie ist dabei eng mit der unternehmensstrategischen Zielsetzung verbunden, eine breite Präsenz in einem SM-Indikationsmarkt zu erreichen. Seitens der SM-Anbieter erfordert ihre Umsetzung eine hohe Ressourcen- und Finanzkraft.[29]

Die bislang erörterten Aspekte einer Marketinggrundsatzstrategie weisen einen engen Bezug zur Produkt-Markt-Tätigkeit (z.B. einer Indikation) eines Unternehmens auf. In den nachfolgenden Kap. 3.2.3 sind nun stärker auf grundsatzstrategische Marketing-

---

[25]   Vgl. Smith 1991: 278.
[26]   Vgl. Jain 1993: 358; Smith 1991: 278f.
[27]   Vgl. Jain 1993: 359f.; Smith 1991: 279.
[28]   Dies entspricht bei Kotler/Bliemel (1995: 441) der vollständigen Marktabdeckung.
[29]   Smith (1991: 280) ist der Meinung, „...only a very small number of companies in an industry may follow the total-market strategy".

Fragen einzugehen, die das *Marketingstrategie*verhalten von SMU gegenüber ihre Marktpartner betreffen.

3.2.3 Marktteilnehmergerichtete Strategiedimensionen

Im Rahmen marktteilnehmergericheter Marketinghandlungsmuster haben SMU ihr grundsätzliches Verhalten gegenüber Verwendern (*Kap.* 3.2.3.1), Wettbewerbern (*Kap.* 3.2.3.2), Apotheken (*Kap.* 3.2.3.3), dem pharmazeutischen Großhandel (*Kap.* 3.2.3.4) und Ärzten bzw. Heilpraktikern (*Kap.* 3.2.3.5) festzulegen.

3.2.3.1 Verwendergerichtete Strategien

Verwendergerichtete Strategien beschreiben Entscheidungen über die Art und Weise der Beeinflussung des Kaufverhaltens der aktuellen und potentiellen Verwender, mit dem Ziel, dieses nachhaltig auf das eigene SM-Präparateangebot auszurichten.[30] Zur Erreichung dieses Ziels erfordern verwendergerichtete Strategien Grundsatzentscheidungen über

* *die einzusetzenden Aktionsparameter,* mit denen ein SMU die Verwender prinzipiell auf das eigene SM-Präparateangebot lenken will, und

* *das zeitliche Verhaltensmuster* beim Einsatz dieser Aktionsparameter.

Basierend auf diesen beiden Entscheidungsdimensionen lassen sich die in Abb. 3-2 eingeordneten verwendergerichteten Strategieausprägungen unterscheiden.

Die *Präferenzstrategie* zeichnet sich durch den primären Einsatz aller nicht-preislichen Aktionsparameter (z.B. Produktqualität, Markenbildung, Werbung) aus. Ihr Ziel besteht darin, durch Profilierung über bestimmte, für den Verwender wichtige Präparateeigenschaften (z.B. schneller Wirkungseintritt, geringere Nebenwirkungen) und/oder psychologische Aspekte (z.B. positive Assoziationen mit dem Markennamen, emotionale Werbung) eine marktwirksame Vorzugsstellung (Präferenzen) bei den Verwendern für das eigene SM-Angebot zu erlangen;[31] die Präferenzstellung soll SM-Anbietern gleichzeitig eine über dem Marktdurchschnitt liegende Preisstellung ermöglichen. Die Zahl möglicher Anknüpfungspunkte zur Profilierung des SM-Präparateangebotes gegenüber

---

[30]   Ähnlich Becker 1993: 153. Verwendergerichtete Strategieentscheidungen werden in der Marketingliteratur unter verschiedenen konzeptionellen Bezeichnungen diskutiert. So spricht Becker (1993: 153) von Marktstimulierungsstrategien; Haedrich/Tomczak (1996a: 138) behandeln dieses Handlungsaspekt auf der dritten Ebene ihres grundsatzstrategischen Planungsprozesses, der Strategiesubstanz.

[31]   Vgl. Becker 1993: 157. Ebenso a. Kühn 1995: 36.

52

Abbildung 3-2:
Alternative Strategien zur Beeinflussung des Verwenderverhaltens

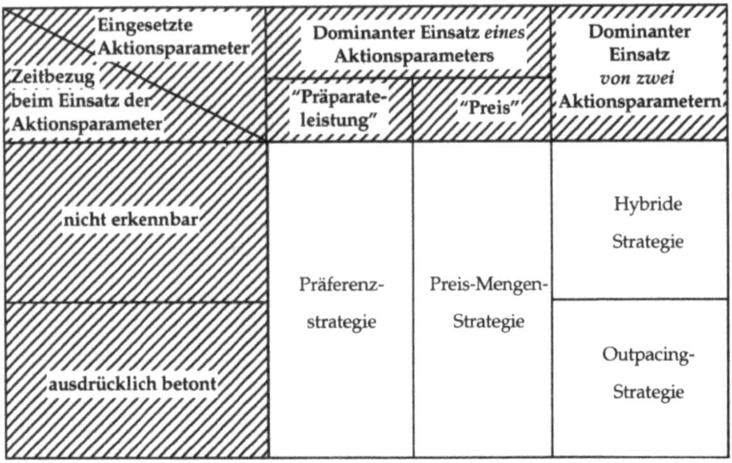

Eingesetzte Aktionsparameter / Zeitbezug beim Einsatz der Aktionsparameter	Dominanter Einsatz *eines* Aktionsparameters		Dominanter Einsatz *von zwei* Aktionsparametern
	"Präparate-leistung"	"Preis"	
nicht erkennbar	Präferenz-strategie	Preis-Mengen-Strategie	Hybride Strategie
ausdrücklich betont			Outpacing-Strategie

Quelle: In Anlehnung an Gerpott/Breuer 1998a: im Druck.

Verwendern ist sehr groß;[32] in Betracht kommen können (a) eine *präparatebezogene Leistungsprofilierung*, die sowohl medizinisch-therapeutische Präparateeigenschaften (z.b. zuverlässige Wirkung, eingesetzte Wirksubstanz) wie auch Eigenschaften im Zusatznutzenbereich (z.b. Einnahmefreundlichkeit, Anwendungsbequemlichkeit, sensorische Aspekte) umfassen kann und/oder (b) *die Entwicklung von Marken*, um Verwender emotional an ein SM-Präparat bzw. SM-Präparateprogramm zu binden. Der Einsatz präferenzbildender Maßnahmen erfolgt in der Regel weniger alternativ als vielmehr kombinativ, indem ein ganzes Bündel an Profilierungsmaßnahmen realisiert wird. Die Präferenzstrategie zielt somit auf eine multidimensionale Präferenzbildung bei den Verwendern ab.[33] Die Umsetzung der Präferenzstrategie scheint umso eher erfolgversprechend, je stärker

- *Profilierungsansätze existieren:* Die Realisierung einer Präferenzstrategie setzt u.a. die Kenntnis der aus Verwendersicht relevanten Präparateeigenschaften voraus. Diese sind im Rahmen der Marktforschung zu identifizieren und liefern

---

[32] Zu Differenzierungsmöglichkeiten des Präparateangebots gegenüber Wettbewerbern vgl. Gerpott/Breuer 1998a: im Druck; Rassat 1995: 378-380; Gehrig 1992: 94-97; Simon 1989: 9f.

[33] Vgl. Becker 1993: 173. Ähnlich a. Haedrich/Tomczak 1996a: 118.

dem Management Anhaltspunkte für die präferenzorientierte Präparatever-marktung.[34]

- *eine hohe Preisbereitschaft bei den Verwendern besteht:* Je größer die Bereitschaft der Verwender ist, für einen Präparateleistungs- bzw. -nutzenvorteil einen höheren Preis zu bezahlen, desto zweckmäßiger erscheint eine Präferenzstrategie. Es gilt jedoch zu beachten, daß die Leistungs- bzw. Nutzendifferenz zu den Billiganbietern stets groß genug ist, damit den Verwendern der Preisunterschied auch plausibel gemacht werden kann.

- *ausreichende Ressourcen und Fähigkeiten zum Aufbau von Präferenzen vorhanden sind:* Entscheidende Voraussetzung für die Wirkung einer Präferenzstrategie ist einerseits, daß der Leistungs- bzw. Nutzenvorteil des eigenen SM-Angebots den Verwendern nähergebracht und andererseits in Vorzugsstellungen trans-formiert wird.[35] Dies erfordert z.T. über Jahre hinweg erhebliche Investitionen in Werbung und Verkaufsförderung.

Auch wenn die situativen Bedingungen zur Verfolgung einer Präferenzstrategie als ge-geben angenommen werden können, so sind die möglichen Risiken dieser Strategie nicht außer acht zu lassen, die bestehen vor allem (1) im Wegschmelzen der bisherigen Präfe-renzposition durch das Eindringen von Nachahmern, (2) in Präferenzänderungen bei den Verwendern im Zeitablauf (z.B. geänderte Therapiegewohnheiten, Entwicklung von Standards, wie beispielsweise der Vitamin-C-Zusatz bei Erkältungspräparaten) und (3) im Abbau von Präferenzen aufgrund eines zu großen Preisunterschiedes zu Billigan-bietern.[36]

Eine weitere Option der verwendergerichteten Ausrichtung von SMU gemäß Abb. 3-2 ist eine *Preis-Mengen-Strategie.* Sie drückt sich durch den aggressiven Einsatz konditionen-politischer Marketingmaßnahmen unter Beschränkung auf einen – für den Selbstkauf von Präparaten notwendigen – Kommunikationsaufwand sowie eine ausreichende Pro-duktqualität aus. Eine Profilierung des SM-Angebotes wird hier nahezu ausschließlich

---

[34] Konkrete Profilierungsansätze liefern z.B. die Ergebnisse einer repräsentativen Marktuntersuchung, die vom Emnid-Institut im Auftrag der Verlagsgruppe Bauer und 11 Pharmaunternehmen im Jahr 1995 durchgeführt wurde. Von mehr als der Hälfte der befragten Verwender wurden folgende Präparateei-genschaften bei Aufbau- und Stärkungsmitteln als „wichtig" bis „sehr wichtig" erachtet: „gute Erfah-rung mit dem Präparat" (90%); „gute Information über das Präparat" (85%); „hat eine gute Zusam-mensetzung" (84%); „ist mir sympathisch" (64%); „schmeckt gut" (62%); „vom Apotheker empfohlen" (58%); „bekannte Marke" (58%); „preiswert" (54%). Vgl. Verlagsgruppe Bauer 1995: 41.

[35] Vgl. Becker 1993: 209. Zur Notwendigkeit, Leistungsvorteile zu kommunizieren s. auch Fasnacht 1993: 155f.

[36] Zu Risiken der Präferenzstrategie s. allgemein Becker 1993: 205-209; Porter 1985: 20f.; Porter 1980: 46.

54

über einen niedrigen Preis realisiert und zielt damit – entgegen der Präferenzstrategie – auf eine eindimensionale Präferenzbildung bei den Verwendern ab.[37]

Die erfolgreiche Umsetzung einer Preis-Mengen-Strategie ist an die Erfüllung der folgenden Bedingungen geknüpft:

• *Dauerhafte Erzielung von Kostenvorteilen:*[38] Die entscheidende Voraussetzung für eine Preis-Mengen-Strategie ist die langfristige Realisierung einer niedrigen Kostenposition. Als Quellen längerfristig bestehender Kostenvorteile kommen u.a. Kostendegressionen durch hohe Nachfragemacht auf Beschaffungsmärkten und hohe Kapazitätsauslastungen sowie erfahrungsbedingte Kostenreduzierungen in Betracht; Kostenvorteile sollen wiederum eine Senkung der Herstellerabgabepreise ermöglichen.

• *Ausgeprägte Preissensibilität bei den Verwendern:* Als Zielgruppe der Preis-Mengen-Strategie steht der preisbewußte Verwender, der den Preis als dominantes Kaufkriterium betrachtet, im Mittelpunkt.[39] Daß der Preis auch im Bereich der Selbstmedikation kein zu vernachlässigender Aktionsparameter darstellt, belegt die bereits zitierte Studie der Verlagsgruppe Bauer (1995: 27), wonach beispielsweise für mehr als die Hälfte der Verwender von Aufbau- und Stärkungsmitteln der Preis eine „wichtige" bis „sehr wichtige" Präparateeigenschaft darstellt.[40]

Je nach Markt- und Wettbewerbsstrukturen kann es für SMU auch zweckmäßig sein, gegenüber Verwendern zweigleisig zu operieren, indem die Aktionsparameter „Präparateleistung" und „Preis" in gleichem Maße simultan eingesetzt werden. Ein solches marketingstrategisches Vorgehen wird in der Literatur als *hybride Strategie* bezeichnet.[41] Auch für SM-Anbieter kann die Realisierung einer hybriden Strategie zweckmäßig sein, insbesondere bei

• *hoher Preissensibilität der Verwender bei gleichzeitig homogenem Präparateangebot:* In Indikationsmärkten, in denen sich die SM-Präparate bei relevanten Produktmerkmalen kaum unterscheiden oder es u.U. nur mit unverhältnismäßig hohem Aufwand möglich ist, eine geeignete Profilierung durchzusetzen, bietet es sich an, durch eine aggressive Preis-Mengen-Strategie eine starke Marktpositi-

---

[37] S. Becker 1993: 193. Vgl. a. Haedrich/Tomczak 1996a: 116.

[38] Vgl. Porter 1985: 12-14; Porter 1980: 35-37 u. 40.

[39] Vgl. Becker 1993: 193.

[40] Vgl. a. Fn 34 in diesem Kapitel.

[41] Zur hybriden Strategie s. ausführlich Fleck 1995: 13-16, 22-24, 36-39, 84-152. Folgt man der Argumentation von Porter (1980: 41-44), so sind die Präferenzstrategie und die Preis-Mengen-Strategie als sich gegeneinander ausschließende Strategiekonzepte zu betrachten, die einer simultanen Verfolgung entgegenstehen. Porter bezeichnet Unternehmen, die eine simultane Verknüpfung der Aktionsparameter „Preis" und „(Präparate-)Leistung" vornehmen, als „stuck-in-the-middle".

on aufzubauen und diese gleichzeitig durch den Einsatz präferenzbildender Maßnahmen (z.B. überdurchschnittliche Produktqualität, intensive Publikums-werbung, starker persönlicher Verkauf) von Wettbewerbern weitgehend abzu-schotten.[42]

• *Aufspaltung der Verwenderschaft in preisorientierte und produktleistungsorientierte Verwender*.[43] Für einen bislang primär auf Präferenzbildung bedachten SM-An-bieter kann sich die Notwendigkeit ergeben, zusätzlich preisstrategisch zu ope-rieren, insbesondere bei der Existenz mehrerer Verwendersegmente (Preis-Käufer und Qualitäts-Käufer) innerhalb des SM-Indikationsmarktes oder bei vermehrtem Eintreten von Billiganbietern. Durch eine hybride Strategie können beide Verwendersegmente zugleich abgedeckt und damit das Marktpotential besser ausgeschöpft werden.

Eine Dynamisierung der Präferenz- und der Preis-Mengen-Strategie hat als weitere Stra-tegiealternative die *Outpacing-Strategie* hervorgebracht.[44] Dieser Strategieansatz beinhal-tet die Empfehlung, die Aktionsparameter „Präparateleistung" und „Preis" im Zeit-ablauf miteinander zu verbinden. Mögliche Gründe für SMU einen „Strategie-Shift" vor-zunehmen, können sein: (1) die fehlende Akzeptanz auf Seiten der Verwender für die Schaffung weiterer Angebotsvorteile oder Preissenkungen und (2) die Möglichkeit, durch Kostensenkungseffekte (z.B. Skalen-, Lern- und/oder Verbundeffekte) ein verän-dertes marketingstrategisches Vorgehen gegenüber Verwendern zu realisieren.[45]

Charakteristisches Merkmal des Outpacing-Strategieansatzes ist dabei, ausgehend von Präparateleistungs- oder Preisvorteilen diese Angebotsvorteile beizubehalten und simul-tan das Niveau der anderen Vorteilsdimension zu erhöhen. Insbesondere für „inno-vative" SM-Anbieter, die mit einem für die SM „neuartigen" Präparat am Markt auftre-ten (z.B. NICOTINELL TTS 20[46], Novartis) bietet sich zunächst eine Präferenzstrategie nahe-zu von selbst an. Die Neuartigkeit des SM-Präparates vermittelt Verwendern per se ei-nen höheren medizinisch-therapeutischen Nutzen und verschafft dem SMU eine Vor-zugsstellung am Markt. Die damit einhergehende überdurchschnittliche Preisstellung zieht in der Folge Wettbewerber mit kostengünstigen Mee-too-Präparaten an (z.B. NICORETTE[47]; Whitehall-Much), die durch eine Niedrigpreisstrategie versuchen, ihr SM-

---

[42] Vgl. Jain 1993: 506.

[43] Vgl. Becker 1993: 210.

[44] Vgl. zur Outpacing-Strategie Fleck 1995: 62-71; Gilbert/Strebel 1987: 78-81; Kleinaltenkamp 1987: 31-52.

[45] Ähnlich a. Fleck 1995: 66.

[46] *NICOTINELL TTS 20* dient der Unterstützung bei der Raucherentwöhnung. Innovatives Kennzeichen dieses Präparates ist ein transdermales Therapiesystem (TTS). Der Preis für sieben Pflaster (Packungs-größe N1) betrug im Oktober 1998 DM 38,65 (zu Endverbraucherpreisen).

[47] *NICORETTE* ist ein Kaugummi zur Raucherentwöhnung. Im Oktober 1998 betrug der Preis für 36 Kau-gummis DM 21,10 (zu Endverbraucherpreisen).

Präparat bei den Verwendern zu etablieren. Dies zwingt das Pionier-SMU in der Folgezeit dazu, ebenfalls seine Kosten unter Beibehaltung des Nutzenvorteils zu verringern, um so preisstrategisch im Markt agieren zu können; es wechselt also seine verwendergerichtete Grundhaltung. Der Wettbewerber hingegen, der auch zu weiteren Preissenkungen in der Lage ist, beginnt auf der Grundlage des Preisvorteils sein SM-Präparat präferenzorientiert zu vermarkten, um den (Zusatz-)Nutzen für die Verwender zu erhöhen. Eine solche im Zeitablauf variierende Betonung von Präparateleistungs- und Preisparametern im Rahmen der Produktvermarktung ist das konstitutive Merkmal der Outpacing-Strategie.[48] Den Chancen, die eine Outpacing-Strategie durch das konsequente Ausnutzen von Marktchancen bietet, steht nach Porter (1985: 16f.) allerdings die Gefahr gegenüber, mangels eindeutiger Angebotsvorteile „zwischen die Stühle zu geraten".

Eine generelle Empfehlung für die Wahl der verwendergerichteten Strategie ist nicht möglich. Unternehmensseitige Grobdeterminanten stellen die Realisierung von Kostensenkungspotentialen sowie die vorhandene Ressourcenausstattung der Unternehmen dar. Marktseitig sind die Entscheidungskriterien der Verwender zum Selbstkauf von Präparaten sowie ihre Preissensibilität als Bedingungen bei der verwendergerichteten Strategieauswahl ins Kalkül zu ziehen.

3.2.3.2 Wettbewerbergerichtete Strategien

Wettbewerbergerichtete Strategien betreffen den langfristigen Verhaltensstil eines SMU gegenüber der Konkurrenz, um ihnen eine nachhaltig verteidigungsfähige Position in ihren Indikationsmärkten zu verschaffen. Wettbewerbsstrategisches Agieren im SM-Markt ist erforderlich, weil SMU in ihren Indikationsmärkten i.d.R. über keine monopolähnliche Stellung verfügen; vielmehr treffen sie mit anderen SM-Anbietern zusammen, die ihrerseits versuchen, Verwender, Apotheker, Ärzte bzw. Heilpraktiker und/oder den Pharmagroßhandel für ihre SM-Präparate zu gewinnen und dauerhaft an sich zu binden.

Eine Typologisierung grundsätzlicher Verhaltensprinzipien gegenüber Wettbewerbern wird in der Literatur häufig anhand der Adjektive *offensiv* bzw. aktiv und *defensiv* bzw. passiv vorgenommen.[49] Eine inhaltliche Abgrenzung der beiden Verhaltensstile kann anhand der Dimensionen (1) Marktpositionsziel, (2) Existenz strategischer Wettbewerbs-

---

[48]   Vgl. Fleck 1995: 62.
[49]   Vgl. Haedrich/Tomczak 1996a: 113-116; Meffert 1994: 155-157; Becker 1993: 331; Gussek 1992: 131; Tomzcak 1989: 125-128.

vorteile, (3) zeitliches Verhaltensmuster beim Einsatz der Marketinginstrumente und (4) Nutzung von Marktchancen erfolgen.[50]

(1) Marktpositionsziel

Die beiden Verhaltensstile unterscheiden sich zunächst in den gewünschten Zuständen, die Anbieter in ihren Indikationsmärkten erreichen möchten. SMU, die darauf abzielen, ihre SM-Marktposition weiter auszubauen, werden versuchen, durch einen offensiven Wettbewerbsstil bzw. durch den Einsatz entsprechender Marketinginstrumente eigene Vorteile (z.b. galenische Vorteile des Präparates, Imagevorteile des Unternehmens) im Markt besser durchzusetzen.[51] Hingegen sind Anbieter, die in ihrem wettbewerbergerichteten Verhalten eher defensiv ausgerichtet sind, bestrebt, ihre erreichte Marktposition zu behaupten; sie versuchen ihren Verwender- bzw. Empfehlerstamm zu halten und einen angemessenen Anteil an Neu-Verwendern bzw. Neu-Empfehlern hinzuzugewinnen.

(2) Strategische Wettbewerbsvorteile

Fixpunkt der Frage, mit welchem Verhaltensstil ein SMU seinen Wettbewerbern gegenübertreten soll, bilden strategische Wettbewerbsvorteile. Sie definieren sich als wahrnehmbare, wichtige und dauerhafte Nutzenvorteile, die das SM-Präparateangebot Kunden in Relation zu vergleichbaren Konkurrenzangeboten bietet.[52] Auf den SM-Markt bezogen, können dies z.b. Konditionenvorteile, Vorteile in Bezug auf die Innovativität von SM-Präparaten, galenische Vorteile oder Imagevorteile sein. Der Aufbau derartiger Wettbewerbsvorteile steht im Mittelpunkt eines offensiven Verhaltensstils. Auf der Grundlage spezifischer Ressourcen (z.b. Finanzkraft, Produktlizenzen, Apotheken-außendienst) und Fähigkeiten (z.b. Marketing Know-how) sind SMU bestrebt, durch den integrativen Einsatz der Marketinginstrumente eigene Wettbewerbsvorteile gegenüber der Konkurrenz zu erlangen.[53] SMU, die aufgrund mangelnder Ressourcen und fehlender Fähigkeiten nicht in der Lage sind, eigene Wettbewerbsvorteile aufzubauen, bleibt die Möglichkeit eines defensiven Verhaltens.

(3) Zeitliches Verhaltensmuster

Offensives und defensives Wettbewerbsverhalten unterscheiden sich ebenfalls im Hinblick auf den Zeitpunkt der auf den Wettbewerb gerichteten Maßnahmen. Bei einem of-

---

[50] Diese Differenzierungskriterien finden ihren Niederschlag auch in einigen populären Strategiesystematiken: z.b. im rollenorientierten Konzept von Kotler, der die vier Anbietertypen Marktführer, Marktherausforderer, Marktmitläufer und Marktnischenbearbeiter unterscheidet. S. Kotler/Bliemel 1995: 359-377; Kreilkamp 1987: 173-176.

[51] Vgl. Haedrich/Tomczak 1996a: 114; Becker 1993: 331; Gussek 1992: 127.

[52] S. Aaker 1995: 176f.; Simon 1988: 465.

[53] Vgl. Aaker 1995: 98-101.

58

fensiven Strategiestil reagieren die SMU bereits auf erste „schwache Signale" im Vorfeld
wettbewerblicher Anstrengungen der Konkurrenten und antizipieren – soweit möglich –
deren Aktionen in den eigenen Marketingmaßnahmen. SMU, die sich durch ein solches
proaktives Verhalten auszeichnen, sind oftmals in der Lage, einen Zeitvorteil gegenüber
reagierenden SM-Anbietern zu realisieren. Demgegenüber ist ein defensiver Wettbewerbsstil dadurch gekennzeichnet, daß SM-Anbieter stets Initiativen der Konkurrenz
abwarten, um dann zögernd zu folgen. Sie passen ihre eigenen Maßnahmen reaktiv an
die der Konkurrenz an.[54]

(4) Wahrnehmung von Marktchancen
SMU, die sich durch einen offensiven Wettbewerbsstil auszeichnen, sind auf der ständi-
gen Suche nach neuen Marktchancen, um ihre Position im Markt zu verbessern. Ein defensiver Strategiestil gegenüber der Konkurrenz ist hingegen dadurch gekennzeichnet,
daß SMU dem Wettbewerber das Aufgreifen von Marktchancen überlassen und durch
Imitation oder Adaption versuchen, Marktanteile zu gewinnen.

Abb. 3-3 visualisiert zusammenfassend Unterschiede zwischen einem offensiven und defensiven Wettbewerbsverhalten.

Ein offensiver Wettbewerbsstil kann auch in einer Marktnische Anwendung finden, indem SMU versuchen, durch Spezialisierung auf Verwendergruppen, Wirksubstanzen
oder andere Aspekte ihre Marketingaktivitäten konzentriert auf einem abgegrenzten
Teilmarkt einzusetzen. Oftmals sind es kleinere SMU, die in bestimmten Teilmärkten positioniert sind, die entweder von den größeren SM-Anbietern übersehen oder vernachlässigt werden. Durch die Konzentration auf Marktnischen kann der Konfrontation mit
SM-Gesamtmarktanbietern ausgewichen werden.

Bei der Entscheidung bezüglich des „richtigen" wettbewerbergerichteten Verhaltens sollten SMU ins Kalkül ziehen, daß

* sie in der Regel in mehreren Indikationsmärkten der Selbstmedikation mit den-
selben SMU gleichzeitig im Wettbewerb stehen (*Mehrpunktwettbewerb innerhalb*

---

[54]   Vgl. a. Meffert (1994: 156), der in diesem Zusammenhang von wettbewerbsstellendem und wettbe-
werbsvermeidendem Verhalten spricht; ersteres entspricht einem proaktiven, das zweite einem reakti-
ven Verhalten.

Abbildung 3-3:
Idealtypische Merkmalsunterschiede zwischen einem
offensiven und defensiven Wettbewerbsstil

Offensiver Wettbewerbsstil	Differenzierungs- merkmale	Defensiver Wettbewerbsstil
Ausbau der eigenen Marktposition	Marktpositionsziel	Sicherung der eigenen Marktposition
Aufbau eigenständiger Wettbewerbsvorteile	Strategische Wett- bewerbsvorteile	Keine eigenen Wettbewerbsvorteile
Proaktiv	Zeitliches Verhaltens- muster	Reaktiv
Aktives Aufgreifen neuer Marktchancen (Marktpionier)	Wahrnehmung von Marktchancen	Imitation des Markt- pioniers

des SM-Marktes), so daß die Festlegung des wettbewerbergerichteten Verhaltens in einem Indikationsmarkt nicht lösgelöst von möglichen Auswirkungen eines bestimmten Verhaltens der Wettbewerber in einem anderen Indikationsmarkt der Selbstmedikation erfolgen kann;

• eine Wettbewerbsbeziehung zwischen den SMU u.U. nicht ausschließlich innerhalb des SM-Marktes besteht, sondern sich auch auf andere Teilmärkte des Pharmamarktes erstreckt *(Mehrpunktwettbewerb außerhalb des SM-Marktes)*. Das Verhalten des eigenen SMUs gegenüber seinen Wettbewerbern im SM-Markt kann dann Auswirkungen auf das Verhalten der Wettbewerber gegenüber dem eigenen SMU in einem anderen Teilmarkt des Pharmamarktes nach sich ziehen;

• das eigene wettbewerbergerichtete Verhalten Auswirkungen auf das Ausmaß der Wettbewerberreaktion hat, welches wiederum den Erfolg oder Mißerfolg der SMU in erheblichem Maße beeinflußt.

Abschließend bleibt anzumerken, daß die Wahl des wettbewerbergerichteten Strategiestils beeinflußt wird von (1) den unternehmenspolitischen Vorgaben im Hinblick auf die anvisierten Marktpositionsziele („Verbesserung des Marktanteils", „Halten", „Rückzug"), (2) der bestehenden Marktposition, (3) der Wettbewerbsintensität, (4) den Unternehmensgrundsätzen in bezug auf das Wettbewerberverhalten sowie (5) dem Ressourcen- und Fähigkeitspotential der SMU.

60

3.2.3.3 Apothekengerichtete Strategien

Während die Apotheken für im verschreibungspflichtigen Marktsegment tätigen SMU aufgrund rechtlicher Beschränkungen (Apothekenpflicht verschreibungspflichtiger Arzneimittel) sowie ihres geringen Einflusses auf das Verordnungsverhalten der Ärzte als Marktpartner einen vergleichsweise geringen Stellenwert besitzen,[55] werden sie im SM-Geschäft zu einer entscheidenden (Marketing-)Zielgruppe für SMU. Dies ist in erster Linie zurückzuführen auf ihre Marktnähe zum Verwender als *den* Präparateentscheider und damit verbunden die Möglichkeit, die Präparatewahl durch ein aktives Beratungs- und Empfehlungsverhalten maßgeblich zu beeinflussen.[56]

Unter apothekengerichteten Strategien werden hier alle Basisfestlegungen der SM-Anbieter subsumiert, durch die die Apotheken zu einem zieladäquaten Verhalten veranlaßt werden.[57] Aus Sicht der SM-Anbieter verhalten sich die Apotheken zieladäquat, wenn sie (1) die eigenen SM-Präparate in ihr Sortiment aufnehmen, (2) die eigenen SM-Präparate aktiv empfehlen sowie (3) sonstige Leistungen anbieten, die den Absatz der eigenen SM-Präparate zu fördern imstande sind (z.B. Zuteilung eines Regalplatzes, Aufstellen von Displays, aktive Unterstützung bei Verkaufsförderungsaktionen).

Als grundsätzliche Ansatzpunkte für die zielgerichtete Beeinflussung der Apotheken stehen sich aus der Sicht eines SMUs die Push- oder Pull-Stimulierung gegenüber, die auch kombinativ zum Einsatz gebracht werden können (Push-Pull-Stimulierung).[58] Bei der *Push-Stimulierung* richten sich die Marketingmaßnahmen der SMU direkt auf die Apotheken. Durch die Erzeugung eines Angebotsdrucks sollen die SM-Präparate in die Regale der Apotheken „hineingedrückt" werden.[59] Einen typischen materiellen Push-Anreiz stellt beispielsweise die Gewährung von günstigen Einkaufskonditionen dar. Zu den nicht-monetären Formen der Push-Stimulierung gehören z.B. die Bereitstellung von Verkaufsdisplays, die Abwicklung von Retouren sowie die Unterstützung bei Schaufen-

---

[55] Die geringe Bedeutung der Apotheken zeigt sich auch in der einschlägigen Pharma-Literatur: Friesewinkel/Schneider (1982: 233f.) handeln den Absatzkanal „Apotheke" auf weniger als zwei ihrer mehr als 500 Seiten umfassenden Monographie ab. Gehrig (1992: 189f.) widmet der Apotheke ebenfalls nur geringen Raum; bei Walther (1989: 104) findet die Apotheke überhaupt keinen Eingang in das strategische Pharmamarketing.
[56] Zur Rolle der Apotheken in der Selbstmedikation s. a. Kap. 2.3.2.
[57] Vgl. Irrgang 1993: 79; Rosenbloom 1991: 280.
[58] Vgl. a. Becker 1993: 526-528; Rosenbloom 1991: 366-368.
[59] Vgl. Becker 1993: 526; Specht 1992: 178f. u. 210f.

61

sterdekorationen. Ein Suchfeld für konkrete Handlungsaspekte zur Verhaltensbeeinflussung von Apotheken zeigt Abb. 3-4.[60]

Abbildung 3-4:
Handlungsaspekte zur Verhaltensbeeinflussung von Apotheken

Beeinflussungsbereiche	Handlungsaspekte zur zielgerichteten Verhaltensbeeinflussung der Apotheke
Präparateangebot	• Gute Produktqualität • Attraktives Präparatesortiment • Bekannte Marke • Positives Markenimage • ...
Konditionen	• Günstige Einkaufskonditionen • Attraktive Kreditbedingungen • Kommissionsgeschäfte • Gewährung spontaner Preisnachlässe • Finanzielle Belohnung für erbrachte Leistungen • ...
Marketingunterstützung	• Kompetenter Außendienst • Hinreichende Publikumswerbung • Attraktive Verkaufsförderungsaktionen • Aussagefähige Produktinformationen • Warenplazierung (z.B. Displays, Schaufensterdekoration) • Innenraumgestaltung • Verkaufsschulungen für Apothekenpersonal • ...
Sonstiges	• Retourenregelung • ...

Ausgehend von der Präparategestaltung über die Konditionengestaltung sowie der Art und Weise der Marketingunterstützung bis hin zur Bereinigung von Konfliktfeldern erstrecken sich die Möglichkeiten von SMU, die Apotheken im Rahmen einer Push-Stimulierung zu einem in ihrem Sinne wünschenswerten Verhalten zu stimulieren.

---

[60] Vgl. zur Unterstützung der Empfehlungsbereitschaft der Apotheken a. Kohout 1998: 96.

62

strecken sich die Möglichkeiten von SMU, die Apotheken im Rahmen einer Push-Stimulierung zu einem in ihrem Sinne wünschenswerten Verhalten zu stimulieren.

Im Gegensatz zur Push-Stimulierung bedienen sich SMU im Rahmen der *Pull-Stimulierung* einer intensiven Publikumswerbung. Diese soll einen Nachfragesog initiieren, durch den SM-Präparate in die Apotheke „hineingezogen" werden, was positiv auf die „Mitarbeit" der Apotheken einwirkt.[61] Vor dem Hintergrund einer sich verschärfenden Wettbewerbssituation in vielen Indikationsmärkten der Selbstmedikation, kann es durchaus für SMU vorteilhaft sein, beide Konzepte parallel zu verfolgen. Entsprechend plädiert auch Arenz (1994: 61f.) dafür, das (apothekenorientierte) „Trade-Marketing" in ein verwenderorientiertes Pull-Marketing einzubinden.

Die Wahl der Stimulierungsrichtung wird grundsätzlich beeinflußt von (1) der Marktposition eines SMUs und seiner SM-Präparate, (2) dem zur Verfügung stehenden Ressourcenpotential, (3) der Bereitschaft der Apotheken zur Zusammenarbeit mit dem SM-Unternehmen und (4) den apothekengerichteten Aktivitäten der Wettbewerber.

3.2.3.4 Pharmagroßhandelgerichtete Strategien

Strategischen Handlungsaspekten gegenüber dem pharmazeutischen Großhandel[62] wurden bislang in der Pharmamarketingliteratur nur sehr wenig Beachtung geschenkt.[63] Drei Gründe sind m.E. hierfür ausschlaggebend:

(1) Bisweilen beziehen sich Publikationen zum Pharmamarketing vornehmlich auf den Markt für verschreibungspflichtige Arzneimittel, wo der pharmazeutische Großhandel aufgrund seines fehlenden Einflusses auf das Verordnungsverhalten der Ärzte als Marktpartner von SMU eher von untergeordneter Bedeutung ist.[64]

(2) Das Vertriebssystem des Pharmagroßhandels stellt nach Auffassung vieler Praktiker die bislang einzige Vertriebsform dar, die den hohen Anforderungen der Apotheken an die Verfügbarkeit von Arzneimitteln in der Apotheke ge-

---

[61] Vgl. Ahlert 1996: 159f.; Specht 1992: 149.
[62] Zur Struktur des pharmazeutischen Großhandels in Deutschland sowie zu seiner Rolle im SM-Markt s. ausführlich Kap. 2.3.3.
[63] Bei Walther (1989: 104) findet der Pharmagroßhandel als Marktpartner von SMU explizit keinen Eingang in das strategische Pharmamarketing. Gehrig (1992: 195-198), Hilleke-Daniel (1989: 108-110) und Uhlmann (1989: 139-143) geben nur einen kurzen Abriß über die Basisfunktionen des Pharmagroßhandels. Lediglich Benatzky (1995: 114-117) stellt bislang strategische Überlegungen bezüglich der künftigen Zusammenarbeit zwischen SMU und Großhandel an.
[64] S. Gehrig 1992: 58; Uhlmann 1989: 3.

63

recht wird, so daß derzeit keine gleichwertige Alternative zum Vertrieb über den pharmazeutischen Großhandel existiert.[65]

(3) Gesetzliche Verpflichtungen beschränken etwaige Verhaltensoptionen der Anbieter in der Weise, daß für jeden Hersteller verschreibungspflichtiger Arzneimittel eine Lieferverpflichtung an den Pharmagroßhandel besteht und umgekehrt dieser eine Abnahmepflicht gegenüber jedem Hersteller hat.[66]

Demgegenüber stellt sich die Situation im SM-Markt jedoch anders dar, mit der Folge, daß den SMU im Hinblick auf eine großhandelgerichtete Strategiegestaltung mehr Freiheitsgrade zur Verfügung stehen, insbesondere weil (1) die Anforderungen der Apotheken an die Verfügbarkeit von SM-Präparaten wesentlich unkritischer sind,[67] da die Apotheken bei der Abgabe bzw. Auswahl von SM-Präparaten nicht an Rezepte gebunden sind, und (2) der pharmazeutische Großhandel aufgrund seiner bisherigen Präparatelieferungen eine große Nähe zum zentralen Verkaufsort für SM-Präparate, der Apotheke, hat.

Im Rahmen der großhandelgerichteten Strategiedimension werden nun jene langfristig geltenden Handlungsmuster festgelegt, die das Verhältnis eines SMUs zum pharmazeutischen Großhandel regeln.[68] Konkret geht es darum, ob die Beziehung der SMU zum pharmazeutischen Großhandel sich nur im Rahmen der reinen Marktprozesse in Form der Präparatedistribution vollziehen oder eine partnerschaftliche Zusammenarbeit mit dem Pharmagroßhandel in Hinblick auf eine Kooperation der apothekengerichteten Marktbearbeitungsaktivitäten angestrebt werden soll.[69] Demzufolge lassen sich ein vertikal-passives und ein vertikal-aktives Marketing voneinander abgrenzen.

Ein *vertikal-passives Marketing* zeichnet sich dadurch aus, daß SMU weitgehend losgelöst vom pharmazeutischen Großhandel ihre apothekenbezogene Marketingmaßnahmen konzipieren und durchführen, *ohne* auf die Marketingdienstleistungen des Pharmagroßhandels zurückzugreifen. Demgegenüber findet im Rahmen eines *vertikal-aktiven Marketing* eine koordinierte Entwicklung und Durchsetzung von apothekengerichteten Maßnahmen zwischen SMU und Pharmagroßhandel statt. Mit seiner Nähe zum zentralen Verkaufsort „Apotheke" kann der pharmazeutische Großhandel primär im Vertriebsbe-

[65] S. Benatzky 1995: 113.
[66] S. § 47 AMG.
[67] Vgl. Benatzky 1995: 106.
[68] Die Berücksichtigung des Verhaltensstils von SM-Unternehmen gegenüber dem Pharmagroßhandel als Strategieoption wurde angeregt durch Benatzkys Darstellung zur Notwendigkeit der vertikalen (Marketing-)Partnerschaft zwischen Hersteller und Pharmagroßhandel. S. Benatzky 1995: 117f.
[69] S. Ahlert 1996: 163. Ähnlich auch Irrgang 1993: 129.

reich den SMU eine wertvolle Unterstützung sein. Abb. 3-5 zeigt einen Auszug von möglichen Marketing- und Serviceleistungen eines Pharmagroßhandels, die von SMU im Rahmen eines vertikal-aktiven Marketings in Anspruch genommen werden können.

Abbildung 3-5:
Katalog von Serviceleistungen eines Pharmagroßhandels[70]

Leistungs- angebot	Kurzcharakteristik der Leistung	Nutzen für SMU	Erscheinungs- weise/Auflage
ANZAG aktuell	Angebotsmedium	Schaltung von Produkt- anzeigen	2monatig
ANZAG- Magazin	Marketing- und Management- magazin für die Apotheke	Schaltung von Produkt- /Imageanzeigen	2monatig/ 18.500
ANZAG-Präpa- rateneuheiten	Präparatebeschreibungen, Fach- informationen sowie Neuheiten im pharmazeutischen und apotheken- üblichen Warenbereich	Kostenlose Veröffentlichung von Pressemitteilungen und Informationen	monatlich/ 22.500
ANZAG- Infodienst	Zentrale Serviceeinrichtung zur Beschaffung, Aufbereitung und Weitergabe von Informationen	Produktaufklärung und -erläuterungen	ganzjährig/ca. 2.500 Anzeigen täglich
ANZAG-Ver- kaufsförderung "SAM"- Sales and more"	Verkaufsförderung zur Absatzsteigerung im OTC- Geschäft	Absatzsteigerung, Unterstützung des Aktionsgeschäftes, Werbe- und Marketing- unterstützung	2monatige Aktio- nen; 6mal im Jahr
ANZAG-Mar- ketingberatung	Sortimentsberatung, Warenplazierung		ganzjährig
ANZAG- Verkaufsberatung	Regelmäßige Besuche und Beratungsgespräche	Sortimentsberatung, Produktverkäufe, Produktneueinführung, Aktionsbetreuung	ganzjährig durch Verkaufsberater

Quelle: *o.V. 1994c: 6.*

Gleichfalls birgt das vertikal-aktive Marketing aufgrund seiner partnerschaftlichen Komponente auch für den Pharmagroßhandel eine motivierende Komponente in sich, da (1) SMU nicht nur die eigenen Ziele, sondern auch jene seiner Marktpartner berücksichtigen, (2) der Pharmagroßhandel aktiv in das apothekengerichtete Marketing der SMU eingebunden wird, (3) die Identifikation des Pharmagroßhandels mit dem SMU gefördert wird und (4) eine werteorientierte Vertrauensbasis geschaffen wird.

---

[70]   Es handelt sich um die Pharmagroßhandlung ANZAG (Andreae-Noris-Zahn AG). Sie sorgt mit 23 Lei- stungs- und Servicezentren im gesamten Bundesgebiet für eine flächendeckende Versorgung der Apotheken mit Arzneimitteln sowie anderen apothekenüblichen Waren (z.B. Heilmittel, Nahrungser- gänzung, Diagnostika u.a.m.). Zur Servicepolitik der ANZAG s. a. o.V. 1994d: 9.

Wenn auch bisherigen Ausführungen für ein vertikal-aktives Marketing sprechen, wird letztlich die Entscheidung für eine bestimmte großhandelgerichtete Strategieoption letztlich beeinflußt von (1) der Marktposition eines SMUs, (2) der Art und Qualität der angebotenen Marketingdienstleistungen des pharmazeutischen Großhandels, (3) der Erwartungshaltung der Apotheken an Services seitens der SMU sowie (4) von den Aktivitäten der Wettbewerber im Kampf um knappe Regalplätze in der Apotheke.

3.2.3.5 Arzt-/heilpraktikergerichtete Strategien

In der Selbstmedikation wird die traditionelle Rolle des Arztes bzw. Heilpraktikers als Entscheidungsträger bei der Präparateauswahl abgelöst durch die Informations- und Empfehlungsfunktion zum Selbstkauf von Präparaten.[71] Diese sog. *arztgestützte bzw. arztinduzierte Selbstmedikation* erfolgt i.d.R. durch die verbale Präparateempfehlung des Arztes gegenüber dem Patienten/Verwender; fallweise manifestiert sie sich auch durch das Ausstellen von Privatrezepten.

Beim Wegfall der Verordnungs- *und* Erstattungsfähigkeit von Präparaten hat ein SMU im Rahmen seines arztgerichteten Verhaltens grundsätzlich eine Entscheidung darüber zu treffen,

* ein SM-Präparat weiterhin beim Arzt zu bewerben und dadurch den Arzt als Empfehler zu nutzen (*arztgestützte Selbstmedikation*) oder

* auf die direkte Kommunikation mit dem Arzt zur Vermarktung von SM-Präparaten zu verzichten (*arztungestützte Selbstmedikation*).

Aus Sicht zahlreicher, vor allem im verschreibungspflichtigen Markt tätigen Unternehmen wird die arztgestützte Selbstmedikation oftmals als Möglichkeit gesehen, zumindest einen Teil des ehemals „ethischen" bzw. „semi-ethischen" Präparateumsatzes aufrechtzuerhalten.[72] Aufbauend auf das „partnerschaftliche" Verhältnis zum Arzt aufgrund früherer Verordnungen sind SMU vielfach bestrebt, den Arzt für die Empfehlung zum Selbstkauf von vormals verschreibungspflichtigen *und* erstattungsfähigen Präparaten zu gewinnen.[73]

Die Einbeziehung der Ärzte in das Marketing für SM-Präparate wird im wesentlichen von zwei Aspekten determiniert. *Erstens* sollten die SM-Präparate beim Arzt akzeptiert sein. Angesichts der Bedeutung des Arztes für die Präparatewahl der Patienten/Ver-

---

[71]   Zur Rolle des Arztes im Rahmen der Selbstmedikation s. ausführlich Kap. 2.3.4.
[72]   Vgl. Crisand 1996: 151.
[73]   S. auch die in Kap. 2.3.4 angeführten Studienergebnisse.

66

wender in der Selbstmedikation ist eine arztgestützte Selbstmedikation umso eher erfolgversprechend, je stärker die Ärzte von einem SM-Präparat überzeugt sind. Die Akzeptanz eines SM-Präparates beim Arzt hängt vielfach von dessen spezifischen Eigenschaften ab.[74] Die wichtigsten Präparateeigenschaften sind u.a. eine geringe Nebenwir-
kung, ein schneller Wirkungseintritt, eine einfache Dosierung, eine verwenderfreundliche Applikationsform, eine einfache Handhabung sowie ein verständlicher Beipackzettel. Insbesondere eine zuverlässige Wirkung gepaart mit wenig Nebenwirkungen gibt
dem Arzt die Möglichkeit, seinem Patienten das Präparat überzeugend zu empfehlen.
Der verständliche Beipackzettel, die einfache Dosierung sowie die verwenderfreundliche
Handhabung sind weitere Argumente für den Arzt, ein Präparat zum Selbstkauf zu
empfehlen. *Zweitens* ist sicherzustellen, daß die Präparateempfehlung der Ärzte durch
flankierende Marketingmaßnahmen der SMU unterstützt wird. Die Ärzte erwarten von
den SMU Unterstützung bei ihrer Empfehlungstätigkeit; sie brauchen Argumente, mit
denen sie die SM-Präparate an ihre Patienten überzeugend „verkaufen" können. Als Unterstützungsmaßnahmen der SMU für die Empfehlung der Ärzte zum Selbstkauf kommen insbesondere lesbare Patientenbroschüren, verständliche Beschreibung der Nebenwirkungen, verwendergerichtete Werbung in Betracht.

Resümierend bleibt festzuhalten, daß eine arztgestützte Selbstmedikation dann erfolgversprechend erscheint, wenn (a) SMU bereits beim Arzt aufgrund ihrer verschreibungspflichtigen Präparate eine starke Stellung einnehmen, (b) SM-Präparate vom Arzt
generell akzeptiert werden, (c) ausreichende Maßnahmen zur Unterstützung der Emp-
fehlungsaktivitäten des Arztes erfolgen und/oder (d) das SM-Präparat/das SMU dem
Patienten/Verwender bekannt ist.

3.3 Instrumentalstrategische Marketinghandlungsmuster

Das folgende Kapitel beschäftigt sich mit der Ausgestaltung instrumentalstrategischer
Marketinghandlungsmuster von SMU, durch die eine Konkretisierung der zuvor getroffenen grundsatzstrategischen Verhaltensweisen erfolgt. Durch die Instrumentalstrategie
wird die Grundlinie des (operativen) Einsatzes der Marketinginstrumente fixiert.[75] Insofern üben instrumentalstrategische Entscheidungen eine wichtige Schnittstellenfunktion

---

[74] Vgl. Crisand 1996: 152f.; ähnlich auch Rassat 1995: 379f.
[75] Bei den absatzpolitischen (Marketing-)Instrumenten handelt es sich um eine auf die Marktteilnehmer
gerichtete Beeinflussungsform zum Zweck der Anbahnung oder Festigung von Austauschbeziehun-
gen und/oder der Abwicklung konkreter Transaktionen. Vgl. Steffenhagen 1994: 122. Ähnlich auch
Fritz/Oelsnitz 1996: 105.

zwischen den übergeordneten Vorgaben der Grundsatzstrategie und den nachgeordneten operativen Marketingaktionen aus.

Daß dem Einsatz bestimmter Marketinginstrumente im folgenden ein „strategischer"
Charakter zugesprochen wird, ist damit zu begründen, daß diese Instrumente entweder
(a) erst mittel- bis langfristig eine Wirkung entfalten (z.B. Markenbildung) oder (b) ihr
Einsatz nicht kurzfristig revidierbar ist (z.b. Gestaltung des Präparateprogramms, Wahl
der Vertriebsform).

Zur Wahrung der Überschaubarkeit werden in die weitere Diskussion nur solche Instrumentalstrategien aufgenommen, denen eine direkte Relevanz für das Marketing im
SM-Markt zukommt. Entsprechend wird auf Aspekte der Gestaltung des Präparateprogramms (*Kap. 3.3.1*), der Markenbildung (*Kap. 3.3.2*), der Preis- und Konditionengestaltung (*Kap. 3.3.3*), der Marktkommunikation (*Kap. 3.3.4*) sowie der Vertriebsformen
im SM-Markt (*Kap. 3.3.5*) in den folgenden Kapiteln näher eingegangen.

3.3.1 Gestaltung des Präparateprogramms

Strategischen Aspekten der Gestaltung des Präparateprogramms wurden bislang in der
Pharmamarketingliteratur nur wenig Beachtung geschenkt,[76] wenngleich die Diskussion
um die „optimale" Gestaltung des Leistungsprogramms außerhalb des pharmaspezifi-
schen Literaturfeldes angeregt geführt wird.[77] Lediglich in einigen Praktikerartikeln
wurden programmpolitische Entscheidungstatbestände von Pharmaunternehmen verstärkt thematisiert.[78]

Die (strategische) Bedeutung der SM-Programmgestaltung wird insbesondere durch (a)
die zunehmende Wettbewerbsintensität im SM-Markt (z.B. Eintritt neuer Wettbewerber),
(b) die anhaltende Differenzierung der Verwenderbedürfnisse, wie z.B. Präparate mit
pflanzlichen Wirkstoffen, und (c) die beschränkte Ressourcenverfügbarkeit zahlreicher
SMU impliziert.

Im Mittelpunkt der Gestaltung des SM-Präparateprogramms steht die Zusammenstel-
lung verschiedener SM-Präparate bzw. Präparategruppen zu einem in den Augen der

---

[76] S. z.B. bei Gehrig 1992: 75f.; Uhlmann 1989: 96-98; Walther 1989: 106; Friesewinkel/Schneider 1982: 204.
[77] Vgl. Prillmann 1996: 45-51 und die dort angegebene Literatur.
[78] S. Rassat 1996: 4 und vor allem Gutzler 1992: 666-670.

68

Kunden (Verwender, Apotheker, Ärzte bzw. Heilpraktiker, Pharmagroßhandel) attraktiven SM-Präparateprogramm.[79]

Zur Kennzeichnung des SM-Präparateprogramms ist die Unterscheidung von Programmbreiten und -tiefen üblich. Die *Programmbreite* umschreibt die Anzahl verschiedenartiger SM-Präparate bzw. Präparategruppen im Angebot von SMU. Ein SM-Präparateprogramm ist breit, wenn es vergleichsweise viele SM-Präparate bzw. Präparategruppen umfaßt, und es ist schmal, wenn es eher wenige beinhaltet.[80] Die Bereitstellung eines breiten SM-Angebotsprogramms ermöglicht es den SMU einerseits, sich bei den Kunden als umfassender „Problemlöser" im Bereich Selbstmedikation bzw. in einer spezifischen Indikation zu profilieren. Andererseits wird durch eine hohe Programmbreite eine Risikoverteilung auf mehrere SM-Präparate begünstigt. Den Vorteilen einer hohen Programmbreite stehen indessen nachhaltige Wirkungen auf die Leistungsdimensionen Kosten, Zeit und Qualität in sämtlichen Wertschöpfungsstufen gegenüber. So impliziert eine hohe Programmbreite im Bereich Produktion und Konfektionierung häufige Umstellungen der maschinellen Anlagen aufgrund zahlreicher kleinerer Losgrößen, was letztlich zu höheren Präparatestückkosten führt. Im Marketing- und Vertriebsbereich bewirkt eine hohe Programmbreite erhöhte Marketing- bzw. Vertriebskosten infolge verstärkter Produktschulungen des Außendienstes sowie eine vermehrte Kapitalbindung durch Aufrechterhaltung der Lieferbereitschaft. Insofern begünstigen die Nachteile eines breiten SM-Angebotsprogramms ein eher schmales SM-Präparateprogramm. Dies ermöglicht u.a. eine Profilierung des SM-Programms in Richtung (indikationsbezogener) Spezialisierung und damit verbundener (Indikations-)Kompetenz.

Die *Programmtiefe* zeigt an, wie viele verschiedene Varianten (z.B. verschiedene Applikationsformen, Wirkstärken) eines SM-Präparates bzw. innerhalb einer Präparategruppe am Markt angeboten werden. Ein Programm ist flach, wenn es wenige Varianten eines Präparates enthält, und es ist tief, wenn es eher viele umfaßt.[81] Weitestgehend analoge Überlegungen zu Vor- und Nachteilen der Programmbreite lassen sich auch im Hinblick auf ein tiefes bzw. flaches SM-Angebotsprogramm anführen und sollen daher nicht nochmals diskutiert werden.

In der Praxis verfügen viele SMU über ein „natürlich gewachsenes" Präparateprogramm, das durch ein breites Angebot an Wirksubstanzen und einer hohen Varianten-

---

[79] Vgl. zur Produktpolitik allgemein z.B. Koppelmann 1997; Haedrich/Tomczak 1996b; Brockhoff 1993.
[80] Vgl. Pepels 1997: 364; Haedrich/Tomczak 1996b: 45.
[81] Vgl. Pepels 1997: 364f.; Haedrich/Tomczak 1996b: 46.

vielfalt in jeweils unterschiedlichen Indikationen gekennzeichnet ist.[82] Gutzler (1992: 666f.) kommt in einer Analyse der Programmbreite bei vorwiegend im verschreibungspflichtigen Marktsegment tätigen Pharmaunternehmen zu dem Ergebnis, daß ca. 47% der untersuchten Unternehmen (absolut: 35 Unternehmen) mehr als 40 verschiedene apothekenpflichtige Präparate (ohne entsprechende Varianten) anbieten, während nur 9,4% der untersuchten Pharmaunternehmen (absolut: 7 Unternehmen) sich bei ihrem Angebot auf weniger als 20 Präparate beschränken. Die Absicht vieler Pharma-Unternehmen, sich mit einer extensiven Programmpolitik als „Alleskönner" im Markt zu etablieren, scheitert oftmals am unterschätzten Ressourcen- und Kapazitätsbedarf. Insbesondere kleinere und mittelgroße SMU verfügen im allgemeinen nicht über die notwendigen Ressourcen, ein breites SM-Präparateprogramm zu führen. Im Rahmen einer Programmselektion (Programmbereinigung) ist es deshalb erforderlich, eine Ressourcenallokation auf diejenigen SM-Präparate vorzunehmen, die die höchsten Deckungsbeiträge erzielen.[83]

3.3.2 Markenbildung

Speziell im Kontext der SM wird der Markenbildung[84] von seiten der Praxis eine hochrangige Bedeutung beigemessen.[85] Mögliche Erklärungsansätze hierfür sind (1) die bestehenden Substitutionsmöglichkeiten vieler wirkstoffgleicher SM-Arzneimittel, die eine „künstliche" Differenzierung der Arzneimittel über die Marke fördern, (2) der „Laienstatus" der Verwender im Hinblick auf die Qualitätsbeurteilung der SM-Arzneimittel, wodurch eine Präparateprofilierung über die Marke angeregt wird und (3) die aus Verwendersicht erschwerte Identifizierbarkeit vieler SM-Präparate über ihre chemischen Bezeichnungen, so daß eine Kennzeichnung der SM-Präparate über die Marke angebracht erscheint.

Unter Bezugnahme auf die Anzahl der unter einer Marke angebotenen Präparate kommen als markenstrategische Optionen sog. Einzelmarken (Mono-Marke), Programmarken oder Dachmarken in Betracht.[86]

---

[82] Dies bemerken Schulz/Scholl 1997: 280f.; Gutzler 1996: 666; Uhlmann 1989: 97.

[83] So auch Koppelmann 1997: 588f.; Nieschlag et al. 1997: 231f.; Meffert 1986: 404. Zur Optimierung des Präparateprogramms in Pharmaunternehmen s. speziell Schulz/Scholl 1997: 281-285.

[84] Als Hintergrundliteratur zur Markenbildung/-spolitik allgemein z.B. Kapferer 1997; Randall 1997; Haedrich/Tomczak 1996a. Mit speziellem Bezug zum SM-Markt s. Küpper 1998: 188-193; AESGP 1996, Arenz/Sprandel 1995: 126-131.

[85] Vgl. AESGP 1996: 1-3; Haring 1996: 7; Zeiner/Franzen 1996: 143-148; Zeiner et al. 1996: 480-488.

[86] Vgl. speziell zu markenstrategischen Optionen z.B. Becker 1994: 470-481; Low/Fullerton 1994: 174-177; Sandler 1989: 330-335.

70

Einzelmarken sind dadurch gekenzeichnet, daß jedes SM-Präparat unter einer eigenen Marke angeboten wird. Für diese Form der Markenbildung stehen z.b. das Schmerzmittel THOMAPYRIN, das Erkältungspräparat GRIPPOSTAD, das Schnupfenspray NASIVIN oder das Knoblauchpräparat KWAI. Für die Einzelmarkenstrategie sprechen insbesondere die differenzierte Kundenansprache der Zielgruppen, der präparatespezifische Aufbau von Markenpersönlichkeiten sowie die Vermeidung von negativen Ausstrahlungseffekten (Bad-will-Transfer) zwischen verschiedenen (Einzel-)Marken eines SM-Anbieters. Nachteilig wirken sich bei der Einzelmarkenstrategie vor allem die hohen Marketing(stück)-kosten für den Markenaufbau aus, die ein SM-Präparat alleine zu tragen hat; insbesondere vor dem Hintergrund immer kürzer werdender Produktlebenszyklen ist dies evident.

Bei einer *Programmarke* (auch als Produktgruppen-, Range- oder Familienmarke bezeichnet) werden *indikationsbezogen* mehrere SM-Präparate unter einer Marke zusammengefaßt. So bietet beispielsweise die Firma Bene-Arzneimittel unter der Marke BEN-U-RON ihre gesamten Husten- und Erkältungspräparate an, oder die Firma Queisser führt ihre SM-Präparate zur Vitalisierung und Leistungssteigerung allesamt unter der einen Marke DOPPELHERZ. Programmarken sind immer dann vorteilhaft, wenn bestimmte SM-Präparate sich aufgrund einer gleichen oder ähnlichen Indikationsstellung zu „Ranges" zusammenfassen lassen und eine programm- bzw. indikationsspezifische Kompetenz aufgebaut werden kann.

Eine *Dachmarke* dagegen faßt sämtliche SM-Präparate eines SMUs unter einer einheitlichen Marke zusammen. Als typische Beispiele für eine Dachmarke lassen sich die Marken KNEIPP, KLOSTERFRAU oder WICK nennen. Eine Dachmarke ist vor allem dann angebracht, wenn sich die Positionierung der einzelnen SM-Präparate nicht oder nur unwesentlich voneinander unterscheiden (z.B. das gesamte SM-Präparatesortiment von der Firma WICK ist im Husten-/Erkältungsmarkt positioniert). Die Vorteile einer Dachmarke liegen insbesondere in der Ausnutzung von Synergiepotentialen und in der erhöhten Akzeptanzbereitschaft der Kunden bei Neueinführungen. Beachtenswert bei der Dachmarke ist jedoch die Gefahr negativer Ausstrahlungseffekte auf das gesamte SM-Präparateprogramm sowie die Gefahr einer „Deprofilierung" von Einzelpräparaten.[87]

Die Auswahl markenstrategischer Optionen hängt grundsätzlich ab (1) von der gewählten verwendergerichteten Stoßrichtung (Präferenz- und/oder Preis-Mengen-Strategie), (2) von präparatespezifischen Merkmalen, (3) vom Verwender- und Wettbewerbsverhalten, (4) von der finanziellen Ressourcenausstattung der SM-Anbieter sowie (5) von der

---

[87]   Zur Darstellung von Chancen und Risiken der einzelnen markenstrategischen Optionen s. ausführlich Kapferer 1997: 136-145; Randall 1997: 184-189; Becker 1994: 470-478; Sandler 1989: 331-333.

Marketingkompetenz der Unternehmen im Hinblick auf ein professionelles Marken-
management.

3.3.3 Preis- und Konditionengestaltung

Die Preis- und Konditionengestaltung von SMU betrifft Handlungsaspekte, die (1) die
Festlegung des Herstellerabgabepreises[88] und (2) die Gewährung von Konditionen[89] als
Form der Preismodifikation berücksichtigen. Dabei konkretisieren die preis- und konditionenpolitischen Handlungsmuster die zuvor im Rahmen der Marketinggrundsatzstrategie festgelegten Eckpunkte: So spiegelt die Festlegung des Herstellerabgabepreises den
verwenderorientierten Stimulierungsansatz (Präferenz- vs. Preis-Mengen-Strategie) wider; im kompetitiven Preisverhalten bildet sich zudem der gewählte Wettbewerbsstil
(offensiv vs. defensiv) der SMU ab und die primär gegenüber Apotheken ausgerichtete
Konditionengestaltung reflektiert die apothekengerichtete Verhaltensstrategie (Push- vs.
Pull-Stimulierung).

Wenn hier den preis- bzw. konditionenpolitischen Gestaltungsentscheidungen der SMU
eine strategische Bedeutung beigemessen wird, so sind hierfür im wesentlichen drei
Gründe ausschlaggebend. *Erstens* entwickeln Verwender als Selbstzahler von SM-
Präparaten ein stärkeres Preisbewußtsein als dies bei erstattungsfähigen Präparaten der
Fall ist, so daß dem Präparatepreis in der Selbstmedikation als Kaufkriterium eine höhere
Bedeutung zukommt als im erstattungsfähigen Marktsegment, wo die gesetzliche Krankenversicherung – bis auf die gesetzlich vorgeschriebenen Zuzahlungen – den Apothe-
kenabgabepreis erstattet. *Zweitens* setzen zahlreiche SMU die Aktionsparameter „Preis"
und/ oder „Konditionen" gezielt dazu ein, um sich den Eintritt in den SM-Markt gegen
etablierte SM-Anbieter zu erkämpfen bzw. ihre Marktanteile auszubauen. *Drittens* nutzen zunehmend auch etablierte SM-Anbieter den Preis bzw. die Konditionen aktiv, um
ihre Marktposition nachhaltig zu stärken bzw. längerfristig zu verteidigen.

---

[88] Vom *Herstellerabgabepreis* abzugrenzen ist einerseits der *Großhandelspreis*, den der pharmazeutische
Großhandel gemäß der Arzneimittelpreisverordnung (AMPreisV) bei Abgabe von Arzneimitteln an
die Apotheken erhebt; der Großhandelspreis liegt um gesetzlich fixierte Höchstzuschläge (s. § 2 AM-
PreisV) über dem Herstellerabgabepreis. Andererseits ist vom Herstellerabgabepreis der *Apothekenab-
gabepreis* zu differenzieren, der sich berechnet aus einem gesetzlichen Festzuschlag der Apotheken (s.
§ 3 AMPreisV) auf den Betrag, der sich aus der Zusammenrechnung des bei Belieferung des pharmazeutischen Großhandels geltenden Herstellerabgabepreises und des darauf entfallenden Großhandels-
höchstzuschlags nach § 2 AMPreisV ergibt. Vgl. zur Preisbildung auf dem Arzneimittelmarkt auch
Dambacher 1997: 132 und insbesondere Kortland 1995.

[89] Zum Konditionenbegriff s. Steffenhagen 1995: 37f.

Die Gestaltung der Herstellerabgabepreise können SMU auf der Grundlage von Kosten und/oder marktorientierten Daten vornehmen, wobei letztere sich auf die Verwender als auch auf die Konkurrenten beziehen können.[90] Die Reaktionsverbundenheit zwischen SM-Anbietern, die Homogenität des Basisnutzens vieler SM-Präparate aus Kundensicht sowie der Preisdruck durch die Intensität des Wettbewerbs begründen die Relevanz *wettbewerbsorientierter Preisstrategien* im SM-Markt. Hierbei ergeben sich für Anbieter drei preisstrategische Optionen, nämlich (1) Anpassung an den marktüblichen Preis, (2) konsequente Preisüberbietung oder (3) konsequente Preisunterbietung.[91]

Bei der *Anpassung an einen marktüblichen Preis* haben die SM-Unternehmen grundsätzlich die Möglichkeit, sich entweder einem anerkannten Preisführer (i.d.R. ist dies der Marktführer) unterzuordnen oder sich bei ihrer Preisfestlegung am Durchschnittspreis der Hauptwettbewerber zu orientieren. Im einfachsten Fall wird der Preis für ein SM-Präparat genau diesem „Leitpreis" angepaßt. Diese Form der Preisstrategie kann insbesondere dann zum Tragen kommen, wenn es sich um nahezu homogene SM-Präparate (z.B. Vitamin-Präparate, Geriatrika) in einem wettbewerbsintensiven Indikationsmarkt handelt. Ein solches preisstrategisches Vorgehen bietet für SMU den Vorteil, Absatzrisiken aufgrund von Unsicherheiten bezüglich der „richtigen" Preisgestaltung zu mindern und etwaige Preiskämpfe mit Wettbewerbern zu vermeiden.

Je nach Markt- und Wettbewerbssituation oder auch von den Kunden wahrgenommene Präparateunterschiede können die SMU dazu veranlaßt werden, eine Strategie der *Preisunter-* oder *-überbietung* zu verfolgen. Insbesondere kleinere und mittelgroße SMU trachten häufig danach, die Preisforderung des Marktführers um einen konstanten Prozentsatz zu unterbieten. Demnach korrespondiert die Strategie der Preisunterbietung mit der Preis-Mengen-Strategie. Eine Preisüberbietung dagegen läßt sich auf Dauer nur dann konsequent durchsetzen, wenn die SMU einen deutlichen Qualitäts-/Nutzenvorsprung gegenüber ihren Wettbewerbern aufweisen. Die Durchsetzung einer Strategie der Preisüberbietung ist jedoch stets an das Vorhandensein von Präferenzen bei den Kunden gebunden, daher stellt sie das preispolitische Pendant zur Präferenzstrategie dar.

Zu den wettbewerbsorientierten Preisstrategien zählen neben der Festlegung des relativen Preisniveaus auch preisstrategische Entscheidungen im Zeitablauf. Hierbei kommt

---

[90]   Entsprechend wird in der Literatur zwischen einer kosten-, nachfrager- bzw. kunden- und wettbewerbsorientierten Preisfestlegung unterschieden. Vgl. einführend zu Ansätzen der Preisbestimmung z.B. Diamantopoulos/Mathews 1995; Nagle/Holden 1995; Simon 1992; Diller 1991. Speziell zur Festsetzung des Endverbraucherpreises in der Selbstmedikation s. Küpper 1998: 197-199.

[91]   Vgl. Nieschlag et al. 1997: 364f. Ähnlich auch Smith 1991: 221-223.

der Preisfestlegung in der Markteinführungsphase von neuen SM-Präparaten besondere Relevanz zu. So haben SM-Anbieter grundsätzlich die Wahl, zunächst mit niedrigem Preis in den Markt einzutreten, um ihn dann u.U. später anzuheben, oder mit einem hohen Preis, der anschließend sukzessiv zu senken ist. Preisstrategisch spricht man im ersten Fall von einer *Penetrationspreisstrategie*, im zweiten Fall von einer *Abschöpfungspreisstrategie* (Skimming-Strategie).[92]

Als weiteren Handlungsaspekt neben der Preisgestaltung kommt im Selbstmedikationsgeschäft der Gewährung von *Konditionen* eine hohe Bedeutung zu.[93] Konditionen werden den Apotheken seitens des SMU gewährt und sind im allgemeinen an das Vorliegen spezieller Umstände geknüpft. Diese können in Merkmalen der Apotheken (z.B. Umsatz je Bestellung, Jahresumsatz) oder in speziellen Verhaltensweisen der Apotheken (z.B. Empfehlungsverhalten, Marketingaktionen) begründet sein. Entsprechend vielfältig sind auch die möglichen Erscheinungsformen von Konditionen. In Anlehnung an die von Steffenhagen (1995: 48-68) vorgeschlagene Einteilung von Konditionenarten lassen sich unterscheiden:

- *Zahlungskonditionen:* Gegenstand der Zahlungskonditionen ist die Festlegung der Zahlungsweise, der Zahlungsart sowie die Fixierung von Zahlungsfristen einschließlich eventueller fristabhängiger Preisnachlässe (Skonti). Sie sind i.d.R. Bestandteil der allgemeinen Geschäftsbedingungen der Unternehmen.

- *Mengen- und Belieferungskonditionen:* Die Grundlage für Mengen- und Belieferungskonditionen stellt entweder ein einzelner Auftrag, ein Abschluß über Liefermengen innerhalb einer bestimmten Periode oder der innerhalb einer bestimmten Periode getätigte Umsatz dar. Mengen- und Belieferungskonditionen stellen einen Anreiz für Apotheker zum Kauf größerer Mengen pro Auftrag oder Periode dar und können als *Barrabatt* (z.B. in Gestalt eines Abzugs vom Preis bzw. Rechnungsbetrag oder als Gutschrift) oder als *Naturalrabatt*, d.h. die SMU liefern mehr Ware als berechnet, gewährt werden.

- *Marktbearbeitungskonditionen:* Bei ihnen handelt es sich um eine Vergütung, die für ein bestimmtes von den Unternehmen gewünschtes Marketingverhalten der Apotheken gezahlt wird. Anlässe für eine mögliche Vergütung sind die Aufnahme von SM-Präparaten in das Apothekensortiment, die Teilnahme an Verkaufsförderungsaktionen, die Plazierung von SM-Präparaten in der Sichtwahl.

---

[92] Vgl. allgemein zur Abschöpfungs- und Penetrationspreisstrategie u.a. Diamantopoulos/Mathews 1995: 101-106; Simon 1992: 293-296; Diller 1991: 191f. Zur Abschöpfungs- und Penetrationspreisstrategie mit speziellem Bezug zum Pharmamarkt vgl. Smith 1991: 218-221; Walther 1989: 130-133; Lidstone 1987: 79f.

[93] Vgl. Gerpott/Breuer 1998b: im Druck.

74

3.3.4 Marktkommunikation

Instrumentalstrategische Verhaltensmuster der Marktkommunikation nehmen im SM-Marketing eine führende Rolle ein.[94] Dabei umfaßt die Marktkommunikation sämtliche Maßnahmen von SMU, die darauf gerichtet sind, Informationen über das eigene SM-Präparateprogramm oder das Unternehmen als Ganzes zielgerichtet den Kunden zu vermitteln.[95] Das Ziel ist dabei, den Kunden (Verwender, Apotheker, Ärzte bzw. Heilpraktiker und Pharmagroßhandel) die Vorzüge des eigenen SM-Angebots darzustellen und sie zum Kauf der Präparate anzuregen.[96] Als relevante Erscheinungsformen der Marktkommunikation sind die klassische Werbung, die Verkaufsförderung und die Öffentlichkeitsarbeit zu nennen.[97] Aufgrund der Erklärungsbedürftigkeit des Gutes „Arzneimittel" und im Sinne einer sicheren Arzneimittelanwendung stellt darüber hinaus die „wissenschaftliche Information" ein weiteres Element der Marktkommunikation von SMU dar. Auf die genannten Erscheinungsformen wird im folgenden eingegangen.

Klassische Werbung

Grundsätzlich kennzeichnet die *klassische Werbung*[98] den bewußten Versuch, Kunden durch wirksame Informationen bzw. Informationsgestaltung zu einem zielgerichteten Verhalten zu veranlassen.[99] Ziel der SM-Werbung ist in erster Linie die Bildung von SM-Marken.[100] Um eine Marke in der Selbstmedikation aufzubauen bzw. zu etablieren, können die SMU verschiedene Werbemedien nutzen. Die Bedeutung der einzelnen Werbemedien im Rahmen der OTC-Publikumswerbung zeigt Abb. 3-6.

Vergleicht man die Verteilung der Werbeaufwendungen auf die einzelnen Werbemedien, so wird deutlich, daß der SM-Werbung in Publikumszeitschriften und im Fernsehen

---

[94] Eine hohe Bedeutung der Marktkommunikation speziell im Kontext des SM-Marktes postulieren z.B. Küpper 1998: 203-208; Rassat 1992a: 166; Rassat 1992b: 10.

[95] Als Hintergrundliteratur zur Marktkommunikation allgemein vgl. Nieschlag et al. 1997: 727-665; Smith et al. 1997; Bänsch 1995: 1186-1200 und spezifisch im Kontext des SM-Marktes Küpper 1998: 203-208; Arzneimittel-Zeitung 1995: 2-15; Czech-Steinborn 1982: 156-204.

[96] In einem weiteren Sinne stellen auch die Krankenkassen, Verbände und staatliche Behörden (z.B. BfArM, GKV) mögliche Kommunikationszielgruppen von SMU dar. Crisand 1996: 11 bezeichnet diese Zielgruppen auch als „authorities".

[97] Entgegen der in der Literatur verbreiteten Klassifizierung wird der persönliche Verkauf in dieser Arbeit nicht im Zusammenhang mit der Marktkommunikation behandelt, sondern erst später im Rahmen der Darstellung der Vertriebsformen (s. Kap. 3.3.5). Als Basisliteratur zu Erscheinungsformen der Marktkommunikation vgl. für viele Brassington/Pettit 1997: 569-571; Nieschlag et al. 1997: 531-539; Bänsch 1995: 1186-1200; Berndt 1993: 3-18.

[98] Im folgenden vereinfachend als Werbung bezeichnet.

[99] Vgl. Nieschlag et al. 1997: 531f.

[100] Vgl. Küpper 1998: 205.

75

Abbildung 3-6:
Anteilsentwicklung der Werbemedien an der OTC-Publikumswerbung
– in Prozent der Werbeaufwendungen 1993-1997 –

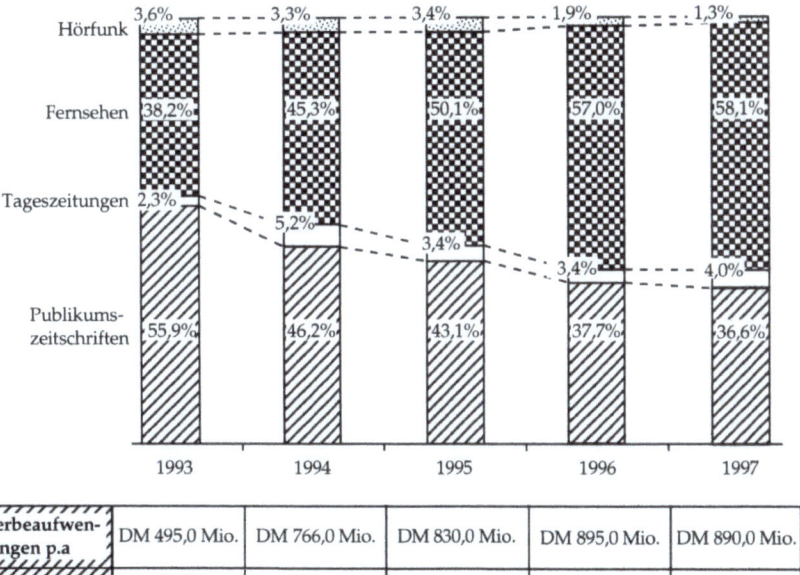

	1993	1994	1995	1996	1997
Werbeaufwen-dungen p.a	DM 495,0 Mio.	DM 766,0 Mio.	DM 830,0 Mio.	DM 895,0 Mio.	DM 890,0 Mio.
SM-Umsatz[a]	DM 8,0 Mrd.	DM 7,9 Mrd.	DM 8,1 Mrd.	DM 8,6 Mrd.	DM 9,0 Mrd.

a)   SM-Umsatz in und außerhalb der Apotheke im gesamten Bundesgebiet.

Quelle: Jahresstatistiken des BAH; eigene Berechnungen.

eine herausragende Bedeutung zukommt, während den Tageszeitungen und dem Hör-
funk nur eine sehr geringe Relevanz im Rahmen der SM-Werbung zugesprochen werden muß. Die Anteilsentwicklung der Werbemedien an der OTC-Publikumswerbung
macht zudem deutlich, daß eine Verschiebungstendenz der SM-Werbung aus den Publikumszeitschriften hin zum Fernsehen stattgefunden hat. So fließen seit 1995 mehr als die
Hälfte aller Werbeinvestitionen in das Medium „Fernsehen". Die überdurchschnittliche
Bedeutung des Mediums „Fernsehen" im Rahmen der OTC-Publikumswerbung steht
nicht zuletzt damit im Zusammenhang, daß viele der stark beworbenen Arzneimittel eine sehr breite Bevölkerungsschicht ansprechen (z.B. Erkältungspräparate, Schmerzmittel,
Stärkungsmittel).

Darüber hinaus verdeutlicht Abb. 3-6, daß Unternehmen ihren SM-Umsatz in den vergangenen Jahren zunehmend über steigende Werbeinvestionen erkauft haben: Während

die Werbeaufwendungen für die OTC-Publikumswerbung zwischen 1993 und 1997 um durchschnittlich 15,8% p.a. gestiegen sind, verzeichneten die SM-Umsätze im gleichen Zeitraum lediglich einen Anstieg von durchschnittlich 3,0% p.a. Die generelle Behauptung, daß eine hoher Werbedruck auch zu entsprechend höheren Umsätzen führt, wird durch die geringe Werbeelastizität[101] im SM-Markt eindeutig widerlegt.[102]

Verkaufsförderung

Unter *Verkaufsförderung*, wahlweise auch als Sales Promotion oder Absatzförderung bezeichnet, sind alle Maßnahmen der SMU zu subsumieren, die darauf gerichtet sind, kurzfristig wirkende Anreize zu schaffen, die den Absatz ihrer SM-Präparate aktiv stimulieren.[103] Mögliche Adressaten von Verkaufsförderungsmaßnahmen stellen die Verwender, der Pharmagroßhandel sowie vor allem die Apotheker bzw. das Apothekenpersonal dar. Im Falle einer arztgestützten SM können auch die Ärzte bzw. Heilpraktiker Zielgruppe von „verkaufsfördernden" Maßnahmen der SMU sein. In der SM-Praxis haben folgende Verkaufsförderungsmaßnahmen Bedeutung erlangt:[104]

- *Aktionswochen:* Verbunden mit einer großzügigen Rabattgewährung initiieren SMU zeitlich begrenzte Aktionswochen, bei denen i.d.R. einzelne Präparate forciert beworben werden. Mögliche Zielgruppen solcher Aktionswochen sind die Apotheken und der Pharmagroßhandel.

- *Mailings:*[105] Mit dem Einsatz von Mailings als eine Form des Direktmarketings gehen insbesondere den Apotheken und den Ärzten bzw. Heilpraktikern unaufgefordert Informationen (z.b. Produkt- und Gebrauchsinformationen) zu.

- *Broschüren, Handzettel:* Speziell im Rahmen von Präparate-Neueinführungen ist es notwendig, vor allem Apotheker und Verwender (evtl. auch Ärzte und Heilpraktiker) ausreichend mit Informationen über das Präparat zu versorgen, indem z.b. die generellen Anwendungsgebiete dargestellt und die Produktvorteile deutlich gemacht werden. Unterstützend wirken hierbei die Fachinformationen sowie die wissenschaftliche Information.

- *Werbegeschenke:* Hierbei handelt es sich um Werbegaben mit geringem Wert, die primär den Apothekern und Ärzten bzw. Heilpraktikern gewährt werden und

---

[101] Werbeelastizität = Umsatzveränderung in Prozent dividiert durch Veränderung der Werbeaufwendungen in Prozent.

[102] Vgl. a. Zeiner/Franzen 1996: 144f.

[103] Vgl. zum Begriff der Verkaufsförderung Nieschlag et al. 1997: 534; Cristofolini 1995: 2566f.; Bänsch 1993: 567.

[104] Zu verschiedenen Verkaufsförderungsmaßnahmen im SM-Geschäft vgl. Küpper 1998: 206; Kohout 1998: 96 u. 97 sowie insbesondere Czech-Steinborn 1982: 201-204.

[105] Vgl. Keller 1995: 140f.; Becker 1992: 25f.; Gehrig 1992: 132-136.

dazu beitragen sollen, sie für die Empfehlung eines rezeptfreien Präparates zur Selbstmedikation zu gewinnen.[106]

• *Präparatemuster:* Die Abgabe von Mustern an Fachkreise (i.d.R. an die Ärzte) stellt generell im pharmazeutischen Marketing eine traditionelle Verkaufsförderungsmaßnahme dar.[107] Hierdurch erhalten die SMU Gelegenheit, Ärzte umfassend über ein SM-Präparat zu informieren, andererseits haben die Ärzte die Möglichkeit, selbst Präparate zur Selbstmedikation abzugeben. Um Mißbrauch von Musterpräparaten zu verhindern, ist die Gratis-Musterabgabe durch gesetzliche Vorschriften beschränkt (§ 47 Abs. 3 bis 5 AMG). Zu beachten ist, daß außerhalb der Fachkreise Muster oder Proben von Arzneimitteln *nicht* abgegeben werden dürfen (vgl. § 11 Abs. 14 HWG).

• *Werbekostenzuschüsse:* Durch die Gewährung von Werbekostenzuschüssen unterstützen die SMU die werblichen Aktivitäten von Apotheken, wie Zweitplazierungen, Handzettel u.ä.m.

• *Werbehilfen (Displays):* Displays werden von SMU in den Apotheken plaziert. Aufgrund des Verbots der Selbstbedienung mit Arzneimitteln ist das Display so zu gestalten, daß nur der Apotheker, der hinter dem Handverkaufstisch steht, Zugriff auf das Präparat hat (s. § 10 Abs. 2 Apothekenbetriebsordnung).

• *Fortbildungen, Seminare:*[108] Sie dienen der individuellen Fortbildung von Ärzten und/oder Apothekern bzw. dem Apothekenpersonal. Inhaltlich können Fortbildungsveranstaltungen bzw. Seminare produkt-, themen- und/oder indikationsbezogen aufgebaut sein. Produktbezogene Veranstaltungen eigenen sich v.a. im Vorfeld von Neueinführungen, um die erfolgreiche Lancierung vorzubereiten. Demgegenüber zielen themen- bzw. indikationsbezogene Veranstaltungen primär darauf ab, das Image bzw. die besondere Kompetenz des Unternehmens in einem spezifischen Indikationsgebiet zu dokumentieren und/oder „neue" Kunden/Empfehler zu gewinnen.

Öffentlichkeitsarbeit

Während mit der Werbung und der Verkaufsförderung eine Beeinflussung der Absatzchancen von SM-Präparaten angestrebt wird, zielen SMU mit der Öffentlichkeitsarbeit (synonym: Public Relations) auf die Schaffung eines für die Selbstmedikation günstigen Marktumfeldes ab. Im wesentlichen geht es bei der Öffentlichkeitsarbeit darum, Vertrauen für das SMU als Ganzes und seiner SM-Präparate zu wecken bzw. zu bestätigen.[109] Somit bleibt die Zielgruppe der Öffentlichkeitsarbeit nicht ausschließlich auf unmittelbare Kunden beschränkt, sondern umfaßt alle Bezugsgruppen (z.B. Krankenkassen, kas-

---

[106] Zu beachten ist hierbei allerdings § 7 HWG sowie § 17 Abs. 1 HWG.

[107] Vgl. Gehrig 1992: 150f.; Smith 1991: 366f.

[108] Vgl. Keller 1995: 135f.; Becker 1992: 22f.

[109] Zum Begriff der Öffentlichkeitsarbeit vgl. Naundorf 1993: 597f. Zur Öffentlichkeitsarbeit speziell im Kontext des SM-Marktes s. Küpper 1998: 206; Arzneimittel-Zeitung 1996; Arzneimittel-Zeitung 1994a.

senärztliche Vereinigungen, Apothekenverbände) die den Erfolg der SMU zu beeinflussen vermögen. Die Aktivitäten der SMU im Rahmen der Öffentlichkeitsarbeit unterscheiden sich kaum von denjenigen, wie sie üblicherweise in der Marketingliteratur aufgeführt sind.[110] Als mögliche Maßnahmen bieten sich beispielsweise öffentliche Stellungnahmen zu Themen der Selbstmedikation (z.B. SM mit Phythopharmaka), Pressekonferenzen, Imagebroschüren sowie Vorträge auf Messen oder Ausstellungen an.

Wissenschaftliche Information

Im Sinne eines sicheren Umgangs mit Arzneimitteln ist die wissenschaftliche Information als das Wissen um medizinisch-therapeutische Grundlagen und Verwendung von Arzneimitteln unverzichtbar. Als Zielgruppe wissenschaftlicher Informationen kommt primär das Fachpublikum, wie Ärzte, Heilpraktiker und Apotheker, in Betracht. Im Rahmen der wissenschaftlichen Information kann zwischen Basis- und Anwendungsinformationen unterschieden werden.[111] Während unter *Basisinformationen* die mit der Entwicklung und Herstellung eines SM-Präparates verbundenen Kenntnisse verstanden werden (z.B. Wirkstoffzusammensetzung, Wirkprinzip, Wirkungseintritt), tragen *Anwendungsinformationen* dazu bei, den Fachkreisen Informationen zu Anwendungsgebiet und erwarteten Nebenwirkungen zu vermitteln, damit diese in der Lage sind, ein nichtverschreibungspflichtiges Präparat korrekt einzusetzen bzw. zu empfehlen. Zur Übermittlung wissenschaftlicher Informationen dienen vor allem Seminare und individuelle Fortbildungsveranstaltungen sowie Messen und Ausstellungen.

Abschließend ist anzumerken, daß die verschiedenen kommunikationspolitischen Aktionsparameter sich nicht konfliktär gegenüberstehen, sondern vielmehr im SM-Marketing kombiniert zum Einsatz gelangen. Durch die Integration der Instrumente sollen die von einem Kommunikationsinstrument hervorgerufenen Wirkungen jene der anderen Instrumente ergänzen oder sogar verstärken.

3.3.5 Vertriebsformen in der Selbstmedikation

Die Präparateauswahl und damit der Verkauf von SM-Präparaten wird sich nur auf solche Präparate beschränken, die sofort in der Apotheke verfügbar sind. Entsprechend führt eine fehlende Regalpräsenz in den Apotheken dazu, daß nicht verfügbare SM-Präparate von Apothekern nicht empfohlen bzw. von Verwendern nicht gekauft werden. Unter vertriebsstrategischen Aspekten ist es daher für SMU von erheblicher Bedeutung, die Schnittstelle zur Apotheke zu überbrücken und den Vertrieb der Präparate in die

---

[110] Vgl. Nieschlag et al. 1997: 538.
[111] Vgl. Gehrig 1992: 111f.

Apotheke sicherzustellen.[112] In diesem Zusammenhang geht es u.a. um die Aufnahme von Bestellungen, die Beratung und die Information der Apotheken sowie die Durchführung von Apotheken-Promotions. Zur Umsetzung dieser Vertriebsaufgaben können verschiedene Formen zum Einsatz gelangen. Als relevante Vertriebsformen im SM-Bereich sind zu nennen:

- *Unternehmenseigene Außendienstorganisation:*[113] Im Rahmen der direkten Kommunikation vor Ort zwischen Außendienstmitarbeitern des SMUs und Apotheken ist zwischen dem Einsatz eines wissenschaftlichen und eines kaufmännischen Außendiensts zu unterscheiden. Der *wissenschaftliche Außendienst* ist primär auf den Arzt fokussiert und versorgt diesen vornehmlich mit wissenschaftlichen Präparateinformationen[114] (daher auch die standesübliche Bezeichnung „wissenschaftlicher Außendienst"). Sein Ziel ist es vor allem, das Empfehlungsverhalten des Arztes für eigene SM-Präparate zu fördern und zur emotionalen Bindung an das SMU beizutragen. Demgegenüber kommt dem *kaufmännischen Außendienst* bei seiner Primärzielgruppe, den Apotheken, vornehmlich die Aufgabe zu, neben der Mitteilung von präparatebezogenen Basis- und Anwendungsinformationen, konkrete Verkaufsabschlüsse zu tätigen, die Apotheken beim Verkauf der Präparate aktiv zu unterstützen sowie letztlich zur Kundenbindung beizutragen.

- *Unternehmensfremde Außendienstorganisation (Leih-Außendienst):* Intensiver Wettbewerb, unzureichende Kapazitäten im eigenen Außendienst und/oder der Zwang zur Reduktion der Marketingkosten, können SM-Anbieter veranlassen, Vertriebsaufgaben auch an externe Außendienstorganisationen zu delegieren.[115] Dabei handelt es sich um rechtlich selbständige Unternehmen, die damit betraut sind, spezifische Vertriebsaufgaben zu übernehmen.[116] Die Einsatzmöglichkeiten eines Leih-Außendienstes sind vielfältig, z.B. bei Präparate-Neueinführungen, bei der Marktaufbereitung in Verbindung mit dem Telefonverkauf und im Rahmen einer konsequenten Bearbeitung des Pharmagroßhandels durch Key-Account Manager.

- *Außendienstkooperationen:* Der Zwang zur Kosteneinsparung im Vertrieb sowie die Überwindung der kritischen Masse im Vertriebsbereich können vor allem für kleine und mittelständisch geprägte SM-Anbieter motivierend sein, eine

---

[112] Nieschlag et al. (1997: 430f.) fassen diesen Entscheidungstatbestand unter dem Begriff „Management des Vertriebs" zusammen und grenzen ihn explizit von der Absatzwegewahl (Absatzkanalmanagement) als weiteren Aktionsparameter der Distributionspolitik ab. Anders z.B. Ahlert 1996: 152f. und Rosenbloom 1991: 15-26, die diesen Entscheidungstatbestand implizit im Rahmen der Absatzwegewahl betrachten.

[113] Für einen guten Überblick über die Bedeutung und die Aufgaben eines Pharmaaußendienstes allgemein s. Seemann 1995: 45-57. Speziell zum Außendiensteinsatz im SM-Geschäft s. Küpper 1998: 207f.

[114] Vgl. Gehrig 1992: 131.

[115] Vgl. allgemein zum Außendienst-Leasing Glück 1994: 140-142; Frey 1980: 243-246,

[116] Im Gegensatz zu pharmazeutischen Handelsvertretungen sind die Mitarbeiter einer externen Vertriebsorganisation ausschließlich für einen Anbieter tätig.

Außendienstkooperation mit einem anderen SM-Anbietern einzugehen. Da die Bedingungskonstellationen für eine erfolgreiche Außendienstkooperation (gleichgerichtete Interessen der Kooperationspartner, Gleichverteilung der Kosten und Erträge) in der Praxis relativ selten gegeben sind, ist diese kooperative Vertriebsform vergleichsweise von nachgeordneter Relevanz.

- *Pharmazeutische Handelsvertretungen:* Pharmazeutische Handelsvertretungen verkörpern rechtlich selbständige Absatzmittler, die von mindestens einem Unternehmen damit beauftragt sind, Geschäfte zu vermitteln oder abzuschließen.[117] Ihre grundsätzliche Funktion entspricht der eines kaufmännischen Außendienstes, von dem sie sich aber vor allem durch ihre rechtliche Selbständigkeit und den Umstand, daß sie in der Regel für mehrere Unternehmen (sog. Mehrfirmenvertreter) arbeiten, unterscheiden.

- *Einsatz von Kommunikationsmedien:* Der Einsatz von Kommunikationsmedien (z.B. Telefon, Telefax) als aktive Form des Präparatevertriebs ist heute in zahlreichen SM-Unternehmen mehr oder weniger üblich. Sie werden u.a. dazu genutzt, Bestellungen von Apotheken entgegenzunehmen, Aktionswochen der SMU bekanntzumachen sowie Symposien oder sonstige Veranstaltungen anzukündigen.[118]

Die dargestellten Vertriebsformen sind nicht i.S. eines „Entweder-Oder" zu verstehen, sondern vielmehr als komplementär einsetzbare Vertriebsaktivitäten, die je nach unternehmensspezifischen Gegebenheiten (finanzielle Ressourcen, Erklärungsbedürftigkeit von Präparaten, großhandelsbezogene Strategieausrichtung) mit unterschiedlichen Schwerpunkten zum Einsatz gelangen (können).

Für die SMU stellt sich nun vor dem Hintergrund der aktuellen Markt- und Wettbewerbssituation die Frage, welche marketingstrategischen Entscheidungen einen positiven Erfolgsbeitrag zu leisten imstande sind. Um erfolgsfördernde Strategieausprägungen identifizieren zu können, wird im nächsten Kapitel ein Bezugsrahmen vorgestellt, der eine strukturierte Betrachtung von Zusammenhängen zwischen marketingstrategischen Entscheidungen und dem Erfolg von SMU ermöglicht.

---

[117] Vgl. zur rechtlichen Stellung von pharmazeutischen Handelsvertretungen § 84 HGB.

[118] Vgl. zu weiteren Einsatzmöglichkeiten Becker 1992: 30f.; Gehrig 1992: 136f. Aufgrund der mittelständisch geprägten SMU werden moderne Kommunikationsmedien wie z.B. Internet bislang kaum genutzt.

4. Bezugsrahmen zur empirischen Erforschung erfolgsfördernder Marketing-strategien im Selbstmedikationsmarkt

Im vorangegangenen Kapitel wurde primär „deskriptiv" das Spektrum der Gestaltungs-möglichkeiten von Marketingstrategien im deutschen SM-Markt ausführlich behandelt. Das Ziel dieses Kapitels ist hingegen, das Grundgerüst der eigenen Untersuchung zu Er-folgswirkungen von Marketingstrategien im Kontext des deutschen SM-Marktes trans-parent zu machen. Dazu wird in *Kap. 4.1* ein Bezugsrahmen vorgestellt, der die Bezie-hungen zwischen Marketingstrategie, Situation und Erfolg aufzeigt. Da die Literatur die Frage, wie der Erfolg von Marketingstrategien gemessen werden kann (soll), sehr hete-rogen beantwortet, werden in *Kap. 4.2* zunächst die prinzipiellen Handlungsfelder der Strategieerfolgsmessung dargestellt, um darauf aufbauend Implikationen für den eige-nen Erfolgsmeßansatz abzuleiten. Im Anschluß daran werden dann in *Kap. 4.3* theoreti-sche Überlegungen zur Präzisierung und Begründung von Erfolgswirkungen strategi-scher Marketingentscheidungen im deutschen SM-Markt unternommen. Inwieweit Er-folgseffekte der Strategievariablen von der Ausprägung der Situation abhängen, wird schließlich in *Kap. 4.4* anhand ausgewählter Situationsvariablen exemplarisch diskutiert.

4.1   Bezugsrahmen der eigenen Untersuchung

Im Fokus der eigenen Untersuchung stehen Zusammenhänge zwischen strategischen Marketingverhaltensweisen und dem Erfolg von Unternehmen im deutschen Markt für Selbstmedikation.[1] Die Erforschung der Erfolgswirkungen von (Marketing-)Strategien wird jedoch grundsätzlich dadurch erschwert, daß es *kein* generell überlegenes Strate-giemuster gibt, sondern daß dieses situationsabhängig (situationsvariant) und damit we-nig generalisierbar ist.[2] Vor dem Hintergrund dieser – aus der Organisationstheorie stammenden – situativen Denkweise[3] werden in der eigenen Arbeit auch Erfolgswirkun-gen von Marketingstrategien in Abhängigkeit von Situationsmerkmalsausprägungen näher untersucht. Im Detail konzentriert sich das Forschungsinteresse der vorliegenden Arbeit auf die Klärung zweier Forschungsfragen:

(1)   Welche Zusammenhänge bestehen zwischen Strategieausprägungen und dem Erfolg von SMU *vor Neutralisierung* möglicher Erfolgseffekte von Situationsva-riablen?

---

[1]   S. Kap. 1.2, Abb. 1-2.

[2]   Vgl. Dess/Miller 1993: 85; Prescott 1986: 330-332; Hofer 1975: 792-798. Besonders bei Gottschlich 1989: 262-280 werden für situationsunabhängige Strategievariablen durchweg schwächere Erfolgszusam-menhänge aufgefunden als für situationsadäquate Strategieausprägungsformen.

[3]   Vgl. einführend zum situativen Ansatz für viele Bea/Haas 1997: 359-361; Kieser 1995: 155-183; Staehle 1995: 47-58; Ebers 1992: 1817-1833; Kieser/Kubicek 1992: 45-65.

(2) Wie wirken sich unterschiedliche Ausprägungen von Situationsvariablen auf Assoziationen zwischen Strategieausprägungen und dem Erfolg von SMU aus?

Abgeleitet aus diesen Forschungsfragen visualisiert Abb. 4-1 einen Bezugsrahmen, der die relevanten Variablenblöcke (Marketingstrategie, Situation und Erfolg) zueinander in Beziehung setzt und die interessierenden Beziehungsmodelle widergibt.

Abbildung 4-1:
Grundstruktur des Bezugsrahmens[4]

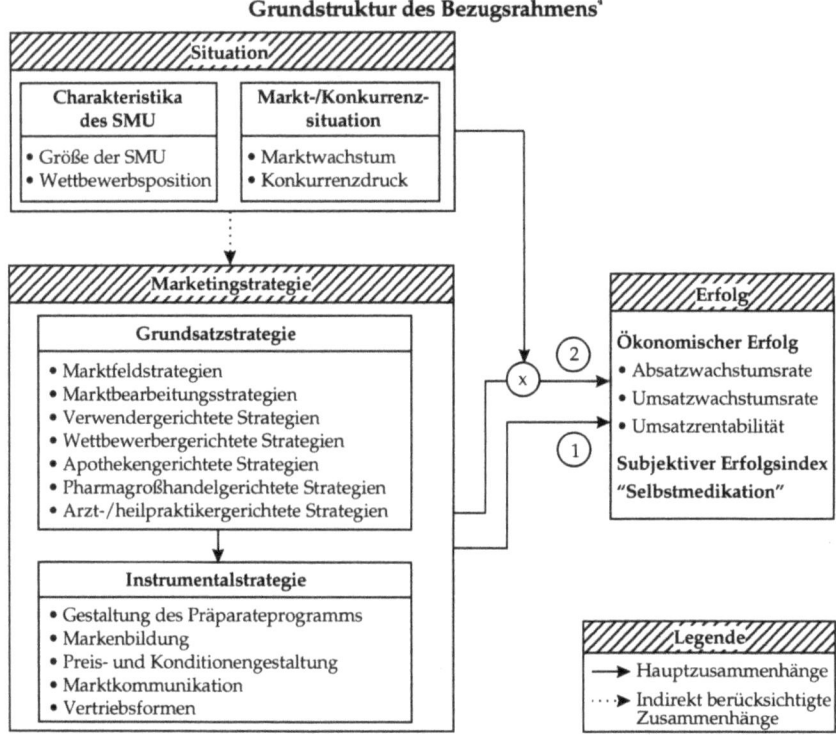

Der Variablenblock „*Situation*" in Abb. 4-1 bildet den Bedingungsrahmen der SMU bei der Ausgestaltung von Marketingstrategien. Dabei werden Situationsvariablen einbezogen, die (1) von einem einzelnen SMU in ihrer Ausprägung nicht oder allenfalls langfristig beeinflußbar sind, wie z.B. Aspekte der Markt- und Konkurrenzsituation und im Gegensatz dazu (2) vollständig unternehmensspezifisch sind, so etwa die Unternehmensgröße und die Wettbewerbsposition.

---

[4] Konzeptionell ist der Bezugsrahmen an Gerpott 1993: 243 und 1988: 32 angelehnt.

Der Variablenblock „*Marketingstrategie*" wird, wie bereits in Kap. 3.3 dargelegt, in zwei Teilstrategien zerlegt, und zwar in eine Grundsatz- und eine Instrumentalstrategie, die sich jeweils wiederum aus mehreren Strategiedimensionen zusammensetzen.

Die Erfolgswirkungen einer Marketingstrategie werden durch Variablen des (abhängigen) Blocks „*Erfolg*" erfaßt. Hierbei wird zwischen (quantitativ) ökonomischen Erfolgskriterien einerseits und einer (qualitativen) Erfolgsabschätzung durch Marketingexperten in Form eines semi-quantitativen Erfolgsindexes andererseits unterschieden.

Die durchgezogenen Pfeile in Abb. 4-1 zeigen die relevanten Analysemodelle, die durch die beiden Forschungsfragen impliziert werden und die eigene empirische Analyse steuern.[5] Im einzelnen sind dies

a)   *direkte* Erfolgswirkungen von Marketingstrategieausprägungen und

b)   *interaktive* Erfolgseffekte von Marketingstrategieausprägungen und Situationsvariablen.

Ad (a): Direkte Erfolgswirkungen von Marketingstrategieausprägungen im Sinne der Forschungsfrage Nr. 1 werden durch den Pfeil Nr. 1 in Abb. 4-1 dargestellt. Bei diesem (Analyse-)Modell wird von einer vereinfachten „Zwei-Block-Betrachtung" ausgegangen, bei der der Variablenblock „Situation" *nicht* berücksichtigt wird. Der Pfeil vom Variablenblock „Marketingstrategien" zum Variablenblock „Erfolg" bedeutet, daß direkte Wirkungen von Strategieausprägungen auf Variablen des SMU-Erfolgs untersucht werden. Mit diesem Untersuchungsmodell kann beispielsweise der Frage nachgegangen werden, ob im Rahmen eines wettbewerbergerichteten Verhaltens ein offensiver Verhaltensstil signifikant erfolgreicher ist als ein defensives Verhalten gegenüber Wettbewerbern. Die empirische Bearbeitung direkter Wirkungsbeziehungen erfolgt *hypothesengestützt*, indem – getrennt für die sieben grundsatz- und die fünf instrumentalstrategischen Marketinghandlungsaspekte – Forschungshypothesen zu vermuteten Erfolgswirkungen von Strategieausprägungen formuliert und anhand von Daten aus der Praxis überprüft werden.

Ad (b): Interaktive Erfolgswirkungen von Marketingstrategieausprägungen und Situationsvariablen werden in unserem Bezugsrahmen (s. Abb. 4-1) durch den Pfeil Nr. 2 und das Multiplikationszeichen „x" verdeutlicht. Entsprechend werden in die Analyse die Variablenblöcke „Marketingstrategie", „Situation" und „Erfolg" einbezogen. Grundle-

---

5   Die Beziehungen zwischen den Variablenblöcken werden vereinfachend mit Gerpott (1993: 250) als *rekursiv* angesehen; *nicht-rekursive* Zusammenhänge (z.B. Rückwirkungen von Strategien auf strukturelle Bedingungen im SM-Markt) werden aus Gründen der Komplexitätsreduktion vernachlässigt.

gend für interaktiver Erfolgseffekte ist die Prämisse, daß „performance is a function of situational factors interacting with strategy".[6] Inhaltlich betrachtet zeigen *interaktive Wirkungsbeziehungen* an, daß Zusammenhänge zwischen Marketingstrategien und Erfolg von der Ausprägung von Situationsvariablen beeinflußt werden.[7] In diesem Zusammenhang merkt Gerpott (1988: 34) an, daß *nicht* notwendigerweise die interagierenden Strategie- und Situationsvariablen jeweils für sich genommen einen direkten Effekt auf die abhängige Erfolgsvariable haben (müssen); allerdings schließt ein statistisch signifikanter Interaktionseffekt signifikante Haupteffekte auch nicht aus. In der vorliegenden Arbeit ermöglicht der interaktive Analyseansatz z.B. die Beantwortung der Frage, ob ein offensiver Verhaltensstil gegenüber Wettbewerbern sich dann signifikant stärker auf den Erfolg auswirkt, wenn SMU insbesondere in einer Situation schwachen Marktwachstums ein solches Wettbewerbsverhalten realisieren.

Die empirische Analyse der direkten *Einflußnahme von Situationsmerkmalen auf die Ausgestaltung von Marketingverhaltensweisen* hat im Rahmen dieser Arbeit explorativen Charakter (s. gestrichelter Pfeil in Abb. 4-1); Beziehungen zwischen Situationsvariablen und dem Erfolg von SMU werden in dieser Untersuchung nicht betrachtet.

Nachdem in diesem Kapitel der Bezugsrahmen der vorliegenden Arbeit vorgestellt und die untersuchungsrelevanten Beziehungen zwischen den drei Variablenblöcken Marketingstrategie, Situation und Erfolg spezifiziert worden sind, gilt es im weiteren Verlauf dieses Kapitels die noch nicht inhaltlich konkretisierten Variablenblöcke näher zu beschreiben. Daher wird zunächst eine Konkretisierung des eigenen Erfolgsmeßansatzes vorgenommen.

4.2 Präzisierung der Erfolgsmessung von Marketingstrategien

Wie der Erfolg von Marketingstrategien zweckmäßigerweise erfaßt bzw. gemessen werden soll, stellt – wie die Erfolgsmessung generell – eine komplexe und in der einschlägigen Literatur kontrovers diskutierte Fragestellung dar.[8] Aus diesem Grund erscheint es sinnvoll, zunächst die Handlungsfelder, die bei der empirischen Erfolgsmessung von

---

[6]   Vgl. Venkatraman 1989: 425. Ähnlich auch bereits Schoonhoven 1981: 351. Formal stellt sich der Zusammenhang wie folgt dar: $Y = f(X \bullet Z)$, mit Y = Erfolg; X = Strategievariablen; Z = Situationsmerkmale.

[7]   Vgl. Gerpott 1993: 254. Theoretisch-konzeptionell werden interaktive Beziehungszusammenhänge ausführlich behandelt bei Kühnel 1996: 135-141; Gussek 1992: 63-68; Aiken/West 1991: 116-125; Gerpott 1993: 254f. und 1988: 30-38 sowie Venkatraman 1989: 424-428. Zu Anwendungsbeispielen einer interaktiven Erfolgsanalyse aus der Strategieforschung s. Venkatraman 1989 u. Prescott 1986 sowie aus der Akquisitionsforschung Gerpott 1993: 463-467.

[8]   Vgl. z.B. Chakravarthy 1986: 437, der bemerkt, daß „... there is a little agreement on how strategic performance should be measured". Ähnlich auch Bamberger/Wrona 1993: 14.

(Marketing-)Strategien prinzipiell zu beachten sind, aufzuzeigen (*Kap. 4.2.1*) und anschließend deren Implikationen für den eigenen Erfolgsmeßansatz darzustellen (*Kap. 4.2.2*).

4.2.1 Prinzipielle Handlungsfelder bei der Erfolgsmessung von Marketingstrategien

Wie generell in Studien, die Bestimmungsgrößen des Erfolgs von Unternehmen erfassen, so ist auch im Vorfeld empirischer Untersuchungen zu Erfolgswirkungen von Marketingstrategieausprägungen eine Präzisierung des Konstruktes „Strategieerfolg" zu leisten. Zur Strukturierung dieser Größe werden im folgenden vier Handlungfelder beleuchtet, und zwar (1) die Festlegung der Bezugsebene, (2) die Konkretisierung der Art des Strategieerfolgsmaßes, (3) die Bestimmung des Bezugspunktes und schließlich (4) die Festlegung des Zeitraumes der Strategieerfolgsmessung.[9] Abb. 4-2 zeigt die angesprochenen Handlungsfelder sowie die jeweils wichtigsten Handlungsansätze im Überblick.

Zunächst ist die *Bezugsebene* für die Erfolgskennzahl(en) zu bestimmen, die grundsätzlich am Geltungsbereich einer Marketingstrategie ausgerichtet sein sollte(n) (s. Abb. 4-2). Der Geltungsbereich einer Marketingstrategie kann sich auf das gesamte SMU i.S. einer „corporate strategy", auf einzelne strategische Geschäftsfelder (z.B. einzelne Indikationsmärkte) i.S. einer „business strategy" oder auf einzelne Präparate bzw. Präparategruppen i.S. einer „product-market-strategy" erstrecken. Durch die Kongruenz von Bezugsebene und Geltungsbereich wird sichergestellt, daß das Erfolgsmaß „verursachungsgerecht" die Erfolgswirkungen widerspiegelt, die letztlich von der Marketingstrategie ausgehen. Es ist allerdings zu beachten, daß die Ausprägung des Erfolgsmaßes u.U. interdependent mit der Marketingstrategie verbunden sein kann (z.B. Absinken des Jahresumsatzes und Realisierung einer Abschöpfungsstrategie), was zu einer Verzerrung der strategiebedingten Erfolgsaussagen und damit zu einer „Ungleichbehandlung" der Marketingstrategien führen kann.

Zweitens ist die *Art der Erfolgskennzahlen* zu konkretisieren, die den Erfolg bzw. Mißerfolg einer Marketingstrategie abbilden sollen (s. Abb. 4-2). Zur empirischen Erfassung des Strategieerfolgs wird in der Wissenschaft ein breites Spektrum von Indikatoren diskutiert, die sich jeweils durch unterschiedliche Vor- und Nachteile auszeichnen. Im Hinblick auf die Erfolgsmessung von Marketingstrategien lassen sich folgende vier – nicht überschneidungsfreie – Kategorien von Erfolgskennzahlen unterscheiden:

---

[9]   Vgl. Gerpott 1993: 189f.

Abbildung 4-2:

Prinzipielle Handlungsfelder bei der Erfolgsmessung von Marketing-Strategien

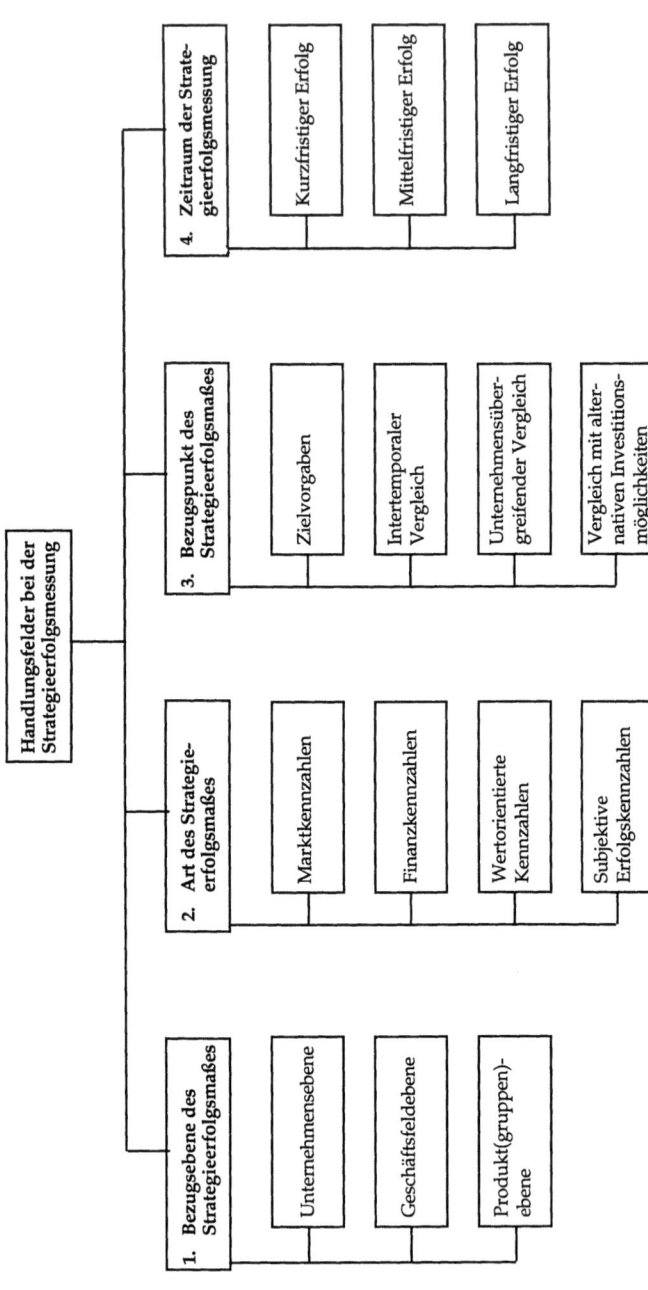

Quelle: In Anlehnung an Gerpott 1993: 190.

- *Marktkennzahlen:* Marktkennzahlen messen den Strategieerfolg über Indikatoren, die Aufschluß darüber geben, inwieweit Unternehmen die Fähigkeit besitzen, sich in ihrem Markt- und Wettbewerbsumfeld langfristig zu behaupten. Dabei kommen sowohl monetäre als auch nicht-monetäre Kennzahlen zur Anwendung. Als relevante *monetäre* Erfolgskennzahlen ist der Jahresumsatz bzw. seine Veränderungsrate im Zeitablauf zu nennen, als *nicht-monetäre* Kennzahlen haben der Marktanteil und der Absatz Bedeutung erlangt. Problematisch an Marktkennzahlen ist jedoch, daß sie die Position von Unternehmen am Markt messen, ohne den zur Erreichung der Marktposition erforderlichen Ressourceneinsatz zu berücksichtigen. Eine Sondervariante von marktbezogenen Erfolgsmaßen stellen Kundenzufriedenheitsmessungen dar.[10]

- *Finanzkennzahlen:* Die Grundlage von Finanzkennzahlen bilden Jahresabschlußdaten der Pharmaunternehmen. Neben jahresabschlußorientierten Absolutzahlen (z.B. Jahresüberschuß, -fehlbetrag, Bilanzgewinn) kommen insbesondere finanziellen Rentabilitätskennziffern, wie z.B. der Gesamtkapital-, Eigenkapital- und Umsatzrentabilität, als Erfolgsmaße eine hohe praktische Bedeutung zu. Die Verwendung von Finanzkennzahlen, insbesondere finanzieller Rentabilitätsmaße, ist jedoch z.t. mit erheblichen Schwächen verbunden.[11] So wird ihre Aussagefähigkeit begrenzt aufgrund von rechnerischen Problemen (z.B. Bilanzierungswahlrechte, willkürlich kalendarisch bedingte Anfangs- und Endzeitpunkte der Erfolgserfassung) sowie Problemen der Zuordnung (z.B. Jahresüberschüsse oder -fehlbeträge können auf ein „schlechtes" Management einerseits oder auf hohe Werbeinvestitionen andererseits zurückgeführt werden). Problematisch an Finanzkennzahlen ist zudem, daß sie durchweg sehr stark lebenszyklusspezifisch sind. So können Marketingstrategien von SMU, die erst kürzlich in den SM-Markt eingetreten sind, nicht prinzipiell als weniger erfolgreich eingeschätzt werden, weil hohe Markteintrittskosten (z.B. Werbeaufwendungen) zu einen frühen Zeitpunkt keinen Gewinn zulassen bzw. negative Rentabilitäten begründen. Demnach erscheint es angebracht, Finanzkennzahlen nur bei Vergleichen von SMU mit einer in etwa gleich langen SM-Marktpräsenz zu verwenden.

- *Wertorientierte Erfolgskennzahlen:*[12] Bei dieser Kategorie von Erfolgsgrößen wird der Erfolg einer Marketingstrategie über Indikatoren abgebildet, die Wertveränderungen des Unternehmens aus Sicht von Anteilseignern und anderer Anspruchsgruppen (z.B. Banken) widerspiegeln. Als Wertsteigerungsmaß wird

---

[10] Zur Konzeptionalisierung und Messung der Kundenzufriedenheit s. einführend für viele Jung 1997: 141-161; Peter 1997: 69-124; Peterson/Wilson 1992: 61-71.

[11] Zu Finanzkennzahlen s. Coenenberg 1997: 651-700; Perridon/Steiner 1997: 12-14, 545-548; Näther 1993: 33-35; Brealey/Myers 1991: 143-159. Zur kritischen Diskussion von Finanzkennzahlen s. Brown/Laverick 1994: 89-91; Chakravarthy 1986: 442-445; McGuire et al. 1986: 128-138; Jacobson 1987: 476.

[12] Vgl. z.B. Perridon/Steiner 1997: 14f.; Hachmeister 1997: 823-839; Hachmeister 1996: 358-362; Näther 1993: 66-82; Brealy/Myers 1991: 29-40; Hax/Majluf 1991: 227-255. Zu kritischen Überlegungen zum Discounted Cash-Flow s. Kirsch/Krause 1996: 793-812.

88

häufig der abgezinste Cash-Flow (Discounted Cash-Flow) empfohlen.[13] Bei der Anwendung wertorientierter Erfolgskennzahlen liegt die Entscheidungsregel zugrunde, nur Marketingstrategien zu realisieren, die zu einem positiven Kapitalwert führen. Nachteilig an wertorientierten Erfolgsmaßen ist, daß ex ante eine zuverlässige Prognose der strategiebedingten Cash-Flow-Veränderungen problematisch ist. Zudem ist die genaue Bestimmung der Kapitalkosten mit erheblichen Problemen behaftet.

- *Subjektive Erfolgskennzahlen:*[14] Subjektive Erfolgskennzahlen beurteilen den Erfolg von Marketingstrategien auf der Basis subjektiver Einschätzungen von Experten. Häufig werden hierzu Bedeutungs- und Erreichungsgrade verschiedener Marketingziele über Ratingskalen erfaßt und mittels Faktorenanalysen oder fest definierten Linearkombinationen zu einem (subjektiven) Erfolgsindex verdichtet. Vorteilhaft an subjektiven Erfolgsmaßen ist die Möglichkeit, mehrere Aspekte des Erfolgs von Marketingstrategien (z.B. Markenbekanntheit, Image) gleichzeitig in die Erfolgsbeurteilung einzubeziehen und den formalen Schwächen einer rein auf quantitativen Kriterien beruhenden Erfolgsmessung (z.B. Sondereffekte bei Finanzkennzahlen aufgrund der Ausweitung der Fernsehwerbung) entgegenzuwirken. Allerdings bergen subjektive Erfolgsmessungen prinzipiell die Gefahr von Fehleinschätzungen der Experten sowohl im Hinblick auf die Beurteilung der Bedeutung wie auch der Erreichung bestimmter Marketing-Ziele in sich. Da die Nachteile subjektiver Erfolgskennzahlen, die durch die subjektive Einschätzung der Erfolgswirkungen durch die Befragten auftreten können, durch den Vorteil eines höheren Informationsgehaltes aufgrund der Erfassung unterschiedlicher Erfolgsfacetten relativiert werden, stellen subjektive Erfolgskennzahlen eine wertvolle Ergänzung zu quantitativen Erfolgskriterien (z.B. Markt- oder Finanzkennzahlen) dar.

Zusätzlich zu Bezugsebene und Art des Erfolgsmaßes ist ein *Bezugspunkt* für die vergleichende Erfolgsbestimmung festzulegen (s. Abb. 4-2). Erst der Vergleich eines erhobenen Erfolgsmaßes mit einer Referenzgröße macht eine Erfolgsbewertung möglich. Denkbare Bezugspunkte sind:[15] (1) *Zielvorgaben* des Managements, (2) *intertemporale Vergleiche,* bei denen aktuelle Erfolgsgrößen mit Erfolgsausprägungen, die vor der Durchsetzung der Marketingstrategie erzielt wurden, verglichen werden, (3) *unternehmensübergreifende Vergleiche* mit Wettbewerbern, die eine bestimmte Marketingstrategie im Betrachtungszeit-

---

[13] S. Hachmeister 1996: 357. Der Discounted Cash-Flow wird berechnet, indem die Zahlungsüberschüsse eines Unternehmens auf den Bewertungsstichtag mit einem Kapitalkostensatz, in den sowohl der Marktwert des Fremd- wie auch des Eigenkapitals eingehen, diskontiert werden. Entsprechend setzt sich der Unternehmenswert aus dem Wert des Eigenkapitals als diskontierte Zahlungen an die Eigenkapitalgeber und dem Wert des Fremdkapitals als diskontierte Zahlungen an die Fremdkapitalgeber zusammen. Zur Discounted Cash-Flow-Methode vgl. z.B. Hachmeister 1997: 826-830; Perridon/Steiner 1997: 15 sowie Kirsch/Krause 1996: 794-797.

[14] S. ausführlich Gerpott 1993: 209-228. Zur Konstruktion subjektiver Erfolgsindizes s. Fritz 1995b: 223-240; Bamberger/Wrona 1993: 14-16.

[15] Vgl. Gerpott 1993: 234-240.

raum nicht verfolgt haben (sog. Kontrollgruppe) und (4) *Vergleich mit alternativen Investitionsmöglichkeiten*, wo die Erfolgswirkung einer Marketingstrategie mit Erfolgsgrößen alternativer Investitionsprojekte (z.B. Anlage des investierten Kapitals in risikoarme Staatsanleihen) verglichen wird.

Schließlich ist der *Zeitraum* der Erfolgsmessung zu präzisieren (s. Abb. 4-2). Dabei kann zwischen kurz-, mittel- und langfristigem Erfolg differenziert werden. *Den* optimalen Meßzeitraum für eine „richtige" Erfolgsbeurteilung von Marketingstrategien gibt es indes nicht, da in Abhängigkeit von der Art des eingesetzten Erfolgsmaßes sowie den spezifischen Annahmen unterschiedliche Zeiträume angemessen sind (sein können). Generell ist darauf zu achten, daß der Zeitraum der Erfolgsmessung mit der (vermuteten) zeitlichen Wirkung von Marketingstrategien kongruent ist. Dabei ist zu berücksichtigen, daß mit zunehmendem Zeitraum der Erfolgsmessung die Gefahr zunimmt, daß die Erfolgsmaße durch Ereignisse beeinflußt werden, die nicht in einem kausalen Zusammenhang mit der verfolgten Marketingstrategie stehen (z.B. Umsatzwachstum aufgrund des vermehrten Ausschlusses von Substanzen aus der Verschreibungs- und Erstattungspflicht).

4.2.2 Implikationen für die eigene Strategieerfolgsmessung

Mit der Darstellung der prinzipiellen Handlungsfelder, die es bei der empirischen Erfolgsmessung zu beachten gilt, wurde der Möglichkeitsspielraum für die eigene Erfolgsmessung von Marketingstrategien abgesteckt. Darauf aufbauend lassen sich folgende Eckpfeiler der eigenen Strategieerfolgsmessung hervorheben:[16]

- *Bezugsebene des Erfolgsmaßes:* Die Messung des Erfolgs von Marketingstrategien wird in der vorliegenden Untersuchung unter Bezugnahme auf den erreichten Erfolg im jeweils *umsatzstärksten* Indikationsmarkt der SMU vorgenommen. Meßtechnisch kann deshalb a priori *keine* eindeutige Bezugsebene des Erfolgsmaßes festgelegt werden, da die Erfolgsdaten je nach unternehmensindividueller Präsenz in der Selbstmedikation sich sowohl auf das Gesamtunternehmen, auf ein strategisches Geschäftsfeld oder auf ein einzelnes Präparat oder eine Präparategruppe beziehen können.

- *Art der Erfolgskennzahlen:* Zur Erfassung der Erfolgswirkungen von Marketingstrategien werden in vorliegender Untersuchung sowohl Markt- als auch Finanzkennzahlen i.S. einer *quantitativ-ökonomischen* Strategieerfolgsmessung herangezogen. Zudem wird auch eine *semi-quantitative* Erfolgsmessung vorgenommen, bei der die Bedeutungs- und Erreichungsgrade von Marketingzielen zu einem *Erfolgsindex „Selbstmedikation"*, dem sog. ESM-Index, verdichtet wer-

---

[16] S. zu Einzelheiten der Erfolgsoperationalisierung Kap. 7.1.

90

den. Für ein solches „duales" Vorgehen sprechen primär zwei Gründe: Erstens sind mit der Nutzung vermeintlich „harter" ökonomischer Erfolgskriterien wie Finanzkennzahlen (z.b. Jahresüberschuß/-fehlbetrag, Eigenkapital-/Umsatzrentabilität) oder Marktkennzahlen (z.b. Umsatz, Marktanteil) eine Reihe von z.t. erheblichen Problemen verbunden, die zu Ergebnisverzerrungen bei unternehmensübergreifenden Erfolgsvergleichen führen können. Zweitens ermöglicht es ein dualer Erfolgsmeßansatz, Wirkungen von Marketingstrategien auf unterschiedliche Facetten des Erfolgs differenziert zu untersuchen.[17]

- *Bezugspunkt des Erfolgsmaßes:* Zur Kalibrierung der Strategieerfolgsbeurteilung werden die erhobenen Erfolgskennziffern einer spezifischen Gruppe von SMU den Erfolgskriterien einer anderen SMU-Gruppe, einer sog. Kontrollgruppe, gegenübergestellt, die sich hinsichtlich der realisierten Strategieausprägung von der ersten Gruppe unterscheidet. Ausgehend von der Annahme, daß die Ausprägungen der Erfolgskriterien in beiden Gruppen gleich wären, wenn die in beiden Gruppen erfaßten SMU die gleichen Strategieausprägungen realisieren würden, werden die Erfolgsunterschiede zwischen beiden Unternehmensgruppen als Indikatoren für Strategieerfolgseffekte gedeutet.

- *Zeitraum der Erfolgsmessung:* Bedingt durch die mittel- bis langfristige Ausrichtung von Marketingstrategien sowie zur Eliminierung kurzfristiger Schwankungen in einem dynamischen Markt- und Wettbewerbsumfeld werden in vorliegender Studie eher *mittelfristige* Erfolgswirkungen von Marketingstrategien über einen 3-Jahres-Zeitraum von 1993 bis 1995 erfaßt.

4.3 Forschungshypothesen zu direkten Erfolgswirkungen von Marketingstrategieausprägungen

Gegenstand dieses Kapitels ist die Präzisierung des durch den Pfeil Nr. 1 in Abb. 4-1 gekennzeichneten Beziehungszusammenhangs zwischen einzelnen Marketingstrategieausprägungen und dem Erfolg von SMU (s. Forschungsfrage Nr. 1 zu Beginn von Kap. 4.1).

Publizierte Erkenntnisse, die speziell Erfolgswirkungen von Marketingstrategievariablen im Kontext des SM-Marktes untersucht haben, existieren bis heute weder in der angloamerikanischen noch in der deutschsprachigen Marketing- und Strategieliteratur.[18] Erschwerend kommt hinzu, daß eine Übertragung von entsprechenden Forschungsbefunden aus anderen Branchen/Märkten aufgrund der Spezifika des SM-Marktes (z.B. Marktstruktur, arzneimittelrechtliche Bestimmungen) nicht oder nur sehr eingeschränkt möglich ist. Angesichts dieser Ausgangssituation werden im folgenden zur Ableitung erwarteter Erfolgswirkungen von Marketingstrategieausprägungen (a) empirische Be-

---

[17] Vgl. a. Gerpott 1993: 240.
[18] Diese Feststellung kann generell auf den gesamten Pharmamarkt ausgeweitet werden. Dies trifft auch für die Walther-Studie zu, in der solche Zusammenhänge nicht explizit untersucht werden.

funde berücksichtigt, für die eine weitgehend branchennahe (z.b. Konsumgüterindustrie) oder gar branchenübergreifende Gültigkeit vermutet werden kann, sowie (b) eigene theoretische Plausibilitätsüberlegungen angestellt.

Die erwarteten, im Verlaufe der nachfolgenden Kapitel zu prüfenden Erfolgswirkungen von Marketingstrategieausprägungen werden als Hypothesen, getrennt für die sieben grundsatz- und fünf instrumentalstrategischen Dimensionen (s. Kap. 3.2 und 3.3), formuliert.[19]

4.3.1 Erwartete Erfolgswirkungen von grundsatzstrategischen Marketinghandlungsmustern

4.3.1.1 Marktfeldstrategien

Im Rahmen der grundsatzstrategischen Dimension der Marktfeldstrategien wurden in Kap. 3.2.1 die Marktdurchdringung, die Markterweiterung, die Sortimentserweiterung und die Diversifikation voneinander abgegrenzt.

Weder die theoretische (Marketing-)Literatur noch empirische Befunde liefern Hinweise dafür, daß die jeweiligen marktfeldstrategischen Optionen den Erfolg von SMU *generell* zu fördern vermögen. Zwar implizieren die einzelnen Ausprägungsformen angesichts ihrer Wachstumsorientierung grundsätzlich ein Erfolgspotential, dennoch kann unterstellt werden, daß die Erfolgswirkungen der vier Strategieoptionen von anderen Einflußgrößen (z.b. Marktattraktivität, Ressourcenkraft) abhängen.[20] Zur Präzisierung von Erfolgsimplikationen der einzelnen marktfeldstrategischen Optionen können – isoliert für die jeweiligen Strategieausprägungen – folgende Überlegungen angeführt werden:

* Bezüglich der *Marktdurchdringung* kann argumentiert werden, daß durch die Konzentration auf Kernfähigkeiten[21] – also diejenigen Fähigkeiten, von denen eine Verbesserung der eigenen Marktposition erwartet werden kann und die sich durch Nicht-Imitierbarkeit, Unternehmensspezifität und Nicht-Substituierbarkeit auszeichnen – sowie der Rückgriff auf bereits vorhandene Wissensbasen (z.b. Wissen über Verwenderstrukturen und -bedürfnisse, präparatebezogenes Vermarktungs-Know-how) der Erfolg von SMU positiv beeinflußt werden kann.[22] Ebenso ist zu erwarten, daß Lerneffekte bei Mitarbeitern mit Marketing-

---

[19] Die Hypothesen werden durch den Buchstaben „H" verbunden mit einer laufenden Nummer gekennzeichnet.

[20] S. a. Nieschlag et al. 1997: 901; Becker 1993: 150.

[21] Zum Begriff der Kernfähigkeiten bzw. -kompetenzen s. für viele Javidan 1998: 62f.; Petts 1997: 552-554; Hamel/Prahalad 1994: 202-211; Riekhof 1993: 296.

[22] Vgl. zu positiven Erfolgseffekten der Konzentration auf Kernfähigkeiten für viele Friedrich 1995: 87-91; Hamel/Prahalad 1994: 224-236; Rasche/Wolfrum 1994: 501-503; Prahalad/Hamel 1991: 66-78.

92

aufgaben bzw. Erfahrungskurveneffekte beim Einsatz der Marketinginstrumente zur erfolgsfördernden Wirkung einer Marktdurchdringungsstrategie beitragen. Die positive Erfolgswirkung einer Marktdurchdringung stößt allerdings dann an Grenzen, wenn SM-Präparate aufgrund eines begrenzten Markt- und Absatzpotentials in den bisherigen Verwendersegmenten eine nicht mehr ausbaufähige Marktposition erreicht haben und/oder aufgrund zunehmender Konkurrenzintensität mit einem Absatzrückgang gerechnet werden muß.

- Bei der *Markterweiterungsstrategie*, bei der es für SMU neue Verwendersegmente für bereits im Verkehr befindliche SM-Präparate zu erschließen gilt, sind positive Erfolgswirkungen prinzipiell nur dann zu erwarten, wenn die Präparateanforderungen der zu erschließenden Verwendersegmente mit den Merkmalen/Eigenschaften der bereits angebotenen SM-Präparate kongruent sind. Verantwortlich für die positiven Erfolgswirkungen sind in erster Linie erzielbare Verbundeffekte (sog. Economies of Scope) aus der Präparatevermarktung in bereits bekannten Verwendersegmenten,[23] die sich (a) in günstigeren relativen Transaktionskosten[24] manifestieren (z.B. durch die Übertragung von bereits vorhandenem therapeutischen Know-how auf neue Verwendersegmente) sowie (b) in niedrigeren Präparatestückkosten aufgrund eines höheren Absatzvolumens niederschlagen (können). Ebenso können Lerneffekte im Rahmen der Präparatevermarktung dazu führen, daß eine Markterweiterung erfolgsfördernd wirkt. Wenn auch unter Wachstumsaspekten durchaus eine positive Erfolgsimplikation einer Markterweiterungsstrategie erwartet werden kann, so ist vor allem angesichts der mit der Markterweiterung einhergehenden Markterschließungskosten (z.B. Kosten für Marktforschung, Werbung, Außendienst) einschränkend zu bemerken, daß der (positive) Zusammenhang schwächer ausfallen bzw. u.U. verschwinden dürfte, wenn auf rentabilitätsorientierte Erfolgskriterien abgestellt wird.

- Ist ein ausreichendes Markt- und Absatzpotential in den gegenwärtig bearbeiteten Verwendersegmenten gegeben, so kann es für ein SMU durchaus erfolgversprechend sein, das Sortiment um zusätzliche SM-Präparate auf Basis neuer Wirksubstanzen zu erweitern (z.B. neben dem Wirkstoff „Ibuprofen" wird ein weiteres Schmerzmittel auf Basis des Wirkstoffes „Paracetamol" zusätzlich in den Markt eingeführt), um den Stammverwendern ein mehr oder weniger vollständiges Sortiment zu offerieren. Die positiven Erfolgswirkungen einer Strategie der *Sortimentserweiterung* läßt sich theoretisch ebenfalls mit dem Economiesof-Scope-Konzept untermauern. So lassen sich Verbundeffekte z.B. dadurch erzielen, daß das segmentspezifische Wissen über Verwenderstrukturen und Verwenderanforderungen für mehrere SM-Präparate des Sortiments gleichzei-

---

[23] Vgl. Teece 1980: 225.

[24] Unter *Transaktionskosten* werden allgemein die im Zusammenhang mit der Bestimmung, Übertragung und Durchsetzung von Verfügungsrechten entstehenden Kosten verstanden. Es handelt sich dabei vornehmlich um Informations- und Kommunikationskosten, die bei der Anbahnung, Vereinbarung, Kontrolle und Anpassung wechselseitiger Leistungsbeziehungen auftreten. Vgl. zu Transaktionskosten allgemein Ebers/Gosch 1995: 209; Picot/Dietl 1990: 178. Grundlegend zu Transaktionskosten sind die Arbeiten von Williamson 1985: 15-42; Coase 1960: 1-44.

tig nutzbar ist. Zudem lassen sich Verbundeffekte mit SM-Stammpräparaten durch einen einheitlichen Marktauftritt (z.B. Programmarke, Verpackungsdesign) und eine gemeinsame Nutzung von Vertriebskapazitäten erzielen. Einschränkend ist zu erwähnen, daß die Strategie der Sortimentserweiterung ein relativ hohes Kostenpotential in sich birgt, vor allem angesichts der z.t. erheblichen Markteinführungskosten (z.b. Entwicklungs-, Lizenzkosten, Werbung). Daher ist unter Rentabilitätsgesichtspunkten zu vermuten, daß der mögliche (positive) Zusammenhang zwischen einer Sortimentserweiterung und dem Erfolg von SMU angesichts der Kosten einer Sortimentserweiterung schwächer ausfällt bzw. negativ wird.

• Die *Diversifikationsstrategie* stellt eine Kombination aus Markt- und Sortimentserweiterung dar. Angesichts der mit diesen Strategieoptionen verbundenen Kosten für Markterschließung und Markteinführung treten positive Erfolgswirkungen nur dann auf, wenn das Markt- und Absatzpotential solche Investitionen rechtfertigt. Entsprechend können positive Erfolgswirkungen einer Diversifikation überlagert werden durch Kosten der Markterschließung bzw. -bearbeitung, so daß positive Rentabilitätseffekte nicht zu erwarten sind; dennoch kann unter Wachstumsgesichtspunkten eine Strategie der Diversifikation – bei ausreichender Marktgröße und Absatzpotential – durchaus lohnend erscheinen.

Unsere vorangehenden Argumentationen zu Erfolgswirkungen einzelner marktfeldstrategischer Ausprägungen belegen ein grundsätzliches Erfolgspotential der vier Strategieoptionen; die konkreten Erfolgswirkungen werden jedoch von spezifischen Unternehmens- und Marktverhältnissen beeinträchtigt. Zusammenfassend kann daher folgende Hypothese formuliert werden:

H_1: Zwischen den einzelnen marktfeldstrategischen Ausprägungsformen (Marktdurchdringung, Sortimentserweiterung, Markterweiterung und Diversifikation) sind keine signifikanten Erfolgsunterschiede zu erwarten.

4.3.1.2 Marktbearbeitungsstrategien

Innerhalb der grundsatzstrategischen Dimension der Marktbearbeitungsstrategien haben SMU festzulegen, ob sie ihre Marketingmaßnahmen auf nur eine Zielgruppe (z.B. nur Verwender) konzentrieren, mehrere Zielgruppen simultan bearbeiten (z.B. Apotheker und Verwender) oder alle relevanten SM-Marktakteure (Apotheker, Verwender, pharmazeutischer Großhandel, Ärzte bzw. Heilpraktiker) marketingmäßig bearbeiten wollen. Entsprechend wurden in Kap. 3.2.2 drei Marktbearbeitungsoptionen voneinander abgegrenzt, nämlich die Einzelsegment-, die Multisegment- und die Gesamtmarktstrategie.

Wenn auch bezüglich der Erfolgswirksamkeit der drei Marktbearbeitungsoptionen auf keine brauchbaren empirischen Erkenntnisse zurückgegriffen werden kann und auch

94

eine theoriegeleitete Argumentation schwerfällt, so ist auf der Basis eigener Überlegungen davon auszugehen, daß eine zunehmende Breite in der Marktbearbeitung (1) eine bessere Ausschöpfung des Marktpotentials in einer Indikation erlaubt, (2) das Risiko minimiert, indem der Erfolg von SMU von mehreren Kundengruppen beeinflußt wird und (3) die Nutzung von Synergien[25] ermöglicht, die sich aus der Übertragung von (Marketing-)Wissen und Erfahrungen zwischen mehreren Kundengruppen ergibt. Andererseits werden mit zunehmender Breite der zu bearbeitenden Kundengruppen auch wesentlich mehr Ressourcen, vor allem in den Bereichen Marketing und Vertrieb (z.b. Finanzmittel, Marketingpersonal), beansprucht. So fallen bei *„Einzelsegmentbearbeitern"* im Vergleich zu *„Gesamtmarktbearbeitern"* deutlich geringere Marktbearbeitungs- und Transaktionskosten an, dafür kann aber bei der Gesamtmarktbearbeitung erwartet werden, daß die Ausrichtung der Marketingaktivitäten auf alle relevanten SM-Kundengruppen das Ausschöpfen des Indikationsmarktpotentials erheblich erleichtert und Umsatzsteigerungen bzw. Kostensenkungen durch den Transfer von Marketing-Know-how zwischen den Kundengruppen besser erreicht werden kann. Auch wenn eine Gesamtmarkt-Strategie für SMU unter Wachstumsaspekten als vergleichsweise attraktiv gelten kann, kann sie unter Rentabilitätsgesichtspunkten dennoch unattraktiv sein, wenn die (Mehr-)Kosten der Marktbearbeitung (z.B. zusätzliches Marketingpersonal, Ausbau der Außendienstorganisation) nicht durch höhere Umsatzerlöse kompensiert werden können. Unterstellt man, daß eine Gesamtmarktbearbeitung aufgrund der oben angeführten drei Aspekte (bessere Ausschöpfung des Marktpotentials, Minimierung des Abhängigkeitsrisikos von Kunden, Synergienutzung) auch höhere Umsatzerlöse erwarten läßt, die den erhöhten Ressourceneinsatz überkompensieren, dann ergibt sich folgende zu prüfende Hypothese H_2:

H_2: Für die drei Marktbearbeitungsstrategien sind Erfolgsunterschiede zu erwarten, und zwar in Form eines mit zunehmender Breite der Marktbearbeitung höher ausfallenden Erfolgs.

---

[25] Im Zusammenhang mit der Wahl der Marktbearbeitungsstrategie ist der Begriff *Synergie* zu verstehen als eine (ökonomische) Ergebnisverbesserung aufgrund von Umsatzsteigerungen oder Kostensenkungen, die durch eine verbesserte Ressourcennutzung bei der gleichzeitigen Bearbeitung mehrerer Marketingzielgruppen, aber nicht durch die jeweils alleinige Bearbeitung der einzelnen Zielgruppen resultiert. Zum Synergiebegriff vgl. Gerpott 1993: 78-84 u. Ropella 1989: 224-241.

4.3.1.3 Verwendergerichtete Strategien

Bei verwendergerichteten Strategieausprägungen geht es darum, wie SMU das Kaufverhalten der Verwender auf das eigene SM-Angebot lenken (können). Dazu wurden vier Strategieoptionen abgegrenzt und zwar die Präferenzstrategie, die Preis-Mengen-Strategie, die hybride Strategie und die Outpacing-Strategie.[26]

Während die empirische Forschung nach unseren Erkenntnissen keine Aussagen zu Erfolgswirkungen von verwendergerichteten Stimulierungsstrategien bereitstellt, finden sich in der präskriptiven Marketingliteratur Hinweise darauf, daß die Erfolgswirksamkeit der jeweiligen verwendergerichteten Strategieoptionen grundsätzlich an das Vorliegen spezifischer externer Bedingungen des Marktes und/oder interner Bedingungen des Unternehmens geknüpft ist.[27]

Mit Blick auf den SM-Markt begünstigen (1) die (therapeutische) Homogenität zahlreicher SM-Präparate, (2) die starke Qualitätsorientierung aufgrund der Ware „Arzneimittel" sowie (3) die hohe Markenbereitschaft der Verwender die Erfolgschancen einer *Präferenzstrategie*.[28] Hinzu kommt, daß SM-Präparate i.d.R. genügend Ansatzpunkte vor allem im Zusatznutzenbereich bieten (z.B. Anwendungsbequemlichkeit, sensorische Aspekte), um Vorzugsstellungen bei den Verwendern zu begründen. Die konsequente Anwendung der Präferenzstrategie soll den SMU letztlich eine überdurchschnittliche Preisstellung ermöglichen, was dem Erfolg von SMU, insbesondere unter Erlösgesichtspunkten, zuträglich ist. Problematisch erscheint dagegen, ob angesichts der mit einer Präferenzstrategie verbundenen hohen Werbeinvestitionen und der Kosten zur Schaffung präferenzbildender Präparatemerkmale diese Strategieoption auch unter Rentabilitätsaspekten erfolgserhöhend wirkt.

Im Gegensatz zur Präferenzstrategie zielt die *Preis-Mengen-Strategie* auf die Zielgruppe der sog. Preis-Käufer ab und versucht, primär über einen niedrigen Präparatepreis, die Verwender zum Selbstkauf zu stimulieren. Erfolgsgrundlage für die Preis-Mengen-Strategie ist (1) ein stark ausgeprägtes Preisbewußtsein bei den Verwendern von SM-Präparaten und (2) eine günstige Kostenposition auf Seiten der SMU. Bezüglich des ersten Aspekts zeigt sich jedoch in einer vom Bauer-Verlag durchgeführten repräsentati-

---

[26] S. Kap. 3.2.3.1.

[27] S. vor allem Fleck 1995: 42-57 (hybride Strategien); Becker 1993: 155; Fasnacht 1993: 146-164; Gilbert/Strebel 1987: 31-35; Kleinaltenkamp 1987: 35-42 (Outpacing-Strategie); Porter 1980: 40f. (Präferenz- und Preis-Mengen-Strategie).

[28] Vgl. Kap. 3.2.3.1, wo die in der Fn 34 genannten SM-Präparateeigenschaften diese Rückschlüsse stützen.

ven Untersuchung, daß dem Preis als Merkmal von SM-Präparaten eine vergleichsweise untergeordnete Bedeutung zukommt.[29] Dies unterstützt die Vermutung, daß bei SM-Präparaten (wie generell bei Arzneimitteln) das Preisbewußtsein weniger stark ausgeprägt erscheint. Die Erfolgschancen einer reinen Preis-Mengen-Strategie im SM-Markt sind damit zu bezweifeln.

Neben der isolierten Verfolgung einer Präferenz- oder Preis-Mengen-Strategie wird in der Strategiediskussion seit längerem die positive Erfolgswirkung einer simultanen Verfolgung beider Strategieoptionen i.S. einer *hybriden Strategie* hervorgehoben.[30] Im Kontext des SM-Marktes sprechen für diese These (1) die Begrenzung unternehmerischer Fähigkeiten bzw. galenischer Möglichkeiten, den Präparatenutzen immer weiter zu steigern, (2) die mangelnde Akzeptanz weiterer präferenzbildender Maßnahmen auf Verwenderseite und (3) die z.T. geringe Marktgröße von Indikationsbereichen, die einer Ausweitung der Produktion mit dem Ziel weiterer Kosteneinsparungen entgegensteht. Auch die Ergebnisse empirischer Studien aus verschiedenen Branchen/Märkten belegen, daß – im Widerspruch zu Porters These des „stuck in the middle für Unternehmen, die eine Präferenz- oder Preis-Mengen-Strategie *nicht* dominant verfolgen – hybride Strategietypen den dominanten Strategiemustern vielfach überlegen sind.[31] Da auch der *Outpacing-Strategieansatz* – wenn auch zeitlich entkoppelt – letzten Endes auf eine hybride Verwenderbeeinflussung abzielt, erscheint eine Übertragung der positiven Erfolgsimplikationen einer hybriden Strategie durchaus vertretbar, auch dann, wenn der Outpacing-Strategieansatz von einer – zwar nicht prinzipiellen, so doch zumindest anfänglichen – Unvereinbarkeit der Präferenz- und der Preis-Mengen-Strategie ausgeht.[32]

Die vorangegangenen Überlegungen zu Erfolgsimplikationen verwendergerichteter Strategien können zu folgender Hypothese zusammengefaßt werden:

H_3: Eine konsequente Präferenzstrategie sowie die kombinative Verknüpfung von Präferenz- und Preis-Mengen-Strategie in Form einer hybriden Strategie und dem Outpacing-Strategieansatz lassen einen überdurchschnittlichen Erfolg erwarten; nicht dagegen eine konsequente Preis-Mengen-Strategie.

---

[29] Vgl. Verlagsgruppe Bauer 1995: 27.

[30] Vgl. Fleck 1995: 39; Corsten/Will 1992: 190.

[31] Vgl. hierzu die empirischen Befunde von Dess/Miller 1993: 574-576; (produzierende Industrie), Gaitanides/Westphal 1991: 247-265 (Automobilzuliefererindustrie); White 1986: 227 (Maschinenbau). Einen detaillierten Überblick über empirische Forschungsbefunde und zur Erfolgswirkung hybrider Strategien liefert Fleck 1995: 31f., 36-39.

[32] Vgl. Corsten/Will 1992: 189; Kleinaltenkamp 1987: 32.

4.3.1.4 Wettbewerbergerichtete Strategien

Innerhalb der wettbewerbergerichteten Strategiedimension (s. Kap. 3.2.3.2) wurden zwei mögliche Verhaltensstile von SMU gegenüber Konkurrenten abgegrenzt, und zwar das offensive und das defensive Wettbewerbsverhalten.

In der Literatur zu Wettbewerbsstrategien wird seit langem die Meinung vertreten, daß „... superior performance requires a business to gain and hold an advantage over competitors ...".[33] Entsprechend sind SMU gefordert, durch Einsatz der Marketinginstrumente Vorteile gegenüber der Konkurrenz zu realisieren, um ihre Marktposition im SM-Segment zu behaupten oder auszubauen. Im Rahmen eines *offensiven* Strategiestils wird eben ein solcher Aufbau von Wettbewerbsvorteilen von den SMU angestrebt, während im Falle eines *defensiven* Verhaltensstils darauf verzichtet und eher eine Nachahmungsstrategie verfolgt wird. Vor diesem Hintergrund darf vermutet werden, daß SMU mit einem defensiven Verhaltensstil grundsätzlich weniger erfolgreich sind als diejenigen, deren Wettbewerbsverhalten eher offensiv ausgerichtet ist.

Empirische Bestätigung findet unsere These in einer auf die deutsche Konsumgüterindustrie ausgerichteten Untersuchung.[34] Unter Vernachlässigung methodischer Unterschiede (z.B. Betrachtung von Marken als Untersuchungsobjekte) wird dort festgestellt, daß Marken, für die ein offensiver Wettbewerbsstil realisiert wird, signifikant erfolgreicher sind als solche, die durch ein defensives Wettbewerbsverhalten gekennzeichnet sind. Entsprechend soll folgende Hypothese überprüft werden:

H_4: SMU, die ein offensives Wettbewerbsverhalten realisieren, erzielen einen höheren Erfolg als SMU, die sich durch einen defensiven Verhaltensstil auszeichnen.

4.3.1.5 Apothekengerichtete Strategien

Um die Apotheken zu einem – aus Sicht der SMU – zieladäquaten Verhalten zu veranlassen, wurden innerhalb der apothekengerichteten Strategiedimension die Push- und die Pull-Stimulierung sowie eine Kombination aus beiden unterschieden (s. Kap. 3.2.3.3). Die Frage, welche der drei Strategieoptionen erfolgserhöhend wirkt, wird in der Literatur unterschiedlich beantwortet. So vertritt Crisand (1996: 151) die Meinung, daß eine *Pull-* einer *Push-Strategie* grundsätzlich vorzuziehen sei, da Hersteller bei letzterer Gefahr laufen, in eine „Niedrigpreis-Spirale" gezwungen zu werden, was letzten Endes dem Erfolg abträglich ist. Dieser Auffassung ist allerdings entgegenzuhalten, daß eine Pull-

---

[33] S. Bharadwaj et al. 1993: 83f.; Simon 1988: 465.

[34] Vgl. Gussek 1992: 255.

98

Strategie eine kostenintensive Publikumswerbung der SMU in Massenmedien (Fernsehen, Rundfunk) voraussetzt, deren positive Erfolgswirkung insbesondere unter Rentabilitätsgesichtspunkten nicht in jedem Fall gegeben ist. Ebenfalls problematisch an der Pull-Stimulierung ist, daß ihre Erfolgswirksamkeit von der abnehmenden Markentreue der Verwender, die angesichts der therapeutischen Austauschbarkeit vieler SM-Präparate evident ist, beeinträchtigt werden kann. Als nicht befriedigend geklärt gelten kann auch die These, daß eine Kombination der beiden apothekengerichteten Strategieoptionen in Form einer *Push-Pull-Stimulierung* den höchsten Erfolg erwarten läßt.[35] Auf den ersten Blick erscheint es einsichtig, daß eine starke Publikumswerbung kombiniert mit Verkaufsförderungsmaßnahmen in der Apotheke positiv auf den (Umsatz-)Erfolg von SMU wirkt, auf den zweiten Blick kann jedoch daran gezweifelt werden, daß eine Push-Pull-Stimulierung generell erfolgsfördernd wirkt, insbesondere unter Rentabilitätsaspekten. Unter Berücksichtigung dieser Bedenken wird die Hypothese H_5 formuliert und geprüft:

H_5: Zwischen einer Push-, Pull- und einer Push-Pull-Stimulierung sind keine signifikanten Unterschiede hinsichtlich des Erfolges von SMU zu erwarten.

4.3.1.6 Pharmagroßhandelgerichtete Strategien

Im Rahmen der großhandelgerichteten Strategiedimension haben SMU eine Entscheidung darüber zu treffen, ob der Pharmagroßhandel in das apothekengerichtete Marketing der Unternehmen eingebunden werden soll oder nicht. Entsprechend wurde ein vertikal-aktives Marketing von einem vertikal-passiven Marketing abgegrenzt (s. Kap. 3.2.3.4).

Vertreter des Pharmagroßhandels argumentieren seit längerem in eigener Sache zugunsten eines *vertikal-aktiven Marketing*. So weist Benatzky (1995: 117) darauf hin, daß der Großhandel mit seiner Marktnähe und seinen in allen Apotheken präsenten und gut eingeführten Verkauf den Pharmaunternehmen auf dem OTC-Sektor wertvolle Marketingdienstleistungen bieten kann. Insbesondere die Nutzung des Außendienstes des Pharmagroßhandels erscheint aus Sicht der SMU attraktiv, da hierdurch Marketingmaßnahmen (z.B. Sonderaktionen, Neuprodukteinführung) angesichts des dichten Vertriebsnetzes des Pharmagroßhandels schnell und flächendeckend durchgesetzt werden können.[36] Im Gegenzug kann jedoch unterstellt werden, daß ein *vertikal-passives Marketing* die Ab-

---

[35] S. Ahlert 1996: 160.

[36] Vgl. zu Kooperationsmöglichkeiten zwischen Pharmaunternehmen und dem Pharmagroßhandel o.V. 1994c: 6; o.V. 1994e: 7; Holdermann/Thiess 1986: 180-186.

hängigkeit der SMU vom Pharmagroßhandel bei der Gestaltung und Realisierung von Marketingaktionen tendenziell vermeidet und geringere Transaktionskosten (z.B. geringere Koordinations- und Kontrollkosten) verursacht. Ein vertikal-passives Marketing erscheint dann erfolgsfördernd, wenn SMU über einen eigenen Apothekenaußendienst angemessener Größe verfügen, durch den die Marktnähe zur Apotheke aus eigener Kraft hergestellt werden kann. Zusammenfassend soll daher folgende Hypothese formuliert werden:

H_6: SMU, die ein vertikal-aktives Marketing verfolgen, sind erfolgreicher als SMU, die ein vertikal-passives Marketing realisieren.

4.3.1.7 Arzt-/heilpraktikergerichtete Strategien

Innerhalb der arzt-/heilpraktikergerichteten Strategieebene wurde zwischen den beiden alternativen Strategieoptionen einer arztgestützten und einer arztungestützten Selbstmedikation unterschieden (s. Kap. 3.2.3.5).

Hinsichtlich der Erfolgsimplikationen kann erwartet werden, daß eine arztgestützte Selbstmedikation eine attraktive Strategieoption darstellt, da (1) den Ärzten als Empfehler von SM-Präparaten eine hohe Bedeutung zugesprochen wird, und der Erfolg auch vom Empfehlungsverhalten der Ärzte abhängt[37], sowie (2) die Möglichkeit besteht, durch geeignete Unterstützungsmaßnahmen (z.B. verständliche Patientenbroschüren, Fachinformationen, Präparatemuster) aktiv auf das Empfehlungsverhalten der Ärzte einzuwirken und den eigenen SM-Präparateabsatz zu fördern.[38] Problematisch an der Strategie der arztgestützten Selbstmedikation sind die Kosten, die ein SMU aufwenden muß (z.B. Kosten für eine Außendienstorganisation), um wirksam eine Selbstmedikationsempfehlung des Arztes für seine SM-Präparate zu erreichen. Zudem darf bei der Erfolgsabschätzung der arztgestützten Selbstmedikation nicht übersehen werden, daß Ärzte dazu tendieren, von einer Empfehlung zum Selbstkauf von Präparaten abzusehen, um etwaige Krankenscheinverluste zu vermeiden.[39] Diese Vermutung läßt sich empirisch zwar nicht hinreichend großzahlig belegen, dennoch liefert die Untersuchung von Madhavan/Gore (1994: 55-81) bei US-amerikanischen Ärzten zumindest Anhaltspunkte dafür, daß Ärzte weniger häufig eine Selbstmedikationsempfehlung aussprechen, je weniger Rezepte sie

---

[37] Vgl. Laschet 1994: 4; Rahner 1994: 162. Nach einer 1996 durchgeführten repräsentativen Umfrage des Emnid-Institutes im Auftrag der Stada AG wollen sich 88% der männlichen und 86% der weiblichen Befragten in Gesundheitsfragen lieber vom Arzt beraten lassen. Vgl. Stada AG 1996: 24.

[38] S. a. oben in Kap. 2.3.4.

[39] Vgl. a. Crisand 1996: 147.

pro Tag ausstellen.[40] Auf Basis der vorangehenden Überlegungen soll daher die Hypothese H, aufgestellt werden:

H,: Eine Strategie der arztgestützten Selbstmedikation fördert den SMU-Erfolg.

4.3.2 Erwartete Erfolgswirkungen von instrumentalstrategischen Marketinghandlungsmustern

4.3.2.1 Gestaltung des Präparateprogramms

Zur Charakterisierung des Präparateprogramms von SMU wurden in Kap. 3.3.1 vier Gestaltungsoptionen vorgestellt, wobei zwischen einem schmalen/flachen, schmalen/tiefen, breiten/flachen und breiten/tiefen Angebotsprogramm differenziert wurde.

Hinsichtlich der *Breitendimension* des Angebotsprogramms unterstützen Überlegungen die Vorteilhaftigkeit eines eher breiten, mehrere Substanzen umfassenden Angebots an SM-Präparaten in einem Indikationsbereich. Dies gilt vor allem im Hinblick auf wachstumsorientierte Erfolgsmaße wie z.B. Umsatz- und Absatzwachstum. So erleichtert ein mehrere Substanzen umfassendes Angebotsprogramm eine Profilierung als kompetenter Indikationsspezialist („Problemlöser"), wobei eine möglichst komplette Bedienung von Verwenderbedürfnissen und -wünschen im Mittelpunkt steht. Zudem ist zu vermuten, daß es SMU durch Bereitstellung eines breiten Sortiments besser gelingen sollte, differenzierte Verwenderwünsche zu befriedigen und glaubwürdige Herstellerexpertisen in einem Indikationsbereich aufzubauen. In diesem Sinne argumentiert auch Rassat (1996: 4), der für indikationsbezogene Problemlösungen anstelle von Einzelprodukten plädiert. Einschränkend muß jedoch festgehalten werden, daß die positive Wirkung eines breiten Angebotsprogramms nicht in gleicher Richtung auch für rentabilitätsbezogene Erfolgsgrößen zu erwarten ist. Unter diesem Blickwinkel sind aufgrund der höheren Anzahl an Präparaten bzw. Präparategruppen erhöhte Kosten in sämtlichen funktionalen Bereichen (z.B. pharmazeutische Entwicklung, Fertigung, Qualitätssicherung, Marketing und Vertrieb) zu erwarten, was schmälernd auf den Rentabilitätserfolg wirken dürfte.[41]

Für die *Tiefendimension* des Präparateprogramms unterstützen Befunde empirischer Untersuchung aus anderen Branchen die Annahme, daß ein Präparateprogramm mit einer hohen Variantenvielfalt (z.B. hohe Anzahl unterschiedlicher Darreichungen oder Packungsgrößen) eher erfolgshemmend wirkt; dies läßt sich zumindest für rentabilitätsori-

---

[40] Vgl. Madhavan/Gore 1994: 55-81.

[41] Vgl. a. Gutzler 1992: 667.

entierte Erfolgsgrößen (z.B. Umsatzrentabilität) belegen.[42] Die Rentabilitätsnachteile einer hohen Variantenvielfalt überraschen nicht, da die Häufung von unterschiedlichen Präparatevarianten in besonderem Maße steigende Koordinationskosten in sämtlichen Wertschöpfungsstufen verursacht.[43] Ferner sind Kostenblöcke, die aufgrund der Nicht-Teilbarkeit zahlreicher im Präparateherstellungsprozeß eingesetzter Ressourcen (z.B. Personal, Maschinen, Gebäude), wegen einer höheren Variantenvielfalt zusätzlich beschafft werden müssen, oftmals kurzfristig nicht abbaubar, vor allem dann nicht, wenn sie nicht zur Herstellung anderer Präparate mitbenutzt werden können.

Unterstellt man, daß die Wachstumsaspekte eines breiten, und die Kostennachteile eines zahlreiche Varianten umfassenden Angebotsprogramms überwiegen, ergibt sich folgende zu prüfende Hypothese:

H_8: SMU, die über ein breites, aber flaches Angebotsprogramm verfügen, sind erfolgreicher als SMU, deren Präparateprogramm durch eine andere Gestaltungsoption (schmal/flach, schmal/tief oder breit/tief) gekennzeichnet ist.

4.3.2.2 Markenbildung

In Kap. 3.3.2 wurden drei mögliche Ausprägungen einer Markenstrategie unterschieden, nämlich die Einzel-, die Programm- und die Dachmarkenstrategie.

Die *Einzelmarkenstrategie* zielt darauf ab, ein einzelnes SM-Präparat (eingeschlossen seiner Varianten) unter einer eigenen Marke zu vermarkten. Obwohl die Amortisation der Werbeaufwendungen durch eine einzelne SM-Marke aufgrund tendenziell kürzer werdender Produktlebenszyklen sowie der zunehmenden Markenvielfalt in der Selbstmedikation und des dadurch verstärkten Markenwettbewerbs immer schwieriger wird und insofern Rentabilitätsnachteile entstehen können,[44] kommt dennoch eine Reihe von potentiellen Vorteilen einer Einzelmarkenstrategie in Betracht. Wesentliche Vorteile sind (1) eine präparatespezifische Profilierung der SM-Marke im Wettbewerbsumfeld, (2) die Möglichkeit, einzelne Verwendersegmente mit spezifischen Bedürfnissen anzusprechen und (3) eine bessere Aussicht auf eine hohe Ausschöpfung des Marktpotentials und da-

---

[42] S. Prillmann 1996: 98-104.

[43] Untersuchungen in anderen Branchen (Automobilzulieferer-/Elektroindustrie) zufolge beträgt der Anteil der vielfaltabhängigen Kosten an der Wertschöpfung über 40%. Vgl. Prillmann 1996: 98f.

[44] Vgl. Haring 1996: 7 u. Franzen 1995: 10.

mit auf eine Erzielung hoher Absatzmengen, die wiederum zu Erfahrungskurveneffekten und Kostendegressionen beitragen können.[45]

Demgegenüber zeichnet sich eine *Dachmarkenstrategie*, bei der sämtliche Präparate eines SM-Anbieters unter einer einheitlichen Marke zusammengefaßt und vermarktet werden, aus durch (1) eine Minimierung der präparatebezogenen Werbeaufwendungen, da der gesamte Markenaufwand von allen unter dieser Marke subsumierten Präparaten finanziert wird, (2) die Möglichkeit, neue Präparate unter einer vorhandenen und u.U. am Markt profilierten Dachmarke einzuführen, und (3) eine bessere Aussicht auf frühzeitige Erlöse, insbesondere für Neueinführungen, da Präparate von einem etablierten Nutzenversprechen profitieren können.[46] Diesen Vorteilen steht als Nachteil allerdings die Gefahr einer „Deprofilierung" gegenüber, da eine einzelne Marke die eindeutige Positionierung eines ganzen Angebotsprogramms stark erschwert und eine Konzentration auf eine einzelne Zielgruppe im Prinzip nicht möglich ist.

Die *Programmarkenstrategie* als weitere markenstrategische Option eröffnet SMU die Möglichkeit, sowohl grundlegende Vorteile einer Einzelmarke und auch solche einer Dachmarke zu nutzen, ohne jeweils deren gravierende Nachteile insgesamt in Kauf nehmen zu müssen. Die Programmarke, bei der mehrere Präparate einer Indikation (z.B. sämtliche Erkältungspräparate) unter einer Marke zusammengefaßt werden, ist vor allem dann vorteilhaft, wenn SM-Anbieter über ein starkes „Lead-Produkt" in einem Indikationsbereich verfügen und über dieses bestehende Indikationsmarktpotentiale durch zusätzliche Präparate verstärkt ausgeschöpft werden sollen. Voraussetzung ist allerdings, daß das „Lead-Produkt" bereits eindeutig im Markt positioniert ist und Sympathie bzw. Vertrauen bei den Verwendern genießt.

Mangels eindeutiger Anzeichen dafür, daß die Argumente für oder gegen eine bestimmte markenstrategische Option im SM-Markt ausschlaggebend für die Erfolgswirksamkeit sind, soll die folgende Hypothese H_9 getestet werden:

H_9: Für eine Einzel-, Programm- oder Dachmarkenstrategie sind keine generellen Erfolgsvorteile bzw. -nachteile zu erwarten.

---

[45] Vgl. zum Vorteils-Nachteilsprofil von Einzelmarken Bruhn 1995: 1451; Becker 1994: 470f.; Sandler 1989: 50f.

[46] Vgl. zur Bewertung einer Dachmarkenstrategie Kap. 3.3.2 sowie Bruhn 1995: 1451; Becker 1994: 472-473 und Sandler 1989: 51f.

4.3.2.3 Preis- und Konditionengestaltung

Weitere instrumentalstrategische Handlungsaspekte von SMU bestehen, wie in Kap. 3.3.3 dargelegt, in der Festlegung des Niveaus der Herstellerabgabepreise im Vergleich zu dem/den Hauptwettbewerber(n) sowie in der Gewährung/Gestaltung von Konditionen an Apotheken.

Bezüglich der *Preisgestaltung* führen theoretische Überlegungen zunächst zu der Annahme, daß ein höheres (Herstellerabgabe-)Preisniveau ceteris paribus den Erfolg von SMU erhöht. Unterstützung erfährt diese These nicht zuletzt durch publizierte empirische Erkenntnisse, wonach der Preishöhe bei der SM-Präparateentscheidung eine eher nachrangige Bedeutung beigemessen wird.[47] Insofern führt eine überdurchschnittliche Preisstellung nicht notwendigerweise zu einer Abwanderung der Verwender zu (preisgünstigeren) Konkurrenzpräparaten, zumindest dann nicht, wenn die höhere Preisstellung (1) in eindeutigen Angebots- bzw. Nutzenvorteilen begründet liegt (z.B. besondere Applikationsform, olfaktorische Aspekte, Vorteile im Handling) und (2) eine sog. OTC-Schallgrenze[48] von DM 20,00 nicht überschritten ist. Andererseits führt ein niedriges Preisniveau aufgrund der offenbar geringen Preissensitivität der Verwender nicht unbedingt zu dem erwarteten Mehrabsatz, so daß ein niedriges Preisniveau nicht generell erfolgsfördernd erscheint. Einschränkend ist jedoch anzumerken, daß im Einzelfall dennoch eine obere bzw. untere Preisschwelle existiert, oberhalb (unterhalb) derer ein SMU seine Kunden an Konkurrenten verliert bzw. von diesen hinzugewinnt. Zusammenfassend soll daher folgender Zusammenhang getestet werden:

H_{10}: Der Erfolg von SMU steigt nicht mit einem niedrigen Niveau der Herstellerabgabepreise an.

Die *Gewährung von Konditionen* an Apotheken ist i.d.R. an das Vorliegen bestimmter Verhaltensweisen der Apotheken (z.B. Abnahme einer Mindestmenge, Auftragswert, Marketingverhalten) gebunden, die aus Sicht der SMU vorteilhaft sind. Wesentliche Vorteile der Konditionengewährung aus Unternehmenssicht sind (1) eine Umsatz- und Absatzausweitung, da anzunehmen ist, daß Apotheken bei günstigen Konditionen eine höhere Menge an Präparaten abnehmen, (2) eine erhöhte Kundenbindung, (3) eine ergänzende Möglichkeit, die Apothekenpräsenz von SM-Präparaten sicherzustellen, und (4) eine Transaktionskostenminimierung je Auftrag, da die Kosten für die Auftragsabwicklung und Distribution bei einem höheren Auftragsvolumen je Apothekenbelieferung sinkt.

---

[47] Vgl. Verlagsgruppe Bauer 1995: 27.
[48] Vgl. Crisand/Bungert 1995: 101.

Diesen Vorteilen steht als wesentlicher Nachteil der Konditionengewährung ein Verzicht seitens der SMU auf einen Teil des Umsatzes gegenüber. Unterstellt man, daß bei der Gewährung von Konditionen die positiven Effekte überwiegen, ergibt sich als weitere Hypothese:

H_{11}: Die Gewährung von Konditionen an die Apotheken ist dem Erfolg von SMU zuträglich.

4.3.2.4 Marktkommunikation

In Kap. 3.3.4 wurden die (klassische) Werbung, die Verkaufsförderung, die Öffentlichkeitsarbeit und die wissenschaftliche Information als prinzipielle Formen der Marktkommunikation von SMU diskutiert. Ohne die Kommunikationsformen im einzelnen differenziert hinsichtlich ihrer Erfolgsimplikationen zu untersuchen, stellt sich insgesamt die Frage, ob mit zunehmender Einsatzintensität der Kommunikationsformen der Markterfolg in der Selbstmedikation verbessert werden kann.

Grundsätzlich erschwert wird die Erforschung des Zusammenhangs zwischen der Kommunikationsintensität und dem Erfolg durch (1) die Nutzung unterschiedlicher Kommunikationsträger (z.B. Fernsehen, Apothekenaußendienst, Mailings) und damit zusammenhängend die unterschiedlichen Reichweiten je Kommunikationsträger und deren Kommunikationswirkung, (2) die Qualität in der Ansprache der Zielgruppen (persönliche vs. unpersönliche Kommunikation), (3) die Zielgruppenspezifität der Kommunikationsformen sowie (4) die unterschiedliche Zielstellung, die SMU mit der Kommunikation grundsätzlich verbinden.

Unter Berücksichtigung der notwendigen Besonderheiten beim Einsatz der Kommunikationsformen herrscht im allgemeinen Einigkeit darüber, daß von Kommunikationsaktivitäten grundsätzlich eine erfolgserhöhende Wirkung ausgehen (kann);[49] insbesondere dann, wenn auf wachstumsorientierte Erfolgsgrößen abgestellt wird. Die positive Wirkung der Marktkommunikation fällt allerdings geringer aus oder verschwindet gänzlich, wenn auf rentabilitätsorientierte Erfolgskennziffern (z.B. Umsatzrentabilität, Kapitalrentabilität) Bezug genommen wird. Dies verdeutlicht beispielsweise die Entwicklung der OTC-Werbeaufwendungen und der Marktanteile, wo führende, werbeaktive Marken (z.B. THOMAPYRIN, PH5 EUCERIN, CONTAC) trotz intensiver Publikumswerbung ihre Marktanteile nur geringfügig ausbauen konnten bzw. sogar Marktanteilseinbußen erlit-

---

49 Vgl. Eschenbach 1996: 3

ten.[50] Darüber hinaus ist eine hohe Kommunikationsintensität mit höheren Transaktionskosten (z.b. Planungs- und Einsatzkosten der Kommunikationsformen) verbunden, die den zu erwartenden (Rentabilitäts-)Erfolg dämpfen (können). Rückt man jedoch die prinzipiell wachstumsfördernde Wirkung einer hohen Kommunikationsintensität in den Vordergrund, ergibt sich die folgende zu prüfende Hypothese:

H_{12}: Ein intensiver Einsatz der Kommunikationsformen Werbung, Verkaufsförderung, Öffentlichkeitsarbeit und wissenschaftliche Information ist dem Wachstumserfolg von SMU zuträglich.

4.3.2.5 Vertriebsformen in der Selbstmedikation

In Kap. 3.3.5 wurden direkte und indirekte Vertriebsformen als grundlegende vertriebsstrategische Entscheidungstatbestände unterschieden.

Wenn auch publizierte empirische Befunde zur Erfolgswirksamkeit von Vertriebsformen im Kontext des SM-Marktes bislang fehlen, so unterstützen Plausibilitätsüberlegungen die Annahme, daß der primäre Einsatz *indirekter Vertriebsformen* (z.B. Vertrieb der SM-Präparate über pharmazeutischen Großhandel, Nutzung von Strecken- und Überweisungsgeschäften) unter Erfolgsgesichtspunkten eher unattraktiv ist. Wesentliche Aspekte, die die geringe Attraktivität indirekter Vertriebsformen aus Sicht der SMU begründen, sind (1) die geringere Marktnähe zum zentralen Verkaufsort „Apotheke", die dazu führen kann, daß SM-Anbieter sich am Absatzmarkt nicht ausreichend darzustellen vermögen, (2) die geringere Durchsetzbarkeit eigener Marketingziele, (3) die unzureichenden Kontrollmöglichkeiten von Marketingaktionen und (4) ein erschwerter Zugang zu Marktinformationen (z.B. Bedürfnisse und Wünsche der Apotheken, Wettbewerbssituation am Point-of-sale), die wiederum eine wesentliche inhaltliche Grundlage für zukünftige Marketing- und Vertriebskonzepte bilden.

Die aufgeführten Nachteile indirekter Vertriebsformen stellen zugleich die Vorteile des primären Einsatzes *direkter Vertriebsformen* (z.B. eigener Apothekenaußendienst, Leih-Außendienste, pharmazeutische Handelsvertretungen) dar. Allerdings steht den Formen des direkten Vertriebs der gravierende Nachteil gegenüber, daß sie auch mehr Ressourcen (z.B. Marketingpersonal, Finanzmittel) beanspruchen und höhere Transaktionskosten, vor allem im Hinblick auf die Geschäftsanbahnung und Koordination der Vertriebsaktivitäten, verursachen. Folgende Hypothese ist zu prüfen:

H_{13}: Der primäre Einsatz direkter Vertriebsformen ist dem Erfolg von SMU zuträglich.

---

50 Vgl. Zeiner/Franzen 1996: 144.

4.3.3 Zusammenfassung der Forschungshypothesen zu direkten Erfolgswirkungen von strategischen Marketinghandlungsmustern

Tab. 4-1 stellt das zu prüfende Hypothesengerüst zusammenfassend dar. Eine *positiv* erwartete Erfolgswirkung („+") bedeutet, daß eine spezifische Strategieausprägung innerhalb einer Strategiedimension mit einem höheren Erfolg verbunden sein sollte als alternative Ausprägungen bzw. eine höhere Ausprägung der betreffenden Variablen zu einem höheren Erfolg führen sollte.

Tabelle 4-1:
Zusammenfassender Überblick der Hypothesen zu direkten Erfolgswirkungen von strategischen Marketinghandlungsmustern

Strategiedimension (Rückverweis)	Strategieausprägungen	Hypo-these	Erwartete Erfolgswirkung
Grundsatzstrategische Marketinghandlungsmuster			
Marktfeldstrategie (s. Kap. 4.3.1.1)	Marktdurchdringung, Markterweiterung, Sortimentserweiterung, Diversifikation	H_1	±
Marktbearbeitungs-strategie (s. Kap. 4.3.1.2)	Einzelsegment-, Multisegment- und Gesamtmarktstrategie	H_2	±
Verwendergerichtete Strategie (s. Kap. 4.3.1.3)	Präferenzstrategie, Preis-Mengen-Strategie, hybride Strategie, Outpacing-Strategie	H_3	Präferenz-, Hybrid-Outpacing-Strategie +
Wettbewerbergerichtete Strategie (s. Kap. 4.3.1.4)	Offensiver Wettbewerbsstil, defensiver Wettbewerbsstil	H_4	Offensiver Wettbewerbsstil +
Apothekengerichtete Strategie (s. Kap. 4.3.1.5)	Push-, Pull-, Push-Pull-Stimulierung	H_5	±
Pharmagroßhandelgerichtete Strategie (s. Kap. 4.3.1.6)	Vertikal-aktives Marketing, vertikal-passives Marketing	H_6	±
Arztgerichtete Strategie (s. Kap. 4.3.1.7)	Strategie der arztgestützten SM, Strategie der arztungestützten SM	H_7	Strategie der arztgestützten SM +
Instrumentalstrategische Marketinghandlungsmuster			
Gestaltung des Präprateprogramms (s. Kap. 4.3.2.1)	Enges/flaches, enges/tiefes, breites/flaches, breites/tiefes SM-Präparateprogramm	H_8	Breites/flaches Präparateprogramm +
Markenbildung (s. Kap. 4.3.2.2)	Einzel-, Programm- und Dachmarke	H_9	±
Preisgestaltung (s. Kap. 4.3.2.3)	Niedriges Herstellerabgabepreisniveau	H_{10}	+
Konditionengestaltung (s. Kap. 4.3.2.3)	Intensive Konditionengewährung	H_{11}	+
Marktkommunikation (s. Kap. 4.3.2.4)	Hohe Einsatzintensität der Kommunikationsformen	H_{12}	+
Vertriebsformen in der SM (s. Kap. 4.3.2.5)	Hohe Nutzungsintensität direkter Vertriebsformen	H_{13}	+

107

Demgegenüber zeigen *negative* Erfolgswirkungen („–") an, daß eine spezifische Strategieausprägung den Erfolg von SMU dämpft bzw. höhere Variablenausprägungen mit einem geringeren Erfolg assoziiert sind. Eine *indifferente* Erfolgswirkung („±") deutet auf keine signifikanten Erfolgsunterschiede zwischen einzelnen Strategieausprägungen innerhalb der Strategiedimension hin bzw. es können keine eindeutigen Erfolgsaussagen zur Erfolgswirksamkeit einer Marketingstrategieausprägung getroffen werden.

Die Prüfung der aufgestellten Hypothesen und damit die empirische Analyse der Forschungsfrage Nr. 1, die in Kap. 4.1 formuliert wurde, erfolgt in Kap. 7.2.

4.4 Situationsvariablen zur Exploration interaktiver Erfolgswirkungen von Marketinghandlungsmustern

Die Möglichkeit, daß Erfolgswirkungen von Marketingstrategieausprägungen in bestimmten Situationen stärker und in anderen schwächer sein können, wird im Rahmen der Forschungsfrage Nr. 2, die zu Beginn von Kap. 4 formuliert und durch den Pfeil Nr. 2 in Abb. 4-1 dargestellt wurde, untersucht. Gegenstand dieses Kapitels ist die inhaltliche Präzisierung der hier relevanten Situationsvariablen sowie die beispielhafte Darstellung möglicher Interaktionseffekte.

Wenn auch vor dem Hintergrund der wissenschaftstheoretischen Leitidee des kritischen Rationalismus, der dieser Arbeit zugrundeliegt, explizit formulierte Forschungshypothesen anzustreben sind, so wird zum empirischen Nachweis interaktiver Wirkungsbeziehungen ein *exploratives* Forschungsvorgehen praktiziert, da (1) kaum relevante theorie- und empiriegestützte Erkenntnisse zu interaktiven Effekten von Marketingstrategie- und Situationsvariablen vorliegen,[51] so daß Forschungshypothesen primär einen spekulativen Charakter aufweisen würden und (2) nach unseren Erkenntnissen keine Gesetzmäßigkeiten existieren, die interaktive Erfolgseffekte zwischen Marketingstrategie- und Situationsvariablen postulieren.

Die Auswahl der untersuchungsrelevanten Situationsvariablen basiert auf der Studie von Walther aus dem Jahre 1989, die Aspekte des strategischen Marketing in Pharmaunternehmen diskutiert.[52] Aus dem reichhaltigen Fundus der dort behandelten Situations-

---

[51] Vgl. die genannten Anwendungsbeispiele in Fn 7 in diesem Kapitel.

[52] Vgl. Walther 1989: 12-18. Die Walther-Studie stellt die bislang umfangreichste empirische Studie zum strategischen Pharmamarketing dar.

variablen[53] wurden solche Situationsmerkmale ausgewählt, von denen aufgrund früherer betriebswirtschaftlicher Forschungen angenommen werden konnte, daß sie (a) interaktive Erfolgseffekte mit Marketingstrategieausprägungen aufweisen könnten[54] und die (b) auf den SM-Markt sinnvoll übertragbar erscheinen. Entsprechend wurden (1) die Größe der SMU, (2) die Wettbewerbsposition, (3) das Marktwachstum und (4) die Konkurrenzintensität als untersuchungsrelevante Situationsvariablen identifiziert.

(1) Größe der SMU

Die grundsätzliche Bedeutung der Größe von SMU für die Erklärung von unterschiedlichen Erfolgswirkungen von Marketingstrategieausprägungen rührt daher, daß für größere SMU Skalenvorteile erwartet werden können, die eine wirksamere Durchsetzung von Strategien ermöglichen und zu einem höheren Erfolgsniveau beitragen. Strategierelevante Größenvorteile ergeben sich einerseits daraus, daß größere SMU eher als kleinere Anbieter über die Ressourcenmengen (z.B. Personal, Finanzmittel, EDV-Infrastruktur) und (Spezial-)Fähigkeiten (z.B. Know-how im Markenaufbau) verfügen, die erforderlich sind, um Maßnahmen zur Bearbeitung vorhandener Indikationen sowie zur Erschließung neuer Indikationsgebiete wirksam treffen zu können. Zudem ist zu erwarten, daß die Größenvorteile auf die gesamte Marketinginfrastruktur der SMU ausstrahlen, was im ganzen zu einer höheren Managementkapazität bei größeren SMU führt (z.B. leistungsstarke Marktforschung, aussagekräftiges Marketinginformationssystem). Überdies sollte es größeren SMU besser gelingen, aus dem häufigeren Durchlaufen von Produktlebenszyklen, der besseren Kenntnis von SM-Indikationsmärkten und dem i.d.R. breiteren Angebotsprogramm Erfahrungskurven- („Economies of Scale") und Verbundeffekte ("Economies of Scope") zu realisieren.[55] Vor diesem Hintergrund könnte der Versuch, eine Preis-Mengen-Strategie zu verfolgen, insbesondere bei großen (kleinen) SMU zu einem überdurchschnittlichen (unterdurchschnittlichen) Erfolgsniveau führen.

Den genannten Größenvorteilen steht allerdings die Gefahr gegenüber, daß größere SMU aufgrund ihrer komplexen Organisationsstruktur (z.B. Bürokratisierung, Hierarchisierung) und damit verbunden ihrer geringen Flexibilität Nachteile in der Marktbear-

---

[53] Walther (1989: 178-292) stellt in seiner Arbeit insgesamt 18 situative Einzelvariablen vor, die er in 7 Kategorien einteilt. Diese sind: (1) allgemeine Unternehmenscharakteristika, (2) Ausstattungen mit Basisressourcen, (3) produktbezogene Unternehmensaspekte, (4) Aspekte der allgemeinen Unternehmensführung, (5) produktbezogene Marktaspekte, (6) Strukturelemente der Indikationsmärkte und (7) Veränderungen im weiteren Pharmaumfeld.

[54] Die aufgeführten vier Situationsvariablen haben in der Marketingforschung besondere Beachtung gefunden und wurden daher auch in dieser Untersuchung berücksichtigt. Vgl. z.B. Fasnacht 1993: 79-117; Gussek 1992: 61-103; Walther 1989: 177-292.

[55] S. vor allem Fritz 1995b: 308.

beitung erfahren. Dies äußert sich oftmals in einer unzureichenden Kundenorientierung großer SMU im Vergleich zu kleineren Anbietern, da dort die Kompetenz zur Kundenorientierung oftmals in einer Hand liegt.[56] So ist es durchaus denkbar, daß vor allem kleinere SM-Anbieter durch die Bearbeitung einer einzelnen Zielgruppe (Einzelsegmentstrategie) einen höheren Erfolg erzielen als größere SMU.

(2)   Wettbewerbsposition
Im Detail betrachtet, ist die Wettbewerbsposition eines SMUs Ausdruck von im Markt umgesetzten Wettbewerbsvorteilen, die sich aus im Vergleich zum Wettbewerb überlegenen Fähigkeiten und Ressourcen ergeben (z.B. innovative Darreichungsformen, anwendungsfreundliche Präparate, starke Produktmarke).[57] Im Kontext der Selbstmedikation können verschiedene Faktoren die Position eines SMUs im Wettbewerb determinieren: So können angesichts der präparatebezogenen Verwenderanforderungen, die durch Eigenschaften wie z.B. Wirkungzuverlässigkeit, geringe Nebenwirkungen, schneller Wirkungseintritt und Anwendungsfreundlichkeit beschrieben werden können, u.a. Faktoren wie (galenische) Innovationskraft und eine hohe Produktqualität ausschlaggebend sein für die Wettbewerbsposition von SMU. Darüber hinaus ist zu vermuten, daß bei einem aus Verwendersicht relativ homogenen SM-Präparateangebot sowie unter der Annahme eines nach oben begrenzten Preisspielraums auch niedrige Selbstkosten bei der Präparateherstellung einen wettbewerbsrelevanten Faktor darstellen. SMU mit entsprechenden Kostenvorteilen gegenüber dem Wettbewerb nehmen dann eine starke Wettbewerbsposition ein. In SM-Indikationsmärkten mit einer hohen Konzentration auf der Anbieterseite gelingt es oftmals nur denjenigen SMU im Verdrängungswettbewerb zu bestehen, die über starke Marken verfügen, ein hohes Maß an Kundenorientierung realisieren, bei den Verwendern ein positives Image besitzen und/oder über längere Zeit einen hohen Werbedruck ausüben. Entsprechend tragen auch diese Aspekte zu einer starken Wettbewerbsposition bei.

Verfügt ein SMU nicht oder nicht in ausreichendem Maße über wettbewerbsrelevante Fähigkeiten und Ressourcen, beeinflußt dies auch die Realisierung von Marketingstrategien. Beispielsweise ist anzunehmen, daß eine Präferenzstrategie dann stärker auf den Erfolg wirkt, wenn SMU über eine starke Wettbewerbsposition im Hinblick auf die Um-

---

[56]   S. Albers/Eggert 1988: 15.

[57]   Zur Charakterisierung der Wettbewerbsposition von Unternehmen s. allgemein Hinterhuber 1996: 151-153; Kreilkamp 1987: 382-391; Ghemawat 1986: 53f. So sieht Hinterhuber (1996: 151) die Kriterien relative Marktposition, relatives Produktionspotential, relatives Forschungs- und Entwicklungspotential, relative Qualifikation der Führungskräfte und Kernkompetenzen der Unternehmung als ausschlaggebend für eine starke vs. schwache Wettbewerbsposition an.

110

setzung wettbewerbsrelevanter Präparateleistungsparameter (z.B. leistungsfähige Ent-
wicklungsabteilung/Galenik) verfügt. Dies ist nicht zu erwarten, wenn SMU sich in einer schwachen Wettbewerbsposition befinden mit einer geringen Ausstattung an Fähigkeiten und Ressourcen zur Schaffung von nachhaltigen Verwenderpräferenzen.

(3)   Konkurrenzintensität

SMU verfügen in ihren Märkten im allgemeinen über keine monopolähnliche Marktstel-
lung, sondern stehen in einem mehr oder minder intensiven Wettbewerb miteinander.
Dies hat zur Folge, daß marketingstrategische Verhaltensweisen eines SMUs sich spür-
bar auf andere SMU auswirken (können) und diese dadurch häufig zu Gegenmaßnah-
men veranlaßt werden; es besteht demnach Reaktionsverbundenheit zwischen den SMU.
Hierbei ist davon auszugehen, daß die (marketingstrategischen) Reaktionen der SMU
unterschiedlich ausfallen bzw. zu unterschiedlichen Erfolgsimplikationen führen, je
nachdem, wie die Konkurrenzintensität ausgeprägt ist.[58] So stehen in einer Situation hoher Konkurrenzintensität zahlreiche Unternehmen miteinander im Wettbewerb und versuchen u.a. durch aggressiven Preiswettbewerb, die Einführung neuer Präparate und/
oder verstärkte Verkaufsförderung in den Apotheken ihre Position im Markt zu verbessern. Es kann deshalb angenommen werden, daß in einer solchen Situation ein offensiver
Wettbewerbsstil – stärker als in einer Situation niedriger Konkurrenzintensität – dem Erfolg von SMU zuträglich ist, denn es kommt in hohem Maße darauf an, eigene Wettbewerbsvorteile aufzubauen.

(4)   Marktwachstum

Die grundsätzliche Bedeutung des Marktwachstums als weiteres Situationsmerkmal zur
Analyse interaktiver Erfolgswirkungen von Marketingstrategieausprägungen kann anhand von zwei Erklärungsansätzen begründet werden. *Erstens* implizieren unterschiedliche Marktwachstumsraten in den Indikationsmärkten der Selbstmedikation i.d.R. veränderte Wettbewerbsbedingungen und damit ein unterschiedliches Wettbewerbsverhalten
der SMU. So motivieren überdurchschnittliche Marktwachstumsraten aufgrund erhöhter
Gewinnaussichten verstärkt SMU zum Markteintritt, mit der Folge, daß strategische Fragen zur Schaffung von Wettbewerbsvorteilen im Vordergrund stehen. Demgegenüber
führen unterdurchschnittliche Marktwachstumsraten zu vermehrten Marktaustritten
bzw. führen zu einem verstärkten Verdrängungswettbewerb, der die SMU zu aggressiven Marktbehauptungsstrategien (z.B. Preis-Mengen-Strategie, Sortimentserweiterung)
oder einem defensiven Wettbewerbsstil zwingt. *Zweitens* können Unterschiede im

---

[58]   Zu Faktoren, die die Konkurrenzintensität determinieren s. allgemein Kreilkamp 1987: 170f.; Porter
       1980: 3-5. Speziell im Kontext des Pharmamarktes Küpper 1998: 54; Hilleke-Daniel 1989: 15-18.

Marktwachstum – zumindest kurzfristig – unterschiedliche strategische Zielsetzungen bei den SMU begründen, deren Erreichung mit unterschiedlichen marketingstrategischen Handlungsalternativen verbunden sein kann. Während die SMU in Indikationsmärkten mit überdurchschnittlichen Wachstumsraten primär an einer spürbaren Steigerung des Umsatzes oder am Ausbau des Marktanteils interessiert sind (z.b. durch Erschließung neuer Verwendersegmente), steht für SMU in Märkten mit einem verlangsamten Marktwachstum die Sicherung des bisher Erreichten im Mittelpunkt der marketingstrategischen Handlungen (z.b. Aufbau von Markteintrittsbarrieren).

Die aufgestellten Vermutungen zur Existenz interaktiver Erfolgseffekte zwischen Marketinghandlungsaspekten und den vier untersuchungsrelevanten Situationsvariablen wurden bislang im Kontext des deutschen SM-Marktes nicht getestet. Die eigene Studie leistet deshalb in Kap. 7.3 einen Beitrag zur Schließung dieser Erkenntnislücke.

113

5. Empirische Untersuchung: Methodik der Datenerhebung und Struktur der eigenen Stichprobe

In diesem und in den folgenden Kap. 6 und 7 wird die eigene empirische Untersuchung vorgestellt und statistisch ausgewertet. Abgeleitet aus den in Kap. 4.1 formulierten Forschungsfragen und dem mit diesen Fragen verknüpften Bezugsrahmen (s. Abb. 4-1) impliziert die Untersuchung die Bearbeitung von drei aufeinander aufbauenden *Auswertungsaufgaben:*[1]

(1)   Beschreibung der Ausprägungsformen grundsatz- und instrumentalstrategischer Marketinghandlungsaspekten von SMU in der eigenen Stichprobe,

(2)   Überprüfung aufgestellter Forschungshypothesen zu SMU-Erfolgsunterschieden in Abhängigkeit von Marketingverhaltensmustern (*direkte Erfolgseffekte*),

(3)   Exploration der Erfolgswirkungen von Marketingstrategieausprägungen in Abhängigkeit von Situationsmerkmalsausprägungen (*interaktive Erfolgseffekte*).

Diese drei Untersuchungskomplexe bestimmen auch den weiteren Aufbau der Arbeit: Während die Auswertungsaufgabe 1 Gegenstand dieses Kapitels ist, werden die Aufgaben 2 und 3 im anschließenden Kapitel 7 ausführlich behandelt. Der Auswertungsaufgabe 1 vorgelagert ist in diesem Kapitel eine Überblicksdarstellung über das grundsätzliche methodische Vorgehen bei der eigenen Datenerhebung und -auswertung sowie eine nähere Beschreibung der vorliegenden Stichprobe im Hinblick auf die antwortenden Experten und die SMU, die an unserer Studie teilgenommen haben.

5.1 Methodisches Vorgehen bei der Datenerhebung und -auswertung

5.1.1 Erhebungsdesign und Erhebungsmethode

Im Vorfeld der eigentlichen Datenerhebung war zunächst ein Erhebungsdesign festzulegen, welches hier die folgenden *Erhebungsdetails* umfaßt:[2]

*   Festlegung von *Art und Anzahl der zu erhebenden Variablen,*
*   Auswahl der *Erhebungsmethode* (z.B. mündliche Befragung durch Interview, schriftliche Befragung mittels Fragebogen, computergestützte Befragung, Fremdbeobachtung, Selbstbeobachtung und Dokumentenanalyse),
*   Erstellung des *Erhebungsinstruments* (z.B. Interviewleitfaden, Fragebogen oder andere Datenerhebungsinstrumente),
*   Festlegung der *zeitlichen Struktur* der Erhebung.

---

[1]   Vgl. Kap. 1.2, Abb. 1-2.
[2]   Vgl. Berekoven et al. 1996: 88-128; Remitschka 1992: 600-608; Schmidt 1989: 116-119.

Grundlage für *Art und Anzahl der zu erhebenden Variablen* bildeten die im Bezugsrahmen dargestellten Variablenblöcke (s. Abb. 4-1). Dabei galt es zu berücksichtigen, daß (1) keine publizierten Informationen über das marketingstrategische Verhalten von SMU zur Verfügung stehen und (2) nur eine begrenzte Auskunftsbereitschaft seitens der SMU zu erwarten war.[3] Vor diesem Hintergrund und um aussagekräftige statistische Analysen durchführen zu können, wurde primär ein ordinal skaliertes Datenniveau für die zu erfassenden Variablen gewählt. Lediglich einige unternehmensbezogene Strukturdaten haben metrischen Charakter (z.B. Umsatzangaben, Dauer der Markterfahrung). Hinsichtlich des Datenumfangs wurde die Erhebung ausschließlich auf solche Variablen beschränkt, die *nicht* auf dem Wege sekundärstatistischer Recherchen (z.B. Verbandsstatistiken, IMS-Datenbank) erhoben werden konnten.

Die Erhebung der Variablen basiert primär auf *Querschnittsdaten des Jahres 1995*. Längsschnittliche Aspekte fließen in die Studie durch eine retrospektive Erfolgsmessung ein, die für einen 3-Jahres-Zeitraum (1993-1995) unternommen wurde. Erfolgsunterschiede zwischen SMU im Betrachtungszeitraum (E_{t_0}-t_2) werden hier als Folge von einem in t_2 beobachteten unterschiedlichen marketingstrategischen Verhalten der SMU interpretiert. Im Bewußtsein, daß die längsschnittliche Ermittlung der Erfolgskriterien nicht als das bestmögliche Design zur Analyse der Erfolgswirkungen von Marketingstrategien anzusehen ist,[4] ist ein solches Vorgehen in dieser Untersuchung vertretbar, da eine auf das Jahr 1995 bezogene Erhebung der Erfolgskriterien entweder zur vermehrten Nichtbeantwortung der entsprechenden Fragen oder gar zu einer generellen Nichtteilnahme an der Untersuchung geführt hätten.[5]

Als *Erhebungsmethode* wurde vom Verfasser die schriftliche Befragung mittels standardisiertem Fragebogen gewählt. Diese Form der Datenerhebung wurde präferiert, da (1) die Einheitlichkeit der Befragungssituation besser gewährleistet ist als in einer mündlichen Befragung, (2) durch die Vorgabe standardisierter Antwortkategorien eine höhere unter-

---

[3]   Über eine restriktive Informationspolitik von Pharmaunternehmen berichtet Walther (1989: 294) in seiner empirischen Untersuchung.

[4]   Aus methodischer Sicht ist das gewählte Vorgehen nicht unproblematisch, denn eine *kausale* Analyse in Form von Ursache-Wirkungs-Beziehungen kann strenggenommen hier nicht geleistet werden, da nicht überprüft werden kann, ob festgestellte Erfolgsunterschiede zwischen SMU nicht schon vor Realisierung eines bestimmten Marketingverhaltens vorhanden waren und damit nicht Folge, sondern Ursache unterschiedlicher marketingstrategischer Verhaltensmuster der SMU sind.

[5]   Diese Erkenntnis lieferte ein Pretest bei neun SMU sowie die telefonischen Aussagen von vier, dem Verfasser persönlich bekannten, Marketingmanagern. Ein analoges Vorgehen findet sich u.a. bei Walther (1989: 337), der den Erfolg von Pharmaunternehmen als Durchschnittswert eines 5-Jahres-Zeitraums bestimmt.

nehmensübergreifende Vergleichbarkeit der Ergebnisse erwartet werden kann, (3) der Befragungszielperson hierbei Gelegenheit gegeben wird, Datenmaterial zu sichten und dadurch präzisere Aussagen zu machen und (4) die benötigten Daten in einem vertretbaren zeitlichen, finanziellen und personellen Rahmen von einer größeren Anzahl räumlich verteilter SMU erhoben werden können.[6]

Die Befragung konzentriert sich dabei im wesentlichen auf den jeweils *umsatzstärksten* SM-Indikationsmarkt der Unternehmen in der Apotheke. Hierfür sprechen folgende drei Gründe:

(1) Eine Befragung der SMU zu einer größeren Zahl von ihnen bearbeiteter Indikationsmärkte im SM-Segment steigert die Komplexität der Erhebung in erheblichem Maße. Dies geht zu Lasten der Rücklaufquote, da die SMU verstärkt motiviert werden müssen, (a) grundsätzlich an der Erhebung teilzunehmen und (b) über eine möglichst große Zahl von Indikationsmärkten, in denen sie mit SM-Präparaten vertreten sind, Auskunft zu geben. Vor diesem Hintergrund erschien ein solches Datenerhebungsprozedere – vor allem unter Akzeptanzaspekten – wenig zweckmäßig.

(2) Für Pharmaunternehmen ist ein Denken in Indikationsmärkten charakteristisch, so daß eine Befragung zu *einem* Indikationsmarkt *spezifische* Informationen zur Situation, zum Marketingverhalten und zum Erfolg der SMU erwarten läßt, im Gegensatz zu eher pauschalen Querschnittsangaben über alle bearbeiteten SM-Indikationsmärkte; hierdurch würde die Qualität der Daten erheblich herabgesetzt.

(3) Es ist kein Grund zu erkennen, der zwingend dafür spricht, daß die hier realisierte Fokussierung auf den umsatzstärksten SM-Indikationsmarkt eine extreme Verzerrung gegenüber dem Marketingverhalten der SMU im SM-Gesamtmarkt zur Folge hat. Dies gilt insbesondere vor dem Hintergrund, daß das Marketingverhalten und auch der Erfolg im umsatzstärksten SM-Indikationsmarkt das Verhalten und die Erfolgsposition der SMU im gesamten SM-Markt maßgeblich beeinflußt, was eine Beschränkung auf den umsatzstärksten SM-Indikationsmarkt vertretbar erscheinen läßt.

Verbunden mit der Entscheidung zugunsten der schriftlichen Befragung ist die Gestaltung eines Fragebogens, dem als Kernelement der eigenen empirischen Untersuchung nachfolgend ein gesondertes Kapitel gewidmet ist.

---

[6] Vgl. zur Vorteilhaftigkeit einer schriftlichen Befragung u.a. Berekoven et al. 1996: 104-109; Schmidt 1989: 131-134. Zu unterschiedlichen Formen der Befragung s. a. Hamann/Erichson 1994: 77-93.

116

5.1.2 Fragebogengestaltung

Der in dieser Studie eingesetzte Fragebogen wurde zwischen September 1995 und März 1996 entwickelt.[7] Die Fertigstellung eines ersten Fragebogenentwurfs erfolgte im Dezember 1995; er enthielt 47 Fragen und umfaßte 16 Seiten. Von zwei in der Gestaltung empirischer Erhebungen erfahrenen Wissenschaftlern wurde der Fragebogen dann kommentiert und weiterentwickelt.[8] Im Ergebnis entstand ein zweiter gekürzter Fragebogen, der zwischen Januar und März 1996 einem Pretest bei neun SMU unterzogen wurde.[9] Schließlich wurde im April 1996 im Rahmen der Hauptuntersuchung ein Erhebungsinstrument eingesetzt, das auf zwölf Seiten 38 geschlossene Fragen enthielt.

Auf der Titelseite des mit dem Logo der Gerhard-Mercator Universität Duisburg versehenen Fragebogens wird unter der Überschrift „Erfolgreiche Strategien im deutschen SM-Markt – Befragung von Marketingexperten" das Untersuchungsanliegen erläutert. Dabei wird insbesondere hervorgehoben, daß (1) der Bundesfachverband der Arzneimittel-Hersteller die Durchführung der Studie unterstützt, (2) alle erhobenen Daten anonym und streng vertraulich behandelt werden und (3) Kernergebnisse den Studienteilnehmern auf Wunsch zugänglich gemacht werden.

Auf den Seiten 2 bis 11 sind 38 geschlossene Fragen formuliert, die in fünf Frageblöcke untergliedert sind. Vor der eigentlichen Fragebogenbearbeitung wird auf der Innenseite des Fragebogens nach dem jeweils umsatzstärksten SM-Indikationsmarkt der SMU in der Apotheke gefragt,[10] um die Bezugsgrundlage für die Mehrzahl der nachfolgenden Fragen eindeutig und zweifelsfrei festzulegen. Darauf folgen in *Fragenblock I* drei Fragen zur Wettbewerbssituation der Unternehmen im zuvor angegebenen Indikationsmarkt. Achtzehn Fragen betreffen das marketingstrategische Verhalten der SM-Anbieter im angegebenen Indikationsmarkt und sind in einem *Fragenblock II* zusammengefaßt. Im *Fragenblock III* unseres Erhebungsinstruments sind drei Fragen zum Erfolg der SMU in deren umsatzstärksten SM-Indikation formuliert. Grundlegende Unternehmensmerkmale

---

[7] Der Fragebogen ist in Anhang 2 abgedruckt.

[8] Mein Dank gilt an dieser Stelle Herrn Prof. Dr. Torsten J. Gerpott (Universität Duisburg) und Herrn Prof. Dr. Hermann Freter (Universität Siegen).

[9] Herzlich danken möchte ich den Geschäftsführern und Marketingleitern, die sich zur Teilnahme am Pretest bereit erklärt haben.

[10] Es wurden insgesamt zwölf Indikationsmärkte vorgegeben, die weitestgehend der Abgrenzung entsprechen, wie sie in der Selbstmedikationsliste 1995 ausgewiesen ist. Lediglich der Bereich der Immunstimulanzien wurde aufgrund der Erfahrungen aus dem Pretest aus der Indikation Erkältungen und Erkrankungen des Abwehrsystems ausgegliedert und als eigenständige Indikation aufgeführt. Zur Selbstmedikationsliste s. unten Fn 14 in diesem Kapitel.

werden durch zehn Fragen im *Fragenblock IV* erfaßt, während in einem abschließenden *Frageblock V* soziodemographische Angaben zur Person des Befragten in vier Fragen erhoben wurden.

Auf der Rückseite des Fragebogens befindet sich ein *Informationsgutschein*, mit dem die Respondenten wichtige Untersuchungsergebnisse anfordern können.[11] Jedem Fragebogen wurde zusätzlich noch ein *Informationsblatt* beigelegt, welches allgemeine Bearbeitungshinweise sowie eine Anleitung zur einheitlichen Berechnung der Umsatzrentabilität enthält. Zur Erleichterung der Rücksendung wurde dem Fragebogen außerdem ein Adreßaufkleber mit der Anschrift des Lehrstuhls Planung & Organisation der Universität Duisburg beigelegt. Der zur Bearbeitung des Fragebogens erforderliche Zeitaufwand beträgt – je nach Informationsstand des Marketingexperten – ungefähr 40 bis 50 Minuten.

5.1.3 Durchführung der Datenerhebung

Die für die Datenerhebung relevante Grundgesamtheit umfaßt alle Pharmaunternehmen, die zum Zeitpunkt der Untersuchung die folgenden zwei Kriterien erfüllten:

(1) *Produkt-Markt-Tätigkeit in der Selbstmedikation*, d.h. Ausgrenzung von Pharmaunternehmen, die ausschließlich im verschreibungspflichtigen Markt vertreten sind und/oder ihre rezeptfreien Präparate ausschließlich beim Arzt positioniert haben,

(2) *Absatz der SM-Präparate auf dem deutschen SM-Markt*, d.h. Ausschluß von Pharmaunternehmen, die ihre SM-Präparate nur auf ausländischen SM-Märkten vertreiben.

Zur präzisen Bestimmung der Grundgesamtheit und im Hinblick auf eine spätere Kooperation bei der Datenerhebung wurde vom Verfasser frühzeitig der Kontakt zum Bundesfachverband der Arzneimittel-Hersteller und dem Bundesverband der pharmazeutischen Industrie, Fachbereich Selbstmedikation gesucht, die jeweils als Interessenvertretungen die im deutschen SM-Markt tätigen Pharmaunternehmen repräsentieren. Anhand der verbandseigenen Mitgliederverzeichnisse war es möglich, Pharmaunternehmen mit Produkt-Markt-Tätigkeit im deutschen SM-Markt zu identifizieren. Zum Zeitpunkt der Kontaktaufnahme zu den Verbänden, im Februar 1996, gehörten dem BAH 308 und dem BPI/SM 90 Mitgliedsunternehmen an.[12] Jedoch waren von den insgesamt

---

[11] Mit dem Informationsgutschein konnte der Respondent entweder einen individuellen Bericht über die Marktposition seines Unternehmens im SM-Markt und/oder einen Ergebnisbericht über erfolgreiche Strategien im SM-Markt beim Lehrstuhl Planung & Organisation der Universität Duisburg anfordern. Insgesamt nutzten nahezu 80% der teilnehmenden SMU die Möglichkeit, nähere Ergebnisinformationen zu erhalten.

[12] Laut Schätzung des BPI/SM repräsentieren die Mitgliederbestände beider Verbände ca. 90% der in der Selbstmedikation tätigen Pharmaunternehmen.

118

398 Unternehmen letztlich 74 für die eigene Stichprobenbildung unbrauchbar, weil entweder

* eine Doppelmitgliedschaft der Unternehmen vorlag (37 Unternehmen) *oder*

* aufgrund der Unternehmensbezeichnung mit an Sicherheit grenzender Wahrscheinlichkeit davon auszugehen war, daß sie keine SM-Präparate vertreiben[13] (26 Unternehmen), *oder*

* dem Verfasser bekannt war, daß die Unternehmen *nicht* im deutschen SM-Markt tätig waren (11 Unternehmen).

Schließlich konnten auf Basis des Mitgliederbestandes der beiden Pharmaverbände 324 SMU als Elemente der hier relevanten Grundgesamtheit bestimmt werden.

Um die Vollständigkeit der Grundgesamtheit sicherzustellen, wurde als weitere Quelle das in der Selbstmedikationsliste 1995 aufgeführte Firmenverzeichnis herangezogen, in dem u.a. die Adressen von insgesamt 208 Pharmaunternehmen aufgeführt sind, die Präparate im deutschen SM-Markt vertreiben.[14]

Nach Bereinigung des Firmenverzeichnisses in der Selbstmedikationsliste um solche Unternehmen, die bereits durch den Mitgliederbestand der beiden Pharmaverbände erfaßt wurden, konnten 45 Pharmaunternehmen zusätzlich identifiziert werden, die weder dem BAH noch dem BPI/SM angehörten, aber dennoch in die für die eigene Untersuchung relevante Grundgesamtheit aufzunehmen waren.

Auf Basis dieses Auswahlprozederes wurden dann in der zweiten Aprilwoche 1996 die Fragebögen zusammen mit einem Begleitschreiben der BAH-Geschäftsführung durch den BAH an großenteils namentlich bekannte Führungskräfte mit Marketingaufgaben

---

[13] Z.B. Lohnhersteller, Forschungs- und Entwicklungslabors, Unternehmen im Dentalmarkt.

[14] Die Selbstmedikationsliste wird jährlich vom BAH und vom Deutschen Apotheker Verlag gemeinsam herausgegeben. Sie bietet eine Übersicht über den Markt der rezeptfreien Arzneimittel, die entweder in oder außerhalb der Apotheke erhältlich sind. Neben einem alphabetischen Verzeichnis der wichtigsten pflanzlichen und chemisch definierten Wirkstoffe enthält dieses Fachverzeichnis einen ausführlichen nach Indikationen gegliederten Präparateteil sowie ein alphabetisches Präparateregister. Ferner ist dort ein Verzeichnis der SMU aufgeführt, die im Präparateteil genannten rezeptfreien Präparate vertreiben. S. ausführlich Bundesfachverband der Arzneimittel-Hersteller 1995c.

119

(u.a. Geschäftsführer, Marketingleiter, Produktmanager)[15] von 369 Pharmaunternehmen versandt.[16] In dem beigefügten Begleitschreiben, welches an einen nicht namentlich genannten Adressaten gerichtet war, bat die BAH-Geschäftsführung um Unterstützung der Studie. Primäres Ziel dieses Begleitschreibens war es, (1) die Seriosität der Studie zu erhöhen und (2) die zu erwartende Rücklaufquote zu steigern. Als erste Frist für die Rücksendung des Fragebogens wurde der 10. Mai 1996 angegeben.

Zur Steigerung der Fragebogenrücksendung wurden im Abstand von drei und sechs Wochen nach Versendung des Fragebogens durch den Lehrstuhl Planung & Organisation der Universität Duisburg zwei Erinnerungsschreiben an die Unternehmen versendet, die bis zu diesem Zeitpunkt nicht reagiert hatten (z.B. Rücksendung des bearbeiteten Fragebogens, Absage oder Zusage für eine spätere Fragebogenzusendung).[17] Um der Gefahr vorzubeugen, daß den Befragungszielpersonen der Fragebogen nicht mehr vorlag, wurde dem zweiten Erinnerungsschreiben nochmals ein Fragebogen beigelegt. Das Ergebnis der Datenerhebung war, daß bei Beendigung der Erhebung in der ersten Juliwoche 1996 von den 369 abgesendeten Fragebogen 84 brauchbar ausgefüllte Fragebogen zurückgeschickt wurden; weitere drei Fragebögen konnten wegen gravierender Bearbeitungsmängel nicht weiter bearbeitet werden. Die damit erzielte Rücklaufquote von 22,8% kann nach bisherigen Erfahrungswerten für vergleichbare Befragungen in der Pharmaindustrie als akzeptabel bezeichnet werden.[18]

5.1.4   Statistische Datenauswertung

Die statistische Auswertung der erhobenen Daten wurde durch den in Kapitel 4.1 vorgestellten Bezugsrahmen, die darin zum Ausdruck gebrachten Analysemodelle (s. Pfeil

---

[15] Aufgrund des verbandsseitigen Adressenmaterials und/oder beruflicher Kontakte des Verfassers waren bereits für 232 SMU der Stichprobe (= 62,9%) die Namen der als Befragungszielgruppe anvisierten SM-Marketingexperten bekannt. Für die übrigen 137 SMU, deren SM-Experten bislang nicht namentlich identifiziert werden konnten, erfolgte eine telefonische Namensermittlung. Dabei hatte der Verfasser vielfach Gelegenheit, persönlich mit der jeweiligen Zielperson zu sprechen. Dies wurde genutzt, um (1) die Zielperson über den Befragungsinhalt zu informieren, (2) sie für die Studienteilnahme zu motivieren sowie (3) die Zusendung des Fragebogens zu avisieren. Durch die telefonische Namensermittlung gelang es, weitere 93 Marketingexperten zu lokalisieren. Die nicht namentlich identifizierten SM-Marketingexperten wurden „blind" angeschrieben.
[16] Mein besonderer Dank gilt an dieser Stelle Herrn Dr. Mark Seidscheck, Hauptgeschäftsführer des BAH, der freundlicherweise die Versendung durch den BAH übernahm. Das Begleitschreiben des BAH ist in Anhang 2 abgedruckt.
[17] Die beiden Erinnerungsschreiben des Lehrstuhls für Planung & Organisation der Universität Duisburg sind in Anhang 2 abgedruckt.
[18] Vgl. Walther 1989: 293, der eine Rücklaufquote von 10,3% erzielt; Becker 1992: 128f. erreichte einen Fragebogenrücklauf von 24,5%, den er als sehr gut einstufte.

120

Nr. 1 und 2 in Abb. 4-1) sowie durch die zu Beginn von Kap. 5 formulierten drei empirischen Forschungskomplexe gesteuert. Entsprechend muß die Datenauswertung

(1) *innerhalb* der Variablenblöcke „Situation", „Marketingstrategie" und „Erfolg" eine deskriptive Aufbereitung der erhobenen Variablen leisten und

(2) *zwischen* den Variablenblöcken direkte und interaktive Wirkungsbeziehungen der Einzelvariablen herausarbeiten.

Zur Bewältigung der Analysen wurden in dieser Untersuchung verschiedene statistische Verfahren eingesetzt. Auf einige Anwendungsbesonderheiten der primär eingesetzten Verfahren wird im folgenden näher eingegangen.

Zu (1): Zur Präzisierung der erhobenen Einzelvariablen innerhalb der drei Variablenblöcke werden zunächst für jede Variable *deskriptive Statistiken* in Gestalt von prozentualen Häufigkeitsverteilungen, Lageparametern (arithmetisches Mittel, Median) sowie einer Streuungskennziffer (Standardabweichung) ermittelt.[19] Um mögliche Datenstrukturen zwischen einzelnen Variablen besser erkennen zu können, werden – soweit inhaltlich und statistisch sinnvoll – *Faktorenanalysen*[20] durchgeführt. Durch den Einsatz dieser Auswertungsmethode sollen Sets von Einzelvariablen (z.B. verschiedene Konditionenarten zur Modifikation der Herstellerabgabepreise) zu wenigen, voneinander unabhängigen Faktoren (Konstrukte, Dimensionen) verdichtet werden. Die Extraktion der Faktoren erfolgt stets nach dem iterativen Verfahren der Hauptachsenmethode[21], wobei die Zahl der zu extrahierenden Faktoren gemäß dem Kaiser-Kriterium (Eigenwerte > 1) bestimmt wird. Zur Rotation der extrahierten Faktoren wird die Varimax-Methode[22] herangezogen.

Um die Analysen überschaubar zu halten, werden – soweit inhaltlich angebracht – mehrere Einzelvariablen im Zuge einer additiven Verknüpfung zu einer Gesamtskala verdichtet (z.B. Zusammenfassung verschiedener Wettbewerbsaspekte zu einem Index der relativen Wettbewerbsposition). Zur Prüfung der internen Konsistenzreliabilität der potentiell neu gebildeten Skala wird der *α-Koeffizient von Cronbach* herangezogen, der Werte im Bereich von 0 (keine Konsistenz) bis 1 (vollkommene Äquivalenz) annehmen kann.

[19] S. zu verschiedenen Lage- und Streuungsparametern z.B. Hartung 1997: 31-34; Assenmacher 1996: 64-101; Hochstädter 1996: 57-85.

[20] Einführend zur Faktorenanalyse s. z.B. Backhaus et al. 1996: 188-259; Basilevsky 1994: 351-496.

[21] Zur Hauptachsenmethode s. Backhaus et al. 1996: 221f.

[22] Zum Varimax-Kriterium s. Backhaus et al. 1996: 230; Bortz 1993: 664-675; Hartung/Elpelt 1992: 551-559.

121

Eine hinreichende interne Konsistenz der Variablenaggregation in einer Skala wird in dieser Studie bei einem α-Wert von mindestens 0,70[23] unterstellt.

Zu (2): Mit Blick auf die Überprüfung formulierter Hypothesen zu Zusammenhängen zwischen Marketingstrategie- und Erfolgsvariablen werden *Mittelwertvergleiche* durchgeführt. Zur Interpretation der Ergebnisse werden *parametrische Signifikanztests* (Varianzanalysen)[24] herangezogen. Prinzipiell setzt der Einsatz parametrischer Signifikanztests aus Sicht der statistischen Methodenlehre (a) eine Normalverteilung der betrachteten Variablen in der Grundgesamtheit und (b) eine echte Zufallsstichprobe voraus. In der vorliegenden Untersuchung hingegen ist weder die Verteilung der Variablen in der Grundgesamtheit bekannt, noch liegt eine echte Zufallsstichprobe vor. Daß dennoch parametrische Signifikanztests zur Prüfung von Mittelwertunterschieden verwendet werden (können), läßt sich wie folgt begründen:[25]

(1)   Parametrische Signifikanztests können als sehr robust im Hinblick auf die Verletzung der Normalverteilungsannahme bezeichnet werden[26] und führen daher i.d.R. im Vergleich zu nicht-parametrischen Tests zu praktisch identischen Befunden. Dies läßt vom Ergebnis her einen „vernachlässigbar geringen Verzerrungseffekt"[27] erwarten und untermauert die Verwendung parametrischer Signifikanztests in der eigenen Untersuchung.

(2)   Es liegt kein Grund vor, der zwingend dafür spricht, daß die realisierte Vorgehensweise der Stichprobengewinnung zu einer extremen Verzerrung gegenüber einer echten Zufallsstichprobe geführt hat; auch wenn ein Repräsentativitätsnachweis in statistisch strengem Sinne aufgrund fehlender Informationen über die Grundgesamtheit der im deutschen SM-Markt tätigen Unternehmen nicht erbracht werden kann. Dennoch kann der eigenen Stichprobe zumindest eine „symptomatische Repräsentativität"[28] zugesprochen werden, der einen Einsatz von Signifikanztests vertretbar erscheinen läßt.

Zur Ermittlung von Zusammenhängen zwischen zwei Variablen (z.B. zwischen Situations- und Strategievariablen) werden – bei entsprechendem Datenniveau und sofern *lineare* Zusammenhänge unterstellt werden können – bivariate Assoziationsmaße herangezogen. Während mögliche Beziehungen zwischen zwei intervallskalierten Variablen

---

[23]   S. Bauer 1984: 256; Churchill 1979: 68; Nunnally 1967: 210f.

[24]   Vgl. zu Varianzanalysen Backhaus et al. 1996: 56-89 und die dort angegebene Literatur.

[25]   S. übereinstimmend auch Gerpott 1993: 297-299 und 1988: 187.

[26]   Vgl. Gerpott 1993: 299; Cohen/Cohen 1983: 51f. sowie Welge 1980: 69.

[27]   S. Welge 1980: 69.

[28]   S. Gerpott 1988: 187 und die dort zitierte Literatur. Zur Herleitung der „symptomatischen Repräsentativität" in der vorliegenden Stichprobe s. Kap 5.2.2.1.

durch den *Produkt-Moment-Korrelationskoeffizienten nach Pearson* (= r) erfaßt werden, kommen zur Messung ordinaler Variablen das *Kendall'sche Rangkorrelationsmaß* τ (tau) zum Einsatz. Dabei spiegelt ein r- bzw. τ-Wert von null die Unabhängigkeit der Daten wider, negative Werte deuten auf einen inversen und positive Werte auf einen gleichgerichteten Zusammenhang im Wertebereich von - 1 bis + 1 hin. Sofern die beiden Korrelationsmaße *nicht* die gleiche substantielle Schlußfolgerung zulassen, wird auf eine Darstellung und Interpretation der bivariaten Befunde verzichtet.

Neben bivariaten Zusammenhangsanalysen kommen zudem auch multivariate Regressionsanalysen zum Einsatz. Als Prädiktoren gehen in die *Regressionsanalysen* die Marketingstrategievariablen ein, um die relative Bedeutung von Strategieausprägungen für die Erklärung von unterschiedlichen Erfolgskriterien zu untersuchen.

Die Anwendung der meisten bislang erwähnten statistischen Kennziffern und Verfahren (z.B. Pearson'sche Produkt-Moment-Korrelation, Faktorenanalyse, Varianzanalyse) setzen methodisch strenggenommen ein *Intervallskalenniveau* der zugrundeliegenden Daten voraus. Die allermeisten der in vorliegender Studie zur Messung von Situations-, Strategie- und Erfolgsvariablen verwendeten (Rating-)Skalen haben strenggenommen jedoch kein Intervallskalenniveau, da die absoluten Abstände zwischen zwei Skalenstufen nicht exakt bestimmbar sind; sie lassen sich jedoch als „quasi-metrisch" interpretieren, weil eine relative Reihenfolge aller Skalenabstände angebbar ist. Da der Nachteil von statistischen Schätzfehlern, die aufgrund der Behandlung ordinalskalierter Variablen als intervallskaliert auftreten können, durch den Vorteil der durch diese Annahme möglich werdenden Anwendung multivariater Verfahren und die damit verbundene weitergehende Ausschöpfung des Informationsgehalts der Daten zumindest ausgeglichen wird, ist es „sinnvoll so zu tun, als ob die Ordinalskalen Intervallskalen wären".[29]

Die statistischen Auswertungsverfahren wurden auf einem Personalcomputer unter Verwendung des „Statistical Package for the Social Sciences (SPSS)-Version 6.1.3" und des Softwarepaketes „Microsoft Excel Version 7.0" durchgeführt.

---

[29] Vgl. Welge 1980: 69. Analog zu dieser Problematik s. Gerpott 1993: 296 und 1988: 186f. sowie ausführlich Allerbeck 1978: 202-210.

123

5.2 Charakteristika der vorliegenden Stichprobe

5.2.1 Merkmale der befragten Marketingexperten

In einer der eigentlichen Datenauswertung vorgeschalteten Analyse wurde unsere Stichprobe im Hinblick auf verschiedene Merkmalsausprägungen der antwortenden Marketingexperten beschrieben, wodurch Hinweise auf die Qualität der erhobenen Daten gewonnen werden sollen. Im Frageblock V unseres Erhebungsinstruments „Statistische Angaben zur Person" wurden vier soziodemographische Merkmale der Respondenten erfaßt.

(1) Studienfachrichtung des Respondenten
Von den 81 Experten, die Angaben zu ihrer Studienfachrichtung machten, haben 88,9% (= 72 Respondenten) eine Fach- oder Hochschulausbildung absolviert. Anteilsmäßig haben die antwortenden 72 Fach- oder Hochschulabsolventen folgende Fachrichtungen durchlaufen:

- ein betriebswirtschaftliches Studium   65,3%
- ein Studium der Fachrichtungen Medizin, Pharmazie,
  Chemie oder Biologie   25,0%
- ein ingenieurwissenschaftliches Studium oder ein
  Studium der Physik   2,7%
- ein Studium einer anderen Fachrichtung[30]   7,0%

Ein Vergleich mit der Studie von Walther (1989: 453), wo die Struktur der Studienfachrichtung von Marketingleitern in 45 primär im verschreibungspflichtigen Marktsegment tätigen Pharmaunternehmen erhoben wurde, zeigt allerdings *kein* konsistentes Befundmuster. So berichtet Walther, daß von den 40 Marketingleitern, die eine Fach- oder Hochschulausbildung absolviert haben (= 90%), 42% ein Medizin-, Pharmazie oder naturwissenschaftliches Studium durchlaufen und lediglich 30% ein wirtschaftswissenschaftliches Studium absolviert haben. Anderen Ausbildungsformen kamen in der Walther-Stichprobe nur eine untergeordnete Bedeutung zu. *Einerseits* gibt dieser Unterschied zwischen der vorliegenden und der Walther-Studie zu der Vermutung Anlaß, daß in den letzten Jahren aufgrund des zunehmenden Wettbewerbs im Pharmamarkt das Marketing an Bedeutung gewonnen hat, mit der Folge, daß eine Verschiebung der wissenschaftlichen Ausbildungsrichtung stattgefunden hat, und zwar zugunsten (zuungunsten)

---

[30] Hierunter fallen die Studiengänge Geologie, Ernährungswissenschaften, Agrarwissenschaften und Germanistik.

einer wirtschaftswissenschaftlichen (naturwissenschaftlichen oder medizinischen) Aus-
bildung. *Andererseits* deuten die Erhebungsresultate darauf hin, daß Pharmaunternehmen im konsumnahen SM-Marketing vordringlich Experten mit wirtschaftswissen-
schaftlichem bzw. betriebswirtschaftlichem Studium einsetzen, im Gegensatz zu primär
„ethisch-orientierten" Unternehmen.

Insgesamt kann jedoch angesichts der Verteilung der Studienfachrichtung in vorliegender Stichprobe davon ausgegangen werden, daß der Fragebogen mehrheitlich von Personen mit *Sachkompentenz* in marketingwissenschaftlichen Fragestellungen bearbeitet
worden ist.

(2)   Marketingerfahrung in der Selbstmedikation
Zur Erfassung der Erfahrung der Respondenten im SM-Marketing wurde die Tätigkeits-
dauer des Befragten in der Selbstmedikation erhoben. Bei den 79 Experten, die hierzu
Angaben machten, schwankt diese zwischen einem halben und vierzig Jahren bei einer
mittleren SM-Marketingerfahrung von 9,2 Jahren; der Median liegt bei 6 Jahren und die
Standardabweichung beträgt 8,7 Jahre. Verdichtet man die erhobenen Daten zu vier
Klassen der SM-Marketingerfahrung ergibt sich in unserer Untersuchung folgende prozentuale Klassenzugehörigkeit der Befragten:

*   0,5 – 3 Jahre SM-Marketingerfahrung   29,9%

*   4 – 9 Jahre SM-Marketingerfahrung   33,8%

*   10 – 15 Jahre SM-Marketingerfahrung   20,8%

*   16 und mehr Jahre SM-Marketingerfahrung   15,5%

Die Klassenverteilung läßt insgesamt erkennen, daß die antwortenden Experten mehrheitlich über eine langjährige Marketingerfahrung im Bereich der Selbstmedikation verfügen. Dies unterstreicht unsere Vermutung, so daß angenommen werden kann, daß der
Fragebogen von Personen mit hoher *Sachkompetenz* im Hinblick auf das SM-Marketing
bearbeitet worden ist.

(3)   Dauer der Unternehmenszugehörigkeit
Die Unternehmenszugehörigkeitsdauer der 83 antwortenden Experten schwankt zwischen einem und vierzig Jahren bei einem Mittelwert von 8,0 Jahren und einem Median
von 6 Jahren (Standardabweichung = 7,8 Jahre). Die Lage des Medians im Vergleich zum
Mittelwert deutet auf eine linksschiefe Verteilung hin, wobei der Mittelwert von wenigen
Respondenten mit einer langen Unternehmenszugehörigkeitsdauer nachhaltig beeinflußt wird. Bei der Bildung von vier Intervallen der Unternehmenszugehörigkeitsdauer

ergibt sich in unserer Stichprobe folgende prozentuale Verteilung der Respondenten auf diese Klassen:

* 1 – 3 Jahre Unternehmenszugehörigkeitsdauer   37,0%
* 4 – 9 Jahre Unternehmenszugehörigkeitsdauer   32,1%
* 10 – 15 Jahre Unternehmenszugehörigkeitsdauer   16,2%
* 16 und mehr Jahre Unternehmenszugehörigkeitsdauer   14,7%

Angesichts der Verteilung der Unternehmenszugehörigkeitsdauer der antwortenden Experten ist davon auszugehen, daß es offensichtlich gelungen ist, Experten zu befragen, die aufgrund ihrer Unternehmenszugehörigkeitsdauer in der Lage gewesen sein sollten, *sachgerecht* Auskunft über die *von ihrem Unternehmen* im SM-Segment tatsächlich verfolgten Marketingstrategien und den realisierten Erfolg zu geben.

(4) Position des Respondenten im Pharmaunternehmen
Schließlich wurde zur Kennzeichnung der Befragten in unserer Stichprobe ihre Position im Unternehmen erfaßt. Diesbezüglich ergab sich folgende prozentuale Verteilung der 83 antwortenden Experten:

* Geschäftsführer/Mitglied der Geschäftsleitung/Inhaber   31,3%
* Marketingleiter Pharma   21,7%
* Marketingleiter OTC   19,3%
* Produktmanager/Produktgruppenmanager   14,5%
* Leiter Marketingservice   4,8%
* Assistent der Geschäftsleitung   3,6%
* Andere Position   4,8%

Die Positionsstruktur in unserem Sample zeigt, daß 60,3% der Antwortenden direkt dem Marketingbereich der SMU entstammen,[31] die übrigen haben als Geschäftsführer oder Geschäftsführungsassistenten mittelbar mit dem Marketing Berührung. Ferner zeigt sich, daß mit Experten, die einer der ersten drei Positionsgruppen angehören (= 72,3% der Stichprobe), zugleich Führungskräfte in den SMU angesprochen werden konnten.

---

[31]   Dies gilt für Marketingleiter Pharma, Marketingleiter OTC, Produkt(gruppen)manager und Leiter Marketingservice.

Als Resümee der Expertencharakterisierung bleibt schließlich festzuhalten, daß die deskriptiven Befunde darauf hindeuten, daß es in vorliegender Studie gelungen ist, in erster Linie Experten zu befragen, die

- ein betriebswirtschaftliches Studium durchlaufen haben und daher eine ausreichende Fachkompetenz besitzen, den Fragebogen zu bearbeiten,

- über eine langjährige Marketingerfahrung in der Selbstmedikation verfügen und somit eine starke Affinität zum SM-Marketing aufweisen,

- auf eine langjährige Zugehörigkeit zum Pharmaunternehmen zurückblicken können,

- eine Führungsposition in den erfaßten SMU einnehmen.

Mit Blick auf die Qualität der erhobenen Daten kann daraus gefolgert werden, daß es in unserer Studie offenbar gelungen ist, Daten zu erheben, die die Marktsituation, die Marketingstrategie und den Erfolg von Unternehmen im SM-Markt aus der Sicht eines in Sachen Selbstmedikation kompetenten Marketingexperten beschreiben und bewerten.

5.2.2 Merkmale der erfaßten Selbstmedikationsunternehmen

Zur Kennzeichnung der SM-Unternehmen unserer Stichprobe wenden wir uns nachfolgend zwölf Merkmalen zu, wobei die letzten vier Merkmale als untersuchungsrelevante Situationsmerkmale in die weiteren Analysen eingehen werden (s. Kap. 4.4). Die Erhebung der Variablen erfolgte in den Blöcken I und IV unseres Erhebungsinstruments.

5.2.2.1 Indikationsbereiche der Produkt-Markt-Tätigkeit

Zur Erfassung der Indikationsbereiche, in denen die SMU unserer Stichprobe zum Erhebungszeitpunkt im SM-Markt tätig waren, enthielt unser Erhebungsinstrument zwei Fragen. In einer *ersten* einleitenden Frage, die aus Bearbeitungsgründen den eigentlichen Fragen vorangestellt war, wurden die Experten zunächst gebeten, aus den zwölf vorgegebenen Indikationen ihren *umsatzstärksten* Indikationsbereich in der Apotheke zu kennzeichnen. Im Rahmen der *zweiten* Frage sollten die Respondenten dann für die Indikationen, in denen sie *generell* mit SM-Präparaten vertreten sind, jeweils Angaben zu ihrem OTC- und/oder SM-Umsatz machen. Angesichts zahlreicher fehlender Umsatzwerte sowie nicht plausibler Angaben bezüglich der einzelnen Indikationsumsätze konnte die zweite Frage lediglich qualitativ ausgewertet werden. Dazu wurden auf Basis der Indikationsmärkte zwölf Binärvariablen gebildet, wobei einem SMU jeweils der Wert 1 zugewiesen wurde, wenn aus den Angaben der befragten Experten geschlossen werden konnte, daß eine SM-Markttätigkeit in der jeweiligen Indikation vorlag, ansonsten wurde der Wert 0 (keine SM-Markttätigkeit in der Indikation) vergeben. Tab. 5-1 enthält Informationen zur prozentualen Verteilung der SMU unseres Samples auf die zwölf Indikationsbereiche. Die linke Spalte in Tab. 5-1 zeigt die Verteilung der erfaßten SMU entsprechend ihres umsatzstärksten SM-Indikationsmarktes und spiegelt damit zugleich die Indikationsmarktverteilung in vorliegender Stichprobe wider. Die rechte Spalte gibt einen allgemeinen Überblick über die Produkt-Markt-Tätigkeit der erfaßten SMU in den jeweiligen SM-Indikationsbereichen.

Die beiden *linken Spalten* in Tab. 5-1 geben zunächst zu erkennen, daß in unserer Stichprobe Erhebungsdaten für alle zwölf Indikationsmärkte vorliegen. Mit Abstand am stärksten ist in unserem Sample der Indikationsbereich „Erkältungen und Erkrankungen des Abwehrsystems" (s. Indikationsmarkt Nr. 1 in Tab. 5-1) vertreten: 26 von 84 SMU (= 31,0%) gaben an, in diesem Indikationsmarkt ihren höchsten SM-Umsatz zu erzielen. 17 bzw. 12 SMU (= 20,2% bzw. 14,3%) hatten ihre umsatzstärkste SM-Indikation in den Bereichen „Magen-/Darm-Beschwerden" bzw. „Schmerzmittel, Antirheumatika" (s. Indikationsmärkte Nr. 2 und 3 in Tab. 5-1). Insgesamt beziehen sich die Informationen von rund zwei Drittel der erfaßten SMU auf einen dieser Indikationsmärkte. Entsprechende Statistiken des BAH lassen erkennen, daß eben diese drei Indikationen im Jahre 1995 auch insgesamt die umsatzstärksten Märkte der Selbstmedikation in der Apotheke darstellen.[32] Die Indikationsbereiche „Vitamine, Mineralstoffe, Spurenelemente" bzw. „Dermatika" (s. Indikationsmärkte Nr. 4 und 5 in Tab. 5-1) sind in insgesamt 15,4% der antwortenden SMU die umsatzstärksten SM-Indikation, nehmen jedoch laut BAH-Statistik im Umsatzranking den vierten bzw. fünften Platz ein, so daß sie im Vergleich zu ihrer jeweiligen SM-Umsatzbedeutung in unserer Untersuchung etwas unterrepräsentiert sein dürften. Die anderen sieben Indikationsmärkte sind jeweils mit weniger als 5 SMU in unserem Sample vertreten. Angesichts der recht deutlichen Häufigkeitsdominanz der Indikationsgebiete „Erkältungen und Erkrankungen des Abwehrsystems", „Magen-/Darm-Beschwerden" und „Schmerzmittel, Antirheumatika" in unserer Stichprobe ist zu vermuten, daß die eigenen Befunde von SMU aus diesen drei Indikationsgebieten etwas stärker beeinflußt werden, wobei ein statistischer Nachweis dieser These aufgrund fehlender Informationen über die Häufigkeitsverteilung der umsatzstärksten Indikationsgebiete in der Grundgesamtheit nicht geleistet werden kann. Wenn auch hinsichtlich der Indikationsmarktverteilung für die gewonnene Stichprobe kein Anspruch auf statistische Repräsentativität im strengen Sinne begründet werden kann, so untermauert sie jedoch

---

[32] S. Bundesfachverband der Arzneimittel Hersteller 1995a. Abb. 17.

128

Tabelle 5-1:
Struktur der antwortenden SM-Unternehmen nach Indikationsgebieten

Indikationsmärkte in der Selbstmedikation	SMU-Verteilung nach umsatzstärkstem SM-Indikationsgebiet		SMU-Verteilung nach indikativer Produkt-Markt-Tätigkeit	
	Prozentuale Verteilung[a]	Absolute Anzahl	Prozentuale Verteilung[b]	Absolute Anzahl
1. Erkältungen und Erkrankungen des Abwehrsystems	31,0%	26	60,0%	45
2. Magen-/Darm-Beschwerden	20,2%	17	54,7%	41
3. Schmerzmittel, Antirheumatika	14,3%	12	37,3%	28
4. Vitamine, Mineralstoffe, Spurenelemente	8,3%	7	32,0%	24
5. Dermatika	7,1%	6	41,3%	31
6. Herz-/Kreislauf-Beschwerden	4,7%	4	30,7%	23
7. Stärkung, Vitalisierung, Prävention	3,6%	3	22,7%	22
8. Beschwerden an Auge, Ohr, Mund	3,6%	3	9,3%	7
9. Venenleiden, Hämorrhoiden	2,4%	2	38,7%	27
10. Immunstimulantien	2,4%	2	14,7%	11
11. Beunruhigung, Stimmungsaufhellung	1,2%	1	32,0%	24
12. Niere, Blase, Urogenitalbereich	1,2%	1	16,0%	12

a) 100% = 84 SMU. Keine Mehrfachnennungen.
b) 100% = 75 SMU. Mehrfachnennungen möglich.

angesichts der Tatsache, daß marketingstrategische Informationen aus allen wichtigen SM-Indikationen erhoben wurden, die in Kap. 5.1.4 geäußerte Vermutung einer *„symptomatischen" Stichprobenrepräsentativität.*

Wendet man sich den beiden *rechten Spalten* in Tab. 5-1 zu, dann zeigt sich, daß 60% der erfaßten SMU Arzneimittel im Indikationsbereich „Erkältungen und Erkrankungen des Abwehrsystems" anbieten. Ungefähr jedes zweite SMU unseres Samples bietet Präparate zur Selbstmedikation von Magen-/Darm-Beschwerden an, während immerhin 41,3% der SMU mit SM-Präparaten im Indikationsmarkt „Dermatika" vertreten sind. Zwischen 22 und 28 SMU unserer Stichprobe bieten SM-Präparate in den Indikationsbereichen-Nr. 3, 4, 6, 7, 9 und 11 an. Der vergleichsweise geringe Anteil von SMU (12 SMU und weniger) mit Produkt-Markt-Tätigkeit in den übrigen Indikationsmärkten (Indikationsmärkte-Nr. 8, 10 und 12 in Tab. 5-1) ist nach Auffassung des Verfassers in der Hauptsache darauf zurückzuführen, daß (1) die SM-Präparate verstärkt auch außerhalb der Apo-

129

theke angeboten werden, (2) derzeit noch eine geringe Bereitschaft in der Bevölkerung besteht, entsprechende Bagatellerkrankungen im Wege der Selbstmedikation zu behandeln und/oder (3) zahlreiche Präparate in diesen Indikationen noch der Erstattungsfähigkeit unterliegen (z.B. Indikationsmarkt Nr. 8 und 12 in Tab. 5-1). Angesichts der Verteilung der Produkt-Markt-Tätigkeit der erfaßten SMU auf ein eher breites Spektrum verschiedener Indikationsmärkte kann vermutet werden, daß es sich bei den SMU unserer Stichprobe in wesentlichen um *beschränkt spezialisierte* SMU handelt, die in mehreren Indikationsmärkten SM-Präparate anbieten.[33]

5.2.2.2 Angebotsstruktur nach Wirkstoffgruppen

Als weiteres Unternehmensmerkmal wurde die Struktur des SM-Präparateprogramms der erfaßten SMU im Hinblick auf die angebotenen Wirkstoffgruppen näher beleuchtet. Hierzu wurde der Anteil verschiedener Wirkstoffgruppen (chemisch definierte, pflanzliche und homöopathische Wirkstoffe) am SM-Umsatz auf einer Skala, bestehend aus sieben prozentualen Intervallstufen, erfaßt. Abb. 5-1 zeigt für jede Wirkstoffgruppe die Verteilung entsprechend ihrer Umsatzanteile.

Aus Abb. 5-1 geht hervor, daß 34,6% der 78 antwortenden SMU *keine* chemischen Wirksubstanzen anbieten (SM-Umsatzanteil = 0%); dagegen liegt mit 19,2% der Anteil der SMU, die *keine* pflanzlichen Präparate in ihrem SM-Sortiment führen, deutlich niedriger. Entsprechend höher (niedriger) liegt auch der Anteil der SMU die ausschließlich SM-Präparate auf der Basis pflanzlicher (chemischer) Wirkstoffe offerieren. So gaben 23,1% (14,1%) der SMU unserer Stichprobe an, ihren SM-Umsatz ausschließlich mit pflanzlichen (chemischen) Wirksubstanzen zu erzielen (SM-Umsatzanteil = 100%). Insgesamt spiegelt dieser Befund die Bedeutung wider, die den pflanzlichen Wirkstoffen im SM-Markt in der Vergangenheit beigemessen wurde.[34] Weiter ist zu beobachten, daß auf Homöopathika spezialisierte SMU in unserer Stichprobe praktisch bedeutungslos sind: 86% der erfaßten SM-Anbieter gaben an, daß sie homöopathische SM-Präparate entweder überhaupt nicht anbieten (Umsatzanteil = 0%) oder diese nur von sehr geringer Umsatzrelevanz sind (Umsatzanteil bis zu 10%). Entsprechend der Tatsache, daß auf homöopathische Wirkstoffe spezialisierte SMU in unserer Untersuchung kaum vertreten

[33] Zum Begriff der selektiven Spezialisierung s. Kotler/Bliemel 1995: 439-441. Speziell im Kontext von Pharmaunternehmen vgl. a. Walther 1989: 86-88.
[34] So stieg die SM mit pflanzlichen Arzneimitteln im alten Bundesgebiet zwischen 1993 und 1997 von DM 1,4 Mrd. um durchschnittlich 7,9% p.a. auf DM 1,9 Mrd. Vgl. Bundesfachverband der Arzneimittel-Hersteller 1997a: Abb. 16 sowie die entsprechenden Broschüren der Vorjahre.

130

Abbildung 5-1:
Umsatzanteilsstruktur angebotener Wirkstoffgruppen

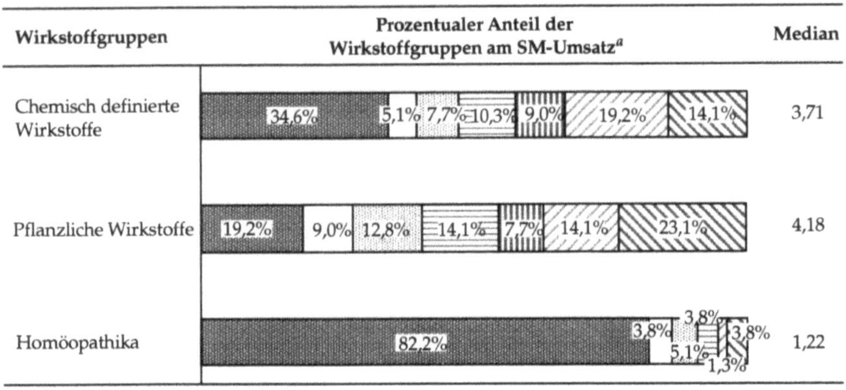

Wirkstoffgruppen	Prozentualer Anteil der Wirkstoffgruppen am SM-Umsatz[a]	Median
Chemisch definierte Wirkstoffe	34,6% · 5,1% · 7,7% · 10,3% · 9,0% · 19,2% · 14,1%	3,71
Pflanzliche Wirkstoffe	19,2% · 9,0% · 12,8% · 14,1% · 7,7% · 14,1% · 23,1%	4,18
Homöopathika	82,2% · 3,8% · 3,8% · 3,8% · 5,1% · 1,3%	1,22

a) Für jede Wirkstoffgruppe gaben die Experten an, welchen Anteil sie am SM-Umsatz haben. Als Antwortmöglichkeiten standen folgende Prozentintervalle zur Verfügung: ▓ = 0% (= 1); ☐ = bis 10% (= 2); ▢ = 11 bis 25% (= 3); ▭ = 26 bis 50% (= 4); ⫼ = 51 bis 75% (= 5); ▨ = > 75% (= 6); ▨ = 100% (= 7). 100% = 78 SM-Unternehmen.

sind, lassen sich auch *keine* spezifischen Erkenntnisse für auf diese Wirkstoffgruppe fokussierte SMU ableiten.

Alles in allem zeigen die Antwortverteilungen zur Umsatzanteilsstruktur der einzelnen Wirkstoffgruppen, daß in unserem Sample, neben reinen Phythopharmaka-Unternehmen und ausschließlich chemische Wirksubstanzen anbietenden SMU, die Mehrzahl der erfaßten SMU in ihrem Angebotsprogramm sowohl chemisch definierte wie auch pflanzliche Wirksubstanzen zur Selbstmedikation anbieten.

5.2.2.3 Altersstruktur des Präparateprogramms

Zur Kennzeichnung der Altersstruktur des SM-Präparateprogramms von den in der eigenen Stichprobe erfaßten SMU wurde an die Stellung der SM-Präparate innerhalb des Produktlebenszyklus angeknüpft.[35] Entsprechend befragten wir die Experten, welche Umsatzanteile SM-Präparate in Abhängigkeit der vier Produktlebenszyklusphasen Einführung, Wachstum, Stagnation und Schrumpfung am gesamten SM-Umsatz besitzen. Zur Einstufung der Umsatzanteile stand den Experten eine 7-stufige Skala zu Verfügung,

---

[35] Vgl. grundlegend zum Produktlebenszykluskonzept z.B. Siegwart/Senti 1995: 3-21; Höft 1992: 16-41.

131

die Prozentintervalle von „0%" bis „100%" umfaßte.[36] Abb. 5-2 zeigt die Verteilung der Umsatzanteilsangaben der Experten für die einzelnen Produktlebenszyklusphasen.

Abbildung 5-2:
Umsatzanteilsstruktur von SM-Präparaten entsprechend ihrer Stellung im Produktlebenszyklus

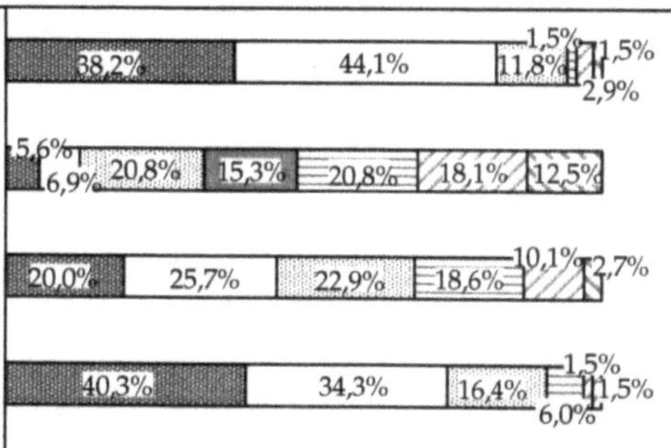

Phasen im Produkt-lebenszyklus	Prozentuale Antwortverteilung[a]	Median	N
Einführungsphase: SM-Präparate *weniger als ein Jahr* im Markt	38,2% / 44,1% / 11,8% / 1,5% / 1,5% / 2,9%	1,73	68
Wachstumsphase: SM-Präparate mit *steigendem* Umsatz	5,6% / 6,9% / 20,8% / 15,3% / 20,8% / 18,1% / 12,5%	4,54	72
Stagnationsphase: SM-Präparate mit *stagnierendem* Umsatz	20,0% / 25,7% / 22,9% / 18,6% / 10,1% / 2,7%	2,68	70
Schrumpfungsphase: SM-Präparate mit *sinkendem* Umsatz	40,3% / 34,3% / 16,4% / 1,5% / 1,5% / 6,0%	1,82	67

a) Entsprechend der Stellung der angebotenen SM-Präparate im Produktlebenszyklus gaben die Experten an, welchen Umsatzanteil die jeweiligen Phasen am Gesamtumsatz im SM-Markt im Jahre 1995 hatten. Hierzu wurden sieben abgestufte Prozentintervalle vorgegeben.
■ = 0% (= 1); ▢ = bis 10% (= 2); ▨ = 11 bis 25% (= 3); ■ = 26 bis 50% (= 4); ▤ = 51 bis 75% (= 5); ▨ = > 75% (= 6); ▨ = 100% (= 7).

Abb. 5-2 weist aus, daß in der Einführungsphase (Schrumpfungsphase) befindliche SM-Präparate bei über 82% (74%) der SMU unserer Stichprobe keinen oder nur einen sehr geringen Umsatzanteil (= bis 10%) besitzen. SM-Präparate in der Wachstumsphase machen hingegen bei 51,4% der antwortenden SMU einen Umsatzanteil von über 50% am gesamten SM-Umsatz aus. Dagegen berichten 68,6% (31,4%) der SMU, daß sie mit SM-Präparaten, die sich in der Stagnationsphase befinden, weniger (mehr) als 50% des gesamten SM-Umsatzes erzielen. Insgesamt vermittelt die Altersstruktur des SM-Präparateprogramms den Eindruck, daß im „*typischen*" SMU unserer Stichprobe

• SM-Neueinführungen keinen oder nur einen sehr geringen Umsatzanteil verbuchen (kleiner 10%),

• SM-Präparate in der Wachstumsphase einen Umsatzanteil einnehmen, der zwischen 26 und 75% des SM-Gesamtumsatzes liegt,

---
[36] Zur Abgrenzung der Skalenstufen im Detail s. Abb. 5-2.

- SM-Präparate in der Stagnationsphase über einen Umsatzanteil verfügen, der weniger als 25% des gesamten SM-Umsatzes beträgt,

- SM-Präparate in der Schrumpfungsphase einen Umsatzanteil besitzen, der zwischen 10 und 25% ausmacht.

5.2.2.4 Gestaltung des Präparatenachschubs

Um die SM-Unternehmen unserer Stichprobe zu kennzeichnen, wurde als weiteres Merkmal die Gestaltung des Nachschubs an SM-Präparaten näher beleuchtet. Hierzu wurde an die Experten die Frage gestellt, in welchem Maße sie verschiedene Maßnahmen zur Sicherstellung eines kontinuierlichen Präparatenachschubs nutzen. Die Einstufung des Nutzungsausmaßes erfolgte jeweils auf einer fünfstufigen Skala, die von „gar nicht genutzt" (= 1) bis „sehr intensiv genutzt" (= 5) reicht. Die Nutzungshäufigkeiten der Maßnahmen für den Präparatenachschub sowie deskriptive Kennzahlen findet man in Abb. 5-3.

Wie aus Abb. 5-3 hervorgeht, werden die dort aufgeführten Maßnahmen zur Sicherstellung des Präparatenachschubs von den SMU unserer Stichprobe überwiegend „gar nicht genutzt" oder „sehr wenig genutzt", wenn man von der internen Entwicklung (s. Kriterium Nr. 1 in Abb. 5-3) absieht. Über 60% der Respondenten gaben an, für ihren Nachschub an SM-Präparaten die unternehmenseigene Entwicklung „sehr intensiv" oder „intensiv" zu nutzen. Weiter ist Abb. 5-3 zu entnehmen, daß von jeweils mehr als 50% der antwortenden SMU die Maßnahmen „F&E Kooperationen", „Produktlizenzen" und „Produkt-Switching" zur Beschaffung neuer SM-Präparate prinzipiell genutzt werden (s. Kriterien Nr. 2, 3 und 5 in Abb. 5-3). Die übrigen drei Maßnahmen „Patentkäufe", „Co-Marketing" und „Co-Promotion" wurden von 60% und mehr der SMU in unserem Sample gar nicht für den SM-Präparatenachschub eingesetzt.

Aus den eigenen Daten zur Gestaltung des Präparatenachschubs läßt sich folgern, daß die Mehrzahl der SMU in unserer Stichprobe ihren Präparatenachschub aus eigenen Ressourcen in Form einer eigenen Entwicklungsabteilung generiert. Demnach scheint es für SM-Anbieter unserer Stichprobe *nicht* primär charakteristisch zu sein, den Nachschub an SM-Präparaten aus dem Produkt-Switching von ehemals verschreibungspflichtigen Präparaten *direkt* in das SM-Segment zu generieren. Dies impliziert, daß rezeptfreie Präparate, solange sie von den Krankenkassen noch erstattet werden, zunächst weiter beim Arzt positioniert sind (VO-OTC-Segment), um zumindest einen Teil des ehemaligen „ethischen" Umsatzes aufrechtzuerhalten.

Abbildung 5-3:
Nutzungsausmaß von Maßnahmen für den SM-Präparatenachschub

Maßnahmen zur Sicherung des Präparatenachschubs	Prozentuale Antwortverteilung[a]	M^b (S)	N
1. Interne Entwicklung	14,8% 11,2% 13,6% 44,4% 16,0%	3,36 (1,30)	81
2. F&E Kooperationen	41,8% 15,2% 27,8% 10,1% 5,1%	2,22 (1,24)	79
3. Produktlizenzen	37,0% 14,8% 23,5% 19,8% 4,9%	2,41 (1,30)	81
4. Patentkäufe	60,0% 12,5% 16,3% 1,2% 10,0%	1,80 (1,12)	80
5. Produkt-Switching	48,2% 11,1% 18,5% 16,0% 6,2%	2,21 (1,36)	81
6. Co-Marketing	70,5% 7,7% 14,1% 1,3% 6,4%	1,60 (1,04)	78
7. Co-Promotion	72,1% 6,3% 12,7% 8,9%	1,58 (1,02)	79

a) Für jede Maßnahme gaben die Experten an, in welchem Maße ihr Unternehmen diese jeweils zur Sicherung ihres Präparatenachschubs nutzen. Zur Einstufung des Nutzungsausmaßes standen jeweils 5 Skalenstufen von "gar nicht genutzt" bis "sehr intensiv genutzt" zur Verfügung. = gar nicht genutzt (= 1); = sehr wenig genutzt (= 2); = wenig genutzt (= 3); = intensiv genutzt (= 4); = sehr intensiv genutzt (= 5).
b) Abkürzungen: M = (arithmetischer) Mittelwert; S = Standardabweichung.

5.2.2.5 Wertschöpfungstiefe der Selbstmedikationsunternehmen

Um die interne Struktur der erfaßten SMU zu erhellen und das Verständnis im Hinblick auf die eingesetzten Ressourcen sowie die ablaufenden Prozesse zu fördern, wurden die Wertschöpfungsstufen, die direkte Relevanz für das SM-Geschäft besitzen, erhoben. Zur empirischen Erfassung der Wertschöpfungsstufen wurde folgende Frage gestellt:

„Welche SM-relevanten Wertschöpfungsstufen deckt Ihr SMU ab?"

Zur Beantwortung dieser Frage stand eine siebenstufige Nominalskala zur Verfügung mit den Wertschöpfungsstufen Forschung, Entwicklung, Herstellung, Konfektionierung,

Logistik, Marketing und Vertrieb.[37] Abb. 5-4 illustriert die prozentuale Antwortverteilung der Respondenten im Hinblick auf die abgedeckten Wertschöpfungsstufen.

Abbildung 5-4:
Tiefe der Wertschöpfung

Wertschöpfungsstufen	Prozentanteil der SM-Unternehmen mit jeweiliger Abdeckung der Wertschöpfungsstufe[a]	Absolute Anzahl
Forschung	36,6%	30
Entwicklung	64,6%	53
Herstellung	69,5%	57
Konfektionierung	73,2%	60
Logistik	80,5%	66
Marketing	100,0%	82
Vertrieb	97,6%	80

a) N = 82 SMU. Mehrfachnennungen möglich.

Aus Abb. 5-4 wird deutlich, daß über 60% der erfaßten SMU die Wertschöpfungsstufen
„Entwicklung", „Herstellung", „Konfektionierung" und „Logistik" abdecken. Der Mar-
keting- und Vertriebsbereich ist praktisch in jedem SMU unserer Stichprobe vorhanden.
Im Mittel werden von den 7 betrachteten Wertschöpfungsstufen 5,2 pro SMU abgedeckt,
so daß die erfaßten SMU sich durch einen tiefen Wertschöpfungsumfang auszeichnen.
Dies wird untermauert, wenn die SMU im Hinblick auf ihre abgedeckten Wertschöpfungsstufen vereinfachend in *Vertriebsgesellschaften*, die lediglich SM-Präparate vermarkten und absetzen (Marketing/Vertrieb und Logistik), und *Herstellerunternehmen*, die zusätzlich über eigene Produktionsressourcen (Herstellung und/oder Konfektionierung)

---

[37] Allgemeine unternehmerische „Unterstützungsfunktionen" – wie z.B. Qualitätssicherung bzw. Quali-
tätskontrolle, allgemeine Verwaltung – wurden indes in dieser Arbeit nicht erhoben. Vgl. zu den Wertschöpfungsstufen in Pharmaunternehmen Schulz/Tiby 1995: 499f.

verfügen, differenziert werden. Demzufolge sind 8,5% der 82 SMU als Vertriebsgesellschaften zu bezeichnen, während im Falle der restlichen 75 SMU (= 91,5%) von pharmazeutischen Herstellerunternehmen gesprochen werden kann.

Im ganzen betrachtet, ist davon auszugehen, daß sich insbesondere für pharmazeutische Herstellerunternehmen mit Produkt-Markt-Tätigkeit im SM-Markt relevante Erkenntnisse aus unserer Studie gewinnen lassen.

5.2.2.6 Markterfahrung in der Selbstmedikation

Im Rahmen unserer Stichprobenstrukturanalyse wurde ferner die Markterfahrung der erfaßten SMU im SM-Segment erhoben. Zu ihrer empirischen Erfassung wurden die Experten gefragt, seit wann ihr Unternehmen im deutschen SM-Markt als Anbieter von SM-Präparaten vertreten ist. Entsprechende Angaben liegen für 78 der 84 SMU unseres Samples vor. Die SM-Markterfahrung schwankt bei diesen Unternehmen zwischen einem und 96 Jahren bei einer mittleren Markterfahrung von 24,5 Jahren (S = 25,6 Jahre). Der Medianwert liegt bei 15,0 Jahren. Der im Vergleich zum Mittelwert deutlich niedrige Median läßt darauf schließen, daß die Mehrheit der SMU in vorliegender Stichprobe eine deutlich geringere Erfahrung im SM-Markt aufweisen als dies der Mittelwert von 24,5 Jahren widerspiegelt. Entsprechend sind in unserer Stichprobe auch nur wenige SMU enthalten, deren Markterfahrung in der Selbstmedikation den Stichprobendurchschnitt deutlich übersteigt, ihn aber dennoch maßgeblich beeinflussen. So liegen 59,0% der antwortenden SM-Anbieter unter der durchschnittlichen Markterfahrungsdauer von 24,5 Jahren.

Verdichtet man die erhobenen Daten zu vier Gruppen der SM-Markterfahrung stellt sich die prozentuale Verteilung der antwortenden SMU auf diese Gruppen folgendermaßen dar:

* 1 – 5 Jahre SM-Markterfahrung: 30,8%
* 6 – 15 Jahre SM-Markterfahrung: 20,8%
* 16 – 30 Jahre SM-Markterfahrung: 19,8%
* 31 und mehr Jahre SM-Markterfahrung: 28,6%

Insgesamt deutet die Verteilung der SMU im Hinblick auf ihre SM-Markterfahrung darauf hin, daß in unserer Stichprobe eine erhebliche Bandbreite unterschiedlicher Erfahrungsniveaus von Unternehmen im SM-Marketing vorhanden ist.

5.2.2.7 Organisatorische Anbindung der Selbstmedikation

Für unsere Befragungsstichprobe wurde weiter erfaßt, in welcher Form der SM-Bereich organisatorisch in den SMU unserer Stichprobe angebunden ist. Als Antwortvorgaben standen drei organisatorische Alternativen zur Verfügung, nämlich „selbständige Geschäftseinheit bzw. einziges Geschäft", „Anbindung an das OTC-Geschäft" sowie „Anbindung an das Pharmageschäft".

Von den 83 SMU, für die Angaben zu dieser Frage vorliegen, gaben 38,5% an, daß die Selbstmedikation in ihrem Unternehmen organisatorisch eine selbständige Geschäftseinheit darstellt bzw. das einzige Geschäft ist. Indes berichten 43,4% (18,1%) der antwortenden SMU, daß das SM-Geschäft in das gesamte Pharmageschäft (OTC-Geschäft) organisatorisch integriert ist. Offensichtlich wird dem SM-Bereich in den erfaßten SMU – unter organisatorischen Aspekten – ein eher untergeordneter Stellenwert beigemessen, da den Besonderheiten des SM-Marketing – im Vergleich zum traditionellen arztzentrierten Marketing – organisatorisch bislang kaum Rechnung getragen wird.

Aus den Antwortverteilungen kann insgesamt geschlossen werden, daß sich die auf Basis der eigenen Stichprobe gewonnenen Erkenntnisse sowohl auf reine OTC/SM-Unternehmen wie auch auf SM-spezifische Geschäftseinheiten von (größeren) Pharmaunternehmen beziehen.

5.2.2.8 Konzernanbindung

Um zu erkunden, ob und in welcher Form die erfaßten SM-Anbieter in einen (Pharma-) Konzern eingebunden sind, wurde an die Marketingexperten die folgende Frage gestellt:[38]

„Gehört Ihr SMU einem Konzernverbund[39] an?"

Zur Beantwortung dieser Frage standen vier Antwortmöglichkeiten bereit, und zwar „keine Konzernzugehörigkeit", „Konzernzugehörigkeit nur als Tochtergesellschaft", „Konzernzugehörigkeit als Mutter- und als Tochtergesellschaft" sowie „Konzernzugehörigkeit nur als Muttergesellschaft".

---

[38] Die Frage wurde übernommen von Walther 1989: 444.

[39] Als in einen (Pharma-)Konzern eingebunden gelten hier alle SMU, die nach § 290 HGB Abs. 1 und 2 in einen Konzernabschluß einzubeziehen sind. Vgl. auch Walther 1989: 181f.

137

Nach Angaben aus 84 SMU sind in unserer Stichprobe etwa zu gleichen Teilen Anbieter ohne und mit Konzernanbindung vertreten: 40 Unternehmen (= 47,6%) gaben an, einem Konzern zuzugehören,[40] davon 34 als Tochtergesellschaft (= 40,4%), 5 als Mutter- wie auch als Tochtergesellschaft (6,0%) und ein Unternehmen nur als Muttergesellschaft (1,2%); 44 SMU (= 52,4%) sind dagegen in keinen Konzern eingebunden.

Im Hinblick auf die *Tochterunternehmen* überwiegen in unserem Sample solche, deren Muttergesellschaft im Ausland ansässig ist. So berichten von den 39 SMU, die Angaben zum Sitz des Mutterunternehmens machten, 25 SMU (= 64,1%), einer ausländischen „Mutter" zuzugehören.[41] Damit stellt ungefähr jedes dritte SMU unserer Stichprobe ein Tochterunternehmen einer ausländischen „Mutter" dar. Dies kann als ein Indiz für die zunehmende Internationalisierung/Globalisierung des Wettbewerbs im deutschen SM-Markt gewertet werden.

Im Zusammenhang mit der Konzernanbindung der SMU wurde ferner auch der Frage nachgegangen, in welchem Ausmaß die Muttergesellschaft Einfluß auf die strategische Marketingplanung im SM-Bereich der Tochterunternehmen ausübt. Die entsprechende Stellungnahme der Befragten erfolgte auf einer fünfstufigen Skala von „kein Einfluß" bis „sehr starker Einfluß". 13,2% der 38 antwortenden Tochterunternehmen gaben an, daß die Muttergesellschaft gar keinen Einfluß auf die Marketingplanung nimmt, während 23,6% der Respondenten den Einfluß des Mutterunternehmens als sehr gering bis gering bezeichneten. Die große Mehrheit der SM-Tochterunternehmen jedoch, nämlich 63,2% unserer Stichprobe, berichten über einen starken bis sehr starken Einfluß der Mutterunternehmen auf die strategische Marketingplanung im Bereich der Selbstmedikation.

Vergleicht man die eigenen Befunde zur Einflußnahme der Muttergesellschaften auf das strategische SM-Marketing mit den Resultaten von Walther (1989: 444f.), dann ist *kein* einheitlicher Befund festzustellen. So kommt Walther in seiner Studie zu dem Schluß, daß das Pharmamarketing – nach Angaben der Respondenten aus 21 Pharmaunternehmen – insgesamt nur sehr geringen Konzerneinflüssen unterliegt.[42] Da die Ergebnisunterschiede zwischen der eigenen und der Walther-Studie sich *nicht* auf methodische

---

[40] Walther berichtet in seiner Studie, daß sogar 60% der 45 befragten Pharmaunternehmen einem Konzernverbund angehören. Vgl. Walther 1989: 444.

[41] Erfaßte SMU mit Sitz der Muttergesellschaft in den USA (7 Nennungen), Frankreich (6 Nennungen), Schweiz (4 Nennungen), Niederlande und Großbritannien (je 2 Nennungen), Italien, Japan, Dänemark, Belgien (je 1 Nennung).

[42] Auf einer Skala von 0 (= kein Einfluß) bis 5 (= starker Einfluß) liegt der durchschnittliche Einfluß der Konzernleitung auf das Pharmamarketing bei 1,26. Vgl. Walther 1989: 445f.

Unterschiede zurückführen lassen, liegen die Vermutungen nahe, daß (1) die Pharmakonzerne stärker als früher ihre Tochterunternehmen zentralistischer führen und/oder (2) die SMU als strategische Geschäftseinheiten von Pharmaunternehmen in das übrige Pharmageschäft eingebunden sind und das SM-Marketing in enger Zusammenarbeit mit der (zentralen) Pharmamarketingleitung vorgenommen wird.

5.2.2.9 Größe der Selbstmedikationsunternehmen

Zur Operationalisierung der Größe von SMU wurde der SM-Umsatz und die Mitarbeiterzahl im Apothekenaußendienst erfragt. Neben diesen *absoluten* Größenindikatoren wurde als Indikator der *relativen* Größe der prozentuale Anteil des SM-Umsatzes am gesamten OTC-Umsatz für die antwortenden SMU ermittelt. In Tab. 5-2 sind die deskriptiven Statistiken zu den drei Indikatoren zusammengestellt.

Tabelle 5-2:
Deskriptive Statistiken und Korrelationen zu absoluten
und relativen Größenindikatoren der SM-Unternehmen

Variablen zur absoluten und relativen Größe von SMU	M^a	S	Median	Min	Max	N
1. Umsatz SM (in Mio. DM)	29,7	38,7	16,0	0,1	220	68
2. Mitarbeiterzahl im Apotheken-AD^b	14,7	18,0	9,0	0	75	71
3. Anteil SM- am OTC-Umsatz (in %)	67,1	28,1	70,0	5,0	100	65

	Pearson´s r/Kendall´s ι^c		
Variablen zur absoluten und relativen Größe von SMU	1.	2.	3.
1. Umsatz SM	–	0,62***	0,21*
2. Mitarbeiterzahl im Apotheken-AD	0,58***	–	0,11
3. Anteil SM- am OTC-Umsatz	0,32*	0,09	–

a) Abkürzungen: M = (arithmetischer) Mittelwert; S = Standardabweichung; N = Fallzahl.
b) Apotheken-AD = Apothekenaußendienst
c) Werte unterhalb der Hauptdiagonalen = Pearson´sche Produkt-Moment-Korrelationen; Werte oberhalb der Hauptdiagonalen = Kendall´sche Rangkorrelationen. Aufgrund paarweiser z.T. fehlender Angaben gilt: $60 \leq N \leq 66$.

* p < 0,05   ** p < 0,01   *** p < 0,001   (zweiseitiger Test).

Die 68 SMU in unserer Stichprobe, für die Umsatzangaben vorliegen, erzielten 1995 zusammen einen SM-Umsatz in der Apotheke von insgesamt DM 2,02 Mrd., was 27,7% des 1995 in Deutschland erreichten SM-Umsatzes in der Apotheke von DM 7,3 Mrd. ent-

139

spricht. Im Mittel beträgt der SM-Jahresumsatz eines Unternehmens unseres Samples DM 29,7 Mio., und es beschäftigt durchschnittlich 15 Mitarbeiter im Apothekenaußendienst. Bei beiden Größenvariablen liegt allerdings der Median mit DM 16,0 Mio. bzw. neun Apothekenbesuchern deutlich unter dem Mittelwert und deutet damit auf eine schiefe Verteilung der Beobachtungen hin, wobei der Mittelwert von wenigen sehr großen SMU mit maximal DM 220 Mio. SM-Jahresumsatz bzw. 75 Apothekenaußendienstmitarbeitern nachhaltig beeinflußt wird. Insofern kennzeichnet der Median des SM-Umsatzes bzw. der Mitarbeiterzahl im Apothekenaußendienst das „typische" SMU unserer Stichprobe wesentlicher besser als der entsprechende Mittelwert. Wenn auch ein Vergleich der Größenstatistiken unserer Stichprobe mit anderen empirischen Studien zum SM-Marketing nicht möglich ist, so lassen die Größenindikatoren jedoch insgesamt vermuten, daß die eigene Untersuchung vornehmlich auf SMU kleinerer bis mittlerer Größe abstellt.

Als relativer Größenindikator der erfaßten SMU wurde das Verhältnis zwischen SM- und OTC-Umsatz herangezogen. Wie Tab. 5-2 zeigt, beträgt der Anteil des SM-Umsatzes am OTC-Umsatz bei den SMU unserer Stichprobe durchschnittlich 67,1%, bei einem Median von 70,0% (S = 28,1%). Diese Beobachtung macht deutlich, daß es mit unserer Studie offensichtlich gelungen ist, Pharmaunternehmen zu erfassen, die den Großteil ihres Umsatzes mit rezeptfreien Arzneimitteln im Bereich der Selbstmedikation erzielen und daher zurecht als SMU bezeichnet werden können.

Eine abschließende Betrachtung der Korrelationen zwischen den drei Größenvariablen (s. Tab. 5-2) zeigt, daß

• der SM-Umsatz stark mit der Anzahl der Mitarbeiter im Apothekenaußendienst (r = 0,58) korreliert.[43] Da dieser Zusammenhang plausibel ist, kann er als Indiz für die „face validity" der Umsatzangaben der Marketingexperten gewertet werden.

• der relative Größenindikator mäßig mit dem SM-Umsatz korreliert, der jedoch als Komponente in das relative Größenmaß eingeht (r = 0,32).

• fast kein Zusammenhang zwischen der Anzahl der Apothekenbesucher und dem Anteil des SM-Umsatzes am Gesamtumsatz rezeptfreier Präparate besteht.

---

[43] Dies ist einmal mehr ein Beleg dafür, daß der Umsatz und die Mitarbeiterzahl als Größenmaße eines Unternehmens hoch miteinander korrelieren.

140

Erklärbar ist dieser Befund durch die Möglichkeit, vermehrt abweichende Vertriebsformen (z.b. Einsatz von Fax und/oder Vertrieb über Pharmagroßhandlungen) für SM-Präparate einzusetzen.

5.2.2.10 Wettbewerbsposition

Zur Erfassung der Wettbewerbsposition der SMU in Relation zu den Hauptwettbewerbern wurden Indikatoren erhoben, für die aufgrund von Expertengesprächen[44] und Erfahrungen des Verfassers[45] unterstellt werden konnte, daß sie zentrale Aspekte des Wettbewerbs im SM-Markt widerspiegeln.[46] Zur relativen Beurteilung der Wettbewerbsparameter stand eine fünfstufige Skala zur Verfügung von „deutlich schwächer" (codiert als 1) bis „deutlich besser" (codiert als 5). Abb. 5-5 enthält für zehn Aspekte des SM-Wettbewerbs jeweils Informationen zur Verteilung der Expertenantworten sowie zu deskriptiven Variablenstatistiken.

Aus Abb. 5-5 geht hervor, daß die erfaßten SMU am häufigsten berichten, hinsichtlich der Produktqualität und der Markenstärke gegenüber den Hauptwettbewerbern überlegen zu sein. Knapp 54% bzw. 46% der SMU stuften sich bezüglich dieser beiden Wettbewerbsparameter als besser oder deutlich besser als der Wettbewerb ein (s. Parameter Nr. 2 und 4 in Abb. 5-5). Bezogen auf die vier Merkmale „Größe der Außendienstorganisation", „Kommunikationsintensität", „Finanzielle Ressourcen" und „Bekanntheitsgrad" gaben mehr als 50% der Experten an, schwächer bis deutlich schwächer als die Konkurrenz zu sein (s. Parameter Nr. 5, 6, 8 und 10 in Abb. 5-5). Für die übrigen vier Wettbewerbsparameter (s. Parameter Nr. 1, 3, 7, u. 9 in Abb. 5-5) konstatieren jeweils über 40% der antwortenden SMU keinen Unterschied im Konkurrenzvergleich.

Zur weiteren Analyse wurden die zehn Wettbewerbsparameter im Wege einer Mittelwertberechnung zu einer Gesamtskala zur Erfassung der relativen Wettbewerbsposition der SMU zusammengefaßt (= RWP-Index), die mit einem Cronbach α-Wert von 0,79 eine

---

Der Verfasser dankt insbesondere Herrn V. Keßler, General Manager von Ankerpharm, für ein ausführliches Gespräch am 22.12.1995 in Düsseldorf und Herrn Dipl.-Kfm H. Wormann, Janssen Cilag, für die hilfreiche Unterstützung bei der Abgrenzung relevanter Wettbewerbsparameter im SM-Markt.

Der Verfasser hat im Rahmen seiner Tätigkeit als Berater 1994 an einem Projekt mitgearbeitet, in dem die Evaluierung von Schlüsselfaktoren des SM-Geschäftes Bestandteil des Auftrages eines mittelständischen Pharmunternehmens war. Diese Erfahrungen wurden bei der Ableitung von Wettbewerbsaspekten im SM-Markt berücksichtigt.

Zur multifaktoriellen Erfassung von Wettbewerbsaspekten vgl. allgemein z.B Bamberger/Wrona 1993: 13f.; Gussek 1992: 75f. u. 104; Galbraith/Schendel 1983: 158-160 sowie speziell im Kontext des Pharmamarktes Murphy et al. 1995: 25 u. 29f.

141

Abbildung 5-5:
Beurteilung von Wettbewerbsparametern

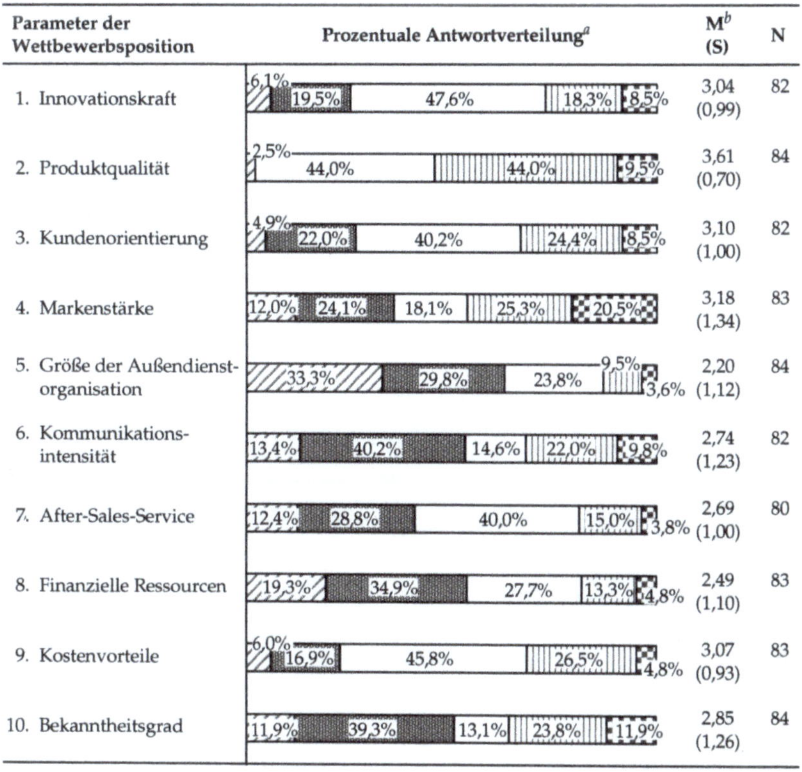

Parameter der Wettbewerbsposition	Prozentuale Antwortverteilung[a]	M[b] (S)	N
1. Innovationskraft	6,1% / 19,5% / 47,6% / 18,3% / 8,5%	3,04 (0,99)	82
2. Produktqualität	2,5% / 44,0% / 44,0% / 9,5%	3,61 (0,70)	84
3. Kundenorientierung	4,9% / 22,0% / 40,2% / 24,4% / 8,5%	3,10 (1,00)	82
4. Markenstärke	12,0% / 24,1% / 18,1% / 25,3% / 20,5%	3,18 (1,34)	83
5. Größe der Außendienstorganisation	33,3% / 29,8% / 23,8% / 9,5% / 3,6%	2,20 (1,12)	84
6. Kommunikationsintensität	13,4% / 40,2% / 14,6% / 22,0% / 9,8%	2,74 (1,23)	82
7. After-Sales-Service	12,4% / 28,8% / 40,0% / 15,0% / 3,8%	2,69 (1,00)	80
8. Finanzielle Ressourcen	19,3% / 34,9% / 27,7% / 13,3% / 4,8%	2,49 (1,10)	83
9. Kostenvorteile	6,0% / 16,9% / 45,8% / 26,5% / 4,8%	3,07 (0,93)	83
10. Bekanntheitsgrad	11,9% / 39,3% / 13,1% / 23,8% / 11,9%	2,85 (1,26)	84

a) Die Experten wurden gebeten, für jeden der zehn aufgeführten Wettbewerbsparameter anzugeben, wie die Position des eigenen Unternehmens diesen imVergleich zu den Hauptwettbewerbern beurteilen. Dazu standen ihnen eine fünfstufige Skala zur Verfügung von "deutlich schwächer" bis "deutlich besser".
⧄ = deutlich schwächer (= 1); ▮ = schwächer (= 2); ☐ = kein Unterschied (= 3);
▥ = besser (= 4); ▦ = deutlich besser (= 5).
b) M = (arithmetischer) Mittelwert; S = Standardabweichung.

befriedigende interne Konsistenzreliabilität aufweist. In der Stichprobe schwanken die Skalenwerte zwischen 1,20 und 4,44 bei einem Mittelwert von 2,93 (S = 0,68; N = 84) und einem Median von 2,90. Hieraus kann gefolgert werden, daß in unserer Stichprobe SMU mit jeweils sehr unterschiedlichen Wettbewerbspositionen vertreten sind. Damit weist das Situationsmerkmal „Wettbewerbsposition" genügend Varianz auf, um seinen Einfluß auf die Erfolgswirkungen unterschiedlicher Marketingstrategievariablen empirisch zu analysieren.

5.2.2.11 Marktwachstum

Zur Beschreibung der Marktbedingungen, denen sich ein SMU gegenübersieht, wurde das Situationsmerkmal „Marktwachstum" sekundärstatistisch erhoben. Für eine Sekundärerhebung sprach, daß u.E. *nicht* erwartet werden konnte, daß ein im Rahmen der Primärerhebung erfaßtes Marktwachstum (1) die notwendige Aktualität gewährleistet, (2) eine ausreichende Genauigkeit sicherstellt und (3) aufgrund unterschiedlicher indikationsbezogener Marktabgrenzungen der Befragten eine Vergleichbarkeit der Daten garantiert. Aufgrund dessen wurde im Sommer 1996 Kontakt zum Institut für medizinische Statistik in Frankfurt aufgenommen,[47] das als Marktforschungsinstitut verschiedenste Daten des Pharmamarktes erfaßt. Unter Bezugnahme auf die in der Selbstmedikationsliste[48] aufgeführten Indikationsmärkte wurden von IMS die in Tab. 5-3 wiedergegebenen indikatonsbezogenen Marktwachstumsraten für das Jahr 1995[49] übermittelt.

Tabelle 5-3:
Mengenmäßige Marktwachstumsraten nach Indikationsmärkten

Indikationsmärkte der Selbstmedikation	Mengenmäßiges Wachstum des SM-Marktes in der Apotheke 1994/95[a]
• Immunstimulanzien	21,4%
• Beruhigung, Stimmungsaufhellung	11,7%
• Husten-/Erkältungskrankheiten	5,3%
• Niere, Blase, Urogenitalbereich	4,0%
• Dermatika	3,0%
• Anwendungen an Auge, Ohr, Mund	1,2%
• Herz-/Kreislauf-Beschwerden	0,4%
• Magen-/Darm-Beschwerden	- 0,8%
• Venenleiden, Hämorrhoiden	- 1,3%
• Schmerzmittel, Antirheumatika	- 2,2%
• Vitamine, Mineralstoffe, Spurenelemente	- 4,0%
• Stärkung, Vitalisierung, Prävention	- 11,0%
SM-Gesamtmarkt	3,0%

a) IMS-Daten aus dem OTC-Report 1995.

---

[47] Mein Dank gilt Frau Elisabeth Beck und Frau Astrid Ksellmann, beide IMS SelfMedication, Frankfurt, für ihre wertvolle Unterstützung bei der Beschaffung der Marktdaten.

[48] S. auch Fn 10 in diesem Kapitel.

[49] Da die Klassifikation der Indikationsmärkte nicht mit der übereinstimmt, wie das IMS sie üblicherweise verwendet, war die Beschaffung von Marktwachstumsraten für einen größeren Zeithorizont mit erheblichen Kosten verbunden, so daß bei der Messung der Marktwachstumsrate nur ein Zeithorizont von einem Jahr zugrunde gelegt werden konnte.

Bereits beim Vergleich der (wertmäßigen) Marktentwicklung in verschiedenen Indikationsmärkten der Selbstmedikation in Kap. 2.4 wurde die heterogene Entwicklung in den einzelnen Indikationsmärkten hervorgehoben. Diese unterschiedliche Entwicklung setzt sich bezogen auf den Absatz von SM-Präparaten in Apotheken fort.[50] Das mengenmäßige Marktwachstum in den einzelnen Indikationsmärkten schwankt dabei zwischen + 21,4% im Bereich „Immunstimulanzien" und - 11,0% in der Indikation „Stärkung, Vitalisierung, Prävention" bei einem durchschnittlichen SM-Marktwachstum von + 3% gegenüber 1994. Daß die beiden oberen und der untere Extremwert allerdings für den SM-Markt eher untypisch sind, zeigt ein Vergleich mit den Marktwachstumsraten in den übrigen Indikationsmärkten sowie mit der SM-Gesamtmarktentwicklung.[51] Die Gründe für diese „Ausreißer" nach oben bzw. nach unten sind in verwender- und indikationsmarktspezifischen Besonderheiten zu suchen.

Insgesamt weisen die angegebenen Werte der indikationsbezogenen Wachstumsrate genügend Varianz auf, um sie in Kap. 7 auf ihre empirische Bedeutung für ein situationsabhängiges Verständnis der Erfolgswirkungen von Marketingstrategien hin analysieren zu können.

5.2.2.12 Konkurrenzintensität

Die Konkurrenzintensität in den Märkten der Selbstmedikation wurde über *zwei* Indikatoren erfaßt, nämlich über (1) die Anzahl der direkten Wettbewerber und (2) den Wettbewerbsdruck, den die Hauptkonkurrenten auf die SMU unserer Stichprobe ausüben. Die Stellungnahme der Befragten erfolgte jeweils auf einer fünfstufigen Skala, die von „1 Wettbewerber" bzw. „sehr niedrig" (codiert als 1) bis „mehr als 10 Wettbewerber" bzw. „sehr hoch" (codiert als 5) reicht. Die Antwortverteilungen zu den beiden Aspekten der Konkurrenzintensität sind in Abb. 5-6 dargestellt.

Im Hinblick auf die *Anzahl direkter Wettbewerber* zeigt Abb. 5-6, daß nahezu zwei von drei SMU unseres Samples sich mehr als zehn Wettbewerbern in ihrem umsatzstärksten SM-In-dikationsmarkt gegenübersehen. 23,8% der SMU berichten, mit vier bis zehn Wettbewerbern in einem direkten Wettbewerbsverhältnis zu stehen, während lediglich 10,7% der Respondenten angaben, daß sie mit weniger als drei Hauptwettbewerbern konkurrieren. Der Median von 5,0 deutet darauf hin, daß die SMU unserer Stichprobe sich zur Hälfte einer *oligopolistischen und polypolistischen Angebotskonkurrenz* ausgesetzt sehen.

---

[50] Zur Ausschaltung etwaiger Preiseffekte wurde auf das mengenmäßige Marktwachstum abgestellt.
[51] S. Kap. 2.4, Abb. 2-7 und 2-9.

Abbildung 5-6:
Antwortverteilungen zu Variablen der Konkurrenzintensität

Anzahl direkter Wettbewerber	Prozentuale Anwortverteilung		Wettbewerbsdruck der Hauptwettbewerber	
1 Wettbewerber	0%		1,2%	sehr niedrig (=1)
2 bis 3 Wettbewerber		10,7%	6,0%	niedrig (= 2)
4 bis 6 Wettbewerber		11,9%	15,4%	durchschnittlich (= 3)
7 bis 10 Wettbewerber		11,9%	35,7%	hoch (= 4)
mehr als 10 Wettbewerber		65,5%	41,7%	sehr hoch (= 5)

M = 4,32; S = 1,06; Median = 5,00; N = 84   M = 4,12; S = 0,96; Median = 4,00; N = 84

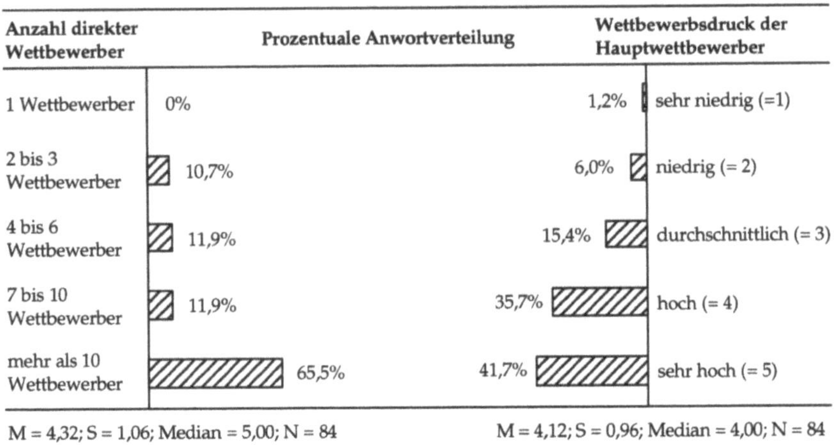

Den *Wettbewerbsdruck der Hauptwettbewerber* empfinden, wie Abb. 5-6 zu entnehmen ist, mehr als 75% der antwortenden SMU als „hoch" bis „sehr hoch". Nur 7,2% (15,4%) der SMU gaben an, einem „niedrigen" bis „sehr niedrigen" (durchschnittlichen) Wettbewerbsdruck ausgesetzt zu sein. Im Mittel wurde der Wettbewerbsdruck mit einem Wert von 4,11 beurteilt (S = 0,96), der ausdrückt, daß SMU unserer Stichprobe sich eher einem *hohen Wettbewerbsdruck* seitens ihrer Hauptkonkurrenten gegenübersehen.

Zur weiteren Analyse wurden die beiden Facetten der Konkurrenzintensität im Wege einer Mittelwertberechnung zu einer Gesamtskala zur Messung der Konkurrenzintensität zusammengefaßt. Die neu gebildete Skala weist mit einem Cronbach α-Wert von 0,73 noch eine hinreichend hohe Realibilität auf. Die Skalenwerte schwanken in unserer Stichprobe zwischen 2 und 5 bei einem Mittelwert von 4,21 (S = 0,97; N = 84) und einem Median von 4,50.

6. Empirische Präzisierung marketingstrategischer Handlungsmuster von Selbst-medikationsunternehmen

In diesem primär deskriptiv angelegten Kapitel werden i.S. der Auswertungsaufgabe 1, die zu Beginn des Kap. 5 formuliert wurde, Ausprägungen von grundsatz- und instru-mentalstrategischen Marketinghandlungsmustern der an der Studie teilgenommenen SMU vorgestellt. Damit werden erstmalig empirisch gestützte Erkenntnisse zur Ausge-staltung von Marketingstrategieaspekten von im deutschen SM-Markt tätigen Unter-nehmen gewonnen. Ergänzend werden im Verlauf dieses Kapitels bivariate Zusammen-hänge zwischen den Ausprägungen grundsatz- bzw. instrumentalstrategischer Marke-tingverhaltensmuster der SMU und den untersuchungsrelevanten Situationsmerkmalen erkundet (s. a. den gestrichelten Pfeil in Abb. 4-1). In *Kap. 6.1* werden zunächst deskripti-ve Statistiken und Zusammenhangsanalysen separat für die sieben Dimensionen einer Marketinggrundsatzstrategie ausgewertet, bevor in *Kap. 6.2* auf die fünf Instrumental-strategieaspekte näher eingegangen wird. Die Grundlage für die nachfolgend zu disku-tierenden Strategievariablen stellt der Fragenblock II in unserem Erhebungsinstrument dar.

6.1   Grundsatzstrategische Marketinghandlungsmuster

6.1.1   Marktfeldstrategien

Eine wichtige Ressource dafür, daß SMU in ihren Indikationsmärkten wachsen (können), stellt die Einführung von neuen zusätzlichen SM-Präparaten dar. Entsprechend wurde unter Bezugnahme auf SM-Neueinführungen erkundet, welche marktfeldstrategische Stoßrichtung die in der eigenen Studie erfaßten SMU verfolgen. Hierzu sollten die Mar-ketingexperten ihre neu in den Markt eingeführten SM-Präparate kennzeichnen, und zwar im Hinblick auf den Neuheitsgrad (a) der angesprochenen Verwenderzielgrup-pe(n) und (b) der markteingeführten Wirksubstanz. Den Experten standen jeweils die zwei Antwortkategorien „bisher angesprochen" bzw. „bereits angeboten" und „zusätz-lich angesprochen" bzw. „zusätzlich angeboten" zur Verfügung. Darüber hinaus sollte erkundet werden, ob die Darreichungsform(en) der Präparateneueinführung(en) von den SMU bereits am Markt angeboten wurde(n) oder es sich um eine neue zusätzliche Darreichungsvariante handelt. Die Einsatzhäufigkeit der vier Ausprägungsformen einer Marktfeldstrategie in der eigenen Untersuchungsstichprobe wird in Abb. 6-1 wiederge-geben. Entsprechende Angaben liegen für 57 der 84 SMU (= 67,9%) vor.[1]

Abbildung 6-1:
Einsatz von Marktfeldstrategien

Marktfeldstrategie	Prozentanteil der SMU mit jeweiliger Marktfeldstrategie[a]	Darreichungs-formen[a]	
		bereits angeboten	zusätzlich angeboten
Marktdurchdringung: Angebot neuer SM-Präparate in bereits bearbeiteten Verwender-segmenten auf der Grundlage bereits vorhandener Wirkstoffe.	14,1%	66,7%	33,3%
Sortimentserweiterung: Ausbau des SM-Sortiments durch Angebot zusätzlicher Wirkstoffe in bereits bearbeiteten Verwender-segmenten.	19,3%	42,9%	57,1%
Markterweiterung: Gewinnung neuer zusätzlicher Verwendersegmente für SM-Präparate auf der Grundlage bereits vorhandener Wirkstoffe.	36,8%	52,4%	47,6%
Diversifikation: Ausbau des Zielgruppenpotentials durch Einführung neuer SM-Präparate auf der Grundlage neuer Wirkstoffe.	29,8%	41,2%	58,8%

a) 100% = 57 SM-Unternehmen. Keine Mehrfachnennungen.

Abb. 6-1 zeigt, daß die Mehrheit der antwortenden SMU mit ihren SM-Neueinführungen eine *Strategie der Markterweiterung* verfolgt, indem SM-Präparate auf Basis bereits angebotener (markteingeführter) Wirkstoffe neuen Zielgruppen (z.B. Kinder, Frauen, Senioren) angeboten werden. Dabei führen die SMU etwa gleichermaßen SM-Präparate mit bereits angebotenen (= 52,4%) wie auch neuen Darreichungsformen (= 47,6%) ein. Demnach ist zu vermuten, daß „Markterweiterer" (a) auf eine (werbeinduzierte) Produktdifferenzierung setzen, um SM-Neueinführungen auf Basis bereits am Markt befindlicher Wirkstoffe bei neuen Zielgruppen zu positionieren und/oder (b) auf die Einführung zielgruppenspezifischer Präparateversionen (z.B. liquide Darreichungen für Kleinkinder) abstellen. Ebenfalls häufig, nämlich von 29,8% der insgesamt 57 SMU, wird die Gewinnung neuer Zielgruppen durch SM-Neueinführungen auf der Grundlage neuer, noch nicht angebotener Wirksubstanzen in Form einer *Diversifikation* angestrebt. Die Mehrzahl der „Diversifizierer" (= 58,8%) greift dabei auf neue zusätzliche Darreichungsformen zurück. Augenscheinlich verbindet die große Mehrheit der SMU unserer Stichprobe mit der Erschließung neuer Verwendersegmente bessere Wachstumschancen als mit der Positionierung von SM-Neueinführungen in bereits bearbeiteten Segmenten. Diese These wird durch die Erkenntnis untermauert, daß lediglich eine Minderheit von 19 SMU ihre Präparateneueinführungen in angestammten Verwendersegmenten positionieren, 8 davon in Form einer *Marktdurchdringung* (= 14,1%) und 11 in Gestalt einer *Sortimentserweiterung* (= 19,3%). Während zwei Drittel der „Marktdurchdringer" auf bereits angebotene Darreichungsformen zurückgreifen, setzt die Mehrzahl der „Sortimentserweiterer" neue zusätzliche Darreichungsvarianten ein.

Ausgehend von der Hypothese, daß Entscheidungen der SMU über den Einsatz von Marktfeldstrategien auch von Situationsmerkmalsausprägungen beeinflußt werden, wurden einfache (bivariate) *Korrelationsanalysen* durchgeführt, die folgendes erkennen ließen:

- Mit zunehmender *Größe*, gemessen an der Zahl der Mitarbeiter im Apotheken-außendienst, entschließen sich die erfaßten SMU signifikant häufiger für eine Markterweiterung (r = 0,29; p < 0,05 bzw. τ = 0,24; p < 0,1; N = 48). Dieser Befund gibt Anlaß zu der Vermutung, daß SMU mit einem zahlenmäßig größeren Apotheken-außendienst dazu tendieren, vermehrt sich der Unterstützung der Apotheken zu bedienen, wenn es darum geht, für SM-Neueinführungen, die auf einen bereits marktgeführten Wirkstoff basieren, neue Segmente zu erschließen.

- In einer Situation abnehmenden *Marktwachstums* verfolgen SMU unserer Stichprobe signifikant weniger häufig eine Markterweiterung (r = - 0,26; p < 0,05 bzw. τ = - 0,25; p < 0,05; N = 57), um statt dessen einer Diversifikationsstrategie den Vorzug zu geben (r = 0,27; p < 0,05 bzw. τ = 0,24, p < 0,05; N = 57). Mit der Diversifikation scheinen die SMU in der Praxis eher die Möglichkeit zu verbinden, einer Wachstumsschwäche in ihren SM-Märkten begegnen zu können.

- Mit zunehmender *Konkurrenzintensität* realisieren die antwortenden SMU eher eine Strategie der Sortimentserweiterung (r = 0,31; p < 0,05 bzw. τ = 0,27; p = 0,05; N = 57). Dies deutet darauf hin, daß in unserer Stichprobe „Sortimentserweiterer" eher defensiv ausgerichtet sind, indem sie mit der Einführung neuer, noch nicht angebotener Wirksubstanzen auf einen aggressiven Wettbewerb in den angestammten Verwendersegmenten reagieren.

6.1.2 Marktbearbeitungsstrategien

Die Wahl der Marktbearbeitungsstrategie wird in starkem Maße von der Bedeutung, die SMU verschiedenen Zielgruppen für die SM-Marktbearbeitung beimessen, bestimmt. Aus diesem Grunde wurde zunächst der Stellenwert verschiedener Marketingzielgruppen im Rahmen der SM-Marktbearbeitung erfaßt. Dazu wurden potentiell relevante Marketingzielgruppen vorgegeben, deren jeweilige Bedeutung unter Verwendung einer fünfstufigen Skala erhoben wurde.[2] Abb. 6-2 enthält für jede Marketingzielgruppe Informationen zur Verteilung der Antworten auf die entsprechenden Skalenstufen sowie zu deskriptiven Kennwerten der Expertenangaben.

Abbildung 6-2:
Bedeutung verschiedener Marketingzielgruppen für die SM-Marktbearbeitung

Marketingzielgruppen in der Selbstmedikation	Prozentuale Antwortverteilung[a]	M	S
1. Endverbraucher	4,8% / 1,6,0% / 17,9% / 71,3%	4,56	0,81
2. Ärzte	11,9% / 16,7% / 25,0% / 26,2% / 20,2%	3,26	1,29
3. Heilpraktiker	31,0% / 20,2% / 22,6% / 16,7% / 9,5%	2,54	1,34
4. Apotheker	2,4% / 14,3% / 7,1% / 46,4% / 29,8%	3,94	0,97
5. Pharmazeutischer Großhandel	11,9% / 19,0% / 36,9% / 23,8% / 8,4%	2,98	1,12
6. Sonstige Marketingzielgruppen	85,7% / 1,2% / 6,0% / 4,8% / 2,3%	1,38	0,99

a) Für jede der vorgegebenen Marketingzielgruppen gaben die Experten an, welche grundsätzliche Bedeutung diese für ihre Marktbearbeitung in ihrem umsatzstärksten SM-Indikationsmarkt hat. Zur Einstufung standen jeweils fünf Skalenstufen von "gar keine Bedeutung" bis "sehr hohe Bedeutung" zur Verfügung. Für alle Antworten gilt N = 84.
▨ = gar keine Bedeutung (= 1); ▪ = sehr geringe Bedeutung (= 2); ☐ = geringe Bedeutung (= 3); ☐ = hohe Bedeutung (= 4); ⊠ = sehr hohe Bedeutung (= 5).

Erwartungsgemäß zeigt Abb. 6-2, daß dem Endverbraucher (s. Zielgruppe Nr. 1 in Abb. 6-2) als Marketingzielgruppe die bei weitem höchste Bedeutung von den erfaßten SMU zugesprochen wird: 89,2% der SMU unserer Stichprobe weisen den Verwendern als Marketingzielgruppe eine „hohe" bis „sehr hohe" Bedeutung zu. Den Apotheken (s. Zielgruppe Nr. 4 in Abb. 6-2) wird ebenfalls eine „hohe" bis „sehr hohe" Bedeutung als Marketingzielgruppe in der Selbstmedikation zuteil, jedoch im Vergleich zu den Verwendern schon bei deutlich weniger, nämlich nur noch bei 76,2% der erfaßten SMU. Auffällig ist der doch recht hohe Anteil von Anbietern (= 46,4%), die der Ärzteschaft als Zielgruppe absatzpolitischer Maßnahmen eine „hohe" bis „sehr hohe" Bedeutung beimessen. Offensichtlich nutzen zahlreiche SMU ihre Arztkontakte aus dem „ethischen"

---

[2] Zur Feinabgrenzung der fünf Skalenstufen s. Abb. 6-2.

Pharmageschäft zugleich auch zur Vermarktung ihrer SM-Präparate. Zudem deutet dieser Befund an, daß das SM-Marketing von zahlreichen SMU in der Praxis *nicht* am Arzt vorbei realisiert wird. Nur noch knapp ein Drittel der erfaßten SMU messen dem pharmazeutischen Großhandel (s. Zielgruppe Nr. 5 in Abb. 6-2) als Zielgruppe absatzpolitischer Aktivitäten eine „hohe" bis „sehr hohe" Bedeutung zu. Heilpraktikern und sonstigen Zielgruppen[3] (s. Zielgruppe Nr. 3 und 6 in Abb. 6-2) werden von der Mehrheit der SMU unserer Stichprobe „gar keine" oder nur eine „sehr geringe Bedeutung" als Marketingzielgruppe zugesprochen.

Zur Erkundung von *Marktbearbeitungsstrategien* in der SM-Praxis wurden in einem weiterführenden Schritt solche Zielgruppen bzw. Zielgruppenkombinationen betrachtet, für die die Marketingexperten ausschließlich eine „hohe" bis „sehr hohe" Bedeutung im Rahmen der Marktbearbeitung als zutreffend angegeben haben. Eine *Einzelsegmentstrategie (Multisegmentstrategie)* liegt demnach dann vor, wenn nur eine (mehrere, aber nicht alle) Marketingzielgruppe(n) eine „hohe" oder „sehr hohe" Bedeutung erlangt (erlangen). Demgegenüber ist eine *Gesamtmarktstrategie* durch eine „hohe" bis „sehr hohe" Bedeutung bei sämtlichen Zielgruppen gekennzeichnet. Abb. 6-3 gibt Aufschluß über die in unserer Stichprobe entsprechend der dargestellten Operationalisierungsregeln vorgefundenen Marktbearbeitungsstrategien.

Abb. 6-3 läßt erkennen, daß die große Mehrheit der SMU in unserem Sample (= 71,4%) *mehrere* Zielgruppen gleichzeitig bearbeitet. Am häufigsten werden Endverbraucher, Apotheken und Ärzte (= 31,7%) oder nur Endverbraucher und Apotheken (= 30,0%) von den SMU marketingmäßig bearbeitet. 12 SMU (= 20,0%) zielen mit ihren absatzpolitischen Aktivitäten neben den Endverbrauchern und Apotheken auch auf den pharmazeutischen Großhandel. Dagegen bleiben die Bearbeitung nur *einer* bzw. *aller* relevanten Zielgruppen mit jeweils 14,3% der SMU deutlich zurück.

Ergänzend wurden noch *Zusammenhänge zwischen Situationsmerkmalen und dem Einsatz der Marktbearbeitungsstrategien* untersucht.[4] Die Korrelationsanalysen ergaben, daß

- SMU mit abnehmender *Größe* (gemessen an der Anzahl Mitarbeiter im Apothekenaußendienst) der Bearbeitung von nur einer Zielgruppe den Vorzug geben (r = - 0,26; p < 0,05 bzw. τ = 0,27; p < 0,01; N = 71). Dieser Befund läßt den Schluß

---

[3]   Genannt wurden Selbsthilfegruppen, Gesundheitsvereine oder Meinungsbildner.

[4]   Der Einsatz einer Marktbearbeitungsstrategie wurde jeweils mittels einer (0,1)-Dummy-Variablen codiert, wobei 1 = Marktbearbeitungsstrategie wurde eingesetzt und 0 = Marktbearbeitungsstrategie wurde nicht eingesetzt.

150

Abbildung 6-3:
Einsatz von Marktbearbeitungsstrategien

Ausprägungen zielgruppenbezogener Marktbearbeitungsstrategien	Prozentanteil der SMU mit jeweiliger zielgruppenbezogener Marktbearbeitungsstrategie[a]
Einzelsegmentstrategie davon mit primärer Ausrichtung der absatzpolitischen Maßnahmen *nur* auf	▨▨ 14,3%
1. Endverbraucher	▨ 50,0%
2. Apotheken	0,0%
3. Arzt bzw. Hp	▨ 50,0%
4. Pharmagroßhandel	0,0%
Multisegmentstrategie[b] davon mit primärer Ausrichtung der absatzpolitischen Maßnahmen auf	▨▨▨▨▨▨▨ 71,4%
5. Endverbraucher *und* Apotheken	▨▨ 30,0%
6. Endverbraucher *und* Ärzte/Hp[c]	▨ 10,0%
7. Endverbraucher *und* Apotheken *und* Ärzte/Hp	▨▨ 31,7%
8. Endverbraucher *und* Apotheken *und* Pharmagroßhandel	▨▨ 20,0%
Gesamtmarktstrategie mit Ausrichtung der absatzpolitischen Maßnahmen auf *sämtliche* relevanten Zielgruppen	▨▨ 14,3%

a) ▨▨ = Prozentanteil der SMU, bei denen die Marktbearbeitungsstrategie zum Einsatz kam; ▥▥ = Prozentanteil der SMU, die innerhalb einer Marktbearbeitungsstrategie eine bestimmte Ausprägung realisieren. N = 84 SMU.
b) Es wurden nur solche Zielgruppenkombinationen berücksichtigt, die von mehr als 5% der antwortenden SMU verfolgt wurden. Entsprechend blieben fünf Zielgruppenkombinationen (= 8,3%) unberücksichtigt.
c) Hp = Heilpraktiker.

zu, daß die Bearbeitung mehrerer oder gar aller relevanten Marketingzielgruppen eher eine große Außendienstorganisation voraussetzt. Diese Interpretation ist allerdings durch die Einschränkung zu relativieren, daß neben einem eigenen Apothekenaußendienst auch andere Vertriebsformen in der Selbstmedikation existieren (s. a. Kap. 6.2.5), die eine marketingmäßige Bearbeitung mehrerer oder gar aller relevanten Zielgruppen gestatten (z.B. Leihaußendienst, elektronische Medien).

• mit zunehmendem *Marktwachstum* signifikant häufiger die Bearbeitung aller relevanten Marketingzielgruppen von den SMU unserer Stichprobe verfolgt wird
(r = 0,25; p < 0,05 bzw. τ = 0,22; p < 0,05; N = 84), um einen möglichst großen Anteil
des Wachstums auf sich zu vereinen.

6.1.3 Verwendergerichtete Strategien

Als verwendergerichtete Strategien wurden in Kap. 3.2.3.1 die Präferenz-, die Preis-
Mengen-, die hybride und die Outpacing-Strategie diskutiert. Zu ihrer Erfassung wurde
in vorliegender Arbeit auf das wettbewerbsorientierte Strategiekonzept von Porter zurückgegriffen, indem die Marketingexperten nach dem Einsatz einer konsequenten Ko-
stenführer- und/oder Differenzierungsstrategie befragt wurden. Für die Validität der
Erhebung verwendergerichteter Strategien über den „Umweg" einer Kostenführer- bzw.
Differenzierungsstrategie sprechen sowohl theoretische wie auch praktische Überlegungen:

1. Aus *theoretischer Sicht* kann argumentiert werden, daß Porter´s Wettbewerbsstrategien der Differenzierung und der Kostenführerschaft zwar stets in Relation zur
   Konkurrenz verstanden werden, jedoch aus Verwendersicht wird der Differenzie-
   rungsvorteil gegenüber der Konkurrenz als einzigartige Marktleistung bzw. der
   Kostenvorteil gegenüber der Konkurrenz als Preisvorteil wahrgenommen. Insofern
   können die Strategiealternativen von Porter auch als verwendergerichtete Marketingstrategien begriffen werden.[5]

2. In *praktischer Hinsicht* zeigte sich in den Pretests für die vorliegende Untersuchung,
   daß die Marketingexperten die Begriffe Präferenz- und Differenzierungsstrategie
   sowie Preis-Mengen- und Kostenführerstrategie synonym verwenden; einer Mehrheit der Marketingexperten waren die Porter´schen Strategiebezeichnungen sogar
   wesentlich geläufiger. Demnach scheint die Operationalisierung der verwendergerichteten Strategiealternativen durch die Kostenführer- und Differenzierungsstrategie auch aus praktischer Sicht vertretbar.

Abb. 6-4 zeigt die Erhebungsresultate im Hinblick auf den Einsatz verwendergerichteter
Strategieausprägungen.

Im Hinblick auf die praktische Relevanz verwendergerichteter Verhaltensmuster ist aus
Abb. 6-4 ersichtlich, daß die große Mehrheit der antwortenden SMU (= 65,8%) eine konsequente *Präferenzstrategie* verfolgt. Dagegen berichten 22,4% der SMU unseres Samples,
neben nicht-preislichen Aktionsparametern gleichzeitig auch preisliche Parameter in

---

[5] Zu dieser Argumentation s. Haedrich/Tomczak 1996a: 117; Meffert 1994: 126; Gussek 1992: 134. Speziell zur Diskussion der Kostenführer- vs. Preisführerschaft s. Fleck 1995: 23f.

Abbildung 6-4:
Einsatz verwendergerichteter Strategien

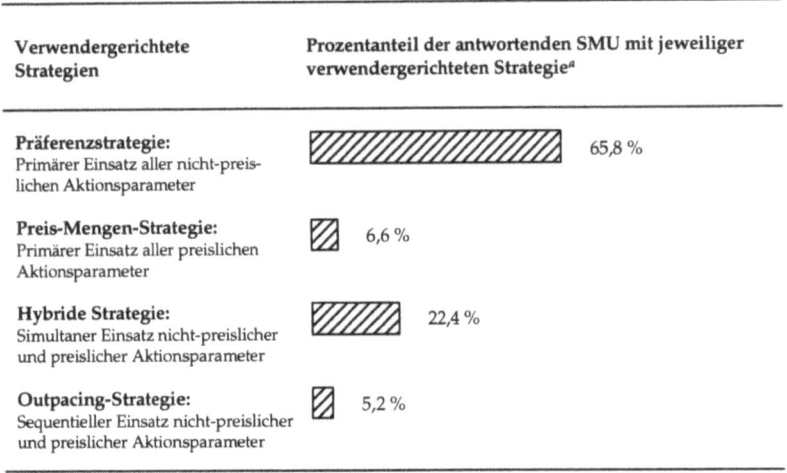

Verwendergerichtete Strategien	Prozentanteil der antwortenden SMU mit jeweiliger verwendergerichteten Strategie[a]
Präferenzstrategie: Primärer Einsatz aller nicht-preislichen Aktionsparameter	65,8 %
Preis-Mengen-Strategie: Primärer Einsatz aller preislichen Aktionsparameter	6,6 %
Hybride Strategie: Simultaner Einsatz nicht-preislicher und preislicher Aktionsparameter	22,4 %
Outpacing-Strategie: Sequentieller Einsatz nicht-preislicher und preislicher Aktionsparameter	5,2 %

a) 100% = 76 SM-Unternehmen. Keine Mehrfachnennungen.

Form preis- bzw. konditionenpolitischer Instrumente einzusetzen, demnach also eine *hybride Strategie* zu verfolgen. Eine eher untergeordnete Bedeutung erlangen in unserem Sample eine konsequente Preis-Mengen-Strategie und der Outpacing-Strategieansatz: Lediglich 5 bzw. 4 der 76 antwortenden SMU (= 6,6% bzw. 5,2%) gaben an, eine *Preis-Mengen-* bzw. *Outpacing-Strategie* zu verfolgen. Insgesamt lassen die Befunde in Abb. 6-4 erkennen, daß (1) dem Präparatepreis als *alleinigem* Parameter zur Verwenderbeeinflussung in der Praxis eine nachrangige Bedeutung zukommt und (2) der primäre Einsatz von präparatebezogenen Leistungsparametern zur Profilierung bei den Verwendern weit verbreitet ist[6].

Korrelationsanalysen zwischen Situationsmerkmalen und dem Einsatz verwendergerichteter Strategien ergaben, daß

- mit zunehmender *Größe* der SMU (operationalisiert durch den SM-Umsatz) eher eine Präferenzstrategie gewählt wird (r = 0,24; p < 0,1 bzw. τ = 0,24; p < 0,05; N = 61), hingegen kleinere SMU häufiger eine Profilierung bei den Verwendern primär über den Preis in Form einer Preis-Mengen-Strategie anstreben.[7] Erklärbar

---

[6] S. a. Gerpott/Breuer 1998a: im Druck.
[7] Die Pearson- bzw. Kendall-Korrelationen liegen für beide Größenindikatoren zwischen - 0,22 (p < 0,1) und - 0,24 (p < 0,1) bzw. zwischen - 0,26 (p < 0,05) und - 0,32 (p < 0,01).

sind diese Assoziationen damit, daß größere SMU aufgrund ihrer vergleichsweise breiten Ressourcen- und Fähigkeitenbasis eher in der Lage sein dürften, nachhaltig Präferenzen bei den Verwendern aufzubauen, während kleinere SMU, z.B. aufgrund einer fokussierten Marktbearbeitung (z.b. Ausrichtung absatzpolitischer Maßnahmen nur auf Apotheken i.s. einer Einzelsegmentstrategie), Kostenvorteile erzielen können, die es ihnen ermöglichen, ihre SM-Präparate in erster Linie preisaktiv zu vermarkten.

- mit abnehmender relativer *Wettbewerbsposition* verfolgen SM-Anbieter in unserer Stichprobe signifikant häufiger eine Outpacing-Strategie (r = - 0,20; p < 0,10 bzw. τ = - 0,21; p < 0,05; N = 76). Dies deutet darauf hin, daß der sequentielle Einsatz preislicher und nicht-preislicher Profilierungsinstrumente hier weniger i.S. eines langfristig geplanten Strategieverhaltens zu verstehen ist, sondern vielmehr als ein kurzfristig angelegter Wechsel aus Unsicherheit der SMU über den Einsatz preislicher und/oder nicht-preislicher Parameter.

Aufgrund der Tatsache, daß (a) eine Präferenzstrategie in einer SM-Praxis eine hohe Bedeutung erlangt und (b) eine Präferenzbildung bei Verwendern auf unterschiedliche Weise erreicht werden kann, sollte im Rahmen einer ergänzenden Fragebatterie präziser erkundet werden, in welchem Maße SM-Anbieter verschiedene Parameter zur Bildung von Präferenzen bei den Verwendern einsetzen. Entsprechend wurden die Befragten gebeten, das Nutzungsausmaß von acht (nicht-preislichen) Aktionsparametern unter Verwendung einer jeweils fünfstufigen Skala von „gar nicht genutzt" (codiert als 1) bis „in sehr hohem Maße genutzt" (codiert als 5) anzugeben. Die parameterspezifischen Nutzungshäufigkeiten sowie deskriptive Variablenstatistiken können Abb. 6-5 entnommen werden.[8]

Demnach wird die Markenbildung (s. Aktionsparameter Nr. 6 in Abb. 6-5) als Parameter zur Präferenzbildung bei weitem am häufigsten und intensivsten von den SMU eingesetzt: 82% der SMU mit einer Präferenzstrategie berichten, diesen Aktionsparameter in „hohem" bis „sehr hohem" Maße zu nutzen. Ebenfalls in „hohem" bis „sehr hohem" Maße genutzt werden von SM-Anbietern vor allem noch die Stellgrößen „Therapeutische Qualität", „Handhabungsbequemlichkeit" „Verpackungsdesign" und „Innovatives Marketingverhalten" (s. Aktionsparameter Nr. 1, 3, 4 und 8 in Abb. 6-5). Dagegen werden die Profilierungsinstrumente „Darreichungsformen", „Produktbegleitende Dienstleistungen" und „After-Sales-Service" (s. Aktionsparameter Nr. 2, 5 und 7 in Abb. 6-5) in der Stichprobe schon z.T. deutlich seltener in „hohem" bis „sehr hohem" Maße eingesetzt; die entsprechenden Anteile schwanken zwischen 18% und 40% der er-

---

[8] In die Analyse wurden nur solche Anbieter einbezogen, die angaben, eine Präferenzstrategie zu verfolgen.

Abbildung: 6-5:
Nutzungsausmaß von Aktionsparametern zur Präferenzbildung

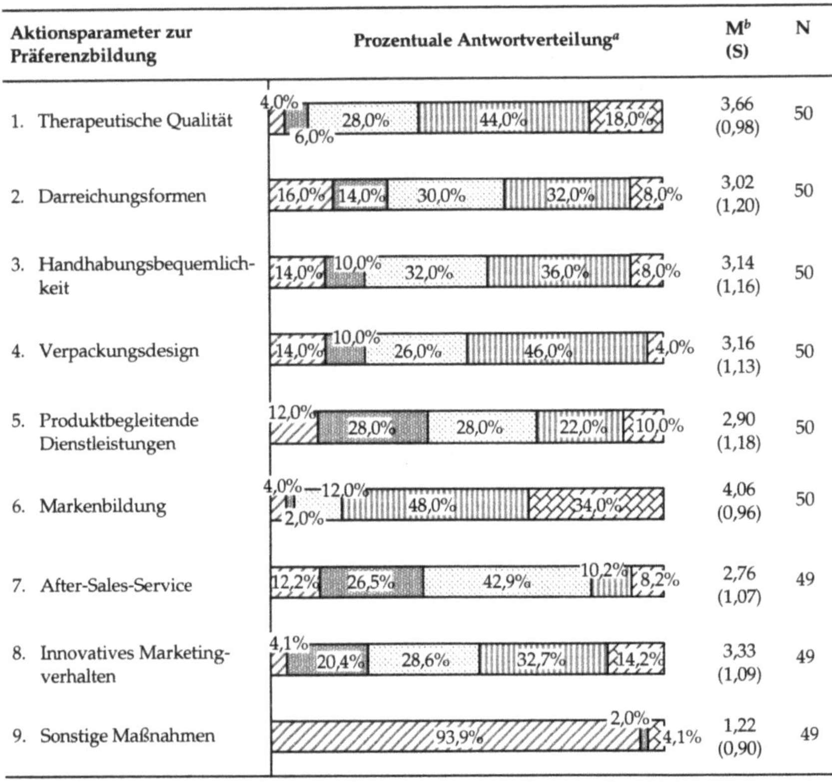

Aktionsparameter zur Präferenzbildung	Prozentuale Antwortverteilung[a]	M^b (S)	N
1. Therapeutische Qualität	4,0% / 6,0% / 28,0% / 44,0% / 18,0%	3,66 (0,98)	50
2. Darreichungsformen	16,0% / 14,0% / 30,0% / 32,0% / 8,0%	3,02 (1,20)	50
3. Handhabungsbequemlichkeit	14,0% / 10,0% / 32,0% / 36,0% / 8,0%	3,14 (1,16)	50
4. Verpackungsdesign	14,0% / 10,0% / 26,0% / 46,0% / 4,0%	3,16 (1,13)	50
5. Produktbegleitende Dienstleistungen	12,0% / 28,0% / 28,0% / 22,0% / 10,0%	2,90 (1,18)	50
6. Markenbildung	4,0% / 12,0% / 2,0% / 48,0% / 34,0%	4,06 (0,96)	50
7. After-Sales-Service	12,2% / 26,5% / 42,9% / 10,2% / 8,2%	2,76 (1,07)	49
8. Innovatives Marketingverhalten	4,1% / 20,4% / 28,6% / 32,7% / 14,2%	3,33 (1,09)	49
9. Sonstige Maßnahmen	93,9% / 2,0% / 4,1%	1,22 (0,90)	49

a) Für jeden der vorgegebenen Aktionsparameter gaben die Experten an, in welchem Maße sie zur Differenzierung genutzt wurden. Die Einteilung erfolgte auf einer 5-Stufen-Skala mit: ▨ = gar nicht genutzt (= 1); ▪ = in sehr geringem Maße genutzt (= 2); ☐ = in geringem Maße genutzt (= 3); ▥ = in hohem Maße genutzt (= 4); ▧ = in sehr hohem Maße genutzt (= 5).
b) Abkürzungen: M = (arithmetischer) Mittelwert; S = Standardabweichung; N = Fallzahl.

faßten SMU. Sonstigen präferenzbildenden Maßnahmen (s. Aktionsparameter Nr. 9 in Abb. 6-5) kommen in vorliegender Stichprobe praktische keine Bedeutung zu.

Faktoren- und Reliabilitätsanalysen der Expertenangaben zur Nutzungsintensität von acht der insgesamt neun in Abb. 6-5 aufgelisteten Aktionsparameter zur Präferenzbildung offenbarten,[9] daß

• die Variablen Nr. 4 und 6 der Abb. 6-5 per Durchschnittsbildung zu einer konsistenten Skala mit einer akzeptablen internen Konsistenzreliabilität (Cronbach's α = 0,71) zusammengefaßt werden konnten. Diese spiegelt Ansätze für eine *Präferenzbildung über die Produktdarstellung* wider.

• durch die Zusammenfassung der Variablen Nr. 2 und 3 in Abb. 6-5 eine Skala gebildet werden konnte, die eine *Präferenzbildung über die Produktbequemlichkeit* (Cronbach's α = 0,79) erfaßt.

• die übrigen Differenzierungsparameter Nr. 1, 5, 7 und 8 in Abb. 6-5 per Durchschnittsbildung ebenso zu einer Gesamtskala aggregiert werden konnten, die eine *Präferenzbildung über die Produktqualität* in verschiedenen Wertschöpfungsstufen abbildet (Cronbach's α = 0,74).

Deskriptive Statistiken und Interkorrelationen für die drei Variablen zur Präferenzbildung enthält Tab. 6-1.

Tabelle 6-1:
Deskriptive Statistiken und Interkorrelationen
der Variablen zur Präferenzbildung

Variablen zur Präferenzbildung	M^b	S	Median	N	Interkorrelationen[a] 1.	2.	3.
1. Produktdarstellung	3,61	0,92	3,75	50	(0,71)	0,25[*]	0,42[**]
2. Produktbequemlichkeit	3,08	1,08	3,00	50	0,24*	(0,79)	0,32*
3. Produktqualität	3,17	0,75	3,25	48	0,27*	0,21[*]	(0,74)

a) Werte oberhalb der Hauptdiagonalen = Pearson'sche Produkt-Moment-Korrelation. Werte unterhalb der Hauptdiagonalen = Kendall'sche Rangkorrelation. Eingeklammerte Werte auf der Hauptdiagonalen = Cronbach's α.
b) Abkürzungen: M = (arithmetischer) Mittelwert; S = Standardabweichung; N = Fallzahlen.

[*] p < 0,1   * p < 0,05   ** p < 0,01   *** p < 0,001   (zweiseitiger Test).

Nach diesem Korrelationsmuster setzen SMU, die verstärkt eine Präferenzbildung über die Art der Produktdarstellung anstreben, zugleich auch eher Leistungsqualitätsaspekte

---

[9] Der Aktionsparameter Nr. 9 („Sonstige Maßnahmen") in Abb. 6-5 wurde aus der Faktorenanalyse ausgeschlossen, da anderweitige Maßnahmen als die genannten offensichtlich in unserer Stichprobe eine so geringe Bedeutung aufwiesen, daß ihr Einbezug in eine Faktorenanalyse nicht zweckmäßig war.

als präferenzbildenden Parameter ein (s. r_{13} bzw. τ_{31} in Tab. 6-1), ohne daß damit auch zwingend eine deutlich stärkere Präferenzbildung via Produktbequemlichkeit verbunden ist (s. r_{12} bzw. τ_{21} in Tab. 6-1). Demnach scheint eine Ausgestaltung der Präferenzstrategie in der SM-Praxis primär dahingehend zu erfolgen, daß eine Präferenzbildung bei den Verwendern über die Produktdarstellung angestrebt und durch verschiedene Leistungsqualitätsmerkmale unterstützt wird.

6.1.4   Wettbewerbergerichtete Strategien

Um das Wettbewerbsverhalten der SMU zu erfassen, wurde der Verhaltensstil der SM-Anbieter gegenüber ihren Hauptwettbewerbern erfragt. Zur Einstufung des Wettbewerbsverhaltens standen die fünf Skalenstufen „sehr defensiv" (codiert als 1), „defensiv" (codiert als 2), „weder defensiv noch offensiv" (codiert als 3), „offensiv" (codiert als 4) und „sehr offensiv" (codiert als 5) bereit. Die Antwortverteilungen auf diese Variablen verdeutlicht Abb. 6-6.

Abbildung 6-6:
Ausprägungen des wettbewerbergerichteten Verhaltensstils

		40,5%		
	33,3%			
	10,7%			11,9%
3,6%				
sehr defensiv (= 1)	defensiv (= 2)	weder defensiv noch offensiv (= 3)	offensiv (= 4)	sehr offensiv (= 5)

M = 3,46; S = 0,96; Median = 4,00; N = 84

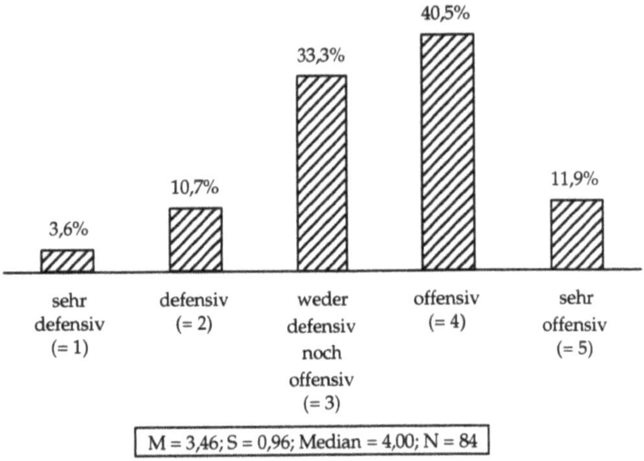

Die Befunde zeigen, daß mehr als die Hälfte der SMU ihr Wettbewerbsverhalten als offensiv bis sehr offensiv charakterisieren, während nur 14,3% der SMU angeben, ein defensives bis sehr defensives Verhalten gegenüber ihren Wettbewerbern zu verfolgen. Hingegen stuft ein Drittel der antwortenden SM-Anbieter ihr Verhalten den Wettbewerbern gegenüber als weder sonderlich defensiv noch offensiv ein. Ingesamt deutet die Verteilung des wettbewerbergerichteten Verhaltensstils darauf hin, daß sich ein

„typischer" SM-Anbieter durch einen weniger offensiven Wettbewerbsstil auszeichnet. Dies wird durch einen Mittelwert von 3,46 und einem Median von 4,00 bestätigt (s. Abb. 6-6).

Untersuchungen zu signifikanten *Situationskorrelaten* des Wettbewerbsverhaltens der erfaßten SMU lassen erkennen, daß

- mit zunehmender *Größe* der SMU das Wettbewerbsverhalten offensiver ausgerichtet ist.[10] Dieser Zusammenhang verdeutlicht die größenspezifischen Wettbewerbsnachteile kleinerer und mittlerer SMU, die in ihren Märkten in direkter Konkurrenz zu größeren Wettbewerbern stehen. Ferner zeigt dieser Befund die Wichtigkeit einer ausreichenden finanziellen Ressourcenbasis und einer großen Außendienstorganisation für ein offensives Wettbewerbsverhalten.

- mit zunehmend stärker werdender *Wettbewerbsposition* die SMU sich zunehmend offensiver gegenüber ihren Wettbewerbern verhalten ($r = 0,54$ bzw. $\tau = 0,43$; $p < 0,001$; $N = 84$). Diese Assoziation ist aus strategischer Sicht durchaus plausibel, da SMU mit einer starken Wettbewerbsposition bestrebt sind, durch einen offensiven Verhaltensstil ihre (starke) Wettbewerbsposition zu behaupten und/oder gar weiter auszubauen.

6.1.5 Apothekengerichtete Strategien

Eine wesentliche Voraussetzung dafür, daß SM-Präparate vom Verwender gekauft werden (können), ist, daß sie im Sortiment der Apotheken gelistet sind. Zur Operationalisierung der apothekengerichteten Verhaltensstrategien wurde auf die Bedeutung der Verwender und/oder der Apotheken als Marketingzielgruppe für die SMU unserer Stichprobe abgestellt (s. a. Abb. 6-2 in Kap 6.1.2). Konkret wurde das marketingstrategische Verhalten der SMU gegenüber den Apotheken als Push-Stimulierung (Pull-Stimulierung) gekennzeichnet, falls den Apotheken (Verwendern) eine „hohe" oder „sehr hohe" Bedeutung als Marketingzielgruppe zuteil wurde. Für den Fall, daß beide Marketingzielgruppen zugleich eine „hohe" oder „sehr hohe" Bedeutung erlangen, wurde ein hybrides apothekengerichtetes Verhalten in Form einer Push-Pull Stimulierung unterstellt. Unternehmen, die weder den Verwendern noch den Apotheken eine „hohe" oder „sehr hohe" Bedeutung als Zielgruppe beigemessen haben, wurde eine „passive Strategie" zugesprochen. In Abb. 6-7 sind die Einsatzhäufigkeiten apothekengerichteter Verhaltensstrategien in vorliegender Stichprobe zusammengestellt.

---

[10] Für den SM-Umsatz gilt: $r = 0,35$; $p < 0,01$ bzw. $\tau = 0,35$; $p < 0,01$; $N = 68$. Für die Mitarbeiteranzahl im Apothekenaußendienst gilt: $r = 0,74$; $p < 0,05$ bzw. $\tau = 0,28$; $p < 0,01$, $N = 71$.

158

Abbildung 6-7:
Einsatz apothekengerichteter Verhaltensstrategien

Verhaltensstrategien gegenüber Apotheken	Prozentanteil der SM-Unternehmen mit jeweiliger apothekengerichteter Strategie[a]
Push-Strategie	2,5%
Pull-Strategie	15,6%
Push-Pull-Strategie	73,6%
Passive Strategie	8,3%

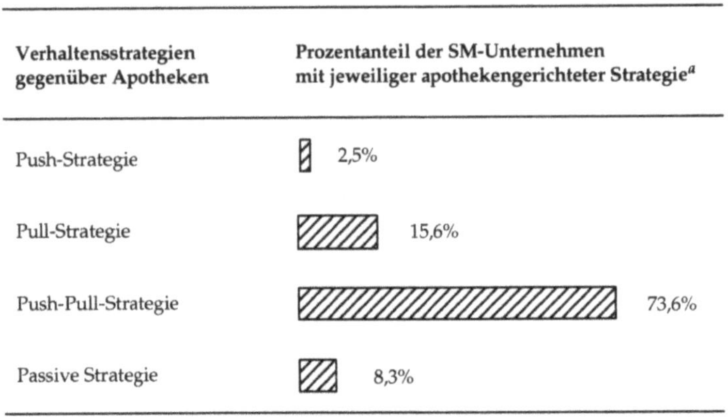

a) 100 % = 84 SM-Unternehmen. Keine Mehrfachnennungen.

Aus Abb. 6-7 geht hervor, daß die große Mehrheit, nämlich 73,6% der SMU unserer Stichprobe, ihre Marketingaktivitäten i.S. einer *Push-Pull-Stimulierung* sowohl auf die Verwender wie auch direkt auf die Apotheken richten, um einerseits durch Erzeugung eines Nachfragesogs (z.b. initiiert durch massive Medienwerbung) die SM-Präparate in die Apotheken „hineinzuziehen", wie auch andererseits durch Generierung eines Angebotsdrucks (z.B. durch Gewährung günstiger Einkaufskonditionen) die SM-Präparate in die Apotheken „hineinzudrücken". Eine *Pull-Stimulierung* verfolgen lediglich 15,6% der erfaßten SMU. Mit 2,5% ist die *Push-Stimulierung*, die darauf abzielt, primär durch aggressive Verkaufsförderungsaktionen die Apotheken zur Listung der SM-Präparate zu bewegen, in vorliegender Stichprobe fast ohne jegliche praktische Bedeutung. Bemerkenswert – und daher in Abb. 6-7 aufgeführt – ist mit immerhin 8,3% der Anteil von SMU, der angab, die Apotheken weder auf dem Wege eines Push- noch eines Pull-Marketing zu einem zieladäquaten Verhalten zu motivieren und daher eine passive Strategie gegenüber den Apotheken zu verfolgen.

Zwischen den *Situationsmerkmalen* und dem Einsatz der apothekengerichteten Strategiealternativen konnten in unserer Stichprobe folgende Assoziationen festgestellt werden:[11]

---

[11] Die apothekengerichteten Strategiealternativen wurde als (0,1)-Dummy-Variablen codiert, mit 1 = Strategieausprägung wird verfolgt und 0 = Strategieausprägung wird nicht verfolgt.

• Mit abnehmender *Größe* verfolgen die SMU in unserem Sample eher eine Pull-Stimulierung,[12] während mit zunehmender Größe signifikant häufiger eine Push-Pull-Stimulierung realisiert wird.[13] Offenbar verzichten die SMU mit zunehmender Ressourcenknappheit auf eine intensive Bearbeitung der Apotheken i.S. einer Pull-Stimulierung und fokussieren ihre Marketingbemühungen auf ihre Hauptziel-gruppe der Verwender. Größere ressourcenstärkere SMU sind demgegenüber eher in der Lage, die beiden zentralen Marketingzielgruppen der Verwender und der Apotheken im Rahmen einer Push-Pull-Stimulierung zu bearbeiten.

• Mit abnehmender *Konkurrenzintensität* ist signifikant häufiger in unserer Stichprobe zu beobachten, daß SM-Anbieter eine passive Strategie im Hinblick auf die Apo-theken realisieren (r = - 0,37, p < 0,01 bzw. τ = - 0,28, p < 0,05, N = 84). Andererseits zeigt sich in unserer Stichprobe auch, daß mit steigender Konkurrenzintensität SMU vermehrt eine Push-Pull-Stimulierung anwenden (r = 0,28, p < 0,05 bzw. τ = 0,18; p < 0,1; N = 84).

6.1.6   Pharmagroßhandelgerichtete Strategien

Um zu erkunden, inwieweit der Pharmagroßhandel als Marketingpartner von SMU in der Praxis Bedeutung erlangt, wurde den Befragungszielpersonen folgende Frage ge-stellt:

„Wie beurteilen Sie die Intensität Ihrer Zusammenarbeit mit dem Phar-magroßhandel hinsichtlich der Vermarktung Ihrer(s) SM-Produkte(s) im o.a. (umsatzstärksten) Indikationsbereich im Vergleich zu Ihren Haupt-wettbewerbern?"

Zur Beantwortung dieser Frage standen den Respondenten die fünf Antwortalterna-tiven „deutlich schwächer" (codiert als 1), „ schwächer" (codiert als 2), „kein Unterschied" (co-diert als 3), „intensiver" (codiert als 4) und „deutlich intensiver" (codiert als 5) zur Verfü-gung. Abb. 6-8 illustriert die entsprechenden Variablenausprägungen.

Abb. 6-8 zeigt, daß ungefähr jedes dritte SMU unserer Stichprobe die Marketingzusam-menarbeit mit dem Pharmagroßhandel als „schwächer" bis „deutlich schwächer" als die Konkurrenz einstuft. Lediglich 19,3% der SMU berichten über eine intensivere Mar-ketingzusammenarbeit mit dem Pharmagroßhandel im Vergleich zu den Hauptwettbe-werbern. Der größte Teil der SMU in unserem Sample (= 45,8%) jedoch sieht keinen Un-terschied hinsichtlich der Zusammenarbeit mit dem Pharmagroßhandel im Vergleich zur

---

[12]   Für den SM-Umsatz gilt: r = - 0,22; p < 0,1 bzw. τ = - 0,23; p < 0,05; N = 68. Für die Mitarbeiteranzahl im Apothekenaußendienst gilt: r = - 0,26; p < 0,05 bzw. τ = - 0,27; p < 0,01; N = 71.

[13]   Für den SM-Umsatz gilt: r = 0,29; p < 0,05 bzw. τ = 0,32; p < 0,01; N = 68. Für die Mitarbeiteranzahl im Apothekenaußendienst gilt: r = 0,43; p < 0,001 bzw. τ = 0,44; p < 0,001; N = 71.

160

Abbildung 6-8:
Intensität der Zusammenarbeit im Marketing zwischen SM-Unternehmen
und dem Pharmagroßhandel im Vergleich zum Wettbewerb

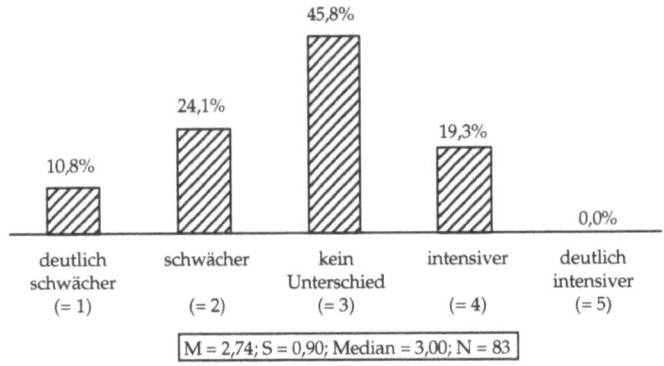

M = 2,74; S = 0,90; Median = 3,00; N = 83

Konkurrenz. Insgesamt muß daher der Befund, daß lediglich ca. 20% der SMU unserer Stichprobe über eine intensive Marketingzusammenarbeit mit dem Pharmagroßhandel berichten, als ein Indiz für den Mangel an vertikaler Zusammenarbeit zwischen SMU und dem Pharmagroßhandel gewertet werden. Dies wird auch durch einen Mittelwert von 2,74 und ein Median von 3,00 (s. Abb. 6-8) für diese Strategievariable bestätigt. Trotz der Marktnähe zur Apotheke und des vielfältigen Dienstleistungsangebots des Pharmagroßhandels (s. a. Abb. 3-5) begreifen die SMU den Pharmagroßhandel offenbar weniger als Partner hinsichtlich einer apothekengerichteten Marktbearbeitung, sondern eher als Logistik-Dienstleister zur Distribution von SM-Präparaten.

Die erfaßte Intensität der Marketingzusammenarbeit zwischen SMU und dem Pharmagroßhandel läßt gleichzeitig Rückschlüsse auf den gewählten Verhaltensstil der SMU gegenüber dem pharmazeutischen Großhandel zu. Dichotomisiert man den Intensitätsgrad der Zusammenarbeit in die Ausprägungen hoch und niedrig,[14] so deutet eine hohe (niedrige) Intensität der Marketingzusammenarbeit auf den Verhaltensstil eines *vertikalaktiven Marketing* (*vertikal-passiven Marketing*) hin (s. Kap. 3.2.3.4). Dementsprechend konnten 67 SMU (= 80,7%) identifiziert werden, die ein vertikal-passives Marketing praktizieren, während lediglich 16 SM-Anbieter (= 19,3%) sich durch ein vertikal-aktives Marketing auszeichnen.

---

[14] Als Grenzwert zur Zweiteilung des Intensitätsgrades der Zusammenarbeit wurde der Median herangezogen. Danach weisen SMU mit einem Variablenwert von ≤ 3 einen niedrigen Intensitätsgrad und solche mit einem Variablenwert von > 3 einen hohen Intensitätsgrad im Hinblick auf die Marketing-Zusammenarbeit mit dem Pharmagroßhandel auf.

Im Hinblick auf mögliche Zusammenhänge zwischen Merkmalen der Situation und der Intensität der Zusammenarbeit zwischen SMU und dem Pharmagroßhandel konnte in vorliegender Stichprobe nur eine schwach signifikante (p < 0,1) Assoziation aufgedeckt werden. So ist ein schwach positiver Zusammenhang zwischen dem Marktwachstum in den Märkten der Selbstmedikation und der Intensität der Marketingzusammenarbeit der Unternehmen mit dem Pharmagroßhandel festzustellen (r = 0,18; p = 0,10 bzw. τ = 0,17, p < 0,10; N = 83). Pointiert formuliert läßt dieser Zusammenhang vermuten, daß SMU die Kooperation mit dem Pharmagroßhandel verstärken, um durch die „akquisitorische Kraft" des Großhandels bei den Apotheken einen möglichst hohen Anteil des SM-Marktwachstums auf sich zu vereinen.

6.1.7 Arzt-/heilpraktikergerichtete Strategien

Bei der Erfassung des Strategieverhaltens der antwortenden SM-Anbieter gegenüber Ärzten bzw. Heilpraktikern wurde – analog zur Operationalisierung der apotheken- und pharmagroßhandelgerichteten Strategien – auf den Bedeutungsgrad der Ärzte als Marketingzielgruppe für die SMU Bezug genommen. Eine Strategie der arztgestützten (arztungestützten) Selbstmedikation wurde demnach als gegeben unterstellt, wenn Ärzten bzw. Heilpraktikern als Marketingzielgruppe eine „hohe" oder „sehr hohe" (keine) Bedeutung als Marketingzielgruppe von den SMU beigemessen wurde. Abb. 6-9 stellt die alternativen Verhaltensstrategien gegenüber Ärzten bzw. Heilpraktikern von den in unserer Stichprobe erfaßten SMU dar.

Abbildung 6-9:
Verhaltensstrategien gegenüber Ärzten bzw. Heilpraktikern

Verhaltensstrategien gegenüber Ärzten bzw. Heilpraktikern	Prozentanteil der SM-Unternehmen mit jeweiliger arztgerichteter Strategie[a]
Strategie der arztgestützten Selbstmedikation	///////////////////////// 54,8%
Strategie der arztungestützten Selbstmedikation	//////////////////// 45,2%

a) 100 % = 84 SM-Unternehmen.

Abb. 6-9 gibt zu erkennen, daß die Mehrheit der erfaßten SMU den Arzt als Empfehler aktiv nutzt und insofern eine *Strategie der arztgestützten Selbstmedikation* verfolgt. Offensichtlich nutzen doch zahlreiche SMU ihre bereits guten Kontakte zum Arzt aus ihrem

„ethischen" Geschäft, um auch ihre SM-Präparate via Arztempfehlung zu vermarkten. Insofern untermauert dieser Befund die verschiedenen Studienergebnisse zur arztgestützen Selbstmedikation in der Praxis über die oben in Kap. 2.3.4 berichtet wurde.

Zwischen der Strategie der arztgestützten Selbstmedikation einerseits und den Situationsvariablen andererseits wurden folgende signifikanten *Zusammenhänge* festgestellt:

- Mit abnehmender *Größe*, sowohl gemessen am SM-Umsatz wie auch an der Mitarbeiterzahl im Apothekenaußendienst, realisieren die SMU unserer Stichprobe signifikant häufiger eine Strategie der arztgestützten Selbstmedikation.[15] Offenbar nutzen insbesondere kleinere SMU ihre guten Kontakte zum Arzt, um diese zur Empfehlung der eigenen SM-Präparate zu veranlassen.

- Mit zunehmendem *Marktwachstum* verfolgen die erfaßten SMU signifikant häufiger eine Strategie der arztgestützten Selbstmedikation ($r = 0{,}29$; $p < 0{,}01$ bzw. $\tau = 0{,}23$; $p < 0{,}05$; N = 84). Befindet sich ein SMU in wachsenden SM-Indikationsmärkten, dann glauben sie durch eine aktive Einbindung der Ärzte mehr vom Wachstum profitieren zu können.

- Mit steigender *Konkurrenzintensität* verzichten die SMU eher auf eine Strategie der arztgestützten Selbstmedikation ($r = -0{,}25$; $p < 0{,}05$ bzw. $\tau = -0{,}18$; $p < 0{,}1$; N = 84).

Nachdem in diesem Kapitel die Ausgestaltung grundsatzstrategischer Entscheidungsdimensionen von in der eigenen Stichprobe erfaßten SMU dargestellt worden sind, gilt es im folgenden zu untersuchen, welche Ausprägungen für Dimensionen instrumentalstrategischer Marketinghandlungsmuster in der SM-Praxis relevant sind.

6.2 Instrumentalstrategische Marketinghandlungsmuster

6.2.1 Gestaltung des Präparateprogramms

Zur Charakterisierung des SM-Präparateprogramms der erfaßten SMU wurde dessen Breite und Tiefe erfragt. In einer *ersten* Frage, die auf die Breite des SM-Angebotsprogramms abstellt, sollten die Marketingexperten Auskunft über die Anzahl der angebotenen Produktgruppen bzw. Marken geben. Dazu stand den Befragten eine fünfstufige Skala zur Verfügung, die von „1 Produktgruppe/Marke" (codiert als 1) bis zu „5 und mehr Produktgruppen/Marken" (codiert als 5) reicht.[16] In unmittelbarem Anschluß sollte dann in einer *zweiten* Frage die Tiefe des SM-Präparateprogramms der Anbieter erkundet werden. Hierzu wurden die Experten nach der Anzahl der Varianten (z.B. ver-

---

[15] Für den SM-Umsatz gilt: $r = -0{,}35$; $p < 0{,}01$ bzw. $\tau = -0{,}36$; $p < 0{,}001$; N = 68. Für die Mitarbeiterzahl im Apothekenaußendienst gilt: $r = -0{,}28$; $p < 0{,}05$ bzw. $\tau = -0{,}33$; $p = 0{,}001$; N = 71.

[16] S. zu den Skalenstufen im Detail den linken Teil der Abb. 6-10.

163

schiedene Darreichungsformen oder Wirkstärken) befragt, die zum Erhebungszeitpunkt durchschnittlich je angebotener Produktgruppe bzw. Marke offeriert wurden. Die Einstufung der Angebotstiefe erfolgte ebenfalls auf einer fünfstufigen Skala, die Kategorien von „1 Produktvariante" (codiert als 1) bis „8 und mehr Produktvarianten" (codiert als 5) umfaßt.[17] Abb. 6-10 zeigt die jeweiligen Erhebungsresultate sowie entsprechende deskriptiven Variablenstatistiken.

Der *linke* Teil der Abb. 6-10 zeigt, daß mit einem zahlenmäßigen Anteil von 28,6% Anbieter in vorliegender Studie dominieren, die nur eine Produktgruppe bzw. Marke zur Selbstmedikation in ihrem umsatzstärksten SM-Indikationsmarkt anbieten. Bereits deutlich weniger, nämlich nur noch 20,2% bzw. 19,0% der SMU berichten, 2 bzw. 3 Produktgruppen/Marken anzubieten. 13,2% der erfaßten SMU gaben an, 4 Produktgruppen/ Marken in ihrem umsatzstärksten SM-Indikationsmarkt anzubieten. Ein SM-Angebotsprogramm, bestehend aus 5 und mehr Präparategruppen offerieren 19,0% der SMU in unserem Sample. Die vorliegende (linksschiefe) Antwortverteilung läßt in bestimmten Grenzen die Aussage zu, daß SMU eher wenige Produktgruppen bzw. Marken im SM-Markt anbieten,[18] was zu der provozierenden These reizt, daß der deutsche SM-Markt weniger i.S. eines *strategisch* bedeutsamen Marktsegments verstanden wird, indem dort ein „komplettes" Präparateprogramm von den SMU angeboten wird, sondern vielmehr als ein „rettender" Teilmarkt für aus der Verschreibungs- und Erstattungsfähigkeit entlassene Einzelpräparate.

Betrachtet man die Expertenaussagen zur Tiefe des SM-Angebotsprogramms, so zeigt der *rechte* Teil der Abb. 6-10, daß über die Hälfte aller SMU unserer Stichprobe im Durchschnitt 2 bis 3 Produktvarianten pro angebotener Produktgruppe offeriert. 25% der SMU bieten lediglich nur eine Produktvariante an, während 15,4% SMU über 4 bis 5 verschiedene Varianten je Präparategruppe verfügen. Weniger als 8% der erfaßten SMU bieten je Präparategruppe 6 und mehr Varianten an.

---

[17] S. zur Verankerung der fünf Skalenstufen den rechten Teil der Abb. 6-10.

[18] Es muß bei der Interpretation der Daten die Einschränkung berücksichtigt werden, daß sich die Informationen auf den jeweils umsatzstärksten SM-Indikationsmarkt beziehen.

164

Abbildung 6-10:
Breite und Tiefe des SM-Angebotsprogramms der in der eigenen Studie erfaßten SM-Unternehmen

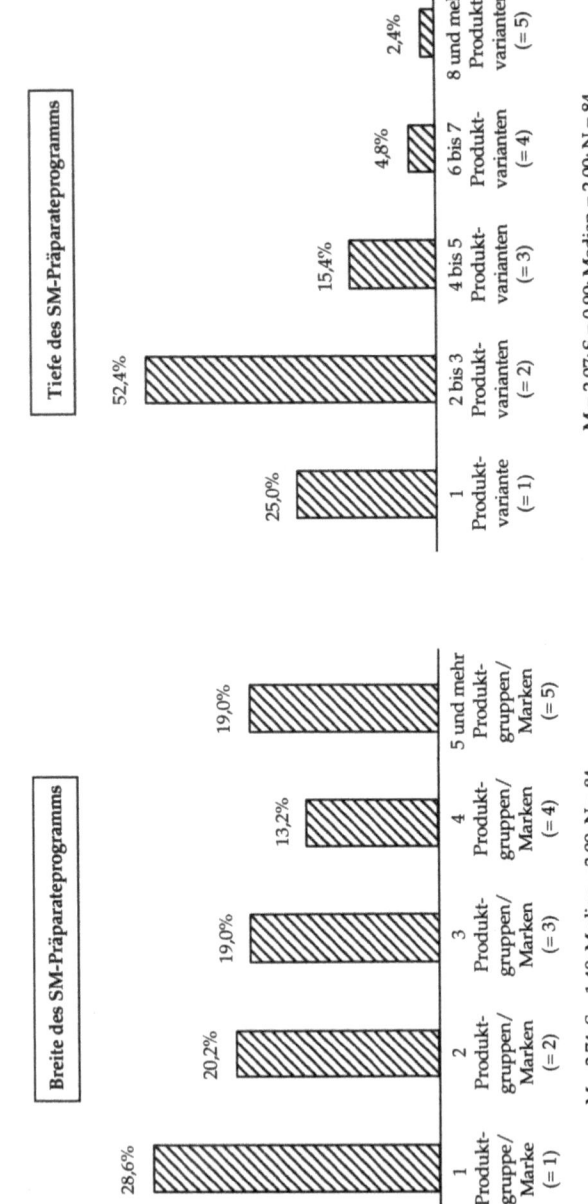

Die Zusammenführung der obigen Befunde in einer Kreuztabelle läßt erkennen, wie sich das SM-Angebotsprogramm der SMU unserer Stichprobe hinsichtlich der Breite und Tiefe im einzelnen darstellt (s. Tab. 6-2). Dazu wurde die Stichprobe entlang des Medians der beiden Programmstrukturvariablen in zwei Gruppen unterteilt, wobei die Gruppe unterhalb (oberhalb) des Medians durch ein eher schmales bzw. flaches (breites bzw. tiefes) SM-Angebotsprogramm charakterisiert ist.

Tabelle 6-2:

Kreuztabellierung von Breite und Tiefe des SM-Präparateprogramms

		Breite des SM-Präparateprogramms		Zeilen-summen
		schmal	breit	
Tiefe des SM-Präparate-programms	flach	29 (34,5%)	12 (14,3%)	41 (48,8%)
	tief	36 (42,9%)	7 (8,3%)	43 (51,2%)
Spalten-summen		65 (77,4%)	19 (22,6%)	84 (100%)

$\chi^2 = 2,02$, df = 1; Kontingenzkoeffizient 0,15, p = 0,15

Statistische Analysen zeigen, daß zwischen Programmbreite und -tiefe des SM-Angebots der erfaßten Unternehmen nur ein schwacher Zusammenhang besteht (s. oben in Tab. 6-2). Tendenziell werden bei einem schmalen SM-Angebotsprogramm mehrere Varianten je Präparategruppe angeboten; Unternehmen mit einem breiten SM-Angebotsprogramm dagegen bieten eher nur wenige Varianten je Produktgruppe an. Nur 8,3% der erfaßten SMU weisen ein breites und zugleich auch variantenreiches Präparateprogramm auf. Daher können die erfaßten SMU *nicht* mehrheitlich als (indikativer) „Komplettanbieter" angesehen werden; sie sind vielmehr überwiegend Anbieter von SM-Einzelpräparaten. Dies läßt die Vermutung zu, daß SM von den Unternehmen überwiegend nicht als ein strategisch bedeutsames Geschäftsfeld geführt wird, indem ein „komplettes" Präparateprogramm angeboten wird, sondern vielmehr als ein „rettender" Teilmarkt für Einzelpräparate, die aus der Verschreibungs- und Erstattungsfähigkeit entlassen wurden.[19] Zudem widerspricht die Tatsache, daß weniger als 10% der antwortenden SMU über *kein* breites und zugleich auch variantenreiches SM-Angebots-

---

[19] Analog a. Gerpott/Breuer 1998b: im Druck.

programm verfügen, der vielfach angenommenen extensiven Programmpolitik zahlreicher SM-Anbieter, über die zumeist Unternehmensberater berichten.[20]

Untersuchungen zu Zusammenhängen zwischen *Situationsmerkmalen* und den vier Gestaltungsformen des SM-Angebotsprogramms liefern folgende überwiegend schwach signifikanten (p < 0,1) Erkenntnisse:

- Mit zunehmender *Größe* (sowohl gemessen am SM-Umsatz wie auch an der Zahl der Mitarbeiter im Apothekenaußendienst) offerieren die SMU unserer Stichprobe eher ein enges und tiefes SM-Angebotsprogramm.[21] Dieser Befund deutet darauf hin, daß größere SMU ihren Umsatz mit wenigen SM-Präparaten realisieren bzw. nur wenige umsatzstarke SM-Präparate durch den Apothekenaußendienst aktiv beworben werden. Diese Erkenntnis stützt unsere Vermutung des Einzelpräparatangebots, vor allem größerer SMU.

- Je schlechter die *Wettbewerbsposition* der SMU ist, desto häufiger ist das SM-Angebotsprogramm durch ein breites SM-Präparateprogramm mit wenigen Varianten gekennzeichnet (r = - 0,20; p < 0,1 bzw. τ = - 0,17; p < 0,1; N = 84).

- Ein enges und tiefes SM-Angebotsprogramm ist weniger häufig mit einer Situation steigenden *Marktwachstums* assoziiert (r = - 0,18; p < 0,1 bzw. τ = - 0,17; p < 0,1; N = 84).

- Je geringer die *Konkurrenzintensität* desto eher bieten die SMU wenige SM-Präparategruppen, aber mit zahlreichen Varianten an (r = - 0,26; p < 0,05 bzw. τ = - 0,19, p < 0,1; N = 84).

6.2.2 Markenbildung

Weiterhin galt es zu erkunden, welche Markenstrategie bei der Vermarktung der SM-Präparate von den SMU in der Praxis eingesetzt wird. Entsprechend wurde geprüft, ob eine Markenstrategie (a) grundsätzlich verfolgt wurde und – im zutreffenden Fall – (b) welche der vorgegebenen vier Strategievarianten (Einzelmarke, Programmmarke, Dachmarke) realisiert wurde. Abb. 6-11 faßt die entsprechende Antwortverteilung aus 84 SMU zusammen.

Es ist zunächst ersichtlich, daß lediglich 3 der 84 erfaßten SMU (= 3,6%) *keine* Markenstrategie verfolgen, demnach ihre SM-Präparate unter Verwendung des Substanznamens (i.d.R. plus Firmenname) im Markt anbieten. Diejenigen SMU, die ihre SM-Präparate als

---

[20] Vgl. Kap. 3.3.1 und die dort in diesem Zusammenhang genannten Literaturquellen.

[21] Für den SM-Umsatz gilt: r = 0,21; p < 0,1 bzw. τ = 0,21; p < 0,05; N = 68. Für die Mitarbeiteranzahl im Apothekenaußendienst gilt: r = 0,24; p < 0,05 bzw. τ = 0,20; p = 0,1; N = 71.

Abbildung 6-11:
Einsatz von Markenstrategien

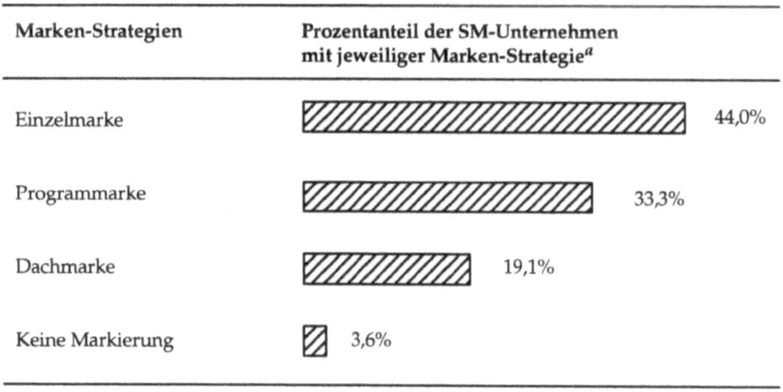

Marken-Strategien	Prozentanteil der SM-Unternehmen mit jeweiliger Marken-Strategie[a]	
Einzelmarke	//////////////////////////	44,0%
Programmarke	//////////////////	33,3%
Dachmarke	//////////	19,1%
Keine Markierung	//	3,6%

a) 100 % = 84 SM-Unternehmen. Keine Mehrfachnennungen.

Marke kennzeichnen, verfolgen am häufigsten eine *Einzelmarkenstrategie* (= 44,0% der Stichprobe). Bereits deutlich weniger SMU, nämlich 33,3%, setzen zur Kennzeichnung ihrer SM-Präparate auf eine *Programmarke* und 19,1% auf eine *Dachmarke.* Insgesamt kann der Befund, daß 81 der 84 erfaßten SMU eine Markenbildung im SM-Markt vornehmen, als eindeutiges Indiz für das in zahlreichen Praktikerartikeln propagierte Denken in Markenkategorien (anstatt in Produktkategorien) gewertet werden.[22]

Ergänzend durchgeführte Analysen zu *Zusammenhängen* zwischen Situationsmerkmalen und den Ausprägungsformen einer Markenstrategie ergaben, daß SMU mit zunehmender Konkurrenzintensität signifikant häufiger eine Programmarkenstrategie[23] verfolgen ($r = 0{,}27$ bzw. $\tau = 0{,}24$ jeweils $p < 0{,}05$), bei der sie mehrere SM-Präparate eines Indikationsbereichs unter einem einheitlichen Markennamen führen.

---

[22]   So auch Kohout 1998: 97f.; Küpper 1998: 188f.; Eschenbach 1996: 3; Zeiner/Franzen 1996: 143; Arenz/Sprandel 1995: 126; Rassat 1995: 384, Rassat 1992b: 9.

[23]   Der Einsatz einer Marken-Strategie wurde jeweils als (0,1)-Dummy-Variable codiert, wobei 1 = Markenstrategie wird eingesetzt und 0 = Markenstrategie wird nicht eingesetzt.

6.2.3 Preis- und Konditionengestaltung

Zur Erkundung *preisstrategischer* Entscheidungen der SMU wurde folgende Frage gestellt:

> „Wie schätzen Sie das Niveau Ihrer Herstellerabgabepreise im Vergleich zu Ihrem/Ihren Hauptwettbewerber(n) im o.a. Indikationsbereich ein?"

Für die Einschätzung der Marketingexperten wurde eine fünfstufige Skala verwendet, deren Abstufungen von „deutlich höher" (codiert als 1) bis „deutlich niedriger" (codiert als 5) reicht. Abb. 6-12 visualisiert die Antwortverteilungsangaben der Experten in vorliegender Stichprobe.

Abbildung 6-12:
Niveau der Herstellerabgabepreise im Vergleich zu den Hauptwettbewerbern

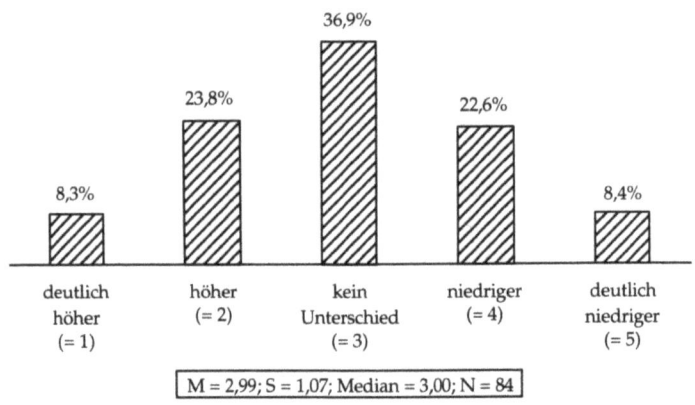

		36,9%		
	23,8%		22,6%	
8,3%				8,4%
deutlich höher (= 1)	höher (= 2)	kein Unterschied (= 3)	niedriger (= 4)	deutlich niedriger (= 5)

M = 2,99; S = 1,07; Median = 3,00; N = 84

Wie aus Abb. 6-12 ersichtlich, berichten die erfaßten SMU größtenteils (36,9%), daß zwischen ihrem Abgabepreisniveau und dem ihrer Hauptkonkurrenten kein Unterschied besteht. Dagegen schätzen 32,1% (31,0%) der SMU das Niveau ihrer Hersteller-Abgabepreise im Wettbewerbsvergleich „höher" bis „deutlich höher" („niedriger" bis „deutlich niedriger") ein.

Inhaltlich ist die Preisgestaltung eng mit der auf der Ebene der Marketinggrundsatzstrategie getroffenen verwendergerichteten Strategieentscheidung der SMU (s. a. Kap 6.1.3) verknüpft. So besteht in unserer Stichprobe zwischen dem Niveau der Herstellerabgabepreise und der Durchsetzung einer Preis-Mengen- bzw. einer hybriden Strategie

169

eine Korrelation von $r = 0{,}44$ und $\tau = 0{,}39$, jeweils $p < 0{,}001$, sowie mit der 0/1-Variablen für eine Präferenz- bzw. einer hybriden Strategie von $r = -0{,}22$ und $\tau = -0{,}19$, jeweils $p < 0{,}1$.[24]

Untersuchungen zu *Situationskorrelaten* mit dem Niveau der Herstellerabgabepreise ergaben, daß

- mit zunehmender *Größe* (gemessen am SM-Umsatz) die SMU signifikant häufiger ein höheres Preisniveau als ihre Hauptkonkurrenten realisieren ($r = -0{,}33$; $p < 0{,}01$ bzw. $\tau = -0{,}26$; $p < 0{,}01$; $N = 68$). Diese Erkenntnis paßt zu unserem Befund im Rahmen der verwendergerichteten Strategien, wo größeren SMU eine Präferenzstrategie zugeschrieben wurde (vgl. Kap. 6.1.3).

- mit abnehmender relativer *Wettbewerbsposition* ein höheres Herstellerabgabepreisniveau einhergeht ($r = -0{,}34$; $p = 0{,}001$ bzw. $\tau = -0{,}24$; $p < 0{,}01$; $N = 84$). Dieser Befund gibt zu der Vermutung Anlaß, daß ein höheres Preisniveau mit einer schwachen Wettbewerbsposition assoziiert ist.

Zur Modifikation der Herstellerabgabepreise stehen den SMU eine Reihe von unterschiedlichen *Konditionenarten* zur Verfügung. Um das Nutzungsausmaß verschiedener Konditionen im Kontext der Selbstmedikation zu erkunden, enthielt unser Fragebogen sieben konditionenpolitische Instrumente, für die die Marketingexperten jeweils angeben sollten, in welchem Maße sie zur Modifikation der Abgabepreise von SM-Präparaten genutzt wurden. Zur Einstufung der Nutzungsintensität stand eine 5-Stufen-Skala zur Verfügung von „gar nicht genutzt" (codiert als 1) bis „sehr intensiv genutzt" (codiert als 5).[25] Abb. 6-13 zeigt die jeweiligen Antwortverteilungsangaben sowie entsprechende deskriptive Kennwerte.

Aus Abb. 6-13 ist zu entnehmen, daß mengenbezogene Rabatte (z.B. für bestimmte Auftragsmengen) und Natural-Rabatte die beiden am intensivsten genutzten Konditionen zur Modifikation der Hersteller-Abgabepreise der analysierten SMU sind (s. Konditionenarten Nr. 3 und 7 in Abb. 6-13): 62,1% bzw. 61,4% der SMU nutzen mengenbezogene Rabatte bzw. Natural-Rabatte „intensiv" bis „sehr intensiv". Ebenfalls „intensiv" bis „sehr intensiv" genutzt werden auch die Einräumung von Zahlungszielen und Skonti, nämlich von rund 51% bzw. 41% der antwortenden SMU (s. Konditionenarten Nr. 2 und 1 in Abb. 6-13). Hingegen werden die Gewährung von Bar-Rabatten, Marketingvergü-

---

[24] Der Einsatz der verwendergerichteten Strategieausprägungen wurde hier jeweils als (0,1)-Dummy-Variable codiert, wobei 1 = Strategie wird eingesetzt und 0 = Strategie wird nicht eingesetzt.
[25] S. zu den Skalenabstufungen im Detail Abb. 6-13.

Abbildung 6-13:
Nutzung von Konditionen zur Modifikation der
Herstellerabgabepreise von SM-Präparaten

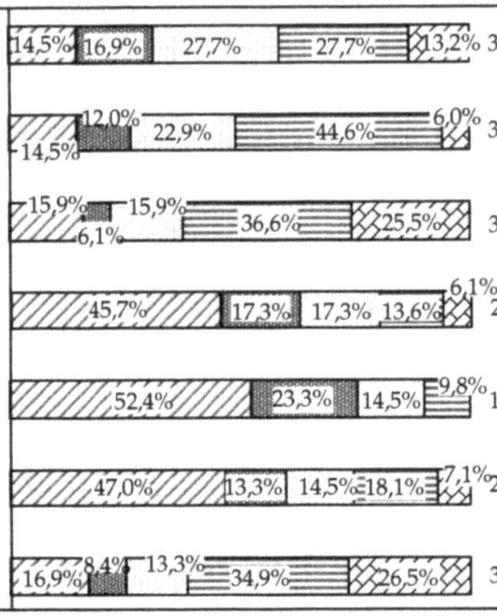

Konditionenpolitische Instrumente	Prozentuale Antwortverteilung[a]	M^b	S	N
1. Skonti	14,5% 16,9% 27,7% 27,7% 13,2%	3,08	1,25	83
2. Zahlungsziele	12,0% 14,5% 22,9% 44,6% 6,0%	3,16	1,17	83
3. Mengenbezogene Rabatte	15,9% 15,9% 6,1% 36,6% 25,5%	3,50	1,36	82
4. Umsatzbezogene Rabatte	45,7% 17,3% 17,3% 13,6% 6,1%	2,17	1,31	81
5. Marketingvergütungen	52,4% 23,3% 14,5% 9,8%	1,82	1,02	82
6. Bar-Rabatte	47,0% 13,3% 14,5% 18,1% 7,1%	2,25	1,40	83
7. Natural-Rabatte	8,4% 13,3% 16,9% 34,9% 26,5%	3,46	1,41	83

a) Für jede der vorgegebenen konditionenpolitischen Instrumente gaben die Experten an, wie intensiv diese von ihren Unternehmen jeweils bei der Modifikation der Herstellerabgabepreise genutzt wurden. Zur Einstufung standen jeweils fünf Skalenstufen von "gar nicht genutzt" bis "sehr intensiv genutzt" zur Verfügung. Für alle Antworten gilt: N = 84 SM-Unternehmen.
▨ = gar nicht genutzt (= 1); ▥ = sehr wenig genutzt (= 2); ☐ = wenig genutzt (= 3); ☰ = intensiv genutzt (= 4); ▧ = sehr intensiv genutzt (= 5).
b) Abkürzungen: M = (arithmetischer) Mittelwert; S = Standardabweichung; N = Fallzahl.

tungen und umsatzbezogenen Rabatten von mindestens 60% der SMU gar nicht oder nur sehr wenig genutzt (s. Konditionenarten Nr. 4, 5 und 6 in Abb. 6-13). Die vorliegenden Daten zur Nutzung von Konditionenarten vermitteln den Eindruck, daß die erfaßten SMU ihre Konditionengewährung in der Hauptsache mit der Anzahl abgegebener Packungseinheiten verbinden. Eine *breiter* angelegte Bezugsbasis zur Konditionengewährung, bei der auch z.b. Absatzförderungsaktionen der Apotheken und damit verbunden gewisse Umsatzziele honoriert werden, stellt offenbar in der SM-Praxis eher die Ausnahme dar.

Faktoren- und Reliabilitätsanalysen der sieben in Abb. 6-13 aufgeführten Konditionenarten ergaben, daß

- die Konditionenarten Nr. 1, 2 und 6 in Abb. 6-13 per Durchschnittsbildung zu einer Skala zusammengefaßt werden konnten, die die Nutzung von *auftragswertbezogenen* Konditionen widerspiegelt. Die Gesamtskala weist mit einem Cronbach α-Wert von 0,76 eine hinreichende Konsistenzreliabilität auf.

- durch Aggregation der Konditionenarten Nr. 4 und 5 in Abb. 6-13 und anschließender Mittelwertbildung eine Skala gebildet werden konnte, die die Nutzung von *umsatzbezogenen Konditionen* erfaßt. Der α-Wert von Cronbach beträgt für die neue Gesamtskala 0,71.

- die Konditionenarten Nr. 3 und 7 in Abb. 6-13 auf dem Wege der Durchschnittsbildung in eine in sich konsistente Skala zusammenfaßbar waren, welche das Nutzungsausmaß von *mengenbezogenen Konditionen* abbildet; Cronbach's α liegt bei 0,77.

Deskriptive Statistiken und Interkorrelationen für die verbleibenden drei Variablen zum Nutzungsausmaß von Konditionenarten enthält Tab. 6-3. Aus diesem Korrelationsmuster ist ersichtlich, daß auftragswertbezogene Konditionen sowohl mit umsatz- wie auch mit mengenbezogenen Konditionen korreliert sind, während die letzten beiden Konditionen untereinander weniger stark verbunden sind. Die erste Korrelation ist darin begründet, daß der Auftragswert, den die Apotheken durch ihre Bestellungen erreichen, durch den Jahresumsatz der Apotheke und die Anzahl der bestellten Packungseinheiten je Präparat determiniert wird. Insgesamt kann aus den Interkorrelationen schlußgefolgert werden, daß in der Praxis die Konditionen zur Motivation der Apotheken weniger alternativ, sonder eher kombinativ genutzt werden.

Tabelle 6-3:
Deskriptive Statistiken und Interkorrelationen von Konditionenarten

Konditionenarten	M^a	S	N	Pearson´r/Kendall´s τ^b 1.	2.	3.
1. Auftragswertbezogene Konditionen[c]	2,83	0,96	81	(0,76)	0,26**	0,24**
2. Umsatzbezogene Konditionen[d]	1,98	1,03	79	0,37***	(0,71)	0,18*
3. Mengenbezogene Konditionen[e]	3,49	1,21	81	0,38***	0,22*	(0,77)

a) Abkürzungen: M = (arithmetischer) Mittelwert; S = Standardabweichung; N = Fallzahl.
b) Werte oberhalb der Hauptdiagonalen = Kendall´sche Rangkorrelation. Werte unterhalb der Hauptdiagonalen = Pearson´sche Produkt-Moment-Korrelation. Eingeklammerte Werte auf der Hauptdiagonalen = Cronbach´s α. Für alle Koeffizienten gilt: N ≥ 77.
c) Mittelwert der Konditionen Nr. 1, 2 und 6 in Abb. 6-13.
d) Mittelwert der Konditionen Nr. 4 und 5 in Abb. 6-13.
e) Mittelwert der Konditionen Nr. 3 und 7 in Abb. 6-13.

*p < 0,05   **p < 0,01   ***p < 0,001   (zweiseitiger Test).

Abschließende Analysen zu Zusammenhängen zwischen den *Situationsmerkmalen* und den drei Konditionenarten offenbarten folgende signifikante (p < 0,05) Korrelationen:

- Mit zunehmender *Größe* der erfaßten SMU (gemessen am SM-Umsatz) steigt die Nutzungsintensität auftragswertbezogener (r = 0,40; p < 0,001 bzw. τ = 0,25; jeweils mit p < 0,01; N = 65) und umsatzbezogener (r = 0,28; p < 0,05 bzw.τ = 0,27; p < 0,01; N = 63) Konditionen an.

- Je stärker die *Wettbewerbsposition* der SMU im Vergleich zu den Hauptkonkurrenten, desto weniger intensiv werden mengenbezogene Konditionen zur Modifikation der Herstellerabgabepreise genutzt (r = - 0,25; p < 0,05 bzw. τ = - 0,22, p < 0,01; N = 81).

- Mit abnehmendem *Marktwachstum* nimmt die Nutzungsintensität auftragswertbezogener Konditionen zu (r = - 0,31 bzw. τ = - 0,22, jeweils p < 0,01, N = 81). Offenbar nutzen die SMU auftragsbezogene Konditionen dazu, um in wachstumsschwachen Zeiten ihre Marktanteile zu halten.

6.2.4 Marktkommunikation

In Tab. 6-14 sind die Antwortverteilungen der Marketingexperten sowie entsprechende deskriptive Statistiken zu den Kommunikationsformen „Klassische Werbung", „Verkaufsförderung", „Wissenschaftliche Information" und „Öffentlichkeitsarbeit" zusammen-gefaßt.[26]

Wie Abb. 6-14 zu entnehmen ist, stellen erwartungsgemäß die klassische Werbung und die Verkaufsförderung die bei weitem am intensivsten genutzten Kommunikationsformen in der Selbstmedikation dar: 48,8% bzw. 54,8% der erfaßten SMU berichten, diese Kommunikationsformen „intensiv" bis „sehr intensiv" zu nutzen. Dennoch bleibt anzumerken, daß immerhin jedes fünfte SMU angab, die Verkaufsförderung als Kommunikationsform gar nicht zu nutzen. Die wissenschaftliche Information und die Öffentlichkeitsarbeit werden „intensiv" oder „sehr intensiv" bereits deutlich weniger häufig genutzt, nämlich nur von 39,3% bzw. 27,3% der SMU.

Vergleicht man die vorliegenden Befunde für im SM-Markt tätigen Unternehmen mit Resultaten aus der Studie von Becker (1990: 6), in der u.a. das Kommunikationsverhalten von primär im „ethischen" Markt befindlichen Pharmaunternehmen analysiert wurde, dann ist festzustellen, daß der Kommunikationsform der klassischen Werbung von den

---

[26] Bei der Abfrage der Kommunikationsformen wurde auf die Erhebung des persönlichen Verkaufs als weitere mögliche Kommunikationsform verzichtet, da dieser im Kontext alternativer Vertriebsformen diskutiert wird (s. Kap. 6.2.5).

Abbildung 6-14:
Nutzung verschiedener Kommunikationsformen

Formen der Kommunikation von SM-Unternehmen	Prozentuale Antwortverteilung[a]	M	S
1. Klassische Werbung	13,1% / 9,5% / 28,6% / 29,8% / 19,0%	3,32	1,21
2. Verkaufsförderung	21,4% / 9,5% / 14,3% / 28,6% / 26,2%	3,29	1,49
3. Wissenschaftliche Information	9,5% / 21,4% / 29,8% / 32,1% / 7,2%	3,06	1,01
4. Öffentlichkeitsarbeit	16,7% / 25,0% / 31,0% / 20,2% / 7,1%	2,76	1,17

a) Für jede der aufgeführten Kommunikationsformen gaben die Experten an, wie intensiv sie von ihrem Unternehmen zur Kommunikation mit den Marktpartnern genutzt wurden. Zur Einstufung standen jeweils fünf Skalenstufen zur Verfügung von "gar nicht genutzt" bis "sehr intensiv genutzt". Für alle Antworten gilt N = 84.

⬚ = gar nicht genutzt (= 1); ■ = sehr wenig genutzt (= 2); ▧ = wenig genutzt (= 3); ▥ = intensiv genutzt (= 4); ▨ = sehr intensiv genutzt (= 5).

Pharmaunternehmen in beiden pharmazeutischen Teilmärkten ein ähnlich hohes Gewicht eingeräumt wird, während Maßnahmen zur Verkaufsförderung in der Selbstmedikation wesentlich stärker eingesetzt werden als im „ethischen" Markt. Anders verhält es sich mit der wissenschaftlichen Information, die im Rahmen der Marktkommunikation von im „ethischen" Markt tätigen Unternehmen eine deutlich stärkere Bedeutung erlangt als bei den SMU unserer Stichprobe. Die Öffentlichkeitsarbeit hingegen spielt in beiden Marktsegmenten eine eher untergeordnete Rolle im Kommunikationsverhalten der Pharmaunternehmen. Die z.T. offensichtlichen Bedeutungsunterschiede der einzelnen Kommunikationsformen zwischen im SM-Markt und „ethischen" Markt tätigen Pharmaunternehmen sind angesichts der unterschiedlichen Zielgruppenbedeutung sowie Unterschieden in der Erklärungsbedürftigkeit der Präparate durchaus plausibel.

Ergänzende Korrelationen zwischen dem Einsatz der verschiedenen Kommunikationsformen im SM-Marketing sind im Anhang 3 aufgeführt (s. Tab. A 3-1). Aus dem Interkorrelationsmuster ist abzulesen, daß SMU, die der SM-Werbung, sei es in Printmedien oder im Fernsehen, überdurchschnittliche Bedeutung einräumen, zugleich auch der Verkaufsförderung (r = 0,33 bzw. τ = 0,26, p < 0,01) wie auch der Öffentlichkeitsarbeit (r = 0,35 bzw. τ = 0,27, p < 0,01) mehr Gewicht zusprechen. Insgesamt deuten die Befunde darauf hin, daß die verschiedenen Kommunikationsformen weniger im Sinne alternativer Formen zu verstehen sind, sondern kombinativ eingesetzt werden.

Zur Erkundung von Zusammenhängen zwischen *Situationsmerkmalen* und der Nutzungsintensität der vier Kommunikationsformen durchgeführte Korrelationsanalysen ergaben, daß

- mit zunehmender *Größe* der SMU, gemessen an der Zahl der Mitarbeiter im Apothekenaußendienst und ihrem SM-Umsatz, die Intensität der Verkaufsförderung zunimmt.[27] Diese Zusammenhänge sind intuitiv plausibel, da mit zunehmender Größe der SMU eher die finanziellen und personellen Ressourcen vorhanden sind, die es möglich machen, den SM-Präparateabsatz durch Maßnahmen intensiv zu stimulieren.

- SMU mit zunehmender *Wettbewerbsposition* die Kommunikationsformen „Klassische Werbung", „Wissenschaftliche Information" und „Öffentlichkeitsarbeit" intensiver einsetzen als SMU mit einer schwachen Wettbewerbsposition.[28]

- bei abnehmendem *Marktwachstum* die Bemühungen der SMU unserer Stichprobe in Sachen Verkaufsförderung zunehmen (r = - 0,23; p < 0,05 bzw. τ = - 0,23; p < 0,01; jeweils N = 84).

- mit steigender *Konkurrenzintensität* Maßnahmen zur Verkaufsförderung um so intensiver eingesetzt werden (r = 0,33; p < 0,01 bzw. τ = 0,23; p < 0,05; N = 84).

Angesichts der hohen Bedeutung, die der *klassischen Werbung* im SM-Markt beigemessen wird, sollte ergänzend erkundet werden, welche Eigenschaften die SM-Werbung, getrennt für die Medien „Fernsehen" und „Print", aufweist. Dazu wurden acht verschiedene Eigenschaften der Fernseh- und Printwerbung auf einer fünfstufigen Skala erhoben. In die Untersuchung aufgenommen wurden dabei größtenteils Merkmale, die bereits in der Studie der Verlagsgruppe Bauer (1995: 30) im Zusammenhang mit der Beurteilung der Werbung im SM-Markt aus Sicht der Bevölkerung abgefragt wurden. Die entsprechenden deskriptiven Statistiken sind separat für Fernsehen und Printmedien in Tab. 6-4 zusammengefaßt.

Die Gegenüberstellung der SM-Werbung im Fernsehen und in Printmedien zeigt, daß die Printwerbung von den SMU im Vergleich zur Fernsehwerbung offenbar seriöser ge-

---

[27] Die Assoziationen belaufen sich (1) für die Mitarbeiterzahl im Apothekenaußendienst auf r = 0,39; p = 0,001 bzw. τ = 0,49; p < 0,001; N = 71, (2) für den SM-Umsatz auf r = 0,46 bzw. τ = 0,45; jeweils p < 0,001; N = 68.

[28] Die Zusammenhänge ergeben (1) für die klassische Werbung ein r = 0,29; p < 0,01 bzw. τ = 0,22; p < 0,01, (2) für die wissenschaftliche Information ein r = 0,24; p < 0,05 bzw. τ = 0,20; p < 0,05 und (3) für die Öffentlichkeitsarbeit ein r = 0,38; p = 0,001 bzw. τ = 0,29; p = 0,001; jeweils N = 84.

Tabelle 6-4:
Eigenschaften der SM-Werbung im Fernsehen und in Printmedien

Eigenschaften der SM-Werbung[b]	Fernsehen						Printmedien					
	N	Max	Min	Median	S	M	M^a	S	Median	Min	Max	N
1. informativ	32	5,00	1,00	4,00	1,02	3,75	4,13	0,55	4,00	3,00	5,00	67
2. unterhaltend	32	5,00	1,00	3,00	0,83	3,38	2,71	1,00	3,00	1,00	5,00	65
3. glaubwürdig	32	3,00	5,00	4,00	0,59	4,19	4,22	0,60	4,00	3,00	5,00	65
4. einprägsam	32	3,00	5,00	4,00	0,61	4,38	3,92	0,67	4,00	2,00	5,00	65
5. kaufanregend	31	3,00	5,00	4,00	0,43	4,13	3,82	0,58	4,00	2,00	5,00	67
6. auffallend	32	3,00	5,00	4,00	0,65	4,03	3,60	0,79	4,00	2,00	5,00	65
7. emotional	32	3,00	5,00	4,00	0,74	3,97	3,17	1,09	3,00	1,00	5,00	66
8. erlebnisbetont	31	2,00	5,00	3,00	0,95	3,19	2,46	1,07	2,00	1,00	5,00	66

a) Abkürzungen: M = (arithmetischer) Mittelwert; S = Standardabweichung; N = Fallzahl.
b) Je Beurteilungskriterium wurde eine fünfstufige Skala vorgegeben mit dem Wertebereich von 1 bis 5 mit „gar nicht" (codiert als 1); sehr wenig"
(codiert als 2); „wenig" (codiert als 3); „stark" (codiert als 4); „sehr stark" (codiert als 5).

staltet wird: Bei allen Eigenschaften, die der Anforderung nach Seriosität entsprechen, weist die Zeitschriftenwerbung relativ höhere (niedrigere) Ausprägungen des Mittelwertes auf. Dazu zählen in erster Linie der höhere Informationsgehalt, der geringere Unterhaltungswert sowie die geringere Auffälligkeit der Printwerbung (s. Eigenschaften Nr. 1, 2 und 6 in Tab. 6-4). Dagegen zeichnet sich die TV-Werbung der SMU unserer Stichprobe durch einen vergleichsweise höheren Unterhaltungswert und eine auffallendere Gestaltung der Werbung aus. Daraus resultiert offensichtlich auch eine höhere Einprägsamkeit und eine kaufanregendere Wirkung der TV-Werbung (s. Eigenschaften Nr. 4 und 5 in Tab. 6-4). Zudem ist zu erkennen, daß die TV-Werbung stärker emotional und erlebnisbetont gestaltet ist als die Printwerbung (s. Eigenschaften Nr. 7 und 8 in Tab. 6-4).

Im ganzen deutet die in Tab. 6-4 wiedergegebene Einschätzung der SM-Werbung darauf hin, daß TV- und Printwerbung sich hinsichtlich des Werbestils klar voneinander unterscheiden. Während die Fernsehwerbung eher den Eindruck einer emotional auffälligen SM-Werbung vermittelt, zeichnet sich die Printwerbung primär durch seriöse Information aus. Diese Erkenntnis geht im wesentlichen konform mit den Resultaten, die der Bauer Verlag durch eine repräsentative Erhebung in der Bevölkerung ermittelt hat.[29]

Neben der klassischen Werbung wurde auch eine hohe Relevanz für die *Verkaufsförderung* als weitere Kommunikationsform in der Selbstmedikation konstatiert. Aufgrund der bislang fehlenden Erkenntnisse zu „typischen" Verkaufsförderungsmaßnahmen von SMU enthielt unser Erhebungsinstrument 15 verschiedene Maßnahmen, die ein SMU gegenüber den Hauptzielgruppen Verwender, Apotheken, Ärzte bzw. Heilpraktiker und dem Pharmagroßhandel einsetzen kann, um den eigenen SM-Präparateabsatz zu stimulieren. Entsprechend der Anzahl der Nennungen je Hauptzielgruppe sind die einzelnen Verkaufsförderungsmaßnahmen in Tab. 6-5 zusammengefaßt.

Die Aufstellung der verschiedenen Verkaufsförderungsmaßnahmen in Tab. 6-5 gibt insgesamt zu erkennen, daß (1) alle aufgelisteten Maßnahmen in der SM-Praxis zum Einsatz kommen, (2) je nach Zielgruppe unterschiedliche Maßnahmen von Bedeutung sind, (3) die Apotheken (der Pharmagroßhandel) offenbar diejenige Zielgruppe ist, auf die die SMU unserer Stichprobe am häufigsten (am wenigsten) Verkaufsförderungsaktionen richten und (4) Anzeigen, Broschüren bzw. Handzettel, Mailings sowie Messen und Ausstellungen zielgruppenunabhängige Verkaufsförderungsinstrumente darstellen.

---

[29]   Vgl. Verlagsgruppe Bauer 1995: 30.

Tabelle 6-5:
Einsatz von Instrumenten zur Ansprache der
Hauptzielgruppen im SM-Markt[a]

Maßnahmen der Verkaufsförderung[b]	Hauptzielgruppen			
	Verwender	Apotheker	Ärzte /Heil-praktiker	Pharma-großhandel
1. Aktionswochen	–	5,9%	–	14,6%
2. Anzeigen	32,0%	8,4%	8,4%	16,9%
3. Betriebswirtschaftliche Beratung	–	–	–	–
4. Broschüren, Handzettel	27,8%	7,3%	11,4%	5,6%
5. Dekorationsunterstützung	–	10,6%	–	–
6. Fachinformationen	–	9,2%	17,7%	9,0%
7. Mailings	–	7,5%	11,7%	9,0%
8. Messen, Ausstellungen	6,5%	10,0%	9,4%	10,1%
9. Personal-Schulungen	–	6,1%	–	–
10. Muster	–	–	15,4%	–
11. Seminare, Fortbildungsveranstaltungen	7,1%	5,7%	8,0%	–
12. Telefonberatung	11,2%	–	–	6,7%
13. Werbegeschenke	–	6,9%	7,4%	–
14. Werbehilfen	–	10,8%	–	–
15. Werbekostenzuschüsse	–	–	–	16,9%
Nutzungshäufigkeit zielgruppenbezogener Verkaufsförderungsmaßnahmen	169	510	89	299
N	72	73	38	57

a) Angaben in Prozent. Basis ist die Nutzungshäufigkeit zielgruppenbezogener Verkaufsförderungsmaßnahmen.

b) Nennungen von Verkaufsförderungsmaßnahmen, deren Anteil an der Gesamtheit der eingesetzten Verkaufsförderungsmaßnahmen je Zielgruppe weniger als 5% beträgt, blieben unberücksichtigt.

Faktorenanalysen[30] je Hauptzielgruppe bezüglich des Einsatzes relevanter in Tab. 6-5 auf-
geführter Verkaufsförderungsmaßnahmen/-instrumente ergaben, daß im Hinblick auf

*   eine *verwendergerichtete Verkaufsförderung* (1) die Maßnahmen Nr. 8, 11 und 12 in
    Tab. 6-5 auf einen gemeinsamen Faktor laden, der *Instrumente zur mündlichen Ver-
    wenderinformation* abbildet, (2) die Instrumente Nr. 2 und 4 in Tab. 6-5 eine gemein-
    same Dimension bilden und Instrumente zur *schriftlichen Verwenderinformation* dar-

---

30 Da es sich hier um nominalskalierte Variablen handelt, ist die Anwendung einer Faktorenanalyse aus
methodischer Sicht nicht unproblematisch. Vgl. zu dieser Problematik Kap. 5.1.4 sowie die in diesem
Zusammenhang aufgeführte Literatur.

stellen. Die 2-Faktoren-Lösung erklärt 52% der Varianz der verwendergerichteten Verkaufsförderungsmaßnahmen.

- eine *apothekengerichtete Verkaufsförderung* drei Faktoren unterschieden werden können. Auf den ersten Faktor laden die Maßnahmen Nr. 2, 4, 6, 7 und 8 der Tab. 6-5 und bilden *Instrumente zur allgemeinen Apothekerinformation* ab. Der zweite Faktor verdichtet die Verkaufsförderungsinstrumente Nr. 9 und 11 der Tab. 6-5 und kennzeichnet *Maßnahmen zur Apothekerschulung*. Die Instrumente Nr. 1, 5, 13 und 14 in Tab. 6-5 laden auf einen Faktor, der Instrumente zur *Marketingunterstützung* der Apotheken widerspiegelt. Insgesamt erklärt die Faktorenlösung 48,2% der Gesamtvarianz der Einzelvariablen.

- eine *arztgerichtete Verkaufsförderung*, in deren Rahmen (1) die Instrumente Nr. 2, 4, 7, 8, 11 und 13 in Tab. 6-5 einer übergeordneten Dimension zugeordnet werden können, die Instrumente zur *Arztansprache* zusammenfassen, und (2) die übrigen Maßnahmen Nr. 6 und 10 auf einen Faktor laden, der *Quellen zur ärztlichen Informationsgewinnung* darstellt. Durch die Faktorenlösung werden 56,6% der Gesamtvarianz erklärt.

- eine *großhandelgerichtete Verkaufsförderung*, bei der (1) die Verkaufsförderungsmaßnahmen Nr. 1, 2 und 15 in Tab. 6-5 aggregiert werden können und Maßnahmen zur *Marketingunterstützung des Pharmagroßhandel* abbilden, (2) die Instrumente Nr. 6 und 12 in Tab. 6-5 zu einem Faktor zusammenfaßbar waren, der *Quellen zur fachbezogenen Information des Pharmagroßhandels* darstellt, und (3) die Maßnahmen Nr. 4, 7 und 8 in Tab. 6-5 eine Dimension bilden, die Quellen der *allgemeinen Informationen des Pharmagroßhandels* beschreibt. Die Gesamtvarianz der Variablen wird mit dieser 3-Faktoren-Lösung zu 60,8% erklärt.

Zwischen den extrahierten Verkaufsförderungsinstrumenten existiert eine kleine Zahl von Zusammenhängen.[31] So steigen mit zunehmender Nutzung von Quellen zur allgemeinen Arztinformation sowohl das Nutzungsausmaß mündlicher Verwenderinformationen (r = 0,35 bzw. τ = 0,27) als auch die Marketingunterstützung des Pharmagroßhandels (r = 0,40 bzw. τ = 0,22). Außerdem sind der Einsatz von Quellen zur fachlichen Information des Pharmagroßhandels und die der Apothekerinformation positiv miteinander verbunden (r = 0,42 bzw. τ = 0,31; jeweils p < 0,01; N = 84).

6.2.5 Vertriebsformen in der Selbstmedikation

Um das Nutzungsausmaß verschiedener Vertriebsformen durch die SMU zu erheben, enthielt der Fragebogen neun alternative Vertriebsmöglichkeiten, für die die Befragten jeweils auf einer fünfstufigen Skala Angaben zum Nutzungsausmaß der vorgegebenen

---

[31] Eine Interkorrelationsmatrix für die extrahierten Verkaufsförderungsinstrumente ist in Tab. A3-2 in Anhang 3 abgedruckt.

Vertriebsformen machen sollten. Abb. 6-15 zeigt die entsprechenden Antwortverteilungen der Expertenangaben sowie deskriptive Statistiken zu den einzelnen Variablen.

Abbildung 6-15:
Nutzung unterschiedlicher Vertriebsformen in der Selbstmedikation

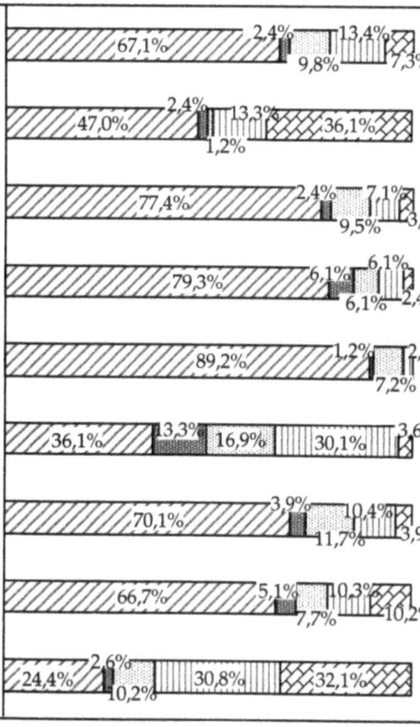

Vertriebsformen in der Selbstmedikation	Prozentuale Antwortverteilung[a]	M (S)	N
1. Eigener wissenschaftlicher AD[b]	67,1% 2,4% 13,4% 9,8% 7,3%	1,92 (1,41)	82
2. Eigener Apotheken-AD	47,0% 2,4% 13,3% 1,2% 36,1%	2,89 (1,87)	83
3. Leih-AD	77,4% 2,4% 7,1% 9,5% 3,6%	1,57 (1,14)	84
4. AD-Kooperation(en)	79,3% 6,1% 6,1% 6,1% 2,4%	1,46 (1,02)	82
5. Pharmazeutische Handelsvertretung(en)	89,2% 1,2% 2,4% 7,2%	1,23 (0,69)	83
6. Telefon, Fax	36,1% 3,3% 16,9% 30,1% 3,6%	2,52 (1,35)	83
7. Streckengeschäft	70,1% 3,9% 10,4% 11,7% 3,9%	1,74 (1,24)	77
8. Überweisungsgeschäft	66,7% 5,1% 10,3% 7,7% 10,2%	1,92 (1,45)	78
9. Reiner Vertrieb über Pharma-Großhandel	24,4% 2,6% 10,2% 30,8% 32,1%	3,44 (1,56)	78

a) Für jede der vorgegebenen Vertriebsformen gaben die Experten an, in welchem Maße sie von ihrem Unternehmen zum Vertrieb von SM-Präparaten genutzt wurden. Die Einteilung erfolgte auf einer 5-Stufen-Skala mi ⊘ = gar nicht genutzt (= 1); ▦ = in sehr geringem Maße genutzt (= 2); ☐ = in geringem Maße genutzt (= 3); ▥ = in hohem Maße genutzt (= 4); ▨ = in sehr hohem Maße genutzt (= 5).
b) AD = Außendienst.

Bereits auf den ersten Blick fällt auf, daß die Mehrzahl der Vertriebsformen überwiegend „gar nicht" oder „in sehr geringem Maße" von den SMU unserer Stichprobe genutzt werden. Bei weitem am intensivsten von den erfaßten SMU wird der Vertrieb über den Pharmagroßhandel genutzt (s. Vertriebsform Nr. 9 in Abb. 6-15); 62,9% der erfaßten SMU gaben an, den Pharmagroßhandel in „hohem" bis „sehr hohem" Maße für den SM-Präparatevertrieb einzusetzen. Bereits deutlich weniger genutzt wird der unternehmens-

180

eigene Apothekenaußendienst (s. Vertriebsform Nr. 2 in Abb. 6-15); denn nur noch 49,4% der SMU nutzen diesen in „hohem" bis „sehr hohem" Maße. Vergleichsweise häufig werden auch noch Telefon und Fax von den SMU als Vertriebsmöglichkeit genutzt (s. Vertriebsform Nr. 6 in Abb. 6-15). So gaben ca. ein Drittel der analysierten SMU an, diese Vertriebsmöglichkeit in „hohem" bis „sehr hohem" Maße einzusetzen. Die übrigen sechs in Abb. 6-15 aufgeführten Vertriebsformen (s. Vertriebsformen Nr. 1, 3, 4, 5, 7 und 8) werden von mindestens 70% der SMU unserer Stichprobe „gar nicht" oder nur „in sehr geringem Maße" genutzt.

Im ganzen lassen die Antwortverteilungsangaben der Experten in Abb. 6-15 zum Nutzungsausmaß verschiedener Vertriebsformen in der Selbstmedikation klar erkennen, daß in der Praxis im wesentlichen drei Formen zur Förderung bzw. Unterstützung des Vertriebs von SM-Präparaten zum Einsatz kommen, nämlich (1) der unternehmenseigene Apothekenaußendienst, (2) Telefon und Fax sowie (3) der Vertrieb über den Pharmagroßhandel. Die übrigen sechs Vertriebsformen bleiben aus den weiteren Analysen ausgeschlossen, da ihnen in unserer Stichprobe eine so geringe praktische Bedeutung zukommt, daß ihre weitere Berücksichtigung nicht zweckmäßig erscheint.

Korrelationsanalysen zu Zusammenhängen zwischen den *Situationsmerkmalen* und der Einsatzintensität der drei Vertriebsformen ließen folgende signifikanten (p < 0,05) Befunde erkennen:

• Mit zunehmender *Größe* der SMU im Hinblick auf den SM-Umsatz nimmt die Nutzungsintensität des eigenen Apothekenaußendienstes zu.[32] Erklärbar ist dieser Befund damit, daß größere Unternehmen über ausreichende finanzielle Ressourcen verfügen, um eine eigene Apothekenaußendienstorganisation aufzubauen und zu unterhalten.

• Ein schwacher, aber doch signifikant positiver Zusammenhang besteht zwischen der Einsatzintensität eines ausschließlichen Großhandelsvertriebs und dem *Marktwachstum* (r = 0,23 bzw. τ = 0,22 mit jeweils p < 0,05; N = 78).

• Mit abnehmender Wettbewerbsposition der SMU nimmt auch die Nutzungsintensität des Vertriebs über den pharmazeutischen Pharmagroßhandel ab (r = - 0,26 bzw. τ = - 0,19 mit jeweils p < 0,05; N = 78).

---

[32] Für den SM-Umsatz gilt: r = 0,50; p < 0,001 bzw. τ = 0,50; p < 0,001; N = 67.

181

7. Empirische Erfolgsanalyse von Marketingstrategien im Selbstmedikationsmarkt unter Berücksichtigung situativer Merkmale

In diesem Kapitel werden die mit den Pfeilen Nr. 1 und 2 gekennzeichneten Beziehungszusammenhänge in unserem Bezugsrahmen (s. Abb. 4-1) analysiert, womit zugleich die Auswertungsaufgabe 2 und 3 behandelt wird.[1] Hierzu sind zunächst in *Kap. 7.1* die Ausprägungen der Erfolgskriterien näher zu beleuchten, da diese die notwendige Basis zur Erfolgsanalyse von Marketingstrategien darstellen. Anschließend werden in *Kap. 7.2* zunächst direkte Erfolgswirkungen von marketingstrategischen Handlungsmustern, getrennt für grundsatz- und instrumentalstrategische Strategievariablen, untersucht. Im *Kap. 7.3* wird die Erfolgsanalyse dann erweitert, indem auf interaktive Erfolgseffekte von Marketingstrategien und Situationsmerkmalen abgestellt wird.

7.1 Erhebungsresultate der Erfolgsmessung

Aufbauend auf die in Kap. 4.2.2 vorgestellten Eckpunkte der eigenen Strategieerfolgsmessung werden in dieser Arbeit zur empirischen Erfassung des Erfolgsniveaus von SMU (1) quantitativ-ökonomische Erfolgsgrößen und (2) ein semi-quantitativer Erfolgsindex herangezogen. Im folgenden wird deren operationale Erfassung präzisiert sowie die Verteilung der Ausprägungen der verwendeten Erfolgsmaße in der eigenen Untersuchung vorgestellt. Die Erhebung der verwendeten Erfolgsgrößen wurde im Fragenblock III unseres Erhebungsinstruments vorgenommen.

7.1.1 Ökonomische Erfolgskriterien

Ökonomische Erfolgskriterien bilden die Erfolgswirkungen einer Marketingstrategie über Veränderungen bei *quantitativen Erfolgsgrößen* im Zeitablauf ab. Um (quantitativ-) *ökonomische* Erfolgsaspekte von SMU zu erfassen, wurden in der vorliegenden Untersuchung sowohl *marktorientierte* Kriterien wie auch eine *rentabilitätsorientierte* Kennzahl verwendet. Zur Analyse von *Markterfolgsaspekten* der SMU wurden die (durchschnittliche) Veränderungsrate (a) des Umsatzes und (b) des Absatzes für das jeweils umsatzstärkste SM-Indikationsgebiet in der Periode 1993-1995 herangezogen. Die Erhebung dieser beiden Erfolgsgrößen erfolgte jeweils auf einer siebenstufigen Skala, die Veränderungsraten von „< - 10%" bis „≥ 20%" umfaßten.[2] Als *rentabilitätsorientierte* Erfolgsgröße wurde ebenfalls bezogen auf die umsatzstärkste SM-Indikation die (durchschnittliche)

---

[1]   Vgl. a. die einleitenden Ausführungen zu Beginn von Kap. 5.

[2]   Die exakten Prozentstufen sind in Abb. 7-1 enthalten.

Umsatzrentabilität für den Zeitraum 1993-1995 erfaßt.[3] Die Erhebung der durchschnittlichen Umsatzrentabilität erfolgte ebenfalls über sieben Prozentintervalle, die von „< 0%" bis „> 25%" reichten. Wenn in der vorliegenden Untersuchung die Umsatzrentabilität der Kapitalrentabilität als rentabilitätsorientiertes Erfolgsmaß vorgezogen wurde, so ist dies damit zu begründen, daß der Geschäftsbereich „Selbstmedikation" eines Pharmaunternehmens, auf den bei der Erfolgsmessung primär Bezug genommen wird, in der Praxis über keine eigene Kapitalausstattung verfügt und daher die Datengrundlagen zur Berechnung der Kapitalrentabilität oft nicht gegeben sind.[4]

Die Verteilung der Ausprägungen der drei ökonomischen Erfolgsgrößen in unserem Untersuchungssample verdeutlicht Abb. 7-1. Demnach bestehen zwischen den erfaßten SMU erhebliche Varianzen hinsichtlich der Ausprägungen der drei quantitativ-ökonomischen Kriterien für die jeweils umsatzstärkste SM-Indikation. Im Hinblick auf die *Umsatzveränderungsrate* der SMU (s. Abb. 7-1, linkes Drittel) zeigt die Verteilung, daß 88,1% der untersuchten SMU im Durchschnitt positive Umsatzwachstumsraten zwischen 1993 und 1995 erzielten, wobei nahezu die Hälfte der SMU sogar durchschnittliche Wachstumsraten von 10% und mehr verzeichneten; 11,9% der untersuchten SM-Anbieter berichteten eine negative durchschnittliche Umsatzentwicklung. Grund für die hohen Umsatzwachstumsraten der SMU ist u.a. die insgesamt starke Expansion der Selbstmedikation in einzelnen Indikationsgebieten (z.B. Husten/Erkältung, Magen-/Darm-Beschwerden, Dermatika); negative Umsatzveränderungsraten spiegeln dagegen auch strukturelle Nachfrageverschiebungen wider, die aus einer zunehmenden Verlagerung von Präparateverkäufen aus der Apotheke in Drogerien und/oder Verbrauchermärkte resultieren. Der Schwerpunkt für die Stichprobe liegt mit 20 SMU (= 23,8%) bei Umsatzsteigerungsraten von durchschnittlichen 5% bis einschließlich 9% p.a. in den letzten drei Jahren. Bedenkt man, daß der SM-Markt bundesweit in der Apotheke zwischen 1993 und 1995 wertmäßig „nur" um durchschnittlich 4,4% gestiegen ist,[5] dann ist es bemerkenswert, daß immerhin 16,7% der SMU unserer Stichprobe (= 14 SMU) angaben, in den

---

3   Um mögliche Befundverzerrungen aufgrund unterschiedlicher Berechnungspraktiken zu vermeiden, wurde ein einheitliches Berechnungsschema für die Umsatzrentabilität vorgegeben. Demnach war die *Umsatzrentabilität p.a.* zu berechnen als Division des Gewinns (vor Steuern) durch den (Netto-) Umsatz. Der Gewinn (vor Steuern) war dabei definiert als (Netto-)Umsatz abzüglich der (indikationsbezogenen) Aufwendungen für (1) Forschung und Entwicklung (einschließlich Lizenz- und Patentkäufe), (2) Herstellung und (3) Marketing und Vertrieb, inklusive der Aufwendungen für den Außendienst.

4   Ausnahme: Ein Pharmaunternehmen ist ausschließlich in der Selbstmedikation tätig.

5   S. Bundesfachverband der Arzneimittel-Hersteller 1995a: 1 und Bundesfachverband der Arzneimittel-Hersteller 1994: 1.

Abbildung 7-1:

Prozentuale Verteilung der Ausprägungen ökonomischer Erfolgskriterien

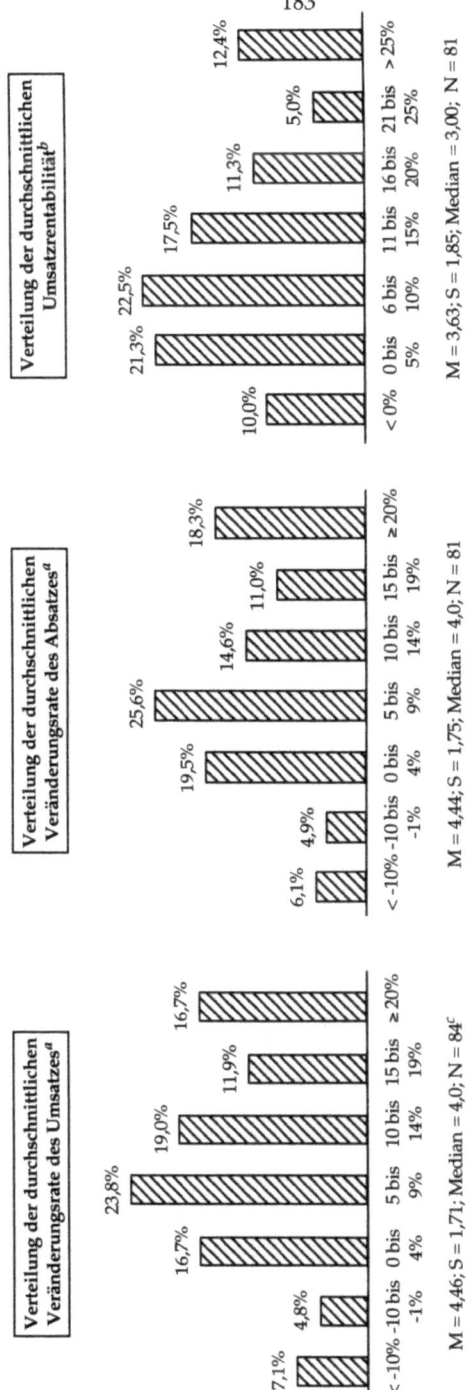

Verteilung der durchschnittlichen Veränderungsrate des Umsatzes[a]

| <-10% -10 bis | 0 bis | 5 bis | 10 bis | 15 bis | ≥ 20% |
| -1% | 4% | 9% | 14% | 19% | |

7,1% 4,8% 16,7% 23,8% 19,0% 11,9% 16,7%

$M = 4,46; S = 1,71;$ Median $= 4,0; N = 84^{c}$

Verteilung der durchschnittlichen Veränderungsrate des Absatzes[a]

| <-10% -10 bis | 0 bis | 5 bis | 10 bis | 15 bis | ≥ 20% |
| -1% | 4% | 9% | 14% | 19% | |

6,1% 4,9% 19,5% 25,6% 14,6% 11,0% 18,3%

$M = 4,44; S = 1,75;$ Median $= 4,0; N = 81$

Verteilung der durchschnittlichen Umsatzrentabilität[b]

| < 0% | 0 bis | 6 bis | 11 bis | 16 bis | 21 bis | > 25% |
| | 5% | 10% | 15% | 20% | 25% | |

10,0% 21,3% 22,5% 17,5% 11,3% 5,0% 12,4%

$M = 3,63; S = 1,85;$ Median $= 3,00; N = 81$

a) Für ihren umsatzstärksten SM-Indikationsmarkt gaben die Marketing-Experten an, wie sich der Umsatz (Absatz) in den letzten drei Geschäftsjahren im Durchschnitt verändert hat. Hierzu wurden jeweils die o.a. sieben Prozentintervalle vorgegeben (codiert als 1 bis 7).

b) Die Befragten wurden gebeten, für ihren umsatzstärksten SM-Indikationsmarkt die in den letzten drei Geschäftsjahren (1993-1995) durchschnittlich erzielte Umsatzrentabilität (vor Steuern) anzugeben. Dazu standen o.a. Intervallstufen zur Verfügung (codiert als 1 bis 7).

c) Abkürzungen: M = (arithmetischer) Mittelwert; S = Standardabweichung; N = Fallzahl.

184

letzten drei Jahren eine Umsatzsteigerungsrate von im Durchschnitt 20% und mehr erzielt zu haben. Insgesamt überwiegt in unserem Sample damit die Anzahl der von der
durchschnittlichen Umsatzentwicklung her expandierenden SMU.[6]

Die Ausprägungen der durchschnittlichen *Absatzveränderungsrate* sind ähnlich verteilt
wie die mittleren Umsatzveränderungsraten (s. Abb. 7-1, mittleres Drittel). Dies ist vor
allem auf das annähernd konstante Preisniveau bei den im Wege der Selbstmedikation in
der Apotheke abgegebenen Arzneimittel zurückzuführen.[7]

Im Hinblick auf die durchschnittliche *Umsatzrentabilität* der antwortenden SMU (s. Abb.
7-1, rechtes Drittel) ist zu erkennen, daß fast die Hälfte der SM-Anbieter Renditen von
mehr als 10% erreichen und nur 10% der erfaßten SMU negative Umsatzrentabilitäten
ausweisen. In unserer Stichprobe ist die Rentabilitätsklasse, die durchschnittliche Umsatzrentabilitäten von 6 und 10% umfaßt mit 18 SMU (= 22,5%) am häufigsten vertreten.
Zusammenhänge zwischen den drei ökonomischen Erfolgsgrößen verdeutlicht Tab. 7-1.

Tabelle 7-1:
Interkorrelationen der ökonomischen Erfolgskriterien

Ökonomische Erfolgskriterien	Kendall's τ / Pearson's r[a]		
	1.	2.	3.
1. ∅ Umsatzveränderungsrate	–	0,92***	0,40***
2. ∅ Absatzveränderungsrate	0,82***	–	0,26*
3. ∅ Umsatzrentabilität	0,34***	0,21*	–

a) Werte oberhalb der Hauptdiagonalen = Pearson'sche Produkt-Moment-Korrelation; Werte unterhalb der
Hauptdiagonalen = Kendall'sche Rangkorrelation. Aufgrund paarweiser z.T. fehlender Angaben gilt: 78
$\leq N \leq 81$.

*p < 0,05   ** p < 0,01   *** p < 0,001   (zweiseitiger Test).

---

[6]   Dieser Befund ist keineswegs überraschend, da immerhin die Umsatzentwicklung im jeweils umsatzstärksten Indikationsmarkt der Selbstmedikation erhoben wurde.

[7]   Zwischen 1993 und 1995 stieg der Durchschnittspreis für im Wege der Selbstmedikation abgegebene
Arzneimittel in der Apotheke von 12,02 DM durchschnittlich um nominal 2,5% p.a. auf 12,62 DM an.
Einem konstanten Preisniveau zuträglich war insbesondere das aus dem Gesundheitsstrukturgesetz
resultierende Preismoratorium der Jahre 1993 und 1994, von dem auch die rezeptfreien, apotheken-
pflichtigen Präparate betroffen waren. Das Preismoratorium (s. Artikel 30 Abs. 1 des GSG) legte fest,
daß die Preise u.a. für apothekenpflichtige Medikamente, die nicht der Verschreibungspflicht unterliegen, höchstens 98% der am 01. Mai 1992 geltenden Preise betragen dürfen. Für Arzneimittel, die zwischen dem 02. Mai 1992 und dem 31. Dezember 1992 erstmals in den Markt eingeführt wurden, bilden
die Markteinführungspreise die Bezugsgröße für die Preissenkung. Die Preise für Präparate, die nach
dem 31. Dezember 1992 auf den Markt kamen, durften in den Jahren 1993 und 1994 nicht erhöht werden. S. a. Erbsland/Wille 1994b: 942 sowie Kap.2.4, Abb. 2-8.

Die Interkorrelationen der drei ökonomischen Erfolgsvariablen in Tab. 7-1 sind durchweg statistisch signifikant. Die sehr hohen Korrelationen zwischen der durchschnittlichen Umsatz- und Absatzveränderungsrate (s. r_{12} bzw. τ_{21}) ergeben sich daraus, daß beide Variablen teilweise definitorisch voneinander abhängig sind. So bedingt eine hohe Veränderungsrate des Umsatzes ceteris paribus auch eine hohe Veränderungsrate des Absatzes; umgekehrt führen hohe Absatzveränderungsraten ceteris paribus zu höheren Umsatzwachstumsraten. Nachvollziehbar ist auch die jeweils deutlich schwächere Assoziation zwischen der durchschnittlichen Umsatzrentabilität und der durchschnittlichen Umsatz- bzw. Absatzveränderungsrate (s. r_{13} und r_{23} bzw. τ_{31} und τ_{32}), da die Umsatzrentabilität neben den Größen „Umsatz" bzw. „Absatz" noch von Aufwandspositionen (z.B. Marketingaufwendungen, Abschreibungen) mit beeinflußt wird.

Da die durchschnittlichen Umsatz- und Absatzveränderungsraten mit $r = 0{,}92$ ($p < 0{,}001$; $N = 82$) sehr hoch korrelieren, wurden beide Erfolgsgrößen per Durchschnittsbildung zu einem Kriterium „Wachstumserfolg" (Cronbach's $\alpha = 0{,}96$) verschmolzen und in die Erfolgsanalyse einbezogen. Die Werte des Erfolgsmaßes „Wachstum" schwanken in der Stichprobe zwischen 1 und 7 bei einem Mittelwert M von 4,49 und einer Standardabweichung S von 1,69. Der Median liegt bei 4,50.

7.1.2 Erfolgsindex „Selbstmedikation" (ESM-Index)

In Ergänzung zu den beiden quantitativ-ökonomischen Erfolgskriterien wurde schließlich noch eine subjektive Erfolgsabschätzung erhoben. Sie spiegelt sich in einem semiquantitativen Erfolgsindex „Selbstmedikation" – im folgenden kurz als ESM-Index – bezeichnet - wider, der auf der Einschätzung der befragten Marketingexperten hinsichtlich des Bedeutungs- und Erreichungsgrades von Marketingzielen ihres Unternehmens im umsatzstärksten SM-Indikationsmarkt in den Jahren 1993 bis 1995 beruht. Insofern beschreibt der ESM-Index Erfolgsaspekte von strategischen Marketingverhaltensweisen als Grad der subjektiven Zufriedenheit mit der Erreichung unternehmensindividuell bewerteter Marketingziele.

In der eigenen Untersuchung erfolgte die Konkretisierung des Erfolgsindexes, indem die Marketingexperten aufgefordert wurden, für neun ausgewählte Marketingziele[8] anzugeben, (1) welche unternehmensindividuelle Bedeutung die jeweiligen Marketingziele aufwiesen (*Ziel-Bedeutungsgrad*) und (2) in welchem Maße die jeweiligen Marketingziele in den letzten drei Jahren (1993-1995) erreicht werden konnten (*Ziel-Erreichungsgrad*). Hierzu stand den Respondenten jeweils eine fünfstufige Skala zur Verfügung, die Ant-

---

[8]   Zu den vorgegebenen neun Marketingzielen s. Abb. 7-2.

wortkategorien von „gar keine Bedeutung" (= 0) bzw. „gar nicht erreicht" (= 1) bis „sehr hohe Bedeutung" (= 4) bzw. „vollständig erreicht" (= 5) umfaßt. Zur Ermittlung des ESM-Indexes wurden der Ziel-Bedeutungsgrad und der Ziel-Erreichungsgrad über alle neun Marketingziele miteinander multipliziert, die gewichteten Ziel-Erreichungsgrade addiert und anschließend der Durchschnittswert berechnet.[9] Entsprechend können sich die ESM-Indexwerte in einem Bereich zwischen 1 (kleinster Wert; geringer Erfolg) und 20 (größter Wert; hoher Erfolg) bewegen. Formal läßt sich der ESM-Index wie folgt darstellen:

$$\text{ESM-Index}_i = 1/J \sum_{j=1}^{J} B_{ij} \cdot E_{ij}$$

mit

ESM_i	=	Erfolgsindex „Selbstmedikation" des Unternehmens i
B_{ij}	=	Bedeutungsgrad des Marketingziels j für das Unternehmen i in den letzten drei Jahren
E_{ij}	=	Erreichungsgrad des Marketingziels j durch das Unternehmen i in den letzten drei Jahren
J	=	Anzahl der Marketingziele mit mindestens sehr geringer Bedeutung

Auf Grund seiner Konstruktion nimmt der ESM-Index dann einen besonders hohen (niedrigen) Wert an, wenn ein SMU die Marketingziele mit sehr hoher (sehr geringer) Bedeutung vollständig (in sehr geringem Maße) in den letzten drei Jahren erreicht hat.

In die Ermittlung des subjektiven Erfolgsmaßes gingen allerdings nur solche Marketingziele ein, die von den SMU in ihrem umsatzstärksten SM-Indikationsmarkt auch tatsächlich angestrebt wurden, also *relevante* Marketingziele darstellten. Entsprechend wurden für jedes der neun vorgegebenen Marketingziele

(1)   die Antwortverteilungen hinsichtlich des Ziel-Bedeutungsgrades ermittelt (s. linke Spalte der Abb. 7-2).

(2)   für diejenigen SMU, für die ein Marketingziel zumindest eine „sehr geringe Bedeutung" aufweist, die Verteilung des Ziel-Erreichungsgrades bestimmt (s. rechte Spalte der Abb. 7-2).

(3)   durch Multiplikation der Mittelwerte der Ziel-Bedeutungs- und -Erreichungsgrade das durchschnittliche subjektive Erfolgsniveau für das jeweilige Marketing-Ziel in unserer Stichprobe errechnet (s. rechte Spalte der Abb. 7-2).

---

[9]   Ähnlich konstruierte Erfolgsmaße verwenden u.a. auch Fritz 1995b: 224; Gussek 1992: 170. Ein Erfolgsmaß mit unterschiedlichen Gewichtungsfaktoren für Bedeutung (0,3) und Erreichung (0,4) von Zielen verwenden Bamberger/Wrona 1993: 16.

Abbildung 7-2:
Bedeutungs- und Erreichungsgrade von möglichen Marketingzielen in der Selbstmedikation

N	M (S)	Prozentuale Antwortverteilung[a] des Ziel-Bedeutungsgrades	Mögliche Marketingziele in der Selbstmedikation	Prozentuale Antwortverteilung[b] des Ziel-Erreichungsgrades	M[c] (S)	N	Multiplikation der M
81	3,39 (0,68)	50,6% / 38,3% / 11,1%	1. Ausbau des Marktanteils	5,0% / 6,3% / 45,0% / 30,0% / 13,7%	3,41 (0,97)	80	13,40
81	3,21 (0,78)	7,4% / 4,9% / 38,3% / 49,4%	2. Erhöhung der Markenpräferenz	1,6% / 8,9% / 45,6% / 39,5% / 5,4%	3,38 (0,77)	79	10,85
81	3,03 (0,94)	2,5% / 9,9% / 3,7% / 35,8% / 48,1%	3. Aufbau hoher Markenbekanntheit	2,6% / 13,0% / 35,1% / 39,0% / 10,3%	3,42 (0,94)	77	10,36
82	3,22 (0,68)	1,2% / 11,0% / 35,4% / 52,4%	4. Verstärkung der Kundenbindung	5,0% / 45,0% / 48,8% / 1,2%	3,46 (0,61)	80	11,41
81	2,53 (1,07)	6,2% / 8,6% / 17,3% / 39,5% / 28,4%	5. Steigerung der Produktqualität	5,3% / 10,7% / 37,3% / 34,7% / 12,0%	3,37 (1,01)	75	8,53
82	3,54 (0,54)	2,5% / 40,2% / 57,3%	6. Steigerung des Umsatzes	8,6% / 4,9% / 28,4% / 40,7% / 17,4%	3,53 (1,11)	81	12,50
81	3,11 (0,85)	3,6% / 19,8% / 38,3% / 38,3%	7. Erhöhung des Deckungsbeitrages	6,3% / 7,6% / 40,5% / 34,2% / 11,4%	3,36 (1,00)	79	10,45
79	3,08 (0,77)	2,6% / 17,7% / 31,6% / 48,1%	8. Verbesserung der Umsatzrentabilität	5,3% / 7,9% / 36,8% / 40,8% / 9,2%	3,41 (0,95)	76	10,50
78	2,45 (1,04)	2,6% / 15,4% / 17,9% / 29,5% / 34,6%	9. Steigerung der Eigenkapitalrentabilität	6,8% / 15,1% / 43,8% / 23,3% / 11,0%	3,16 (1,04)	73	7,74

gar keine Bedeutung bzw. gar nicht erreicht; sehr geringe Bedeutung bzw. in sehr geringem Maße erreicht; geringe Bedeutung bzw. in geringem Maße erreicht; sehr hohe Bedeutung bzw. vollständig erreicht; hohe Bedeutung bzw. in erheblichem Maße erreicht

a) Bezogen auf den umsatzstärksten SM-Indikationsmarkt gaben die Experten für jedes der 9 aufgeführten Marketingziele an, (1) welche Bedeutung das jeweilige Marketingziel für ihr marketingstrategisches Verhalten hat (*Ziel-Bedeutungsgrad*) und (2) in welchem Ausmaß das jeweilige Marketingziel in den letzten drei Jahren erreicht worden ist (*Ziel-Erreichungsgrad*). Zur Einstufung des Ziel-Erreichungsgrades ("vollständig erreicht") standen jeweils fünf Skalenstufen von "gar keine Bedeutung" ("gar nicht erreicht") bis "sehr hohe Bedeutung" ("vollständig erreicht") zur Verfügung. Die Skala des Ziel-Bedeutungsgrades (Ziel-Erreichungsgrades) ist codiert als 0 bis 4 (1 bis 5).

b) Bei der Verteilung der Antworten sowie der Berechnung der Mittelwerte und Standardabweichungen wurden nur die SM-Unternehmen einbezogen, die einem Marketingziel zumindest eine "sehr geringe Bedeutung" beimessen.

c) Abkürzungen: M = (arithmetischer) Mittelwert; S = Standardabweichung, N = Fallzahl.

188

Die linke Spalte der Abb. 7-2 zeigt, daß den neun Marketingzielen bei mehr als der Hälfte aller antwortenden SMU eine „hohe" bis „sehr hohe" Bedeutung zukommt. Oberste Priorität kommt den Marketingzielen „Ausbau des Marktanteils", „Erhöhung der Markenpräferenz" und „Verstärkung der Kundenbindung" sowie „Steigerung des Umsatzes" zu: Von mehr als 85% aller antwortenden SMU wurde diesen Marketingzielen eine „hohe" bis „sehr hohe" Bedeutung beigemessen. Dagegen fallen Ertragsziele, wie „Erhöhung des Deckungsbeitrages", „Verbesserung der Umsatzrentabilität" und „Steigerung der Eigenkapitalrentabilität" in ihrer Bedeutung deutlich hinter die o.a. Marketingzielen ab. Dieser Befund gibt Anlaß zu der Vermutung, daß SMU nicht ausschließlich rein ökonomische Ziele verfolgen, sondern auch qualitative Zielvorstellungen in der Praxis hohe Bedeutung haben. Dagegen kommt dem Marketingziel „Steigerung der Produktqualität" in mehr als 85% der SMU gar keine oder nur eine sehr geringe Bedeutung zu.[10]

Mehr als ein Drittel aller antwortenden SMU, für die ein Marketingziel relevant war, haben es in „erheblichem Maße" oder gar „vollständig" erreicht. Der mit Abstand höchste Ziel-Erreichungsgrad zeigte sich im Hinblick auf die Steigerung des Umsatzes: 58,1% der SMU haben ihr Umsatzziel im Durchschnitt der letzten drei Jahre in „erheblichem Maße" oder gar „vollständig" erreicht. Mit deutlichem Abstand folgen die Erreichungsgrade der Marketingziele „Verstärkung der Kundenbindung" (= 50%) und „Verbesserung der Umsatzrentabilität" (= 50,0%).

Die Verteilung der ESM-Index-Werte für die antwortenden SMU wird in Abb. 7-3 dargestellt. In unserem Sample schwanken die ESM-Werte zwischen 2 und 13,8 bei einem Mittelwert von 7,62 (S = 2,49; N = 81) und einem Median von 7,56. SM-Unternehmen mit Werten zwischen 7 und 8 stellen dabei die mit Abstand größte Gruppe dar.

Kritisch für die Ergebnisse dieser Untersuchung ist die Aussagekraft des ESM-Indexes, da daran die Güte der eigenen Erfolgsanalyse beurteilt werden kann. Leithypothesen zur Beurteilung des ESM-Indexes, daß (1) der ESM-Index den subjektiv eingeschätzten Erfolg durch den Erreichungsgrad von neun unternehmensindividuell bewerteten und weitgehend abhängigen Marketingzielen widerspiegelt und (2) eine bestehende Korrelation zwischen dem ESM-Index und den beiden ökonomischen Erfolgskriterien ein

---

[10] Die geringe Bedeutung der Produktqualität als Marketingziel ist keineswegs überraschend, denn SM-Präparate werden unter strengen gesetzlichen Bestimmungen zugelassen und unterliegen hohen Anforderungen an Wirksamkeit und Unbedenklichkeit, so daß die pharmazeutische Qualität der Präparate oftmals als gegeben angesehen wird.

189

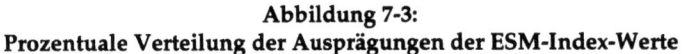

Abbildung 7-3:
Prozentuale Verteilung der Ausprägungen der ESM-Index-Werte

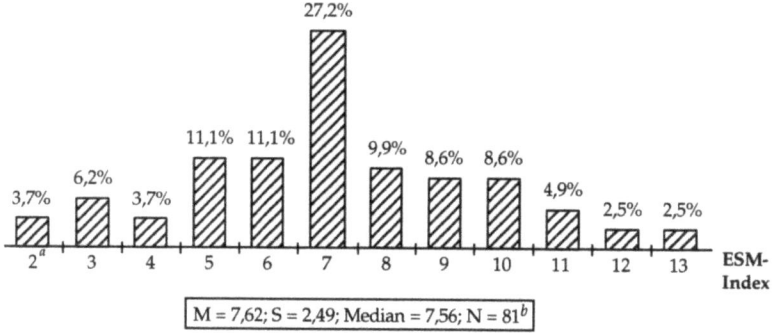

a) Die Zahlenangaben bzw. Intervalle sind jeweils wie folgt zu interpretieren: z.B. 2 ≤ ESM-Index < 3.
b) Abkürzungen: M = (arithmetischer) Mittelwert; S = Standardabweichung; N = Fallzahl.

positives Vorzeichen aufweisen sollte, da eine hohe Erreichung von Marketingzielen sich in einem höheren ökonomischen Erfolgsniveau niederschlagen sollte. Zur Analyse der Plausibilität des ESM-Indexes wurden zunächst Korrelationsanalysen zwischen den neun zielspezifischen Erreichungsgraden gerechnet. Dabei wurde festgestellt, daß zwischen den Ziel-Erreichungsgraden positive und z.T. hohe Korrelationen bestehen.[11] Demnach bestehen zwischen den Marketingzielen Beziehungen in der Weise, daß sie sich in ihrer Erreichung gegenseitig bedingen oder unterstützen. So ist beispielsweise eine durchaus plausible Beziehung festzustellen zwischen dem Ausmaß der Erreichung der beiden Marketingziele „Ausbau des Marktanteils" und der „Steigerung des Umsatzes" (= 0,73; p < 0,001; N = 84). Ebenso korrelieren mit r = 0,75 die Marketingziele „Verbesserung der Umsatzrentabilität" und „Steigerung der Eigenkapitalrentabilität". Wenn auch die Korrelationen zwischen den Marketingzielen dafür sprechen, daß die Marketingziele sich zu einem Index zusammenfassen lassen, so offenbart dennoch eine Faktorenanalyse, daß die neun Marketingziele tatsächlich auf zwei weitgehend unabhängigen Zieldimensionen laden. Wenn trotz der Ergebnisse der Faktorenanalyse die neun Marketingziel-Eerreichungsgrade dennoch zu *einem* Index verschmolzen wurden, so ist dies damit zu rechtfertigen, daß eine Reliabilitätsanalyse zeigte, daß die neun gewichteten Zielerreichungsgrade in konsistenter Weise zu einer gemeinsamen Skala zusammengefaßt werden konnten, die mit einem Cronbach α-Wert von 0,76 eine hinreichende interne Konsistenzreliabilität aufwies. Vor diesem Hintergrund kann dem ESM-

---

[11] S. die Interkorrelationsmatrix in Tab. A3-3 in Anhang 3.

Index zumindest eine „symptomatische Validität" zugesprochen werden, so daß die Zusammenfassung der neun gewichteten Zielereichungsgrade zu einer Gesamtskala bei einer vorsichtigen Interpretation der Indexwerte vertretbar erscheint.

Als weitere Hypothese zur Beurteilung der Güte des ESM-Index wurde ein positiver Zusammenhang zwischen dem ESM-Index und den ökonomischen Erfolgskriterien unterstellt. Zusammenhänge zwischen dem ESM-Index und den beiden ökonomischen Erfolgskriterien sind Tab. 7-2 enthalten.

Tabelle 7-2:
Interkorrelationen der Erfolgsmaße

Erfolgsindikatoren	Kendall´s τ / Pearson´s r[b]		
	1.	2.	3.
1. Wachstumserfolg	–	0,32**	0,29**
2. Rentabilitätserfolg	0,26**	–	0,27**
3. ESM-Index	0,25*	0,22**	–

a) Abkürzungen: M = (arithmetischer) Mittelwert; S = Standardabweichung; N = Fallzahl.
b) Werte oberhalb der Hauptdiagonalen = Pearson´sche Produkt-Moment-Korrelation; Werte unterhalb der
Hauptdiagonalen = Kendall´sche Rangkorrelation. Aufgrund paarweiser z.T. fehlender Angaben gilt: 75
$\leq N \leq 81$.

* $p < 0,05$ ** $p < 0,01$ *** $p < 0,001$ (zweiseitiger Test).

Tatsächlich korrelierte der ESM-Index mit den beiden ökonomischen Erfolgskriterien in
signifikanter Weise. Dies impliziert, daß höhere ESM-Index-Werte auch ein höheres Niveau hinsichtlich der ökonomischen Erfolgskriterien erwarten lassen. Im Rahmen der
zugrundegelegten Hypothese läßt die Wirkungsstärke und -richtung den ESM-Index als
hinreichend plausibel erscheinen. Insgesamt deuten die Interkorrelationen zwischen den
drei Erfolgskriterien in Tab. 7-2 darauf hin, daß der ESM-Index und die beiden ökonomischen Erfolgskriterien prinzipiell Meßgrößen des Erfolges von SMU darstellen, jedoch
verschiedene Facetten des SMU-Erfolges beleuchten, so daß es vor diesem Hintergrund,
und angesichts ihrer Varianz in unserer Stichprobe, sinnvoll erscheint, sie als getrennt zu
betrachtende Kriterien in eine Erfolgsanalyse von Marketingstrategieausprägungen im
Kontext des deutschen SM-Marktes einzubeziehen.

7.2 Erfolgswirkungen strategischer Marketinghandlungsmuster

In diesem Kap. werden – getrennt für die sieben grundsatzstrategischen und die fünf instrumentalstrategischen Dimensionen – die Erfolgswirkungen der einzelnen Strategieausprägungen hinsichtlich der drei Erfolgsmaße untersucht. Damit wird die aus dem Pfeil Nr. 1 unseres Bezugsrahmens (s. Abb. 4-1) abgeleitete Auswertungsaufgabe 2 (s. Kap. 5) bearbeitet. Zur Bestimmung erfolgsfördernder Marketingstrategieausprägungen wurden Varianzanalysen sowie – bei entsprechendem Skalenniveau – auch bivariate Korrelationsanalysen durchgeführt.

7.2.1 Grundsatzstrategische Marketinghandlungsmuster

7.2.1.1 Marktfeldstrategien

In Kap. 4.3.1 wurde die Hypothese H_1 begründet, daß zwischen den vier Ausprägungen einer Marktfeldstrategie keine generellen Erfolgsunterschiede bestehen. In Tab. 7-3 sind die Ergebnisse der entsprechenden Erfolgsanalyse zusammengefaßt. Angesichts der bei der Marktdurchdringung und Sortimentserweiterung auftretenden geringen Fallzahlen von N = 8 bzw. 11 sind die bereitgestellten Statistiken mit Vorsicht zu interpretieren.

Tabelle 7-3:
Erfolgsunterschiede zwischen Marktfeldstrategien

Erfolgsmaße[a]	Univariate Mittelwertvergleiche, F-Test[b]					F
	Marktdurch-dringung	Sortiments-erweiterung	Markt-erweiterung	Diversifi-kation	Total	
0. Fallzahl N	N = 8	10 ≤ N ≤ 11	20 ≤ N ≤ 21	16 ≤ N ≤ 17	55 ≤ N ≤ 56	–
1. WE	4,19 (1,10)	4,18 (1,79)	4,57 (1,56)	4,84 (2,13)	4,52 (1,71)	0,43
2. RE	4,50 (1,93)	3,40 (2,12)	4,05 (1,86)	3,50 (2,13)	3,84 (2,00)	0,68
3. ESM	9,72 (2,33)	8,04 (1,88)	7,84 (2,42)	7,49 (2,34)	8,04 (2,35)	1,81

a) Abkürzungen: WE = Wachstumserfolg; RE = Rentabilitätserfolg; ESM = (subjektiver) Erfolgsindex „Selbstmedikation".
b) Werte ohne Klammern: Mittelwerte; Werte in Klammern: Standardabweichung.

Hinsichtlich der drei Erfolgskriterien zeigen sich in Tab. 7-3 keine signifikanten Ausprägungsdivergenzen in Abhängigkeit von der Verfolgung der erfaßten marktfeldstrategischen Verhaltensmuster. Leicht überdurchschnittliche Wachstumswerte (s. Variable WE in Tab. 7-3) sind, ohne statistische Signifikanz, für diejenigen Unternehmen festzustellen, die ihre Präparateneueinführung auf dem Wege einer Markterweiterungs- bzw. Diversifikationsstrategie in neuen, noch nicht bearbeiteten Verwendersegmenten in den Verkehr gebracht haben. Offensichtlich geht die Erschließung neuer (Verwender-)Segmente im SM-Markt im Mittel mit einem überdurchschnittlichen Wachstumserfolg einher. Das Gegenteil ist beim subjektiven Erfolgskriterium, dem ESM-Index (s. Variable ESM in Tab. 7-3) zu beobachten, wo die mittleren ESM-Werte von 7,84 für die Markterweiterung bzw. 7,49 für die Diversifikation ausdrücken, daß SMU ihre relevanten Marketingziele im Mittel *unter*durchschnittlich erreichen im Vergleich zu „Marktdurchdringern" bzw. „Sortimentserweiterern".

Hinsichtlich des Kriteriums „Rentabilitätserfolg" (s. Variable RE in Tab. 7-3) deuten die Befunde darauf hin, daß Präparateeinführungen auf Basis eines bereits angebotenen Wirkstoffs in bisherigen Verwendersegmenten sich überdurchschnittlich rentabel auswirken, ohne daß dieser Erfolgsvorteil jedoch signifikant ist. Überraschend ist die leicht überdurchschnittliche Rentabilitätswirkung der Markterweiterungsstrategie, trotz der mit ihr einhergehenden Markterschließungskosten (z.B. Kosten für Werbung, Verkaufsförderung). Erklärbar ist dieser Befund damit, daß der Wirkstoff des neu eingeführten SM-Präparates bereits einen hohen Bekanntheitsgrad auch außerhalb der bearbeiteten Verwenderzielgruppe erreicht hat, so daß Markterschließungskosten minimiert werden können. Als nicht sonderlich überraschend stellt sich dagegen die unterdurchschnittliche Rentabilität der Sortimentserweiterung und der Diversifikation dar, wo offenbar die Kosten der Markteinführung für SM-Neueinführungen auf Basis neuer, noch nicht marktgeführter Wirkstoffe hemmend auf den Rentabilitätserfolg wirken (können).

Wenn auch bislang kein signifikanter Erfolgsunterschied zwischen den marktfeldstrategischen Ausprägungen festgestellt werden konnte, so tritt eine schwach signifikante Erfolgsdivergenz zumindest dann auf, wenn die vier Strategieausprägungen entsprechend des Neuheitsgrades bearbeiteter Verwendersegmente zu zwei Strategiedimensionen verdichtet werden, wobei zwischen *Präparateeinführungen bei bisherigen Zielgruppen* in Form der Marktdurchdringung und Sortimentserweiterung und *Präparateeinführungen bei neuen Zielgruppen* (Markterweiterung und Diversifikation) differenziert werden kann. Die Durchführung eines t-Tests läßt, bezogen auf das subjektive Erfolgsmaß ESM, einen schwach signifikanten Erfolgsvorteil für die Präparateeinführung bei *bisherigen* Zielgruppen erkennen (t-Wert = 1,67, p < 0,1). Dieser Befund berechtigt zwar nicht zur Ablehnung, begründet aber zumindest Zweifel an der Hypothese H_1. Da hier nicht festgestellt werden kann, wie stark die Befunde von den z.T. sehr kleinen Fallzahlen bei der Strategie der Marktdurchdringung und der Sortimentserweiterung determiniert werden,

193

kann auf Basis der eigenen Daten keine abschließende Beurteilung zur Erfolgswirkung einzelner marktfeldstrategischer Ausprägungsformen getroffenen werden.

7.2.1.2 Marktbearbeitungsstrategien

Gemäß der in Kap. 4.3.2 aufgestellten Hypothese H_2 wird erwartet, daß zwischen SM-Anbietern keine Erfolgsunterschiede bestehen, je nachdem ob sie eine Einzel-, Multi- oder Gesamtmarktstrategie verfolgen. Entsprechende Mittelwertstatistiken sind in Tab. 7-4 zusammengestellt.

Tabelle 7-4:
Erfolgsunterschiede zwischen Marktbearbeitungsstrategien

	Univariate Mittelwertvergleiche, F-Test[b]				
Erfolgsmaße[a]	Einzelsegment-strategie	Multisegment-strategie	Gesamtmarkt-strategie	Total	F
0. Fallzahl N	$11 \leq N \leq 12$	$57 \leq N \leq 58$	$11 \leq N \leq 12$	N = 81	-
1. WE	4,25 (1,66)	4,47 (1,69)	4,82 (1,78)	4,49 (1,69)	0,33
2. RE	3,67 (1,72)	3,68 (1,84)	3,33 (2,15)	3,63 (1,87)	0,18
3. ESM	6,90 (2,82)	7,66 (2,51)	8,09 (2,08)	7,62 (2,50)	0,68

a) Abkürzungen: WE = Wachstumserfolg; RE = Rentabilitätserfolg; ESM = (subjektiver) Erfolgsindex „Selbstmedikation".
b) Werte ohne Klammern: Mittelwerte; Werte in Klammern: Standardabweichung.

Die mittleren Ausprägungen der drei betrachteten Erfolgskriterien divergieren nur in sehr geringem Ausmaß nach den drei Ausprägungsalternativen der Marktbearbeitung. Ohne statistische Signifikanz ist hinsichtlich der Variable „Wachstumserfolg" (s. Variable WE in Tab. 7-4) festzustellen, daß diejenigen Unternehmen sich als leicht überdurchschnittlich erfolgreich erweisen, die alle relevanten Zielgruppen (Verwender, Apotheken, Ärzte, Pharmagroßhandel) marketingmäßig bearbeiten; d.h. eine Gesamtmarkt-strategie verfolgen. Ähnliches ist hinsichtlich des subjektiven Erfolgskriteriums (s. Variable ESM in Tab. 7-4) zu beobachten, wo der mittlere ESM-Wert von 8,09 bzw. 7,66 ausdrückt, daß Pharmaunternehmen in der Regel ihre Marketingziele im SM-Markt besser erreichen, wenn sie mehr als eine Marketingzielgruppe bearbeiten, demnach also eine Gesamt-marktstrategie bzw. eine Multisegmentstrategie verfolgen. Diese Befunde können m.E. als Indiz dafür gewertet werden, daß die Marktbearbeitung von mehr als einer Zielgruppe sinnvoll sein kann, um das SM-Marktpotential besser auszuschöpfen als es durch eine Fokussierung der Marketinganstrengungen auf nur eine Zielgruppe in Form einer Einzelsegmentstrategie möglich wäre.

Ohne statistische Signifikanz sprechen die im Hinblick auf den Rentabilitätserfolg (s. Variable RE in Tab. 7-4) je marktabdeckungsstrategischer Alternative ermittelten Werte für eine Multisegmentstrategie, jedoch nicht für die rentabilitätsfördernde Wirkung einer Gesamtmarktstrategie. Offensichtlich wird hier die wachstumsfördernde Wirkung der Gesamtmarktstrategie durch erhöhte Marktbearbeitungskosten konterkariert, mit der Folge, daß sie unterdurchschnittlich auf die Rentabilität der SMU einwirkt. In theoretischer Hinsicht ist dieses Ergebnis insofern von Interesse, als das die rentabilitätshemmende Wirkung einer Gesamtmarktstrategie die von Smith (1991: 280) aufgestellte Behauptung, daß es sich nur sehr wenige Unternehmen leisten können, auf Dauer eine Gesamtmarktstrategie zu realisieren, untermauert.

Zusammengenommen kann auf Basis der durchgeführten Signifikanztests (s. Spalte F in Tab. 7-4) die Hypothese H_2 bestätigt werden. Da nicht festgestellt werden kann, wie stark die Befunde von den z.T. geringen Fallzahlen für die Einzel- bzw. Gesamtmarktstrategie mit N = 12 bzw. 11 bestimmt werden, ist dieses Ergebnis allerdings mit Zurückhaltung zu interpretieren und impliziert daher weiteren Forschungsbedarf.

7.2.1.3 Verwendergerichtete Strategien

Zu den Erfolgswirkungen verwendergerichteter Strategieausprägungen wurde in Hypothese H_3 (s. Kap. 4.3.3) unterstellt, daß sich für SMU signifikante Erfolgsvorteile ergeben, wenn sie eine konsequente Präferenzstrategie, eine hybride Strategie oder einen Outpacing-Strategieansatz verfolgen. Tab. 7-5 stellt entsprechende Statistiken zur Überprüfung der Annahme bereit. Hinsichtlich der Preis-Mengen- und der Outpacing-Strategie mit Fallzahlen von N = 5 bzw. 4 ist anzumerken, daß die Statistiken mit besonderer Vorsicht zu interpretieren sind.

Die Zeilen 1 und 3 in Tab. 7-5 zeigen Hinweise für eine erfolgsfördernde Wirkung einer hybriden Strategie. So unterscheidet sich mit statistischer Signifikanz der mittlere Wachstumserfolg (s. Zeile 1 in Tab. 7-5) einer hybriden Strategie von einer reinen Präferenzstrategie bzw. dem Outpacing-Strategieansatz. Dies kann als Indiz dafür gewertet werden, daß eine Verwenderansprache ausschließlich über Präparateleistungsvorteile (z.B. schneller Wirkungseintritt, geringe Nebenwirkungen, Einnahmefreundlichkeit) *alleine* nicht ausreicht, sondern gleichzeitig auch dem Präparatepreis eine hohe Bedeutung

Tabelle 7-5:
Erfolgsunterschiede zwischen verwendergerichteten Strategien

Erfolgsmaße[a]	Univariate Mittelwertvergleiche, F-Test[b]					
	Präferenz-strategie	Preis-Mengen-Strategie	Hybride Stra-tegie	Outpacing-Strategie	Total	F
0. Fallzahl N	N = 49	N = 5	N = 16	N = 4	N = 74	-
1. WE	4,15b	4,80	5,09a	3,50b	4,36	2,29[+]
	(1,58)	(1,30)	(1,58)	(1,78)	(1,58)	
2. RE	3,61	3,40	3,88	4,00	3,68	0,16
	(1,92)	(2,19)	(1,50)	(2,16)	(1,87)	
3. ESM	7,75	5,89b	8,44a	5,64b	7,66	2,34[+]
	(2,54)	(2,28)	(2,31)	(1,82)	(2,52)	

a) Abkürzungen: WE = Wachstumserfolg; RE = Rentabilitätserfolg; ESM = (subjektiver) Erfolgsindex „Selbstmedikation".

b) Werte ohne Klammern: Mittelwerte; Werte in Klammern: Standardabweichung. Innerhalb jeder Tabellenzeile gilt: Mittelwerte mit Subskript a unterscheiden sich signifikant (Duncan-Test, p < 0,10) von Mittelwerten mit Subskript b.

[+] p < 0,1   * p < 0,05   ** p < 0,01   *** p < 0,001   (zweiseitiger Test).

zukommt. Eine Ursache für den überdurchschnittlichen Wachstumserfolg einer hybriden Strategie dürfte darin bestehen, daß durch die Vermarktung von „preisgünstigen Qualitätspräparaten" zugleich Preis- wie auch Qualitäts-Käufer angesprochen werden können. Ohne statistische Signifikanz kann zudem festgestellt werden, daß SMU, die eine konsequente Preis-Mengen-Strategie verfolgen, unter Wachstumsaspekten ein höheres mittleres Erfolgsniveau erzielen als SMU, die eine Präferenz- oder Outpacing-Strategie verfolgen. Dies verwundert nicht, da ein niedriges Herstellerabgabepreisniveau letztlich auf mehr Wachstum abzielt.

Einen Erfolgsvorteil einer hybriden Strategie belegen unsere Daten ebenfalls für das subjektive Erfolgsmaß (s. Variable ESM in Tab. 7-5). Der mittlere ESM-Wert von 8,44 für die hybride Strategie weicht signifikant (p < 0,1) denen der Preis-Mengen-Strategie (ESM-Wert = 5,89) und der Outpacing-Strategie (ESM-Wert = 5,64) ab. Leicht über dem Durchschnitt liegt der mittlere ESM-Wert für die Präferenzstrategie, ohne jedoch statistisch signifikant zu sein.

Die beim Rentabilitätserfolg gemessenen Werte bestätigen grob, aber ohne statistische Signifikanz die positive Erfolgswirkung der hybriden Strategie. Mit einem mittleren RE-

Wert von 3,88 erweist sich die hybride Strategie als überdurchschnittlich rentabel;[12] unterdurchschnittliche Rentabilitätseffekte stellen sich dagegen bei der Präferenz- und der Preis-Mengen-Strategie dar.

Die vorgefundenen Hinweise für eine erfolgsfördernde Wirkung einer hybriden Strategie sind indes auch aus einem theoretischen Blickwinkel beachtenswert, da – im Gegensatz zur Argumentation von Porter (1985: 16f.) – die simultane Verfolgung einer Preis-Mengen- und Präferenzstrategie nicht als sich ausschließende Strategietypen angesehen werden sollten, sondern „... it seems more appropriate to think of differentiation and cost position as dimensions of ... strategy ...".[13] So untermauern die vorgestellten Resultate einerseits die theoretischen Überlegungen von Fleck (1995: 59-152), der die Existenz hybrider Strategien theoretisch fundiert und andererseits die bereits in zahlreichen Forschungsarbeiten identifizierte erfolgsfördernde Wirkung hybrider Strategien.[14]

Zusammenfassend bleibt festzustellen, daß auf der Basis der Ergebnisse der Signifikanztests in Tab. 7-5 die Hypothese H_3 nicht in Gänze angenommen werden kann. Die geringen Fallzahlen bei der Preis-Mengen- und der Outpacing-Strategie deuten allerdings auf erheblichen weiteren Forschungsbedarf hin.

7.2.1.4 Wettbewerbergerichtete Strategien

Bezogen auf die hier betrachtete grundsatzstrategische Dimension wurde in Kap. 4.3.4 die Hypothese H_4 formuliert, wonach SMU, die ein offensives Wettbewerbsverhalten realisieren, signifikant erfolgreicher sind als diejenigen, die sich im Wettbewerb defensiv verhalten. Tab. 7-6 stellt entsprechende Mittelwertstatistiken bereit.

Hypothesenkonforme Erkenntnisse treten demnach nur hinsichtlich des *subjektiven Erfolgskriteriums* (s. Zeile 3 in Tab. 7-6) auf. Danach erzielen SMU, die sich durch ein offensives Wettbewerbsverhalten auszeichnen einen deutlich überdurchschnittlichen ESM-Wert von 8,94 und sind damit signifikant erfolgreicher als SMU, die eher defensiv ausgerichtete sind (ESM-Wert = 5,36) bzw. ihren Verhaltensstil als weder offensiv noch defensiv kennzeichnen (ESM-Wert = 6,31). Offenbar gehen die Marketingexperten davon aus, daß sie relevante Marketingziele im SM-Markt durch ein offensives Wettbewerbsverhalten eher zu erreichen imstande sind.

---

[12] Angesichts der vier Fälle für die Outpacing-Strategie ist deren überdurchschnittliche Rentabilitätswirkung mit Vorsicht zu interpretieren und wird daher auch nicht weiter kommentiert.

[13] Karnani 1984: 378f. Vgl. ähnlich Gerpott 1998: 244.

[14] Vgl. zu einem Überblick über empirische Forschungsarbeiten zu hybriden Strategien und deren Erfolgswirkungen Fleck 1995: 32.

Tabelle 7-6:
Erfolgsunterschiede zwischen wettbewerbergerichteten Strategien[15]

Erfolgsmaße[a]	Offensives Wettbewerbs-verhalten	Defensives Wettbewerbs-verhalten	Weder offensi-ves noch defen-sives Wettbe-werbsverhalten	Total	F
0. Fallzahl N	$42 \leq N \leq 44$	$10 \leq N \leq 12$	$N = 27$	$N = 81$	–
1. WE	4,50 (1,65)	4,38 (1,73)	4,52 (1,78)	4,49 (1,69)	0,03
2. RE	3,63 (1.94)	3,67 (1,78)	3,62 (1,81)	3,63 (1,87)	0,01
3. ESM	8,94a (2,05)	5,36b (2,02)	6,31b (2,00)	7,62 (2,04)	9,13***

a) Abkürzungen: WE = Wachstumserfolg; RE = Rentabilitätserfolg; ESM = (subjektiver) Erfolgsindex „Selbstmedikation".
b) Werte ohne Klammern: Mittelwerte; Werte in Klammern: Standardabweichung. Innerhalb jeder Tabellenzeile gilt: Mittelwerte mit Subskript a unterscheiden sich signifikant (Duncan-Test, p < 0,10) von Mittelwerten mit Subskript b.

$^+$p < 0,1   * p < 0,05   ** p < 0,01   *** p < 0,001   (zweiseitiger Test).

Überraschenderweise divergieren ökonomische Erfolgskriterien (s. Zeile 1 und 2 in Tab. 7-6) nicht oder nur in sehr geringem Ausmaß je nach wettbewerbergerichteter Strategieausprägung. So ergeben sich in unserer Stichprobe keine (kaum) Unterschiede hinsichtlich der Rentabilität (des Wachstums), je nachdem ob ein offensives, defensives oder weder offensives noch defensives Wettbewerbsverhalten von den Unternehmen verfolgt wird. Offenbar ist es – bezogen auf den Wachstums- bzw. Rentabilitätserfolg – nicht notwendigerweise erfolgshemmend, wenn SMU den Marktführer nachahmen und versuchen, ihre bisher erreichte Markposition zu verteidigen. Diese Vermutung erscheint vor allem dann plausibel, wenn SMU angesichts geringer Ressourcenverfügbarkeit oder schwacher Wettbewerbsposition durch ein offensives Verhalten (z.B. gegenüber marktführenden SMU) mehr zu verlieren als zu gewinnen haben.

Insgesamt können die Signifikanztests die Aufrechterhaltung der Hypothese H_4 nur zum Teil rechtfertigen. Zwar sind die aufgefundenen Ausprägungsunterschiede zwischen den wettbewerbergerichteten Verhaltensstilen im Hinblick auf das subjektive Erfolgsmaß statistisch hoch signifikant, jedoch differenzieren sich die Strategieausprägungsformen praktisch nicht bezüglich der beiden ökonomischen Erfolgskriterien.

---

[15] Die Operationalisierung der wettbewerbergerichteten Strategien erfolgte dadurch, daß die ersten beiden (letzten beiden) Verhaltenskategorien in Abb. 6-6 zu einem defensiven (offensiven) Wettbewerbsverhalten aggregiert wurden. Ein weder offensiver noch defensiver Verhaltensstil wurde mangels eindeutiger Zuordnenbarkeit als eigenständige Strategieoption geführt.

7.2.1.5 Apothekengerichtete Strategien

Bezogen auf die apothekengerichtete Strategiewahl von SMU wird die Hypothese H_6 überprüft, wonach zwischen einer Pull-, einer Push- oder einer Push-Pull-Stimulierung keine signifikanten Erfolgsunterschiede bestehen. Tab. 7-7 stellt entsprechende Statistiken zu den drei Strategiealternativen bereit. Angesichts der geringen Fallzahl von N = 2 bei der Push-Stimulierung und N = 6 bei der passiven Strategie besitzen die bereitgestellten Statistiken nur Fallstudiencharakter, so daß bei ihrer Interpretation besondere Vorsicht angebracht ist.

Tabelle 7-7:
Erfolgsunterschiede zwischen apothekengerichteten Strategien

	Univariate Mittelwertvergleiche, F-Test[b]					
Erfolgsmaße[a]	Push-Stimulierung	Pull-Stimulierung	Push-Pull-Stimulierung	Passive Strategie	Total	F
0. Fallzahl N	N = 2	N = 13	$59 \le N \le 60$	$6 \le N \le 7$	N = 81	–
1. WE	3,50	4,46	4,51	3,89	4,49	0,25
	(0,71)	(1,74)	(1,73)	(0,98)	(1,71)	
2. RE	3,50	3,77	3,53	4,29	3,63	0,37
	(2,12)	(1,88)	(1,84)	(2,14)	(1,85)	
3. ESM	5,17	7,84	7,68	7,41	7,62	0,70
	(2,59)	(2,55)	(2,49)	(2,57)	(2,49)	

a) Abkürzungen: WE = Wachstumserfolg; RE = Rentabilitätserfolg; ESM = (subjektiver) Erfolgsindex „Selbstmedikation".
b) Werte ohne Klammern: Mittelwerte; Werte in Klammern: Standardabweichung.

Die Zeile Nr. 1 in Tab. 7-7 (Wachstumserfolg) bestätigt zwar unsere Annahme zur Erfolgswirkung der apothekengerichteten Strategieausprägungsformen, jedoch fällt auf, daß die Push-Stimulierung, also der Versuch der SMU, ihre SM-Präparate über preis- und/oder konditionenpolitische Anreize in die Apotheken hineinzudrücken, und die passive Strategie im Mittel am wenigsten den Wachstumserfolg fördern (WE-Wert = 3,50 bzw. 3,89).

Hypothesenkonform sind auch die Resultate im Hinblick auf den Rentabilitätserfolg (s. Variable RE in Tab. 7-7). Die gemessenen RE-Werte je apothekengerichteter Strategieausprägung unterscheiden sich nur in sehr geringem Maße voneinander. Ebenfalls erwartungsgemäß stellen sich die Statistiken bezüglich des subjektiven Erfolgsmaßes (s. Variable ESM in Tab. 7-7) dar. Die Push-Stimulierung mit einem mittleren ESM-Wert von 5,17 erweist sich auch hier als unterdurchschnittlich erfolgversprechend, wobei die zwei betrachteten Fälle eine statistische Signifikanz dieses Mittelwertunterschieds nicht sicherstellen.

Insgesamt zeigen die Befunde in Tab. 7-7, daß in unserer Stichprobe eine Push-Stimulierung den Erfolg von SMU unterdurchschnittlich fördert, wobei allerdings diese Vermutung aufgrund der Fallzahl von $N = 2$ nicht als statistisch signifikant angenommen werden kann. Demgegenüber sind zwischen der Pull- und der Push-Pull-Stimulierung in unserer Stichprobe nur geringe Ausprägungsunterschiede hinsichtlich der drei Erfolgsmaße zu beobachten.

7.2.1.6 Pharmagroßhandelgerichtete Strategien

Nachfolgend wird die Hypothese H_5 geprüft, wonach zwischen SMU keine Erfolgsunterschiede bestehen, je nachdem ob sie den Pharmagroßhandel aktiv in das SM-Marketing einbinden oder im Gegensatz dazu den Pharmagroßhandel eher passiv im Sinne eines Logistikdienstleisters nutzen. Tab. 7-8 zeigt entsprechende Statistiken.

Tabelle 7-8:
Erfolgsunterschiede zwischen pharmagroßhandelgerichteten Strategien

Erfolgsmaße[a]	Univariate Mittelwertvergleiche, F-Test[b]			
	Vertikal-aktives Marketing	Vertikal-passives Marketing	Total	F
0. Fallzahl N	$14 \leq N \leq 16$	$64 \leq N \leq 66$	$N = 80$	–
1. WE	4,96 (1,49)	4,35 (1,70)	4,46 (1,67)	1,58
2. RE	3,56 (1,82)	3,59 (1,84)	3,59 (1,84)	0,03
3. ESM	8,11 (2,18)	7,50 (2,58)	7,62 (2,51)	0,76

a) Abkürzungen: WE = Wachstumserfolg; RE = Rentabilitätserfolg; ESM = (subjektiver) Erfolgsindex „Selbstmedikation".
b) Werte ohne Klammern: Mittelwerte; Werte in Klammern: Standardabweichung.

Wie aus Tab. 7-8 ersichtlich, treten über alle Erfolgsvariablen hinweg nur schwache Ausprägungsunterschiede zwischen einem vertikal-aktiven und einem vertikal-passiven Marketing auf. Ohne statistische Signifikanz zeigen die Zeilen 1 und 2 der Tab. 7-8 jedoch leicht überdurchschnittliche Erfolgswirkungen eines vertikal-aktiven Marketings. So ist zu beobachten, daß SMU einen höheren durchschnittlichen Wachstumserfolg erzielen, wenn sie den Pharmagroßhandel aktiv in ihr SM-Marketing einbeziehen (s. Zeile 1 in Tab. 7-8). Ebenfalls ohne statistische Signifikanz lassen die Befunde in Zeile 3 der Tab. 7-8 erkennen, daß SMU nach eigener Einschätzung ihre Marketingziele in der Regel besser erreichen, wenn sie ein vertikal-aktives Marketing verfolgen. Als Gründe für die – wenn auch schwach – überdurchschnittliche Erfolgswirkung eines vertikal-aktiven Marketings können gelten: (1) eine erleichterte Verfügbarkeit von Marktinformationen aus den Apotheken (z.B. Anforderungen der Apotheken, aktives Empfehlungsverhalten, Wettbewerbssituation), die eine wesentliche inhaltliche Grundlage für ein erfolgreiches apothekengerichtetes Strategieverhalten darstellen, und (2) die Nutzung der Marktnähe des Pharmagroßhandels zum zentralen Verkaufsort „Apotheke", mit der Möglichkeit, gemeinsame Marketingaktionen durchzuführen.

Dagegen lassen die Ergebnisse in Zeile 2 der Tab. 7-8 eine leicht unterdurchschnittliche Erfolgswirkung eines vertikal-aktiven Marketings erkennen, was letztlich nicht überrascht, da ein vertikal-aktives Marketing vergleichsweise höhere Transaktionskosten (z.B. Abstimmungskosten für gemeinsame Marketingaktionen, Informationskosten) verursachen dürfte.

Im ganzen rechtfertigen die Ergebnisse in Tab. 7-8 die Aufrechterhaltung der Hypothese H_s, wonach auf Basis unserer Stichprobendaten zwischen einem vertikal-aktiven und einem vertikal-passiven Marketing keine Erfolgsdivergenzen auftreten.

7.2.1.7 Arzt-/heilpraktikergerichtete Strategien

Zum arzt-/heilpraktikergerichteten Strategieverhalten der SMU wurde in Hypothese H_7 unterstellt, daß eine Strategie der arztgestützten Selbstmedikation, also die Einbeziehung des Arztes/Heilpraktikers in das SM-Marketing, dem Erfolg von SMU zuträglich ist. Tab. 7-9 enthält entsprechende Mittelwertstatistiken.

Die Zeilen 1 und 2 in Tab. 7-9 bestätigen grob, aber ohne statistische Signifikanz die in Kap. 4.3.7 aufgestellte Hypothese H_7. Die Strategie der arztgestützten Selbstmedikation stellt sich hinsichtlich der ökonomischen Erfolgskriterien „Wachstum" und „Rentabilität" mit Mittelwerten von 4,54 bzw. 3,71 als leicht überdurchschnittlich erfolgreich dar; statistisch signifikant ist dieser Erfolgsvorteil gegenüber einer Strategie der arztungestützten Selbstmedikation jedoch nicht. Gründe für die überdurchschnittliche Erfolgswirkung einer Strategie der arztgestützten Selbstmedikation können sein: (1) die traditionelle Arztorientierung im Rahmen des „ethischen" Pharmageschäftes, die dazu beitra-

Tabelle 7-9:
Erfolgsunterschiede zwischen arzt-/heilpraktikergerichteten Strategien

Erfolgsmaße[a]	Univariate Mittelwertvergleiche, F-Test[b]			
	Strategie der arztge- stützten SM	Strategie der arzt- ungestützten SM	Total	F
0. Fallzahl N	$44 \leq N \leq 45$	$36 \leq N \leq 37$	$N = 81$	–
1. WE	4,54 (1,72)	4,42 (1,66)	4,49 (1,70)	0,11
2. RE	3,71 (1,90)	3,43 (1,75)	3,63 (1,86)	0,41
3. ESM	7,37 (2,52)	8,26 (2,34)	7,62 (2,47)	1,22

a) Abkürzungen: WE = Wachstumserfolg; RE = Rentabilitätserfolg; ESM = (subjektiver) Erfolgsindex „Selbstmedikation".
b) Werte ohne Klammern: Mittelwerte; Werte in Klammern: Standardabweichung.

gen kann, daß sich Unternehmen auch im SM-Geschäft gut darzustellen vermögen und (2) der Tatbestand, daß der Arzt als zentraler Gesundheitsberater durch sein Empfehlungsverhalten nachhaltig Einfluß auf die Präparatewahl im Rahmen der Selbstmedikation nehmen kann.

Zeile 3 der Tab. 7-9 zeigt dagegen einen unerwarteten Befund. Demnach erreichen SMU nach eigener Einschätzung ihre Marketingziele in der Regel besser bei der Strategie der arztungestützten Selbstmedikation. Eigentlich hätte angenommen werden können, daß die zuvor angeführten Argumente zur Erklärung der überdurchschnittlichen Erfolgswirkung einer Strategie der arztgestützten Selbstmedikation weitgehend auch für den subjektiv eingeschätzten Erfolg zutreffen. Nach der Mittelwertanalyse stellt sich jedoch die Strategie der arztungestützten Selbstmedikation mit einem mittleren ESM-Wert von 8,26 als überdurchschnittlich erfolgsfördernd dar. Teilweise erklärbar ist der Befund dadurch, daß der Arzt als explizite Zielgruppe bei der Formulierung der SM-Marketingziele größtenteils unberücksichtigt bleibt (s. a. Abb. 7-2), so daß eine Strategie der arztgestützten Selbstmedikation letztendes auch weniger zur Erreichung der Marketingziele beitragen kann.

Die Erkenntnisse in Tab. 7-9 rechtfertigen somit eine Ablehnung der Hypothese H, wonach die Einbeziehung der Ärzte als Zielgruppe in das SM-Marketing den SM-Markterfolg nicht entscheidend zu beeinflussen vermag.

Wenn auch unter gesundheitspolitischen Aspekten die Einbeziehung der Ärzte in die Selbstmedikation wünschenswert ist und z.T. auch gefordert wird,[16] so deuten die vorliegenden Befunde darauf hin, daß aus betriebswirtschaftlicher Sicht die Ärzte nicht notwendigerweise als Marketingzielgruppe in das SM-Marketing Berücksichtigung finden müssen. Zwar belegen die in Kap. 2.3.5 dargelegten Ergebnisse von Feldstudien, daß in der Praxis eine arztgestützte Selbstmedikation stattfindet, jedoch offenbar nicht in dem Maße, daß sie für SMU erfolgsrelevant sind.

7.2.2 Instrumentalstrategische Marketinghandlungsmuster

7.2.2.1 Gestaltung des Präparateprogramms

Mit der Hypothese H_8 wurde unterstellt, daß diejenigen SMU signifikant erfolgreicher sind, die über ein breites, aber flaches Angebotsprogramm in der Selbstmedikation verfügen. Mittelwertstatistiken zu den Gestaltungsoptionen schmales/flaches, schmales/tiefes, breites/flaches und breites/tiefes Präparateprogramm sind in Tab. 7-10 zusammengestellt.

Auf den ersten Blick sind keine signifikanten Erfolgsunterschiede zwischen den Gestaltungsoptionen des SM-Präparateprogramms im Hinblick auf den Wachstumserfolg (s. Zeile 1 in Tab. 7-10) erkennbar. Zwar erweist sich prinzipiell ein breites SM-Präparateprogramm – unabhängig von der Programmtiefe – gegenüber einem schmalen Sortiment als überdurchschnittlich wachstumsfördernd (4,89 bzw. 4,86 vs. 4,07 bzw. 4,17), allerdings sind diese Mittelwertunterschiede ohne statistische Signifikanz. Unterteilt man die Gestaltungsoptionen lediglich nach der Programmbreite und differenziert dabei zwischen einem schmalen und breiten SM-Angebotsprogramm, so belegt ein t-Test den Erfolgsvorteil eines breiten SM-Angebotsprogramms im Hinblick auf den Wachstumserfolg (t-Wert = 2,15; p < 0,05). Der Erfolgsvorteil eines breiten/flachen SM-Programms kann hier zwar – aufgrund der geringen Fallzahl von N = 7 – nicht eindeutig bestätigt werden, jedoch lassen die Erkenntnisse des t-Tests eine wachstumsfördernde Wirkung durchaus vermuten.

Ein zwar nicht hypothesenkonformer, aber signifikanter Befund ergibt sich im Hinblick auf das subjektive Erfolgskriterium (s. Zeile 3 in Tab. 7-10). Die für den ESM-Index ermittelten Werte zeigen, daß SMU überdurchschnittlich erfolgreich sind, die mehrere SM-Präparate bzw. Präparategruppen mit mehreren Varianten anbieten. Der diesbezüglich

---

[16]   Vgl. Draxler 1996: 8; Laschet 1994: 4; o.V. 1994a: 2.

Tabelle 7-10:
Erfolgsunterschiede zwischen Gestaltungsoptionen des SM-Präparateprogramms

Erfolgsmaße[a]	Univariate Mittelwertvergleiche, F-Test[b]					
	Schmales/ flaches SM-Programm	Schmales/ tiefes SM-Programm	Breites/ flaches SM-Programm	Breites/ tiefes SM-Programm	Total	F
0. Fallzahl N	N = 29	$11 \leq N \leq 12$	$33 \leq N \leq 35$	$6 \leq N \leq 7$	N = 81	–
1. WE	4,07 (1,49)	4,17 (1,86)	4,89 (1,68)	4,86 (2,01)	4,49 (1,67)	1,52
2. RE	3,45 (1,78)	3,91 (2,12)	3,66 (1,86)	3,83 (2,04)	3,63 (1,88)	0,20
3. ESM	7,61b (2,54)	7,90b (2,68)	7,08b (2,03)	9,87a (3,21)	7,62 (2,49)	2,64*

a) Abkürzungen: WE = Wachstumserfolg; RE = Rentabilitätserfolg; ESM = (subjektiver) Erfolgsindex „Selbstmedikation".

b) Werte ohne Klammern: Mittelwerte; Werte in Klammern: Standardabweichung. Innerhalb jeder Tabellenzeile gilt: Mittelwerte mit Subskript a unterscheiden sich signifikant (Duncan-Test, p < 0,10) von Mittelwerten mit Subskript b.

[+] p < 0,1   * p < 0,05   ** p < 0,01   *** p < 0,001   (zweiseitiger Test).

mittlere ESM-Wert von 9,87 weicht signifikant von allen anderen ESM-Werten nach oben ab.

Auch im Hinblick auf den Rentabilitätserfolg lassen sich keine hypothesenkonforme Befunde nachweisen (s. Zeile 2 in Tab. 7-10). Als überdurchschnittlich rentabel stellt sich – allerdings ohne statistische Signifikanz – mit einem mittleren RE-Wert von 3,91 ein schmales, aus wenigen Präparatevarianten bestehendes SM-Programm dar. Ebenfalls über dem Durchschnitt liegen die Rentabilitätseffekte eines breiten/tiefen bzw. eines breiten/flachen Angebotsprogramms mit einem Mittelwert von 3,83 bzw. 3,66, ohne jedoch statistisch signifikant zu sein.

Zusammengenommen kann auf Basis dieser Befunde die Hypothese H_8 zur signifikant erfolgsfördernden Wirkung eines breiten, aber flachen SM-Angebotsprogramms nicht angenommen werden, trotz der überdurchschnittlichen Erfolgswirkungen dieser Gestaltungsoption hinsichtlich des Wachstums- und Rentabilitätserfolges. Die z.T. geringen Fallzahlen deuten allerdings auf weiteren Forschungsbedarf hin.

7.2.2.2 Markenbildung

Hinsichtlich der Erfolgswirkung von Markenstrategien wurde in Kap. 4.3.2.2 unterstellt, daß keine signifikanten Erfolgsunterschiede zwischen SMU bestehen, je nachdem ob sie eine Einzel-, Programm- und Dachmarkenstrategie realisieren (H_{10}). Tab. 7-11 stellt entsprechende Mittelwertstatistiken bereit.

Tabelle 7-11:
Erfolgsunterschiede zwischen Markenstrategien

| Erfolgsmaße[a] | Univariate Mittelwertvergleiche, F-Test[b] | | | | |
	Einzelmarke	Programmarke	Dachmarke	Total	F
0. Fallzahl N	$34 \leq N \leq 37$	$26 \geq N \leq 28$	$15 \geq N \leq 16$	$N = 78$	–
1. WE	4,49	4,78	3,73	4,44	1,92
	(1,80)	(1,64)	(1,33)	(1,66)	
2. RE	3,35b	4,27a	3,20b	3,63	2,51[*]
	(1,75)	(1,97)	(1,57)	(1,80)	
3. ESM	7,27	7,72	8,70	7,72	1,91
	(2,48)	(2,23)	(2,58)	(2,42)	

a) Abkürzungen: WE = Wachstumserfolg; RE = Rentabilitätserfolg; ESM = (subjektiver) Erfolgsindex „Selbstmedikation".

b) Werte ohne Klammern: Mittelwerte; Werte in Klammern: Standardabweichung. Innerhalb jeder Tabellenzeile gilt: Mittelwerte mit Subskript a unterscheiden sich signifikant (Duncan-Test, p < 0,10) von Mittelwerten mit Subskript b.

[+] p < 0,1 [*] p < 0,05 [**] p < 0,01 [***] p < 0,001 (zweiseitiger Test).

Hypothesenkonformen Charakter haben nur die Befunde hinsichtlich des Wachstumserfolgs und des subjektiven Erfolgskriteriums (s. Variable WE und ESM in Tab. 7-11). Zwar erreichen SMU im Hinblick auf den Wachstumserfolg (subjektiven Erfolg) mit einer Einzel- bzw. Programmarkenstrategie (Dachmarkenstrategie) leicht über dem Durchschnitt liegende Erfolgswerte, jedoch sind die jeweiligen Ausprägungsunterschiede zu gering, um statistisch signifikante Mittelwertunterschiede zu begründen.

Betrachtet man hingegen die Ergebnisse zum Rentabilitätserfolg (s. Variable RE in Tab. 7-11), so wird deutlich, daß entgegen unserer Hypothese, diejenigen SMU einen signifikant höheren Rentabilitätserfolg erzielen, die eine Programmarkenstrategie verfolgen und mehrere Präparate bzw. Präparategruppen eines Indikationsbereiches unter einer Marke vermarkten. Offensichtlich wirken sich die Synergien, die sich durch eine Vermarktung einer Programmarke ergeben, günstig auf die Umsatzrentabilität von SMU aus. Auf Basis der vorgestellten Befundlage ist die Hypothese H_{10}, nach der zwischen den Markenstrategien keine Erfolgsunterschiede bestehen, abzulehnen.

7.2.2.3 Preis- und Konditionengestaltung

Zu den Erfolgswirkungen der Preis- und Konditionengestaltung von SMU wurden in Kap. 4.3.2.3 zwei Hypothesen aufgestellt, die auf der Basis der in Tab. 7-12 dargestellten Korrelationsanalysen überprüft werden.

Tabelle 7-12:
Erfolgszusammenhänge der Preis- und Konditionengestaltung

Preis-/Konditionengestaltung	Pearson´s r/Kendall´s ι^a		
	WE^b	RE	ESM
1. Niveau der Hersteller-	0,05	0,03	-0,28**
abgabepreise^c	(0,01)	(0,02)	(-0,20*)
2. Konditionen^d			
2a. auftragswertbezogen	0,18	0,24*	0,20$^+$
	(0,11)	(0,23**)	(0,17*)
2b. umsatzbezogen	-0,05	-0,08	0,04
	(-0,03)	(-0,04)	(-0,03)
2c. mengenbezogen	0,08	-0,07	-0,12
	(0,12)	(-0,01)	(-0,09)

a) Werte ohne Klammern = Produkt-Moment-Korrelation nach Pearson; Werte in Klammern = Kendall´sche Rangkorrelation. Aufgrund paarweiser z.T. fehlender Angaben gilt: $76 \leq N \leq 81$.
b) Abkürzungen: WE = Wachstumserfolg; RE = Rentabilitätserfolg; ESM = (subjektiver) Erfolgsindex „Selbstmedikation".
c) Fünfstufige Skala von „deutlich höher" (= 1) bis „deutlich niedriger" (= 5).
d) Zur Definition der Variablen 2a, 2b und 2c s. Tab. 6-7.

$^+$ p < 0,1   * p < 0,05   ** p < 0,01   *** p < 0,001   (zweiseitiger Test).

Gemäß Hypothese H_{10} wird erwartet, daß ein niedriges Niveau der Herstellerabgabepreise nicht per se mit einem höheren Erfolg assoziiert ist. Begründet wurde dies primär mit der nachgeordneten Relevanz des Preises beim Kauf von Arzneimitteln zur Selbstmedikation. Die Zeile 1 der Tab. 7-11 zeigt eine schwache aber signifikante Korrelation zwischen einem niedrigen Herstellerabgabepreisniveau und dem subjektiven Erfolg ($r = - 0,28$, $p < 0,01$ bzw. $\tau = - 0,20$, $p < 0,05$). Dieser Befund steht jedoch im Widerspruch zu früheren Erkenntnissen, nach denen der Preishöhe für den SM-Präparatekauf *keine* vorrangige Bedeutung zukommt; so daß eine überdurchschnittliche Preisstellung zu keinen nennenswerten Umsatz-/Absatzverlusten führt.[17] Durch das vorliegende Resultat wird vielmehr die von Crisand/Bungert (1995: 101) vertretene These zur Existenz einer OTC-Schallgrenze bei der SM-Preisstellung untermauert, wonach ein Höchstpreis von

---

[17] S. insbesondere Kap. 4.3.2.3 und die dort angegebene Literatur.

DM 20,00 je SM-Präparate nicht überschritten werden sollte. Im ganzen kann also auf der Grundlage eingeschränkter Befunde der Hypothese H_{10} nicht gefolgt werden.

Mit der Hypothese H_{11} wurde weiterhin unterstellt, daß die Gewährung von Konditionen an Apotheken den Erfolg von SMU fördert. Die Zeile 2a in Tab. 7-12 zeigt schwache, aber erwartungskonforme Korrelationen der Konditionengestaltung mit den Erfolgsmaßen. So ergibt sich eine positive Assoziation zwischen der Nutzungsintensität auftragswertbezogener Konditionen und dem Rentabilitätserfolg einerseits und dem Ausmaß der Erreichung wichtiger Marketingziele andererseits. Diese Befunde erweisen sich also prinzipiell als erwartungskonform.

Auffällig ist, daß sowohl eine umsatz- wie auch mengenbezogene Konditionengewährung mit keinem der drei betrachteten Erfolgsmaße signifikant assoziiert sind (s. Zeile 2b und 2c in Tab. 7-12). Als Erklärung für diese Beobachtung kommt in Betracht, daß (1) diese beiden Konditionen auf andere als die hier betrachteten Erfolgsfacetten wirken oder (2) eine umsatz- bzw. mengenbezogene Konditionengewährung alleine die drei Erfolgskriterien nicht signifikant zu beeinflussen vermögen.

Angesichts der eingeschränkten Befundlage kann die Hypothese H_{11} dennoch angenommen werden, wobei *besonders* die Gewährung von am Auftragswert ausgerichteten Konditionen den Erfolg von SMU positiv zu beeinflussen vermag.

7.2.2.4 Marktkommunikation

Die in Kap. 4.3.2.4 formulierte Hypothese H_{12} postuliert, daß für SMU, die die einzelnen Kommunikationsformen Werbung, Verkaufsförderung, Öffentlichkeitsarbeit und wissenschaftliche Information intensiv einsetzen, sich Erfolgsvorteile ergeben. Entsprechende Korrelationsanalysen sind in Tab. 7-13 aufgeführt.

Erwartungskonforme aber nur schwache Hinweise für Erfolgszusammenhänge der einzelnen Kommunikationsformen ergeben sich lediglich für das subjektive Erfolgsmaß. Am stärksten ist mit $r = 0,36$ bzw. $\tau = 0,27$ (jeweils $p < 0,001$) die wissenschaftliche Information mit dem ESM-Index assoziiert. Darüber hinaus bestehen positive, aber deutlich schwächere Zusammenhänge zwischen dem subjektiven Erfolg und der Werbung ($r = 0,26$ bzw. $\tau = 0,19$, $p < 0,05$) sowie der Verkaufsförderung ($r = 0,20$ bzw. $\tau = 0,16$, $p < 0,10$). Für die Öffentlichkeitsarbeit konnte entgegen der Hypothese H_{12} kein hinrei chend signifikanter Zusammenhang mit dem subjektiven Erfolgskriterium ESM beobachtet werden. Offenbar liegt dem subjektiven Erfolgsverständnis der SMU die Meinung

Tabelle 7-13:
Erfolgszusammenhänge der Kommunikationsformen

Kommunikationsformen[b]	Pearson´s r/Kendall´s τ[a]		
	WE[c]	RE	ESM
1. Werbung	-0,07 (-0,08)	0,02 (0,03)	0,26* (0,19*)
2. Verkaufsförderung	0,08 (0,05)	-0,02 (-0,01)	0,20[+] (0,16[+])
3. Öffentlichkeitsarbeit	0,05 (0,05)	-0,03 (-0,04)	0,36*** (0,27***)
4. Wissenschaftliche Information	-0,15 (-0,11)	-0,02 (-0,02)	0,12 (0,07)

a) Werte ohne Klammern = Produkt-Moment-Korrelation nach Pearson; Werte in Klammern = Kendall´sche Rangkorrelation. Fallzahl: N = 81.

b) Zur Erfassung der Nutzungsintensität der Kommunikationsformen wurde jeweils eine fünfstufige Skala verwendet mit einem Wertebereich von 1 (= gar nicht genutzt) bis 5 (= sehr intensiv genutzt).

c) Abkürzungen: WE = Wachstumserfolg; RE = Rentabilitätserfolg; ESM = (subjektiver) Erfolgsindex „Selbstmedikation".

[+] p < 0,1   * p < 0,05   ** p < 0,01   *** p < 0,001   (zweiseitiger Test).

zugrunde, daß eine verstärkte Öffentlichkeitsarbeit in der Regel kaum zur besseren Erreichung wichtiger Marketingziele in der Selbstmedikation beizutragen vermag. Gleiches scheint für die vier Kommunikationsformen im Hinblick auf den Wachstums- und den Rentabilitätserfolg zuzutreffen, wo die Assoziationen durchweg das geforderte Signifikanzniveau unterschreiten. Dennoch kann die betreffende Hypothese – wenn auch nur auf Basis schwacher Zusammenhänge – angenommen werden.

Ergänzend wurden Erfolgszusammenhänge von *zielgruppenspezifischen Kommunikationsinstrumenten* näher erkundet.[18] Offenbar werden mündliche Verwenderinformationen vom Markt nicht in ausreichendem Maße honoriert, so daß diese negativ auf den Rentabilitätserfolg wirken.

---

[18] S. a. Tab. A4-1 im Anhang 4.

7.2.2.5 Vertriebsformen in der Selbstmedikation

Zu Erfolgswirkungen von direkten und indirekten Vertriebsformen wird die Hypothese H_{13} geprüft, nach der die Nutzung direkter Vertriebsformen dem Erfolg von SMU zuträglich ist. Entsprechende Korrelationsanalysen sind in Tab. 7-14 dargestellt.

Tabelle 7-14:
Erfolgszusammenhänge direkter und indirekter Vertriebsformen

	Pearson´s r/Kendall´s ι^a		
Relevante Vertiebsformen[b]	WE[c]	RE	ESM
1. Direkte Vertriebsformen			
1a. Eigener wissenschaftlicher Außendienst	0,07 (0,08)	0,12 (0,10)	0,01 (-0,01)
1b. Eigener Apothekenaußendienst	0,13 (0,10)	0,13 (0,12)	0,35*** (0,25**)
1c. Leihaußendienst (Leasing)	-0,21* (-0,17*)	-0,15 (-0,12)	0,05 (0,09)
1d. Außendienstkooperation(en)	0,09 (0,10)	-0,03 (-0,04)	-0,01 (-0,07)
1e. Pharmazeutische Handelsvertretung	-0,23* (-0,19*)	-0,19* (-0,16*)	0,06 (0,05)
1f. Telefon, Telefax u.ä.	-0,04 (-0,04)	-0,03 (-0,02)	0,06 (0,05)
2. Indirekte Vertriebsformen			
2a. Streckengeschäft	-0,15 (-0,12)	-0,16 (-0,13)	0,03 (0,00)
2b. Überweisungsgeschäft	-0,04 (-0,05)	-0,10 (-0,13)	-0,06 (-0,05)
2c. Reiner Vertrieb über Pharmagroßhandel	-0,14 (-0,10)	-0,18 (-0,11)	-0,15 (-0,11)

a) Werte ohne Klammern = Produkt-Moment-Korrelation nach Pearson; Werte in Klammern = Kendall´sche Rangkorrelation. Aufgrund paarweiser z.T. fehlender Angaben gilt: $75 \leq N = 81$.

b) Zur Erfassung der Nutzungsintensität der Vertriebsformen wurde jeweils eine fünfstufige Skala verwendet mit einem Wertebereich von 1 (= gar nicht genutzt) bis 5 (= sehr intensiv genutzt).

c) Abkürzungen: WE = Wachstumserfolg; RE = Rentabilitätserfolg; ESM = (subjektiver) Erfolgsindex „Selbstmedikation".

$^+ p < 0,10$ $* p < 0,05$ $** p < 0,01$ $*** p < 0,001$ (zweiseitiger Test).

Auf Basis der eigenen Daten läßt sich ein Zusammenhang zwischen direkten Vertriebsformen und dem Erfolg lediglich für den Apothekenaußendienst nachweisen. Entsprechende Korrelationskoeffizienten betragen zwischen dem Apothekenaußendienst und dem subjektiven Erfolg $r = 0,35$; $p < 0,001$ bzw. $\tau = 0,25$; $p < 0,05$. Dieses Ergebnis wird dahingehend interpretiert, daß eine große Außendienstorganisation (Variable 1b) eine wichtige Voraussetzung für eine bessere Erreichung wichtiger Marketingziele darstellt. Keine signifikanten Zusammenhänge lassen sich jedoch zwischen dem Apothekenaußendienst und dem Wachstums- bzw. Rentabilitätserfolg zeigen.

Entgegen unseren Erwartungen weisen der Leihaußendienst (Variable 1c) und die pharmazeutischen Handelsvertretungen (Variable 1e) als weitere Formen des direkten Vertriebs hinsichtlich der beiden ökonomischen Erfolgskriterien eine negative Wirkungsrichtung auf. Als Erklärungen für die negativen Erfolgsimplikationen der beiden direkten Vertriebsformen kommen in Betracht: (1) die mangelnde Identifikation mit dem SMU bei der Präparatevermarktung, aufgrund der Mehrfirmenvertretung, insbesondere bei pharmazeutischen Handelsvertretungen, (2) die geringen Einfluß- und Kontrollmöglichkeiten der SMU bei der Durchführung von Marketingaktivitäten aufgrund der Übertragung der Vertriebsaktivitäten auf unternehmensexterne Vertriebsorganisationen und (3) die allgemein geringe Akzeptanz beider Vertriebsformen in der Praxis (s. a. Abb. 6-13).

Insgesamt lassen sich auf Basis der eigenen Befunde keine generalisierbaren Schlüsse zu Zusammenhängen zwischen dem Einsatz direkter Vertriebsformen und dem Erfolg eines SMUs treffen. Es findet sich in unseren Daten jedoch ein konkreter Hinweise dafür, daß eine starke Außendienstorganisation positiv mit dem (subjektiven) Erfolg von SMU assoziiert ist.

7.2.3 Synoptische Analyse zur Erfolgsbedeutung von Marketinghandlungsmustern

In den beiden vorangegangenen Kap. 7.2.1 und 7.2.2 wurden (direkte) Zusammenhänge zwischen verschiedenen Ausprägungen *einzelner* Strategiedimensionen und den drei Erfolgskriterien untersucht. Da die Marketingstrategieaspekte nicht alternativ, sondern kombinativ im Rahmen einer SM-Marketingstrategie eingesetzt werden, sind Regressionsanalysen von Interesse, in denen Strategievariablen aus *verschiedenen* Entscheidungsdimensionen *simultan* betrachtet werden (können). Derartige Analysen erlauben Rückschlüsse (1) auf die relative Wirkungsstärke einzelner Strategieausprägungen – und liefern damit Anhaltspunkte für besonders erfolgsrelevante Marketingverhaltensweisen – und (2) auf die insgesamt durch die Strategievariablen erklärbare Varianz der Erfolgskriterien. Hierzu wurden drei *multiple Regressionsanalysen* gerechnet, in denen als Prädiktoren jene Strategievariablen berücksichtigt worden sind, für die in den vorherigen (Einzel-)Analysen statistisch signifikante (p < 0,10) Beziehungen mit dem jeweiligen Erfolgsmaß ermittelt werden konnten. Tab. 7-15 informiert über die Resultate der multiplen Regressionsanalysen.

210

Tabelle 7-15:
Zusammenfassende multiple Regression[a] von Erfolgskriterien auf strategische Marketinghandlungsmuster

Strategiedimensionen	Strategische Marketinghandlungs-muster (Rückverweis)	Erfolgskriterien WE[b]	RE	ESM
Verwendergerichtete Strategie	Hybride Strategie[c] (s. Tab. 7-5)	0,34**	–	0,14
Wettbewerbergerichtete Strategie	Offensives Wettbewerbsverhalten[c] (s. Tab. 7-6)	–	–	0,43***
SM-Programmgestaltung	Breites/tiefes SM-Programm[c] (s. Tab. 7-10)	–	–	0,21*
Markenbildung	Programmarke[c] (s. Tab. 7-11)	–	0,21+	–
Preisgestaltung	Niveau der Herstellerabgabepreise (s. Tab. 7-12)	–	–	-0,15
Konditionengestaltung	Auftragswertbezogene Konditionen (s. Tab. 7-12)	–	0,23*	0,04
Marktkommunikation	Werbung (s. Tab. 7-13)	–	–	0,04
	Verkaufsförderung (s. Tab. 7-13)	–	–	0,21+
	Öffentlichkeitsarbeit (s. Tab. 7-13)	–	–	0,09
Vertriebsformen	Apothekenaußendienst (s. Tab. 7-14)	–	–	0,32**
	Leihaußendienst (s. Tab. 7-14)	-0,25*	–	–
	Pharmazeutische Handelsvertretungen (s. Tab. 7-14)	-0,18	-0,23*	–
Multiples R^2		0,14**	0,18**	0,47***
N		73	77	72

a) Standardisierter partieller Regressionskoeffizient.
b) Abkürzungen: WE = Wachstumserfolg; RE = Rentabilitätserfolg; ESM = (subjektiver) Erfolgsindex „Selbstmedikation".
c) Codiert als 0/1-Dummy-Variable, wobei 1 = Strategieausprägung trifft zu und 0 = Strategieausprägung trifft nicht zu bedeutet.

+ $p < 0,10$ * $p < 0,05$ ** $p < 0,01$ *** $p < 0,001$ (zweiseitiger Test).

Die multivariaten Betrachtungen in Tab. 7-15 zeigen zunächst, daß jeweils unterschiedliche Strategievariablen sich als signifikante Prädiktoren der drei betrachteten Erfolgskriterien erweisen. In der Konsequenz bedeutet dies, daß die Erfolgsrelevanz einer spezifischen Strategieausprägung in Abhängigkeit vom Erfolgsmaß beurteilt werden muß. Der durch die Strategieausprägungen erklärte Varianzanteil der Erfolgkriterien bewegt sich dabei zwischen 14% und 47% und ist mindestens auf dem 1%-Niveau signifikant.

Ein Vergleich der durch die Strategievariablen erklärten Varianz der beiden ökonomischen Erfolgskriterien und des subjektiven Erfolgs offenbart, daß Marketingstrategieaspekte wesentlich stärker zur Erklärung des subjektiven Erfolges beitragen.[19] Dieser Befund ist dahingehend interpretierbar, daß Marketingstrategieaspekte zunächst *unmittelbar* im Zusammenhang mit den zu erreichenden Marketingzielen getroffen werden und erst *mittelbar* mit einer zeitlichen Verzögerung auf Wachstumserfolge wirken, die wiederum Rentabilitätserfolge bewirken können. Zudem ist zu berücksichtigen, daß die beiden ökonomischen Erfolgsvariablen auch durch andere Einflüsse ohne direkten Strategiebezug (z.B. saisonale Einflüsse, arzneimittelrechtliche Rahmenbedingungen) mit beeinflußt werden (können). Nicht zuletzt kann der höhere Erklärungsanteil des ESM-Indexes daraus resultieren, daß Marketingexperten vor dem Hintergrund verfolgter Marketingverhaltensmuster, dazu neigen, den Erreichungsgrad von Marketingzielen höher zu beurteilen, weil sie ansonsten die Sinnhaftigkeit der von ihnen realisierten Marketingstrategie selbst in Frage stellen würden. Demzufolge wären die Unterschiede in der Erklärbarkeit der Erfolgskriterien nicht inhaltlich, sondern vielmehr erhebungsmethodisch begründet. Da aber die inhaltliche Begründung der höheren (niedrigeren) R^2-Werte für den ESM-Index (die Wachstums- bzw. Rentabilitätserfolgskriterien) plausibel ist, werden nachfolgend die Regressionsbefunde, getrennt für die drei Erfolgskriterien, dargestellt.[20]

Im Hinblick auf den *Wachstumserfolg* (s. dritte Spalte von rechts in Tab. 7-15) erwies sich eine Präferenzpolitik durch Schaffung von Präprateleistungsvorteilen bei *gleichzeitig* niedrigem Preisniveau (hybride Strategie) als besonders wachstumsfördernd. Zudem konnte in den Regressionsanalysen ein weitgehender Verzicht auf die Nutzung pharmazeutischer Handelsvertretungen und Leihaußendiensten zum Vertrieb der SM-Präparate als wachstumsfördernd nachgewiesen werden. Erklärbar sind die negativen Wachstumsimplikationen der beiden Vertriebsformen damit, daß die mangelnde Identifikation

---

[19] Multiples R^2 für ESM = 47% im Vergleich zu 14% bzw. 18% für den Wachstums- und Rentabilitätserfolg.

[20] S. übereinstimmend a. Gerpott/Breuer 1998b: im Druck.

von Leihaußendiensten bzw. pharmazeutischen Handelsvertretungen mit dem SMU sowie die unzureichenden Einfluß- und Kontrollmöglichkeiten der SMU bei der Durchführung von Marketingaktivitäten dazu beitragen, daß eine positive Wachstumsdynamik ver- oder behindert wird.

Als signifikante Prädiktoren des *Rentabilitätserfolgs* zeigt die zweite Spalte von rechts in Tab. 7-15, daß SMU, die eine intensive Gewährung von am Auftragswert orientierten Konditionen realisieren, einen höheren Rentabilitätserfolg erwarten können. Der Befund deutet darauf hin, daß die Gewährung von auftragswertbezogenen Preisnachlässen zwar zunächst mit einem Verzicht seitens der SM-Anbieter auf einen Teil des Umsatzes verbunden ist, dieses jedoch letztlich von Apotheken honoriert wird, indem höhere Umsätze pro Auftrag erzielt werden. Schließlich erwies sich wiederum ein Verzicht der SMU auf den Einsatz pharmazeutischer Handelsvertretungen zum SM-Präparatevertrieb als signifikant rentabilitätsfördernd. Offenbar werden die „Mehrproduktvertreter" nicht in ausreichendem Maße vom Markt honoriert, so daß die Nutzung dieser Vertriebsvariante nach persönlicher Einschätzung beschränkt bleiben sollte (1) auf kleine, umsatzschwache Apotheken, (2) auf spezielle SM-Präparate (z.B. Homöopathika) und (3) zur zeitlich begrenzten Unterstützung der unternehmenseigenen Außendienst-organisation im Rahmen von Produktneueinführungen. Ferner konnte eine signifikant rentabilitätsfördernde Wirkung für die Vermarktung indikationsgleicher Präparate unter einer einheitlichen Marke (Programmarke) nachgewiesen werden. Die rentabilitätsfördernden Effekte einer Programmarke lassen sich vor allem durch die Nutzung von Synergien erklären.[21] So ermöglicht die Zusammenfassung indikationsgleicher Präparate unter einer einheitlichen (Programm-)Marke typischerweise die Nutzung von Transferpotentialen (z.B. gleichbleibende Qualität, einheitliches Nutzenversprechen) zwischen den einzelnen SM-Präparaten und fördert damit den Systemgedanken bei der Präparatevermarktung.

Zur Erklärung von Unterschieden hinsichtlich der *Erreichung wichtiger Marketingziele* waren vor allem zwei Strategieaspekte von Bedeutung: So konnten SMU, die sich offensiv gegenüber ihren Wettbewerbern verhalten, einen höheren Erreichungsgrad ihrer Marketingziele erwarten (s. rechte Spalte in Tab. 7-15). Als weitere wirkungsstarke Determinante im Hinblick auf den Erreichungsgrad von Marketingzielen erwies sich der Einsatz eines unternehmenseigenen Apothekenaußendienstes. Inhaltlich bestätigt dieses Ergebnis

---

[21]   Zu den Vorteilen einer Programmarkenstrategie s. Becker 1994: 474f.; Sandler 1989: 331-333.

die in zahlreichen Praktikerartikeln geäußerte Notwendigkeit eines eigenen Apotheken-außendienstes.[22]

Mit der Analyse zur Erfolgsbedeutung strategischer Marketingverhaltensmuster ist die Bearbeitung der Auswertungsaufgabe 2, die zu Beginn von Kapitel 5 ausgehend von der ersten Forschungsfrage der Arbeit[23] formuliert worden war, abgeschlossen. Im folgenden werden die empirischen Resultate i.S. der Auswertungsaufgabe 3[24] der eigenen Untersuchung berichtet, inwieweit Zusammenhänge zwischen Marketingverhaltensweisen und Erfolgskriterien von der Ausprägung der erfaßten Situationsvariablen abhängen.

7.3 Interaktive Erfolgswirkungen von Marketingstrategien und Situationsvariablen

Interaktive Erfolgswirkungen liegen i.S. der Auswertungsaufgabe 3 unserer empirischen Untersuchung dann vor, wenn sich die mittleren Erfolgswerte einer bestimmten Strategieausprägung – bei entsprechender Meßqualität der Daten die Korrelationen zwischen Marketingstrategie- und Erfolgsvariablen – bei unterschiedlichen Ausprägungen von Situationsvariablen signifikant voneinander unterscheiden. Bevor entsprechende Ergebnisse in *Kap.* 7.3.2 und 7.3.3 berichtet werden, folgen in *Kap.* 7.3.1 zunächst einige methodische Vorbemerkungen zur Analyse interaktiver Erfolgseffekte.

7.3.1 Methodisches Vorgehen zur Auswahl untersuchungsrelevanter Interaktionseffekte

Die empirische Untersuchung von Interaktionseffekten zwischen Marketingstrategieausprägungen und Erfolgskriterien bei Ausprägungsunterschieden von Situationsvariablen erfordert angesichts der Vielzahl der erhobenen Strategievariablen, der zu analysierenden Erfolgskriterien sowie der Erfassung mehrerer Situationsmerkmale ein methodisches Vorgehen, welches die Auswahl *im Detail* zu erkundender interaktiver Erfolgseffekte erleichtert. Die gewählte Vorgehensmethodik zur Identifikation untersuchungsrelevanter Interaktionseffekte gliedert sich dabei in drei Schritte:[25]

---

[22] Vgl. Kohout 1998: 96 u. 98; Küpper 1998: 186f. sowie Rassat 1992: 10.

[23] S. oben Kap. 4.1 und die einleitenden Ausführungen in Kap. 5.

[24] S. oben Forschungsfrage 2 in Kap. 4.1, den Pfeil Nr. 2 unseres Bezugsrahmens in Abb. 4-1 sowie die Ausführungen zu Beginn des Kap. 5.

[25] Diese Schrittfolge wurde vollständig von Gerpott 1988: 329 333 und 1993: 463-467 übernommen.

214

(1)   Bildung von Situationsklassen

(2)   Varianzanalytische Ermittlung von zwischen den Situationsklassen signifikant
        unterschiedlichen Erfolgswirkungen der Marketingstrategieausprägungen im
        Hinblick auf jedes der drei Erfolgskriterien

(3)   Durchführung von Detailuntersuchungen zu Erfolgsunterschieden zwischen
        Marketingstrategieausprägungen und Erfolgskriterien für unterschiedliche Si-
        tuationsklassen

Ad (1): In Kap. 4.3 wurden zur inhaltlichen Beschreibung der Situation von SMU deren
Größe, die Wettbewerbsposition im Vergleich zum (zu den) Hauptwettbewerber(n), das
Marktwachstum und die Konkurrenzintensität herangezogen und im Rahmen der Primärerhebung erfaßt (s. a. Kap. 5.2.2.8 bis 5.2.2.11). Um situativ unterschiedliche Erfolgswirkungen von Marketingstrategievariablen offenzulegen, wurde jede der vier Situationsvariablen entlang ihres Medians dichotomisiert, so daß je Situationsvariable zwei
Ausprägungen zu unterscheiden sind. Abb. 7-4 zeigt die vier Situationsmerkmale und
ihre dichotome Operationalisierung.[26] Im Ergebnis werden somit acht Situationsklassen
unterschieden.

Ad (2): Trotz der Dichotomisierung der Situationsvariablen ergeben sich insgesamt noch
456[27] mögliche Einzelvergleiche von Zusammenhängen zwischen Marketingverhaltensmustern und Erfolgskriterien. Um diese Zahl weiter zu reduzieren, wurde für den Fall
kategorial ausgeprägter Strategievariablen[28], getrennt für die drei Erfolgskriterien, vari-
anzanalytisch geprüft, inwiefern zwischen Strategieausprägungen innerhalb einer Strategiedimension in Abhängigkeit von der dichotomen Situationsvariablenausprägung signifikante Unterschiede hinsichtlich der Erfolgsmittelwerte zu beobachten sind. Hierzu
wurden insgesamt 108 (mehrfaktorielle) ANOVAs gerechnet, bei der jeweils ein Erfolgskriterium als abhängige Variable betrachtet wurde und jeweils eine (mehrstufig) kategorial ausgeprägte Strategievariable sowie jeweils eine dichotom ausgeprägte Situationsvariable den Status des unabhängigen Faktors zugewiesen bekamen. Im Hinblick auf *ordinalskalierte* Strategieaspekte[29] wurde ein multivariates Testverfahren angewendet,

---

[26]   Übernommen aus Gerpott 1993: 465.

[27]   3 Erfolgsvariablen, 4 Situationsvariablen und 38 Grundsatz- und Instrumentalstrategieausprägungen.

[28]   Im einzelnen sind dies sämtliche grundsatzstrategische Marketinghandlungsmuster (Tab. 7-16 bis 7-21)
        sowie die Gestaltungsoptionen des SM-Präparateprogramms (Tab. 7-22) und die Markenstrategie-
        optionen (Tab. 7-23).

[29]   S. im einzelnen die Preisgestaltung (Tab. 7-24), die Konditionengewährung (Tab. 7-25), die allgemeinen
        Kommunikationsformen (Tab. 7-26) sowie die Vertriebsformen (Tab. 7-28).

Abbildung 7-4:
Dichotomisierung der Situationsvariablen und ihre Operationalisierung

Situationsvariablen	Ausprägung	Operationalisierung	N^a
• Größe der SMU ^{b}	klein	Erzielter SM-Umsatz ≤ 16 Mio. DM	36
	groß	Erzielter SM-Umsatz > 16 Mio. DM	32
• Wettbewerbsposition	schwach	RWP-Index ^{c} ≤ 2,90	48
	stark	RWP-Index > 2,90	36
• Marktwachstum	niedrig	Indikationsbezogene Marktwachstumsrate ≤ 0,4% ^{d}	45
	hoch	Indikationsbezogene Marktwachstumsrate > 0,4% ^{d}	39
• Konkurrenzintensität	niedrig	Konkurrenzintensität ≤ 4,50 ^{e}	57
	hoch	Konkurrenzintensität > 4,50 ^{e}	27

a) N = Fallzahl.
b) Da der SM-Umsatz und die Zahl der Mitarbeiter im Apothekenaußendienst als Unternehmensgrößenindikatoren hoch miteinander korrelieren (s. a. Tab. 5-2 in Kap. 5.2.2.9), erscheint es vertretbar, die Unternehmensgröße nur anhand des Indikators „SM-Umsatz" zu operationalisieren.
c) RWP-Index = Index der relativen Wettbewerbsposition. Zur Definition des RWP-Index s. a. Kap. 5.2.2.10.
d) S. a. Kap. 5.2.2.11.
e) Zur Bildung der Variablen „Konkurrenzintensität" s. Kap. 5.2.2.12.

bei dem für jedes Erfolgskriterium getrennt die Regressionskoeffizienten*vektoren* zwischen den Strategieausprägungen innerhalb *einer* Strategiedimension in zwei Klassen, die durch dichotome Ausprägungen jeweils einer Situationsvariablen gekennzeichnet sind, daraufhin untersucht wurden, ob sie *insgesamt* voneinander abweichen oder nicht. Hierzu wurden zunächst Produktvariablen[30] gebildet, die dann anschließend in eine schrittweise Regression, gemeinsam mit den ordinalskalierten Strategieausprägungen und den dichotomen Situationsvariablen einbezogen wurden. Interaktive Erfolgseffekte lagen dann vor, wenn eine Verringerung der Fehlerquadratsumme durch Einbeziehung (situationsspezifischer) Produktvariablen in die Regressionsgleichung zu signifikant höheren F-Werten führt.[31] Insgesamt wurden 48 solcher Regressionsanalysen zur Identifika-

---

[30] Zur Bildung der Produktvariablen wurden die (unabhängigen) Strategievariablen und die als 0/1 codierten Situationsvariablen miteinander multipliziert. Vgl. hierzu Kühnel 1996: 136.

[31] S. zur regressionsanalytischen Behandlung von Interaktionseffekten weiterführend Kühnel 1996: 130-141; Aiken/West 1991: 116-125; Johnston 1972: 192-207. Zu einem Anwendungsbeispiel s. Gerpott 1993: 464-466 und 1988: 330-334.

tion von (globalen) Interaktionseffekten von strategischen Marketingverhaltensmustern und Situationsvariablen durchgeführt. Durch dieses Vorgehen konnte die Zahl der Interaktionsbetrachtungen von 456 auf 156 verringert werden.

Ad (3): Im Rahmen einer Detailanalyse wurde schließlich untersucht, für welche konkreten Marketingverhaltensweisen sich die Erfolgswirkungen in Abhängigkeit von der Situationsvariablenausprägung unterscheiden. Hierzu wurden für *kategorial* ausgeprägte Strategievariablen jeweils Varianzanalysen gerechnet, in denen die Erfolgsmittelwerte in den situativen Teilstichproben auf signifikante Unterschiede untersucht wurden. Für *ordinalskalierte* Strategievariablen wurden Korrelationen zwischen Strategie- und Erfolgsvariablen getrennt für die einzelnen situativen Teilstichproben berechnet und anschließend im Hinblick auf signifikante Korrelationsunterschiede miteinander verglichen.[32]

Bei den insgesamt 156 durchgeführten Interaktionstests erreichten 16 (= 10,3%) ein Signifikanzniveau von mindestens 10%. Damit liegt der in unserer Stichprobe *beobachtete* Anteil signifikanter Interaktionseffekte um 3% ([0,103/0,1 - 1] x 100) über dem Anteil *zufällig* auftretender signifikanter Interaktionseffekte. Vor diesem Hintergrund kann die Möglichkeit einer Fehlinterpretation aufgrund zufällig auftretender interaktiver Erfolgseffekte von Strategieausprägungen und Situationsvariablen in der eigenen Stichprobe nicht ausgeschlossen werden, so daß eine durchweg vorsichtige Interpretation der explorativen Interaktionsbefunde angebracht ist.

Die mittels der dreistufigen Auswahlmethodik nachgewiesenen 16 Erfolgseffekte stellen die Basis für die nachfolgenden Ausführungen dar.

7.3.2 Situationsbedingte Erfolgswirkungen von grundsatzstrategischen Marketinghandlungsmustern

Im Rahmen der Analyse zu interaktiven Erfolgswirkungen zwischen grundsatzstrategischen Marketinghandlungsmustern und Situationsvariablen wurden insgesamt 84 Interaktionstests gerechnet, von denen 11 (= 13,1%) auf einem 10%-Niveau signifikant waren. Die Resultate der Detailanalysen werden im Verlaufe der Ausführungen vorgestellt.

---

[32] Ein Vergleich der Korrelationskoeffizienten auf einen signifikanten Unterschied in den beiden Situationsklassen wurde mittels der von Cohen/Cohen (1983: 106) beschriebenen Vorgehensmethodik vorgenommen. Diese Methodik fand auch Anwendung bei Gerpott 1993: 464-467 und 1988: 333.

• **Interaktive Erfolgswirkungen von Marktfeldstrategien und Situationsvariablen**

Für die vier Ausprägungen der Strategiedimension „Marktfeldstrategien" wurde ein signifikanter globaler Interaktionseffekt[33] mit der Situationsvariablen „Konkurrenzintensität" im Hinblick auf das Kriterium „Rentabilitätserfolg" festgestellt.[34] Tab. 7-16 informiert über die durchschnittlichen Ausprägungen des Rentabilitätserfolges für jede der vier Strategievariablen getrennt für die beiden Situationsklassen „niedrige" und „hohe" Konkurrenzintensität.

Tabelle 7-16:
Situationsbedingte Erfolgswirkungen von Marktfeldstrategien[a]

	Re^b		
	Konkurrenzintensität		
Marktfeldstrategien	niedrig $6 \leq N \leq 14$	hoch $2 \leq N \leq 7$	Total $8 \leq N \leq 21$
Marktdurchdringung	4,86 (1,77)	2,00 (n.a.[c])	4,50 (1,77)
Sortimentserweiterung	3,50 (2,07)	3,25 (2,50)	3,40 (2,24)
Markterweiterung	4,71[e] (1,82)	2,71[f] (1,11)	4,05 (1,63)
Diversifikation	3,18 (2,04)	4,20 (2,39)	3,50 (2,15)

Globaler Interaktionseffekt:
Strategievariablen x Situationsvariablen

Multivariates F 2,44[+]

a) Werte ohne Klammern: Mittelwerte; Werte in Klammern: Standardabweichung. Mittelwertpaare, die sich signifikant mindestens für p < 0,1 unterscheiden, sind durch unterschiedliche Subskripte e und f gekennzeichnet.
b) Abkürzung: RE = Rentabilitätserfolg.
c) Aufgrund fehlender Varianz der Strategievariablen „Marktdurchdringung" in der Teilstichprobe wird diese beim Interaktionstest nicht berücksichtigt.

[+] p < 0,1   * p < 0,05   ** p < 0,01   *** p < 0,001   (zweiseitiger Test).

Die Befunde in Tab. 7-16 zeigen, daß „Marktdurchdringer", „Sortimentserweiterer" und „Markterweiterer" bei niedriger, aber nicht bei hoher Konkurrenzintensität einen über dem Durchschnitt liegenden Rentabilitätserfolg aufweisen. Das Gegenteil ist bei „Diver-

---

[33] Die interaktiven Effekte können deshalb als *global* bezeichnet werden, weil im Rahmen des Interaktionstests ein ganzer *Strategieblock*, der die möglichen Strategieausprägungen innerhalb einer Strategiedimension umfaßt, betrachtet wurde.
[34] F = 2,44, p < 0,1. S. unten in Tab. 7-16.

sifiziern" der Fall, wo der mittlere RE-Wert von 3,18 ausdrückt, daß diese Strategieausprägung in einer Situation niedriger Konkurrenzintensität unterdurchschnittlich rentabel zu sein scheint. Ein statistisch signifikanter Mittelwertunterschied zwischen den beiden Situationsklassen einer hohen und niedrigen Konkurrenzintensität ist allerdings nur
für die Strategie der Markterweiterung zu beobachten. Offenbar wirkt sich der vergleichsweise geringe finanzielle Ressourcenverbrauch beispielsweise für Werbung und/
oder Verkaufsförderungsmaßnahmen, der in der Regel bei niedriger Konkurrenzintensität zur Gewinnung neuer Verwendersegmente von den SMU in einer niedrigeren Intensität aufgewendet werden muß, besonders vorteilhaft auf die Rentabilität von SMU aus.

Allerdings sollten auch die mittleren Rentabilitätserfolgsunterschiede zwischen den beiden Situationsklassen für eine Strategie der Diversifikation beachtet werden. Wenn auch
angesichts der geringen Fallzahlen von N = 2 in der Teilstichprobe „hohe Konkurrenzintensität" keine statistische Signifikanz für den Mittelwertunterschied begründet werden
kann, so scheint sich eine Diversifikationsstrategie bei hoher Konkurrenzintensität als
überdurchschnittlich rentabilitätsfördernd auszuwirken.

- **Interaktive Erfolgswirkungen von Marktbearbeitungsstrategien und Situationsvariablen**

Bei der blockweisen Untersuchung der Marktbearbeitungsstrategien auf interaktive Erfolgseffekte konnten in unserem Sample zwei signifikante globale Interaktionseffekte im
Hinblick auf den Wachstumserfolg identifiziert werden. Tab. 7-17 verdeutlicht diese Situationsabhängigkeit durch die Gegenüberstellung des durchschnittlichen Wachstumserfolgs je Strategieausprägung in Abhängigkeit von der Wettbewerbsposition des Unternehmens und der Konkurrenzintensität in den SM-Indikationsbereichen.

Die Interaktionsbefunde in der linken Hälfte der Tab. 7-17 lassen erkennen, daß „Ge-
samtmarktbearbeiter" im Gegensatz zu den beiden anderen Strategieausprägungen in
einer schwachen und nicht in einer starken Wettbewerbsposition überdurchschnittliche
Wachstumserfolge realisieren. Dieser Mittelwertunterschied verdeutlicht, daß durch die
absatzpolitische Bearbeitung aller relevanten Marketingzielgruppen (Ärzte, Apotheker,
Endverbraucher und Pharmagroßhandel) offenbar Marktpotentiale freigesetzt werden
(können), die sich im ganzen wachstumsfördernd auswirken.

Tabelle 7-17:
Situationsbedingte Erfolgswirkungen von Marktbearbeitungsstrategien[a]

Marktbearbeitungsstrategien	WE[b] Wettbewerbsposition schwach 6≤N≤34	stark 5≤N≤24	Total 11≤N≤58	Konkurrenzintensität schwach 8≤N≤37	stark 3≤N≤21	Total 11≤N≤58
Einzelsegmentstrategie	4,17 (2,16)	4,33 (1,17)	4,25 (1,66)	4,78[e] (1,42)	2,67[f] (1,44)	4,25 (1,66)
Multi-Segmentstrategie	4,28 (1,75)	4,75 (1,55)	4,47 (1,69)	4,51 (1,77)	4,40 (1,60)	4,47 (1,69)
Gesamtmarktstrategie	5,75[e] (1,44)	3,70[f] (1,57)	4,82 (1,78)	4,44 (1,86)	5,83 (1,26)	3,63 (1,78)

Interaktionseffekte:
Strategievariablen x Situationsvariablen

Multivariates F: 2,59[+] (Wettbewerbsposition); 2,46[+] (Konkurrenzintensität)

a) Werte ohne Klammern: Mittelwerte; Werte in Klammern: Standardabweichung. Mittelwertpaare, die sich signifikant mindestens für p < 0,1 unterscheiden, sind durch unterschiedliche Subskripte e und f gekennzeichnet.
b) Abkürzungen: WE = Wachstumserfolg.

[+] p < 0,1   * p < 0,05   ** p < 0,01   *** p < 0,001   (zweiseitiger Test).

220

Schließlich lassen die Mittelwerte in der rechten Hälfte der Tab. 7-17 einen im Durchschnitt signifikant höheren Wachstumserfolg für die Bearbeitung nur einer Marketingzielgruppe erkennen, wenn eine niedrige Konkurrenzintensität vorherrscht. Die Vorteile einer fokussierten Bearbeitung nur einer Marketingzielgruppe (z.b. ausgeprägte Kundenorientierung, Kenntnis der Zielgruppenanforderungen) sind offenbar weniger wachstumsrelevant, wenn SMU sich einem hohen Konkurrenzdruck ausgesetzt sehen.

• **Interaktive Erfolgswirkungen von verwendergerichteten Strategien und Situationsvariablen**

Für die verwendergerichteten Strategieoptionen wurde ein signifikanter Interaktionseffekt mit der Situationsvariablen „Wettbewerbsposition" im Hinblick auf den Rentabilitätserfolg beobachtet.[35] Tab. 7-18 konkretisiert die situativ unterschiedlichen Erfolgswirkungen, indem die Mittelwerte der Strategieausprägungen für den Rentabilitätserfolg in Abhängigkeit von der Wettbewerbsposition aufgeführt werden.

Tabelle 7-18:
Situationsbedingte Erfolgswirkungen von verwendergerichteten Strategien[a]

Verwendergerichtete Strategien	RE[b]		Total
	Wettbewerbsposition		
	schwach $4 \leq N \leq 24$	stark $1 \leq N \leq 25$	$5 \leq N \leq 49$
Präferenzstrategie	$3,13^e$ (1,78)	$4,08^f$ (1,98)	3,61 (1,92)
Preis-Mengen-Strategie	2,50 (1,00)	7,00 (n.a.[c])	3,40 (2,19)
Hybride Strategie	4,13 (1,64)	3,63 (1,41)	3,88 (1,50)
Outpacing-Strategie	4,00 (2,16)	n.b[d]	4,00 (2,16)

Globaler Interaktionseffekt:
Strategievariablen x Situationsvariablen
Multivariates F .... $2,79^+$

a) Werte ohne Klammern: Mittelwerte; Werte in Klammern: Standardabweichung. Mittelwertpaare, die sich signifikant mindestens für p < 0,1 unterscheiden, sind durch unterschiedliche Subskripte e und f gekennzeichnet.
b) Abkürzung: RE = Rentabilitätserfolg.
c) Aufgrund fehlender Varianz der Strategievariablen „Preis-Mengen-Strategie" in dieser Teilstichprobe wird diese beim Interaktionstest nicht berücksichtigt.
d) Die Strategievariable „Outpacing-Strategie" weist in dieser Teilstichprobe keine Nennungen auf.

$^+$p < 0,1   * p < 0,05   ** p < 0,01   *** p < 0,001   (zweiseitiger Test).

---
35 F = 2,79, p < 0,1. S. Tab. 7-18, unten.

Ein Vergleich der mittleren Ausprägungen des Rentabilitätserfolgs in Tab. 7-18 deutet darauf hin, daß in der Teilstichprobe derjenigen SMU, deren Wettbewerbsposition als stark zu bezeichnen ist, die primäre präferenzbildende Verwenderansprache sich im Mittel stärker positiv auf den Rentabilitätserfolg auswirkt als bei SMU in einer schwachen Wettbewerbsposition. Hier liegt die Schlußfolgerung nahe, daß wettbewerbsstarke SMU in ausreichendem Maße über die Ressourcen und Fähigkeiten verfügen (z.b. leistungsfähige Entwicklung/Galenik), die sie zur Umsetzung verwenderrelevanter Präparateleistungsvorteile (z.b. Handhabungsvorteile, bevorzugte Applikationsformen) befähigen. Zudem deuten die Befunde in Tab. 7-18 an, daß in einer schwachen Wettbewerbsposition eine Präferenzstrategie bei gleichzeitiger Realisierung günstiger Hersteller-abgabepreise (hybride Strategie) überdurchschnittlich rentabilitätsfördernd zu sein scheint, ohne daß dieser Mittelwertunterschied zwischen den beiden Situationsklassen allerdings statistische Signifikanz erreicht.

Auf Basis der Befunde in Tab. 7-18 erscheint eine Betonung präferenzbildender Präparatevorteile im Rahmen der Verwenderansprache sowohl in einer schwachen als auch in einer starken Wettbewerbsposition durchaus angebracht.

• **Interaktive Erfolgswirkungen von wettbewerbergerichteten Strategien und Situationsvariablen**

Für die wettbewerbergerichteten Strategieausprägungen in Gestalt eines offensiven und defensiven Wettbewerbsstils und den Situationsvariablen wurden in der vorliegenden Stichprobe zwei signifikante globale Interaktionseffekte im Hinblick auf das Kriterium „Rentabilitätserfolg" beobachtet. Wie in Tab. 7-19 zusammenfassend dargestellt, ergeben sich interaktive Erfolgseffekte zwischen den Ausprägungen der wettbewerbergerichteten Strategiedimension und dem Rentabilitätserfolg in Abhängigkeit von (1) der Größe der SMU und (2) der Wettbewerbsposition.

Wendet man sich zunächst den Interaktionseffekten zwischen den wettbewerbergerichteten Strategieoptionen und der Größe der SMU zu, dann gibt die linke Hälfte der Tab. 7-19 zu erkennen, daß ein defensiver Wettbewerbsstil bei kleineren (vs. größeren) SMU mit einem überdurchschnittlichen Rentabilitätserfolg einhergeht. In Kap. 7.2.1.4 wurde zwar ein offensiver Wettbewerbsstil als allgemein erfolgsfördernd identifiziert, dennoch deuten die Ergebnisse darauf hin, daß es für kleinere, vermeintlich ressourcenschwächere SMU durchaus unter Rentabilitätsaspekten vorteilhaft sein kann, sich gegenüber größeren SMU eher defensiv zu verhalten. Allerdings sollte auch beachtet werden, daß klei-

Tabelle 7-19:

Situationsbedingte Erfolgswirkungen von wettbewerbergerichteten Strategien[a]

Wettbewerbergerichtete Strategien	Größe SMU			RE[b] Wettbewerbsposition		
	klein 8 ≤ N ≤ 15	groß 2 ≤ N ≤ 22	Total 10 ≤ N ≤ 35	schwach 11 ≤ N ≤ 19	stark 1 ≤ N ≤ 27	Total 38 ≤ N ≤ 43
Offensiver Wettbewerbsstil	3,00 (1,68)	3,77 (1,88)	3,48 (1,82)	3,21[c] (1,84)	4,71[f] (1,25)	3,62 (1,72)
Defensiver Wettbewerbsstil	3,64[e] (1,62)	2,10[f] (1,48)	3,30 (1,60)	3,50 (2,00)	3,70 (1,94)	3,63 (1,94)
Weder offensiver noch defensiver Wettbewerbsstil	3,54 (1,77)	2,92 (1,60)	3,43 (1,69)	3,63 (1,50)	7,00 (n.a.[c])	3,67 (1,50)
Interaktionseffekte: Strategievariablen x Situationsvariablen						
Multivariates F	2,84[+]				2,45[+]	

a) Werte ohne Klammern: Mittelwerte; Werte in Klammern: Standardabweichung. Mittelwertpaare, die sich signifikant mindestens für $p < 0,1$ unterscheiden, sind durch unterschiedliche Subskripte e und f gekennzeichnet.

b) Abkürzungen: RE = Rentabilitätserfolg.

c) Aufgrund fehlender Varianz der Strategievariablen „weder offensiver noch defensiver Wettbewerbsstil" in dieser Teilstichprobe wird diese beim Interaktionstest nicht berücksichtigt.

[+] $p < 0,1$ [*] $p < 0,05$ [**] $p < 0,01$ [***] $p < 0,001$ (zweiseitiger Test).

neren SM-Anbietern durchaus Möglichkeiten zur Verfügung stehen, sich in Teilmärkten (Nischen) gegen größere SMU offensiv zu behaupten. Durch Spezialisierung auf „spitze" Indikationsstellungen, spezifische Wirksubstanzen oder Verwendergruppen können sie einer ressourcenintensiven und damit rentabilitätshemmenden Konfrontation mit größeren SM-Anbietern ausweichen, so daß sie ihre begrenzten Ressourcen wirkungsvoller und effizienter einsetzen können. Ein genereller Verzicht auf einen offensiven Wettbewerbsstil kleinerer SMU läßt sich aus den Befunden in Tab. 7-19 daher keineswegs folgern.

Weiter war ein signifikant höherer durchschnittlicher Rentabilitätserfolg für einen offensiven Verhaltensstil für SMU in einer starken Wettbewerbsposition zu beobachten (s. rechte Hälfte der Tab. 7-19). Dieser Interaktionseffekt steht im Einklang mit der prinzipiellen Überlegung, daß es auch für SMU mit einer starken Wettbewerbsposition darauf ankommt, sich offensiv zu verhalten, mit dem Ziel, die erreichte Wettbewerbsposition zukünftig zu behaupten und ggf. weiter auszubauen.

• **Interaktive Erfolgswirkungen von apothekengerichteten Strategien und Situationsvariablen**

Zwischen der Strategiedimension der apothekengerichteten Strategien und den Situationsvariablen wurden in unserem Sample insgesamt zwei signifikante globale Interaktionseffekte für die drei untersuchten Erfolgskriterien identifiziert. Tab. 7-20 stellt die unterschiedlichen Erfolgseffekte für die einzelnen Strategieausprägungen in Abhängigkeit von (1) der Wettbewerbsposition und (2) des Marktwachstums dar.

Aus Tab. 7-20 ist zunächst ersichtlich, daß eine Pull-Stimulierung unter Rentabilitätsgesichtspunkten sich für SMU in einer starken und nicht in einer schwachen Wettbewerbsposition als überdurchschnittlich erfolgversprechend darstellt, und schließlich erwies sich eine Stimulierung der Apotheken auf der Grundlage einer intensiven Publikumswerbung bei einem starken Marktwachstum hinsichtlich des subjektiven Erfolgskriteriums als stärker erfolgsfördernd als bei einem schwachem Marktwachstum.

Insgesamt verdeutlichen die situativ unterschiedlichen Erfolgswirkungen der Pull-Stimulierung, daß die Wahl der SMU, ihre SM-Präparate auf der Grundlage einer intensiven Publikumswerbung in die Apotheken „hineinzudrücken" auf die konkrete Situation abgestimmt sein sollte, um möglichst starke positive Erfolgswirkungen zu erzielen.

Tabelle 7-20:
Situationsbedingte Erfolgswirkungen von apothekengerichteten Strategien[a]

Apothekengerichtete Strategien	RE[b]			ESM		
	Wettbewerbsposition			Marktwachstum		
	schwach $1 \leq N \leq 35$	stark $1 \leq N \leq 24$	Total $2 \leq N \leq 59$	schwach $8 \leq N \leq 32$	stark $2 \leq N \leq 28$	Total $10 \leq N \leq 60$
Push-Stimulierung	2,00 (n.a.[c])	5,00 (n.a.[c])	3,50 (2,12)	n.b.[d]	5,17 (2,59)	5,17 (2,59)
Pull-Stimulierung	2,57 (0,98)	5,17 (1,72)	3,77 (1,88)	6,68[e] (1,89)	9,72[f] (2,47)	7,84 (2,55)
Push-Pull-Stimulierung	3,46[e] (1,85)	3,63[f] (1,86)	3,53 (1,84)	7,83 (2,93)	7,49 (1,90)	7,68 (2,49)
Interaktionseffekte: Strategievariablen x Situationsvariablen						
Multivariates F		4,41*			4,91*	

a) Werte ohne Klammern: Mittelwerte; Werte in Klammern: Standardabweichung. Mittelwertpaare, die sich signifikant mindestens für $p < 0,1$ unterscheiden, sind durch unterschiedliche Subskripte e und f gekennzeichnet.

b) Abkürzungen: RE = Rentabilitätserfolg; ESM = (subjektiver) Erfolgsindex „Selbstmedikation".

c) Aufgrund fehlender Varianz der Strategievariablen „Push-Stimulierung" in dieser Teilstichprobe wird diese beim Interaktionstest nicht berücksichtigt.

d) Die Strategievariable „Push-Pull-Stimulierung" weist in dieser Teilstichprobe keine Nennungen auf.

$^+$ $p < 0,1$ * $p < 0,05$ ** $p < 0,01$ *** $p < 0,001$ (zweiseitiger Test).

• **Interaktive Erfolgswirkungen von pharmagroßhandelgerichteten Strategien und Situationsvariablen**

Zwischen dem Block der großhandelgerichteten Strategiealternativen und den Situationsvariablen wurde in unserer Stichprobe ein signifikanter globaler Interaktionseffekt für das subjektive Erfolgsmaß „ESM" identifiziert. Tab. 7-21 weist die entsprechenden Befunde aus.

Tabelle 7-21:
Situationsbedingte Erfolgswirkungen von pharmagroßhandel-gerichteten Strategien[a]

	ESM^b		
	Marktwachstum		
Pharmagroßhandelgerichtete Strategien	schwach $7 \leq N \leq 35$	stark $9 \leq N \leq 29$	Total $16 \leq N \leq 64$
Vertikal-aktives Marketing	$9,32^e$ (2,72)	$7,17^f$ (1,07)	8,11 (2,18)
Vertikal-passives Marketing	7,25 (2,61)	7,80 (2,56)	7,50 (2,58)
Globaler Interaktionseffekt: Strategievariablen x Situationsvariablen			
Multivariates F	$2,79^+$		

a) Werte ohne Klammern: Mittelwerte; Werte in Klammern: Standardabweichung. Mittelwertpaare, die sich signifikant mindestens für $p < 0,1$ unterscheiden, sind durch unterschiedliche Subskripte e und f gekennzeichnet.

b) Abkürzung: ESM = (subjektiver) Erfolgsindex „Selbstmedikation".

$^+ p < 0,1$ $* p < 0,05$ $** p < 0,01$ $*** p < 0,001$ (zweiseitiger Test).

Wie aus Tab. 7-21 zu erkennen, unterscheiden sich die Erfolgswirkungen von großhandelgerichteten Strategieoptionen vor allem in Abhängigkeit vom Marktwachstum in den SM-Indikationsmärkten: Bei schwachem Marktwachstum trat bei SMU, die eine intensive marketingmäßige Zusammenarbeit mit dem pharmazeutischen Großhandel realisieren, eine im Durchschnitt bessere Erreichung von Marketingzielen auf; dagegen war bei starkem Marktwachstum ein deutlich unterdurchschnittlicher ESM-Wert festzustellen. Hier kann vermutet werden, daß eine enge Marketingkooperation zwischen SM-Anbietern und dem Pharmagroßhandel besonders hilfreich ist, um auch in einer Situation schwachen Marktwachstums latente Marktpotentiale freizusetzen, die zu einem hohen Erreichungsgrad relevanter Marketingziele beitragen können. Möglicherweise gelingt es dem Pharmagroßhandel aufgrund seine Marktnähe und seinem in allen Apotheken präsenten und gut eingeführten Verkauf eher als dem unternehmenseigenen Apothekenaußendienst, Marketingmaßnahmen in der Apotheke wirkungsvoll umzusetzen, so daß trotz schwachen Marktwachstums relevante Marketingziele der SMU besser erreicht werden (können).

Mit der bisherigen Befunddarstellung zu interaktiven Erfolgswirkungen von grundsatzstrategischen Marketingentscheidungen und Situationsvariablen konnte, von wenigen Ausnahmen abgesehen, nachgewiesen werden, daß deren Erfolgswirksamkeit weitgehend situationsabhängig ist. Ob und inwieweit diese Erkenntnis auch für instrumentalstrategische Marketinghandlungsmuster zutreffend ist, soll im folgenden Kap. näher beleuchtet werden.

7.3.3 Situationsbedingte Erfolgswirkungen von instrumentalstrategischen Marketinghandlungsmustern

• **Interaktive Erfolgswirkungen von Gestaltungsoptionen des Präparateprogramms und Situationsvariablen**

Im Rahmen der interaktiven Erfolgsanalyse zwischen den Gestaltungsoptionen des Präparateprogramms und der Situationsvariablen „Wettbewerbsposition" konnte ein signifikant globaler Interaktionseffekt für den Wachstumserfolg beobachtet werden.[36] In Tab. 7-22 sind die mittleren Ausprägungen des Wachstumserfolgs für die einzelnen Gestaltungsoptionen in den beiden situativen Teilstichproben einander gegenübergestellt.

Die Befunde in Tab. 7-22 zeigen, daß der globale Interaktionseffekt in erster Linie auf Erfolgsunterschiede der Gestaltungsoption „breites/flaches SM-Programm" und dem Erfolgskriterium „Wachstumserfolg" in Abhängigkeit von der Wettbewerbsposition zurückzuführen ist. So wirkt sich bei SMU mit einer schwachen Wettbewerbsposition ein breites aus wenigen Varianten je Präparate bestehendes Angebotsprogramm überdurchschnittlich wachstumsfördernd aus, nicht jedoch bei SMU in einer starken Wettbewerbsposition. Ohne statistische Signifikanz führt auch ein breites/tiefes SM-Programm bei SMU in einer schwachen Wettbewerbsposition zu einem höheren durchschnittlichen Wachstumserfolg. Demgegenüber zeichnen sich ein schmales, aus wenigen SM-Präparaten je Indikation bestehendes Angebotsprogramm bei schwacher Wettbewerbs– position durch unterdurchschnittliche Ausprägungen des mittleren Wachstumserfolgs aus.

---

[36] $F = 3,29$, $p < 0,05$. S. Tab. 7-22, unten.

Tabelle 7-22:
Situationsbedingte Erfolgswirkungen von
Gestaltungsoptionen des SM-Präparateprogramms[a]

	WE[b]		
	Wettbewerbsposition		
Gestaltungsoptionen des Präparateprogramms	schwach $2 \leq N \leq 24$	stark $5 \leq N \leq 14$	Total $7 \leq N \leq 38$
Schmales/flaches Programm	3,63 (1,43)	4,54 (1,46)	4,07 (1,49)
Schmales/tiefes Programm	2,80 (1,68)	5,14 (1,35)	4,17 (1,86)
Breites/flaches Programm	5,27[e] (1,65)	3,89[f] (1,36)	4,89 (1,68)
Breites/tiefes Programm	5,00 (2,83)	4,80 (2,02)	4,56 (2,01)

Globaler Interaktionseffekt:
Strategievariablen x Situationsvariablen

Multivariates F	4,53**

a) Werte ohne Klammern: Mittelwerte; Werte in Klammern: Standardabweichung. Mittelwertpaare, die sich signifikant mindestens für $p < 0,1$ unterscheiden, sind durch unterschiedliche Subskripte e und f gekennzeichnet.

b) Abkürzung: WE = Wachstumserfolg.

[+]$p < 0,1$ * $p < 0,05$ **$p < 0,01$ *** $p < 0,001$ (zweiseitiger Test).

Die beschriebenen Interaktionseffekte/Erfolgsunterschiede begründen die Vermutung, daß in einer Situation schwacher Wettbewerbsposition, in der SMU über kaum wettbewerbsrelevante Ressourcen und Fähigkeiten verfügen, ein breites, aus mehreren Produktgruppen bzw. Marken bestehendes SM-Angebotsprogramm in Form eines indikativen „Komplettangebotes", welches alle wichtigen Wirksubstanzen eines Indikationsgebietes umfaßt, besonders hilfreich ist, den Wachstumserfolg tendenziell positiv zu beeinflussen.

• Interaktive Erfolgswirkungen von Markenstrategien und Situationsvariablen

Für den instrumentalstrategischen Block der Markenstrategieausprägungen konnte nur ein signifikanter globaler Interaktionseffekt mit der Situationsvariablen „Marktwachstum" im Hinblick auf das subjektive Erfolgsmaß identifiziert werden. Tab. 7-23 faßt die Mittelwerte für die drei markenstrategischen Optionen bei schwachem und starkem Marktwachstum hinsichtlich des subjektiven Erfolgskriteriums zusammen.

228

Tabelle: 7-23:
Situationsbedingte Erfolgswirkungen von Markenstrategien[a]

Markenstrategien	ESM[b] Marktwachstum schwach 9 ≤ N ≤ 17	stark 7 ≤ N ≤ 17	Total 16 ≤ N ≤ 34
Einzelmarke	7,96[e] (2,64)	6,58[f] (2,18)	7,27 (2,48)
Programmarke	7,17[e] (2,56)	8,34[f] (1,66)	7,72 (2,23)
Dachmarke	8,23[e] (2,68)	9,30[f] (2,52)	8,70 (2,58)
Globale Interaktionseffekte: Strategievariablen x Situationsvariablen			
Multivariates F	2,65[+]		

a) Werte ohne Klammern: Mittelwerte; Werte in Klammern: Standardabweichung. Mittelwertpaare, die sich signifikant mindestens für p < 0,1 unterscheiden, sind durch unterschiedliche Subskripte e und f gekennzeichnet.

b) Abkürzung: ESM = (subjektiver) Erfolgsindex „Selbstmedikation".

[+]p < 0,1   * p < 0,05   ** p < 0,01   *** p < 0,001   (zweiseitiger Test).

In Tab. 7-23 zeigt sich folgendes Interaktionsmuster: Bei schwachem Marktwachstum wirkt sich eine Einzelmarkenstrategie signifikant überdurchschnittlich auf die Erreichung relevanter Marketingziele aus, nicht jedoch in einer Situation starken Marktwachstums. Demgegenüber ist festzustellen, daß sowohl eine Programm- wie auch Dachmarkenstrategie bei starkem, nicht jedoch bei schwachem Marktwachstum mit überdurchschnittlichen ESM-Werten einhergeht. Erklärbar sind diese Befunde damit, daß die Vorteile, die aus einer Zusammenfassung mehrerer Präparate unter einer Marke entstehen (z.B. einheitliches Markenbild, positiver Image-Transfer) bei starkem Marktwachstum offenbar stärker erfolgsrelevant sind, als dies bei schwachem Marktwachstum der Fall ist. Dagegen kommt es in einer Situation schwachen Marktwachstums verstärkt darauf an, (Einzel-)Marken mit eindeutigem Produktprofil herauszustellen, um mit einer spezifischen Markenpositionierung die Zielgruppen gezielt anzusprechen.

Insgesamt zeigen die empirischen Befunde, daß die Gestaltung der Markenstrategie auf das Marktwachstum abgestimmt sein sollte, um eine tendenziell besserer Erreichung wichtiger Marketingziele zu gewährleisten.

• **Interaktive Erfolgswirkungen der Preisgestaltung und Situationsvariablen**

Bezüglich der Preisgestaltung wurde in unserem Sample ein signifikanter Interaktionseffekt mit der Größe der SMU im Hinblick auf den Wachstumserfolg festgestellt.[37] Tab. 7-24 zeigt die Korrelationen zwischen dem Niveau der Hersteller-Abgabepreise und dem ESM-Index separat für die Teilgruppen „kleine" und „große" Unternehmen.

Tabelle 7-24:
Situationsbedingte Erfolgskorrelationen der Preisgestaltung[a]

	WE^b	
	Größe der SMU	
Preisgestaltung[c]	klein N = 34	groß N = 29
Niveau der Herstellerabgabepreise	$0,29^{+e}$ (0,17)	$-0,21^f$ (-0,16)
Globaler Interaktionseffekt: Strategievariablen x Situationsvariablen		
Multivariates F	3,74*	

a) Werte ohne Klammern: Pearson´sche Produkt-Moment-Korrelation. Werte in Klammern: Kendall´sche Rangkorrelation. Koeffizientenpaare, die sich signifikant mindestens für $p < 0,1$ unterscheiden, sind durch unterschiedliche Subskripte e und f gekennzeichnet.
b) Abkürzung: WE = Wachstumserfolg.
c) Fünfstufige Skala von 1 (= deutlich höheres Preisniveau) bis 5 (= deutlich niedrigeres Preisniveau).

$^+p < 0,1$ $*p < 0,05$ $**p < 0,01$ $***p < 0,001$ (zweiseitiger Test).

Demnach bestehen signifikante Unterschiede zwischen kleinen und großen SMU im Hinblick auf den Zusammenhang zwischen dem Niveau der Hersteller-Abgabepreise und dem Wachstumserfolg. Der Vergleich der Korrelationskoeffizienten deutet darauf hin, daß ein niedrigeres Herstellerabgabepreisniveau bei kleineren SMU dort zu einem signifikant ($p < 0,1$) höheren Wachstumserfolg beizutragen vermag. In größeren SMU hingegen ist eine Preisgestaltung, die im Wettbewerbsvergleich ein höheres Niveau aufweist, tendenziell stärker mit einem höheren Wachstumserfolg verbunden.

Die Korrelationsunterschiede der Preisgestaltung zwischen kleinen und großen SMU sind dahingehend interpretierbar, daß ein günstiges Preisniveau von den Nachfragern (z.B. Apotheken, Verwender) höher bewertet wird als beispielsweise zusätzliche Services (z.B. Patienten-Hotline, Marketingunterstützung für Apotheken) großer renommierter

---

[37] $F = 3,94$, $p < 0,05$. S. Tab. 7-22, unten.

230

SMU, mit denen diese ein höheres Preisniveau rechtfertigen wollen. Daß kleine SMU, trotz Erfahrungskurven- und Skalennachteilen überhaupt ein niedriges Preisniveau für ihre SM-Präparate zu realisieren imstande sind, ist möglicherweise auf Kostenvorteile durch eine Nischenstrategie zurückzuführen.

• **Interaktive Erfolgswirkungen der Konditionengestaltung und Situationsvariablen**

Für Aspekte der Konditionengestaltung wurde in unserem Sample ein signifikanter Interaktionseffekt mit der Situationsvariablen „Konkurrenzintensität" festgestellt. Tab. 7-25 konkretisiert die Situationsabhängigkeit, indem die signifikant ($p < 0{,}1$) unterschiedlichen Korrelationen zwischen den drei Konditionenarten und dem Wachstumserfolg in Abhängigkeit von der Konkurrenzintensität aufgeführt werden.

Tabelle 7-25:
Situationsbedingte Erfolgskorrelationen der Konditionengestaltung[a]

	WE[b]	
	Konkurrenzintensität	
Konditionengestaltung[c]	**schwach** N = 34	**stark** N = 29
Auftragsbezogene Konditionen	0,10 (0,07)	0,37[+] (0,28[+])
Umsatzbezogene Konditionen	-0,03 (0,02)	-0,06 (0,11)
Mengenbezogene Konditionen	-0,16[e] (-0,10)	0,56[**f] (0,38*)
Globaler Interaktionseffekt: Strategievariablen x Situationsvariablen		
Multivariates F	2,81[+]	

a) Werte ohne Klammern: Pearson'sche Produkt-Moment-Korrelation. Werte in Klammern: Kendall'sche Rangkorrelation. Koeffizientenpaare, die sich signifikant mindestens für $p < 0{,}1$ unterscheiden, sind durch unterschiedliche Subskripte e und f gekennzeichnet.
b) Abkürzung: WE = Wachstumserfolg.
c) Faktorenanalytische Konstrukte durch Verdichtung konditionenpolitischer Einzelinstrumente (s. a. Kap. 6.2.3)

[+]$p < 0{,}1$ *$p < 0{,}05$ **$p < 0{,}01$ ***$p < 0{,}001$ (zweiseitiger Test).

Ein Blick auf die Korrelationskoeffizienten in Tab. 7-25 zeigt, daß der globale Interaktionseffekt primär auf Unterschiede im Zusammenhang zwischen der Einzelvariablen „Mengenbezogene Konditionen" und dem Wachstumserfolg zurückzuführen ist. So wirkt sich bei starker Konkurrenzintensität die Gewährung von an der Auftragsmenge ausgerichteten Konditionen an Apotheken signifikant positiver auf den Wachstumserfolg von SMU aus als bei niedriger Konkurrenzintensität. Ebenso erscheint bei starker Konkurrenzintensität die Gewährung von am Auftragswert ausgerichteten Konditionen tendenziell wachstumsfördernd, während sich bei schwacher Konkurrenzintensität keine entsprechende Assoziation ergab. Die beschriebenen Korrelationsunterschiede bzw. interaktiven Effekte begründen die Vermutung, daß in einer Situation, in der sich SM-Anbieter einem starken Druck konkurrierender Unternehmen in ihren SM-Indikationsmärkten ausgesetzt sehen, der Wachstumserfolg positiv beeinflußt werden kann, wenn die Apotheken zu einem höheren Auftragsvolumen je Bestellung veranlaßt werden, indem ihnen als Anreiz entsprechende Konditionen gewährt werden.

• **Interaktive Erfolgswirkungen der Kommunikationsformen und Situationsvariablen**

Zwischen dem aus vier Strategievariablen bestehenden Block der Marktkommunikation und den Situationsvariablen wurde in unserer Stichprobe ein signifikant globaler Interaktionseffekt für das subjektive Erfolgskriterium beobachtet.[38] Tab. 7-26 stellt die entsprechenden Korrelationen dar.

Tab. 7-26 läßt erkennen, daß sich die Erfolgswirkungen der Kommunikationsformen in Abhängigkeit von der Größe der SMU unterscheiden. So wirkt sich eine stärkere Betonung der Öffentlichkeitsarbeit in kleinen SMU signifikant stärker auf die Erreichung relevanter Marketingziele aus, während im Teilsample der großen SMU dieser Zusammenhang dagegen nicht zu beobachten ist. Ebenfalls ist zu beachten, daß in kleineren SMU eine verstärkte Nutzung der Werbung und der wissenschaftlichen Information tendenziell mit höheren ESM-Werten verbunden zu sein scheint, während in großen SMU eine derartige Assoziation nicht zu beobachten ist. Insgesamt gibt dies Anlaß zu der Vermutung, daß ein Mindestmaß an Bekanntheit der Unternehmen im SM-Markt Voraussetzung ist, um den Erreichungsgrad wichtiger Marketingziele positiv zu beeinflussen.

Darüber hinaus wurden auch Analysen zu interaktiven Erfolgseffekten bezüglich des Einsatzes von Kommunikationsinstrumenten in bestimmten Zielgruppen durchgeführt.

---

[38] F = 5,17, p < 0,01. S. Tab. 7-26, unten.

Tabelle 7-26:
Situationsbedingte Erfolgskorrelationen der Kommunikationsformen[a]

Kommunikationsformen	ESM[b]	
	Größe der SMU	
	klein N = 34	groß N = 31
Klassische Werbung	0,23 (0,13)	-0,14 (-0,07)
Verkaufsförderung	-0,12 (-0,06)	0,12 (0,15)
Öffentlichkeitsarbeit	0,66*** [e] (0,47***)	-0,13[f] (-0,11)
Wissenschaftliche Information	0,23 (0,11)	0,00 (0,02)
Interaktionseffekte: Strategievariablen x Situationsvariablen		
Multivariates F	5,17**	

a) Werte ohne Klammern: Pearson'sche Produkt-Moment-Korrelation. Werte in Klammern: Kendall'sche Rangkorrelation. Koeffizientenpaare, die sich signifikant mindestens für p < 0,1 unterscheiden, sind durch unterschiedliche Subskripte e und f gekennzeichnet.

b) Abkürzung: ESM = (subjektiver) Erfolgsindex „Selbstmedikation".

$^+$p < 0,1   * p < 0,05   ** p < 0,01   *** p < 0,001   (zweiseitiger Test).

Für die vier Blöcke zielgruppenspezifischer Kommunikationsinstrumente konnten signifikante globale Interaktionseffekte mit drei Situationsvariablen hinsichtlich des subjektiven Erfolgskriteriums ermittelt werden (s. Tab. 7-27). Betrachtet man zunächst die Interaktionseffekte zwischen den beiden *verwendergerichteten* Kommunikationsinstrumenten und der Situationsvariablen „Konkurrenzintensität", dann zeigt die obere Hälfte der Tab. 7-27, daß die Nutzung von Quellen zur mündlichen Verwenderinformation (z.B. Patientenseminare, -schulungen) nur dann mit einem überdurchschnittlich hohen ESM-Wert einhergeht, wenn SMU sich einer schwachen Konkurrenzintensität ausgesetzt sehen. Befinden sich die SM-Anbieter demgegenüber in einer Situation hohen Konkurrenzdrucks, dann wirken sich Informationsveranstaltungen speziell für Verwender eher negativ auf die Erreichung relevanter Marketingziele aus. Hier ist zu vermuten, daß bei starker Konkurrenzintensität die Durchführung von verwenderorientierten Informationsveranstaltungen deshalb keine Wirkung auf den Grad der Zielerreichung im Marketing hat, weil die Teilnahmebereitschaft auf Seiten der Verwender an solchen Veranstaltungen eher gering sein dürfte, so daß ihr Beitrag zur Zielerreichung im Marketing bei einem starken Konkurrenzdruck weitestgehend entfällt.

Tabelle 7-27:
Situationsbedingte Erfolgskorrelationen von zielgruppenspezifischen Kommunikationsinstrumenten[a]

Verwendergerichtete Kommunikations-instrumente[c]	ESM[b]	
	Konkkurrenzintensität	
	schwach N = 56	stark N = 25
Quellen zur mündlichen Verwenderinformation	0,31*[e] (0,26**)	-0,29[f] (-0,26')
Quellen zur schriftlichen Verwenderinformation	0,02 (0,00)	-0,08 (-0,05)
Globaler Interaktionseffekt: Strategievariablen x Situationsvariablen		
Multivariates F	3,59*	

Apothekengerichtete Kommunikationsinstrumente[c]	ESM[b]			
	Größe SMU		Wettbewerbsposition	
	klein N = 34	groß N = 31	schwach N = 46	stark N = 35
Allgemeine Apothekeninformation	0,00 (0,01)	-0,16 (-0,14)	0,13 (0,08)	-0,13 (-0,11)
Apothekenschulungen	0,13 (0,15)	0,08 (0,03)	0,36*[e] (0,21*)	-0,15[f] (-0,15)
Marketingunterstützung Apotheke	-0,23[e] (-0,21')	0,42*[f] (0,27*)	-0,06 (-0,07)	0,15 (0,20')
Globaler Interaktionseffekt: Strategievariablen x Situationsvariablen				
Multivariates F	2,19[+]		2,51[+]	

a) Werte ohne Klammern: Pearson'sche Produkt-Moment-Korrelation. Werte in Klammern: Kendall'sche Rangkorrelation. Koeffizientenpaare, die sich signifikant mindestens für $p < 0,1$ unterscheiden, sind durch unterschiedliche Subskripte e und f gekennzeichnet.

b) Abkürzung: ESM = (subjektiver) Erfolgsindex „Selbstmedikation".

c) Zur Definition der betrachteten verwender- bzw. apothekengerichteten Kommunikationsinstrumente s. Kap. 6.2.4.

$^{+}p < 0,1$ $^{*}p < 0,05$ $^{**}p < 0,01$ $^{***}p < 0,001$ (zweiseitiger Test).

Wendet man sich dem aus drei Einzelvariablen bestehenden Block der *apothekengerichte-ten* Kommunikationsinstrumente zu, dann sind signifikante globale Interaktionseffekte mit zwei Situationsvariablen, nämlich mit der Größe der SMU einerseits und mit der Wettbewerbsposition andererseits, festzustellen (s. Tab. 7.27, untere Hälfte). Danach

234

wirkt sich bei großen SMU eine Marketingunterstützung der Apotheken signifikant positiv auf den Erreichungsgrad wichtiger Marketingziele aus. Dagegen konnte für kleine SMU diese Korrelation nicht angenommen werden. Hier ist zu vermuten, daß größere SMU eher als kleine Anbieter über die Ressourcenmengen und Fähigkeiten verfügen, die erforderlich sind, um den Apotheken wirksame Maßnahmen zur Unterstützung ihres Marketing zu bieten (z.b. Dekorationsunterstützung, finanzielle Unterstützung zur Innenraumgestaltung).

Weiter ergaben sich zwischen SMU mit einer schwachen und solchen mit einer starken Wettbewerbsposition signifikante Unterschiede hinsichtlich des Zusammenhangs zwischen der Durchführung von Apothekenschulungen und dem subjektiven Erfolgskriterium.[39] So sind für SMU in einer schwachen Wettbewerbsposition Schulungsveranstaltungen für Apotheken besonders geeignet, wichtige Marketingziele zu erreichen. Für Anbieter mit einer starken Wettbewerbsposition hingegen wirken Apothekenschulungen – jedoch in statistisch nicht signifikanter Weise – eher erfolgshemmend bzw. können zur Erreichung von Marketingzielen nicht beitragen. Dieser Befund kann als Indiz dafür gewertet werden, daß Schulungen von Apotheken hilfreich sind, insbesondere hoch bewertete Marketingziele wie beispielsweise die Stärkung der Kundenbindung oder die Erhöhung der Markenpräferenz zu erreichen und zur Verbesserung der eigenen Wettbewerbsposition bei zu tragen.

- **Interaktive Erfolgswirkungen von Vertriebsformen und Situationsvariablen**

Die blockweise Untersuchung der Vertriebsformen auf interaktive Erfolgseffekte mit den Situationsvariablen ergab in unserer Stichprobe einen signifikanten globalen Interaktionseffekt für die subjektive Erfolgsgröße „ESM".[40]

Wie aus Tab. 7-28 hervorgeht, weisen die Vertriebsformen signifikant unterschiedliche Erfolgseffekte vor allem in Abhängigkeit von der Wettbewerbsposition der SMU auf. So erweist sich die Nutzung des eigenen Apothekenaußendienstes für wettbewerbsschwache SMU als signifikant stärker erfolgsfördernd als für SMU in einer starken Wettbewerbsposition. Desweiteren führt eine intensive Nutzung von Telefon und Telefax ebenso nur in einer wettbewerbsschwachen Situation zu einem signifikant höheren subjektiv eingeschätzten Erfolgsniveau. Für SMU, die dagegen über eine starke Wettbewerbsposition in ihren Märkten verfügen, wirkt sich eine intensive Nutzung dieser Kommunikati-

---

[39]   S. die beiden rechten Datenspalten in der unteren Hälfte der Tab. 7-27.
[40] $F = 4{,}35$, $p < 0{,}001$. S. Tab. 7-28, unten.

Tabelle 7-28:

Situationsbedingte Erfolgskorrelationen direkter und indirekter Vertriebsformen[a]

	ESM[b]	
	Wettbewerbsposition	
Vertriebsformen	schwach $42 \leq N \leq 46$	stark $33 \leq N \leq 35$
1. Direkte Vertriebsformen		
a) Eigener wissenschaftlicher Außendienst	-0,22 (-0,14)	0,07 (0,04)
b) Eigener Apothekenaußendienst	0,47*** [e] (0,30**)	0,11 [f] (0,07)
c) Leihaußendienst	0,04 (0,10)	-0,03 (-0,02)
d) Außendienstkooperation(en)	-0,02 (-0,07)	-0,17 (-0,17)
e) Pharmazeutische Handelsvertretung	0,08 [e] (0,11)	0,34* [f] (0,28')
f) Telefon und Telefax u.ä.	0,33* [e] (0,25*)	-0,30' [f] (-0,27*)
2. Indirekte Vertriebsformen		
a) Streckengeschäft	0,10 (0,05)	0,01 (-0,02)
b) Überweisungsgeschäft	0,05 (0,02)	0,03 (0,06)
c) Reiner Vertrieb über den Pharmagroßhandel	-0,13 (-0,05)	-0,11 (-0,05)

Interaktionseffekte:
Strategievariablen x Situationsvariablen

Multivariates F	4,35***

a) Werte ohne Klammern: Pearson'sche Produkt-Moment-Korrelation. Werte in Klammern: Kendall'sche Rangkorrelation. Koeffizientenpaare, die sich signifikant mindestens für p < 0,1 unterscheiden, sind durch unterschiedliche Subskripte e und f gekennzeichnet.
b) Abkürzung: ESM = (subjektiver) Erfolgsindex „Selbstmedikation".

$^+$p < 0,1   * p < 0,05   ** p < 0,01   *** p < 0,001   (zweiseitiger Test).

onsmedien in statistisch signifikanter Weise sogar negativ auf die Erreichung von wichtigen Marketingzielen aus. Erklärbar sind diese Interaktionsmuster damit, daß in einer wettbewerbsschwachen Situation eine interaktive Beziehung zwischen Anbieter und Apotheke mittels eines eigenen Apothekenaußendienstes und/oder durch Nutzung von Kommunikationsmedien besser geeignet ist, (a) Wettbewerbsvorteile wirksamer zu vermitteln und damit neue Kunden zu gewinnen, (b) spezifische Anforderungen und Wünsche der Apotheken aufzunehmen und Apotheken nachhaltig an das eigene Unterneh-

236

men zu binden und (c) Marketingmaßnahmen für die eigenen Präparate effektiver durchzusetzen, so daß insgesamt eigene Marketingziele eher erreicht werden können.

Schließlich konnten auch situativ unterschiedliche Erfolgseffekte hinsichtlich des Einsatzes pharmazeutischer Handelsvertretungen ermittelt werden. Aus der Gegenüberstellung der Korrelationskoeffizienten läßt sich ableiten, daß bei einer starken Wettbewerbsposition der Einsatz pharmazeutischer Handelsvertretungen zu einem signifikant höheren Erreichungsgrad von Marketingzielen beizutragen vermag, als dies bei SMU in einer schwachen Wettbewerbsposition der Fall ist. Möglicherweise führt ein bereits vorhandener Kundenstamm wettbewerbsstarker Anbieter zusammen mit der umsatzabhängigen Entlohnung pharmazeutischer Handelsvertreter dazu, daß aufgrund der stärkeren Motivation der Pharmahandelsvertreter bei den Vertriebsaktivitäten eine noch intensivere Marktpenetration erreicht wird, was der Erreichung von Marketingzielen zuträglich ist.

Als Resümee aus den zahlreichen in Kap. 7.3 präsentierten interaktiven Erfolgswirkungen zwischen strategischen Marketinghandlungsmustern und Situationsvariablen bleibt festzuhalten, daß Erfolgseffekte von Grundsatz- und Instrumentalstrategieausprägungen vielfach *nicht situationsinvariant* sind. Die vorgestellten Befunde können als Basis für weitere Forschungsarbeiten gesehen werden, vor allem dort, wo (1) interaktive Erfolgseffekte von strategischen Marketinghandlungsmustern nur für jeweils ein Erfolgskriterium in unserer Stichprobe beobachtet wurden[41] und (2) aufgrund geringer Fallzahlen[42] je situativer Teilstichprobe die Befunde eher zurückhaltend zu interpretieren sind.

---

[41] Dies betrifft sämtliche in Kap. 7.3 untersuchte Strategieausprägungen.

[42] Beispielsweise die positiven Erfolgseffekte einer Markterweiterungsstrategie bei niedriger Konkurrenzintensität (Tab. 7-16) oder die positive Erfolgswirkung eines vertikal-aktiven Marketings bei schwachem Marktwachstum (Tab. 7-21).

8. Schlußfolgerungen

Mit der vorliegenden Arbeit sollte ein erster Beitrag zur empirischen Fundierung von Handlungsempfehlungen zur erfolgsfördernden Gestaltung von Marketingstrategien im deutschen SM-Markt geleistet werden. Die Grundlage hierfür bildeten empirische Daten aus 84 SMU, die 1996 im Rahmen einer schriftlichen Befragung mit Unterstützung des Bundesfachverbandes der Arzneimittel-Hersteller erhoben wurden. Durch die Anwendung statistischer Auswertungsverfahren erlaubt die eigene Untersuchung Erkenntnisse hinsichtlich (1) der Ausprägung von strategischen Marketingverhaltensweisen, die typischerweise in der SM-Praxis zu beobachten sind, und (2) welche Strategieausprägungen geeignet sind, das Erfolgsniveau von SMU zu erhöhen. Darüber hinaus wurde die Bedeutung von Situationsvariablen für die Erklärung der Erfolgswirkungen von Strategieausprägungen untersucht.

Aus der Fülle der gewonnenen Befunde lassen sich eine Reihe von marketingstrategischen Verhaltensmustern ableiten, die geeignet sind, das Erfolgsniveau von SMU bei der Vermarktung ihrer SM-Produkte zu erhöhen. Dabei können die Befunde – je nach Interessenperspektive des Managements (z.B. Eintrittsplanung in den SM-Markt, Verbesserung des Erfolgsniveaus etablierter SM-Anbieter) – zu handlungsleitenden Verhaltensweisen mit jeweils unterschiedlichen perspektivenspezifischen Akzentsetzungen genutzt werden. Eine zusammenfassende Darstellung der wesentlichen Implikationen i.S. normativer Handlungsempfehlungen für das Management von SMU erfolgt in *Kap. 8.1*.

Schließlich werden in *Kap. 8.2* – unter Berücksichtigung inhaltlicher und methodischer Beschränkungen der eigenen Untersuchung sowie des derzeitigen Forschungsstandes zum SM-Marketing – konkrete Ansatzpunkte für die weitere betriebswirtschaftliche bzw. marketingwissenschaftliche Forschung aufgezeigt, die geeignet sind, zur Verringerung bestehender Erkenntnislücken im SM-Marketing beizutragen.

8.1 Praxisimplikationen für eine erfolgsfördernde Gestaltung von Marketingstrategien im deutschen Selbstmedikationsmarkt

Abgeleitet aus den in Kap. 7 dargestellten Befunden zu Erfolgswirkungen strategischer Marketinghandlungsmuster werden in diesem Kapitel die wesentlichen Untersuchungsergebnisse i.S. normativer Handlungsempfehlungen nochmals zusammenfassend dargestellt. Die empirischen Befunde dürfen dabei keinesfalls pauschal als Gesetzmäßigkeiten für den Erfolg im SM-Markt angesehen werden. Vielmehr stellen sie Grundelemente einer SM-Marketingstrategie dar, die letztlich im Rahmen der Strategieformulierung unter Berücksichtigung unternehmensindividueller Stärken bzw. Fähigkeiten sowie marktli-

238

cher und gesetzlicher Rahmenbedingungen abzuleiten ist. Auf diese Weise kann vermieden werden, daß SMU den Gestaltungshinweisen „blindlings" folgen, was ohne eine kritische Reflexion nicht generell zielführend sein muß. In manchen Situationen kann sogar eine bewußte Differenzierung von identifizierten Erfolgsstrategien sinnvoll sein. So deuten die Resultate beispielsweise darauf hin, daß von einer konsequenten Präferenzstrategie keine erfolgserhöhende Wirkung ausgeht. Sollte es SM-Anbietern jedoch gelingen z.b. auf Basis galenischer Innovationen und/oder der Anwendungsfreundlichkeit nachhaltige Präferenzen bei den Verwendern für ein SM-Präparat aufzubauen, kann es im Einzelfall durchaus sinnvoll sein, entgegen dem festgestellten Wirkungszusammenhang, eine Präferenzstrategie zu realisieren.

Vor diesem Hintergrund zeigt Abb. 8-1 als Synopse unserer empirischen Befunde Strategieausprägungen aus zwei grundsatzstrategischen und sechs instrumentalstrategischen Dimensionen auf,[1] die nach unseren Erkenntnissen einen signifikant überdurchschnittlich starken Einfluß auf das ökonomische und/oder das subjektiv eingeschätzte Erfolgsniveau von SMU haben. Weiter zeigt Abb. 8-1, ob es sich bei den Marketinghandlungsmustern jeweils um eine in der SM-Praxis häufig (wenig) realisierte Strategieausprägung handelt.

Gestaltungsimplikationen für das Management leiten sich aus der Befundkombination von Wirkungsstärke, -richtung und Strategierealisierung der einzelnen Marketing-Strategieaspekten ab (s. Abb. 8-1): Für Strategieausprägungen, die nach unseren Erkenntnissen eine hohe positive (negative) Wirkungsstärke auf den ökonomischen Erfolg bzw. den subjektiven Erfolgsindex aufweisen und zugleich kaum in der SM-Praxis realisiert werden, ergibt sich für das Management etablierter SMU die Implikation, das bisherige Strategieverhalten kritisch zu hinterfragen und eine zügige Umsetzung (Vermeidung) dieser Strategieausprägung voranzutreiben. Für Pharmaunternehmen hingegen, die den Eintritt in den SM-Markt planen, bedeutet diese Befundkombination, daß die Strategieausprägung als Input bei der Formulierung einer Markteintrittsstrategie verstärkt berücksichtigt werden sollte.

Aus der Gesamtheit der in Abb. 8-1 dargestellten Handlungsempfehlungen zur erfolgsfördernden Gestaltung von SM-Marketingstrategien soll nachfolgend für zwei besonders beachtenswerte Implikationen der eigenen empirischen Untersuchung gesondert Stellung bezogen werden.

---

[1]   Für Strategieausprägungen in den verbleibenden fünf Entscheidungsdimensionen konnten keine signifikanten Erfolgswirkungen nachgewiesen werden. S. a. Kap. 7.2.

239

Abbildung 8-1:
Prinzipielle Implikationen der empirischen Befunde für das Management zur Gestaltung von Marketingstrategien im deutschen SM-Markt

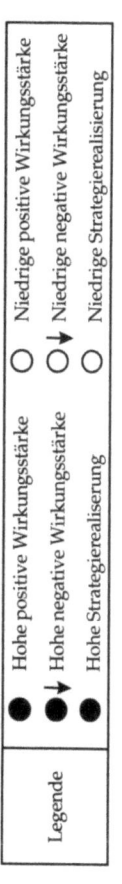

Strategiedimension	Erfolgsfördernde Strategieausprägung	Wirkung auf …		Strategierealisierung in der Praxis	Implikationen für das Management von SMU
		Ökonomische Erfolgskriterien	Subjektiver Erfolgsindex		
Verwendergerichtete Strategie	Hybride Strategie				⇨ Strategie deutlich verstärkt realisieren
Wettbewerbergerichtete Strategie	Offensiver Wettbewerbsstil				⇨ Wettbewerbsverhalten deutlich offensiver gestalten
Programmgestaltung	Breites/tiefes SM-Programm				⇨ Programmbreite optimieren (indikative Problemlösungen)
Markenbildung	Programmarke				⇨ Programmarken-Konzept beibehalten
Konditionengestaltung	Auftragswertbezogene Konditionen				⇨ Konditionenpolitik beibehalten
Marktkommunikation	Verkaufsförderung				⇨ Verkaufsförderungsmaßnahmen nur selektiv einsetzen
Vertrieb	Eigener Apothekenaußendienst				⇨ Apothekenaußendienst verstärkt nutzen
	Leih-Außendienst				⇨ Vertriebsform weiter meiden
	Pharmazeutische Handelsvertretungen				⇨ Vertriebsform weiter meiden

Legend:
● Hohe positive Wirkungsstärke   ○ Niedrige positive Wirkungsstärke
● Hohe negative Wirkungsstärke   ○ Niedrige negative Wirkungsstärke
● Hohe Strategierealisierung   ○ Niedrige Strategierealisierung

240

(1)   Hybrides Verhalten gegenüber Verwender

In bi- und multivariaten Untersuchungen wurde eine Strategie der Differenzierung bei gleichzeitig niedrigem Herstellerabgabepreisniveau als signifikant erfolgsfördernd erkannt: SMU, die eine hybride Strategie gegenüber Verwendern realisierten, wiesen ein signifikant höheres Wachstum auf als SMU, die diese Strategieausprägung nicht verfolgten. Trotz der positiven Erfolgswirkung wird ein hybrides Strategieverhalten von der großen Mehrzahl der SMU in der Praxis nicht umgesetzt. Folglich sollte dieser Strategieausprägung im Rahmen der verwendergerichteten Strategieformulierung seitens der SMU in Zukunft deutlich mehr Beachtung geschenkt werden.

Die Umsetzung dieser Strategieempfehlung in der Praxis erfordert Managementansätze, die die gleichzeitige Realisierung von zwei komplementären Teilstrategien, und zwar *erstens* Teilstrategien zur Erhöhung der Verwenderpräferenzen für das (die) eigene(n) SM-Präparat(e) und *zweitens* Teilstrategien zur Verbesserung der eigenen Kostenposition, sicherstellen.[2] Speziell im Kontext des SM-Marktes bieten sich m.E. folgende drei Managementansätze zur Umsetzung einer hybriden Strategie an:[3]

(1)   *Zielgruppenkonzentration:* Ein erster Ansatz zur Erhöhung der Verwenderpräferenzen bei gleichzeitiger Senkung des bisherigen Kostenniveaus kann durch eine Konzentration auf attraktive Verwendersegmente erfolgen. Nicht zuletzt aufgrund beschränkter Ressourcenverfügbarkeit und Lücken im Fähigkeitenprofil sind SMU oft nicht in der Lage, alle Verwendergruppen gleichermaßen zu bearbeiten; diese sind zu zahlreich und haben zu unterschiedliche Einstellungen, Gewohnheiten und Präparateanforderungen. Zudem existieren im SM-Markt – wie auch in allen anderen Märkten – zumeist Wettbewerber, die entsprechend ihrer Kernfähigkeiten bestimmte Verwenderanforderungen besser erfüllen können als andere. Vor diesem Hintergrund sollten SMU attraktive Verwendersegmente als Zielgruppen ermitteln, die es unter Berücksichtigung der eigenen Stärken und Schwächen erfolgreich bedienen kann. Eine Zielgruppenkonzentration setzt jedoch eine vorherige Segmentierung des Marktes[4], also die Unterteilung des Marktes in eindeutig abgegrenzte Verwendergruppen, die sich jeweils durch spezielle Anforderungen/Charakteristika auszeichnen, vor-

---

[2]   Die prinzipielle Frage, wie eine hybride Strategie implementiert werden kann, wurde von einigen Autoren bereits thematisiert. Vgl. hierzu Fleck 1995: 157-190; Faulkner/Bowman 1992: 496-499.

[3]   S. zu Umsetzungsaspekten einer hybriden Strategie a. Gerpott/Breuer 1998b: im Druck.

[4]   Vgl. einführend zur Marktsegmentierung z.B. Freter 1995: 1802-1814; MacDonald/Dunbar 1995: 10-44; Dalrymple/Parsons 1995: 175-217. Speziell zur Marktsegmentierung im Pharmamarkt s. Horn 1996: 8-33; Corstjens 1991: 44-62; Smith 1991: 74-96; Walther 1989: 89-92. Mögliche Segmentierungsansätze im Pharmamarkt stellt Hohensohn (1998: 217-242) vor.

241

aus. Als mögliche Segmentierungskriterien können sozio-ökonomische Kriterien (z.b. Anteil der Arzneimittelausgaben am Einkommen, Alter, Schulbildung), psychographische Aspekte (z.b. Einstellung zur Selbstmedikation, Bereitschaft zur Selbstmedikation in Abhängigkeit vom Schweregrad der Erkrankung) sowie Verhaltenskriterien (z.b. Einkaufsstättenwahl bei SM-Präparaten, kaufrelevante Präparateeigenschaften) herangezogen werden.[5] Eine Zielgruppenkonzentration auf Basis einer vorherigen Verwendersegmentierung bewirkt einerseits, daß die selektierten Verwendergruppen differenziert – entsprechend ihren Präferenzen, Anforderungen und Einstellungen – bearbeitet werden können; andererseits wird durch die Zielgruppenausrichtung ein Lernprozeß initiiert, der zu mehr Transparenz z.b. im Hinblick auf Struktur, Bedürfnisse und Reaktionsweisen der Zielgruppe beiträgt. Zugleich führt eine bewußte Konzentration auf Zielgruppen zu geringeren Werbe- und Marketingkosten infolge gesenkter Streuverluste. Zudem geht eine Zielgruppenkonzentration mit sinkenden Transaktionskosten einher, da die Zielgruppenfokussierung mit vergleichsweise geringeren Informationsbeschaffungs- und Durchführungskosten behaftet ist.

(2) *Marktgetriebenes Produktentwicklungsmanagement:* Eine hybride Strategie kann weiterhin durch ein marktgetriebenes Produktentwicklungsmanagement umgesetzt werden. Das Ziel hierbei ist eine Verbesserung von Präparateleistungsbündeln, indem einerseits der Verwendernutzen durch (inkrementale) Innovationen erhöht und vor allem Produktentwicklungskosten reduziert werden. Die Erhöhung des Verwendernutzens kann durch die Entwicklung neuartiger Präparatemerkmale (z.B. transdermale Applikationsform) oder neuartiger Ausprägungen bei bereits bestehenden Präparateleistungen (z.B. 1x1 Tagesdosis durch Retardierung) herbeigeführt werden. Senkungen des Entwicklungskostenniveaus resultieren im wesentlichen aus verbesserten Entwicklungsprozessen und optimierten -strukturen. So ist innerhalb der SMU eine Neugestaltung der Zusammenarbeit zwischen den Funktionen F&E, Marketing/Vertrieb, Marktforschung, Zulassung und medizinischer Wissenschaft auf der Grundlage der Prinzipien des „simultaneous engineering"[6] empfehlenswert, um Zeit- und Kosteneinsparungen im F&E-Prozeß zu erzielen. Zeitvorteile in der Entwicklung sind wiederum die Basis für Präferenzvorteile im Markt.

---

[5] Zu pharmamarktspezifischen Segmentierungsmerkmalen vgl. Hohensohn 1998: 220-222 und die dort angegebene Literatur.
[6] S. zu diesen Grundprinzipien im Überblick Corpott 1996: 1852-1858.

242

(3) *Category-Management:* Im Kontext einer hybriden Strategie stellt das Category-Management einen Managementansatz dar, der Präparate bzw. Präparategruppen als strategische Geschäftseinheiten betrachtet, für die Strategien entwickelt werden, mit dem Ziel, durch eine bessere Ausrichtung an den Bedürfnissen der Verwender einen zusätzlichen (Verwender-)Nutzen zu generieren.[7] Im Mittelpunkt dieses Konzeptes steht der Verwender, dem anstelle eines breitgefächerten Sortiments an Einzelpräparaten eine umfassende Problemlösung in einer definierten Indikation (Kategorie) angeboten wird. Ein wichtiger Schritt ist in diesem Zusammenhang die Bündelung verschiedener SM-Einzelpräparate zu einer Problemlösung (z.B. Erkältungspräparate) und die Festlegung einzelner „Subkategorien" (z.B. hustenstillende Präparate, fiebersenkende Arzneimittel, Präparate zur Behandlung von Erkrankungen im Hals- und Rachenraum, Vitaminpräparate als Prophylaktika). Ein wichtiger Beitrag zur Gestaltung von verwendergerechten Problemlösungen stellen externe Marktdaten dar, die wichtige Informationen u.a. zur Ermittlung und Beseitigung von Sortimentslücken liefern. Eine Senkung der Marketingkosten resultiert im Rahmen des Category-Managements aus Verbundeffekten, die sich aus einem gemeinsamen Vermarktungsansatz für die Problemlösung als ganzes ergeben, was insgesamt zu einer Senkung der Marketingkosten je Präparat führt.

Die dargestellten Ansätze zur Implementierung hybrider Strategiekonzepte im SM-Markt setzen durchweg ein systematisches *betriebswirtschaftliches Informationsmanagement* bzw. *Controlling* i.S. einer Querschnittsaktivität voraus. Diese bezieht sich zum einen auf die Beschaffung zeitnaher Marktinformationen (z.B. Verwenderbedürfnisse, neue Zielgruppen, Wettbewerberverhalten) unter Einschluß extern angefertigter Marktanalysen. Zum anderen geht es um empfängerorientiert aufbereitete Kosteninformationen (z.B. Marketing-/Vertriebskosten, Kosten der Präparateentwicklung) für das jeweilige Produktmanagement. Durch ein solches Informationsmanagement kann eine transparente Erfolgskontrolle der Umsetzung einer hybriden Strategie und die rechtzeitige Einleitung von Korrekturmaßnahmen gefördert werden.

(2) Offensiver Wettbewerbsstil
Auf Basis der eigenen Stichprobe konnte ferner festgestellt werden, daß SMU, die sich durch einen offensiven Verhaltensstil gegenüber ihren Wettbewerbern auszeichnen, wichtige Marketingziele nach eigener Einschätzung in der Regel besser erreichen als

---

[7] Vgl. einführend zum Category-Management für viele Heydt v.d. 1998: 104-119; MacGrath 1997: 16-27 u. Feld 1996: 2-5. Speziell zum Category-Management in der Selbstmedikation s. Rassat 1996: 4.

243

SMU, die sich ihren Wettbewerbern gegenüber eher defensiv verhalten bzw. ihr Verhalten als weder offensiv noch defensiv charakterisieren. In der SM-Praxis scheint die Bedeutung eines offensiven Wettbewerbsstils prinzipiell erkannt (insgesamt charakterisierte die Hälfte der erfaßten SMU ihren Verhaltensstil gegenüber ihren Wettbewerbern als „offensiv" bis „sehr offensiv")[8], dennoch nutzen Unternehmen m.E. in der Praxis oftmals nur ein sehr begrenztes Spektrum an Maßnahmen zur Realisierung eines offensiven Wettbewerbsstils (z.B. Steigerung des Werbedrucks in Fernsehen und Printmedien, Durchführung von Aktionswochen kombiniert mit hohen Rabatten). Darüber hinaus stehen dem Management von SMU jedoch weitere Hebel zur Verfügung, die einen offensiven Wettbewerbsstil induzieren können.

(1) *Kontinuierliche Ausbietung von (inkrementalen) Präparateinnovationen:* Ein wesentlicher Hebel für einen offensiven Wettbewerbsstil ist die kontinuierliche Ausbietung von (inkrementalen) Präparateinnovationen. Inkrementale Präparateinnovationen zeichnen sich im Kontext der Selbstmedikation aus z.B. durch neuartige Applikationsformen, veränderte Wirkprinzipen durch Retardierung oder durch eine Verbreiterung der Indikationsstellung. Dies ermöglicht SMU, eigenständige Wettbewerbsvorteile auf Basis von Präparateinnovationen aufzubauen und Zeitvorteile gegenüber der Konkurrenz zu erzielen. Eine kritische Voraussetzung zur Ausbietung von inkrementalen Präparateinnovationen ist vor allem eine leistungsfähige Produktentwicklung bzw. ein funktionierendes Lizenz- bzw. Zulassungsmanagement.

(2) *Etablierung eines Switch-Managements:* Ziel eines Switch-Managements ist die langfristig geplante, im Lebenszyklus eines Präparates bereits frühzeitig vorgesehene, Überführung von Präparaten aus dem verschreibungspflichtigen oder verschreibungsfreien, aber erstattungsfähigen Marktsegment in die SM-Vermarktung. Letztlich dient das Switch-Management einem kontinuierlichen SM-Präparatenachschub, wodurch Marktchancen in der Selbstmedikation proaktiv genutzt werden und aktiv auf die Wettbewerbsregeln im SM-Markt eingewirkt werden kann. Das Switch-Management ist dabei nicht nur als ein „strategischer" Ansatz zur Realisierung eines offensiven Wettbewerbsstils zu verstehen, sondern stellt gleichsam eine Philosophie dar, die eine umfassende Präsenz in der Selbstmedikation, veränderte Denkhaltungen („SM-Kultur") und Lernprozesse in allen Unternehmensbereichen (vor allem im Marketing) und auf allen Hierarchieebenen erreichen möchte.

---

[8] S. Abb. 6-1 in Kap. 6.1.4.

(3) *Aktives und professionelles Vertriebsmanagement:* Ein offensiver Wettbewerbsstil kann zudem durch ein aktives und professionelles Vertriebsmanagement der SMU gefördert werden. Durch die gezielte Bearbeitung umsatzstarker Apotheken durch die eigene Apothekenaußendienstorganisation kann eine effizientere Marktbearbeitung erreicht werden, indem SMU mit kalkulierbarem Aufwand sich bei wichtigen Apotheken besser positionieren und deren Anforderungen besser identifizieren kann. Dies ermöglicht den SMU, Marktchancen frühzeitig zu erkennen und proaktiv auf das Marktgeschehen einzuwirken.

Weitere Befunde der vorliegenden Untersuchung geben Anlaß zu der Vermutung, daß die Erfolgswirkungen von Strategieausprägungen im deutschen SM-Markt *nicht situationsinvariant* sind, sondern vielmehr in Abhängigkeit von der Ausprägung von Situationsfaktoren wie z.B. der Wettbewerbspositionen oder der Größe von SMU merklich voneinander divergieren (können). Abb. 8-2 faßt in Form von sieben[9] situationsspezifischen Thesen zusammen, welche Marketingstrategieentscheidungen bei unterschiedlichen Ausprägungen von Situationsvariablen nach unseren Erkenntnissen sich als besonders erfolgsrelevant erwiesen.

Für die Managementpraxis ergibt sich aus den in Abb. 8-2 aufgezeigten situationsspezifischen Handlungsempfehlungen die Schlußfolgerung, daß das Management seine aktuelle Situation analysieren sollte und bei einer bestimmten Situationskonstellation auf die erfolgsfördernden Strategieausprägungen ein besonderes Augenmerk legen sollte. Insgesamt liefern die 7 Handlungsempfehlungen in Abb. 8-2 einen wissenschaftlichen Erklärungsbeitrag dafür, daß SM-Marketingstrategien situativ unterschiedliche Erfolgswirkungen implizieren und daher die Formulierung einer SM-Marketingstrategie situationsorientiert zu erfolgen hat.

---

[9] Für die Situationsausprägung „hohe Konkurrenzintensität" konnten keine Handlungsempfehlungen abgeleitet werden.

Abbildung 8-2:
Situationsspezifische Handlungsempfehlungen zur
Gestaltung von Marketingstrategien im deutschen SM-Markt

Situative Handlungsempfehlungen
1. SMU *kleinerer Größe* sollten ihre Marktbearbeitung selektiv gestalten und nicht auf alle Marketingzielgruppen ausdehnen. Unter Rentabilitätsaspekten erscheint für kleinere SMU ein eher defensiver Wettbewerbsstil angebracht, um kostenintensive Konfrontationen mit dem Marktführer auszuweichen. Darüber hinaus sollten kleinere SMU ihre Öffentlichkeitsarbeit deutlich verstärken. 2. SMU, die als *groß* bezeichnet werden können, sollten zum Ausbau ihres SM-Geschäftes alle relevanten Marketingzielgruppen bearbeiten. Zudem erscheint ein im Vergleich zur Konkurrenz unterdurchschnittliches Niveau der Herstellerabgabepreise erfolgsfördernd. 3. SMU in einer *schwachen Wettbewerbsposition* sollten unter Wachstumsaspekten im Rahmen ihrer Marktbearbeitung möglichst alle relevanten Marketingzielgruppen berücksichtigen und dabei indikative Problemlösungen in Form eines breiten, aber flachen SM-Angebotsprogramms anbieten. Zum Vertrieb ihrer SM-Präparate sollten wettbewerbsschwache SMU auf einen eigenen Apothekenaußendienst zurückgreifen sowie den Einsatz von Telefon und Telefax weiter ausbauen. 4. SMU in einer *starken Wettbewerbsposition* sollten zur Verwenderbeeinflussung verstärkt Präferenzen durch Präparateleistungsvorteile aufbauen, gegenüber ihren Wettbewerbern einen offensiven Verhaltensstil verfolgen und ihre Präparate über eine Pull-Strategie in die Apotheken „hineinziehen". Der Einsatz von pharmazeutischen Handelsvertretungen erscheint bei wettbewerbsstarken SMU tendenziell erfolgversprechend. 5. SMU, in Indikationsmärkten mit *schwachem Marktwachstum* sollten ihre Zusammenarbeit mit dem pharmazeutischen Großhandel im Hinblick auf das Apothekenmarketing verstärken. Zur Profilierung in der Indikation bieten sich bei schwachem Marktwachstum vor allem Einzelmarken an. 6. SMU in einer Situation *starken Marktwachstums* sollten eine Pull-Stimulierung verfolgen, um die Apotheken zur „Mitarbeit" zu bewegen, und dabei gleichzeitig mehrere Präparate unter einem Markennamen (Programm- oder Dachmarke) vermarkten. 7. SMU in einer Situation *schwacher Konkurrenzintensität* sollten eine Strategie der Markterweiterung verfolgen und sich bei der Marktbearbeitung auf primär eine Marketingzielgruppe konzentrieren. Im Hinblick auf die Apotheken erscheint eine Pull-Stimulierung durch eine intensive Publikumswerbung erfolgversprechend.

8.2 Ansatzpunkte für die weitere Forschung

Aufgrund der gewählten Anlage der eigenen Arbeit sowie forschungspraktischen Beschränkungen mußten bestimmte *inhaltliche* Fragen zum SM-Marketing ausgeklammert bleiben und bei der empirischen Untersuchung *methodische* Schwächen in Kauf genommen werden. Daraus ergeben sich zahlreiche Ansätze für weitere Forschungsaktivitäten zum Themenkomplex „SM-Marketing". Abb. 8-3 gibt einen Überblick über konkrete Ansatzpunkte für vertiefende und/oder erweiternde Forschungen, die nachfolgend näher erläutert werden.

Abbildung 8-3:
Inhaltliche und methodische Ansatzpunkte für die weitere Forschung

Ansatzpunkte für die weitere Forschung

Inhaltliche Ansatzpunkte	Methodische Ansatzpunkte
1. Berücksichtigung weiterer Vertriebs- triebskanäle für SM-Präparate	7. Ausweitung der Befragung auf weitere SM-Marktteilnehmer
2. Analyse indikationsspezifischer Marketing-Strategien	8. Analyse weiterer SMU-Erfolgs- kriterien
3. SM-Markenführung als Erfolgsde- terminante	9. Analyse der Erfolgswirkungen von Marketing-Strategien nach Neu- tralisierung möglicher Erfolgseffek- te von Situationsvariablen
4. Internationalisierung der Stichprobe	
5. Einbeziehung weiterer bzw. Detail- lierung von Strategiedimensionen/- facetten	10. Kausale Analyse von Marketing- Strategie- und Erfolgs-Beziehungen
6. Erforschung zusätzlicher Bestim- mungsgrößen des SMU-Erfolges	

(1) *Berücksichtigung weiterer Vertriebskanäle für SM-Präparate:* Im Fokus der vorliegenden Arbeit steht ausschließlich die Selbstmedikation in der Apotheke.[10]
Nicht berücksichtigt wurde die Selbstmedikation mit freiverkäuflichen Arzneimitteln *außerhalb* der Apotheke (z.B. Verbrauchermärkte, Drogerien oder Re-
formhäuser). Zukünftig könnte durch eine Erweiterung/Eingrenzung des untersuchungsrelevanten SM-Marktes auf apothekenexterne Vertriebskanäle ein
Erkenntnisfortschritt für ein erfolgsförderndes SM-Marketing dahingehend geleistet werden, daß vertriebskanalspezifische Besonderheiten des SM-Marketing
(z.B. Regalplazierung, Servicestrategien, Kooperationsstrategien mit dem Handel) analysiert und erfolgsrelevante Unterschiede im SM-Marketing in und außerhalb der Apotheke herausgearbeitet werden.

2) *Analyse indikationsspezifischer Marketingstrategien:* Die eigene Untersuchung basiert auf marketingstrategischen Informationen aus allen relevanten SM-Indikationen.[11] Wenn auch angenommen werden kann, daß aufgrund der Häufigkeitsdominanz der Indikationen „Erkältungen und Erkrankungen des Abwehr-

---

[10] Die gewählte inhaltliche Schwerpunktsetzung auf die Selbstmedikation mit nicht-verschreibungspflichtigen Arzneimitteln in der Apotheke wurde damit begründet, daß Selbstmedikation schwerpunktmäßig in der Apotheke stattfindet. S. a. Kap. 1.3.

[11] Vgl. Kap. 5.2.2.1.

systems", „Magen-/Darm-Beschwerden" und „Schmerzmittel, Antirheumatika" die Befunde von SMU aus diesen Indikationsmärkten geprägt werden, so
fehlt es bislang noch an indikationsmarktspezifischen Erkenntnissen zu Marketingerfolgsstrategien. Dabei sollte insbesondere der Einfluß der spezifischen
Markt- und Wettbewerbsverhältnisse in einzelnen SM-Indikationen auf den Erfolg von SMU verstärkt untersucht werden.

(3) *SM-Markenführung als Erfolgsdeterminante im SM-Markt:* Von zahlreichen Praktikern wird der Aufbau und die Führung von SM-Marken als eine wichtige Erfolgsdeterminante im SM-Markt betrachtet.[12] Dies sollte von zukünftigen Forschungen zum Anlaß genommen werden, den Weg eines SM-Präparates zur
Marke genauer zu erkunden und Erfolgsaspekte in der strategischen Markenführung transparent zu machen.

(4) *Internationalisierung der Stichprobe:* Die vorliegende Studie beschränkt sich auf
Informationen von im deutschen SM-Markt tätigen Pharmaunternehmen.
Demgegenüber besteht jedoch auch eine erhebliche Relevanz internationaler
Betrachtungen. Diese folgt einerseits aus dem Voranschreiten der europäischen
Integration und damit verbunden aus dem Zusammenwachsen nationaler SM-
Märkte (z.B. Zulassung und Nachzulassung von Arzneimitteln durch die euro-
päische Zulassungsbehörde). Andererseits sind in der Praxis – insbesondere in
jüngster Vergangenheit – verstärkte Bestrebungen von Pharmaunternehmen zu
beobachten, ihr SM-Geschäft zu internationalisieren. Ein möglicher For-
schungsansatz wäre daher die Untersuchung von SM-Marketingstrategien mit
internationaler (z.B. europäischer) Perspektive. Hierbei wäre vor allem eine
Analyse länderspezifischer Unterschiede von Marketingerfolgsstrategien von
Interesse.

(5) *Einbeziehungen weiterer bzw. Detaillierung von Strategiedimensionen/-facetten:* Unter
Beachtung der forschungspraktischen Realisierbarkeit blieb in vorliegender Arbeit die Analyse der Erfolgswirkungen von Marketingstrategien auf 12 Dimensionen beschränkt. Zudem wurden vermutlich einige Strategiedimensionen
nicht hinreichend detailliert analysiert (operationalisiert) und/oder zusätzlich
relevante Strategieaspekte vernachlässigt. So wurden z.B. verwendergerichtete
Verhaltensweisen lediglich auf Nominalskalenniveau erfaßt, so daß auf eine de-
tailliertere (multifaktorielle) Operationalisierung des Verwenderstrategiekon-

---

[12] Vgl. Kap. 3.4.2.

248

struktes verzichtet wurde.[13] Desweiteren wurden Marktsegmentierungsaspekte nicht berücksichtigt, deren Ausprägungen zur besseren Varianzerklärung der Erfolgskriterien dienen könnten. Beide Aspekte sollten in nachfolgenden Untersuchungen Berücksichtigung finden.

(6) *Erforschung weiterer Bestimmungsgrößen des SMU-Erfolges:* In der eigenen Untersuchung wird unterstellt, daß Erfolgsveränderungen ausschließlich durch strategisches Marketingverhalten der SMU verursacht und *nicht* durch anderweitige Faktoren beeinflußt werden. Allerdings ist davon auszugehen, daß das Erfolgsniveau von SMU zusätzlich durch weitere Faktoren determiniert wird. So ist zu erwarten, daß z.b. unternehmensgrößenbezogene Faktoren (z.b. Finanzkraft, Größe der Außendienstorganisation), organisatorische Aspekte (z.b. Marktorientiertheit, Dauer der Entscheidungsprozesse) sowie die Effektivität der pharmazeutischen Entwicklung zur Klärung der Kriterienvarianz beizutragen vermögen. Insofern stellt die Identifizierung von weiteren Bestimmungsgrößen des SMU-Erfolgs ein weiterer Ansatzpunkt für künftige Forschungen dar.

(7) *Ausweitung der Befragung auf weitere SM-Marktteilnehmer:* Die Zielgruppe der eigenen Befragung waren Marketingexperten in SMU, die zu Situation, Marktverhalten und Erfolg aus Sicht ihres Unternehmens im SM-Markt befragt wurden. Ein Erkenntnisfortschritt könnte sich aus der Einbeziehung weiterer SM-Marktteilnehmer in die Untersuchung ergeben (s. Kap. 2.2), da der Erfolg bzw. Mißerfolg von strategischen Marketinghandlungen letztlich durch das Verhalten der Marktteilnehmer bzw. deren Akzeptanz für das Marketingverhalten bestimmt wird. Als mögliche zusätzliche Befragungszielgruppe kommen beispielsweise die Apotheken in Betracht. Hierdurch könnte z.B. die Wirkung apothekengerichteter Strategieoptionen direkt durch die Apotheken beurteilt werden. In der Praxis steht einer Ausweitung der Befragung auf weitere Zielgruppen jedoch die aufwendige Durchführung entgegen.

(8) *Analyse weiterer SMU-Erfolgskriterien:* In der vorliegenden Untersuchung werden zwei marktorientierte, eine renditeorientierte und eine semi-quantitative Erfolgskennzahl zur Messung von Erfolgsaspekten von SMU verwendet. Hier-

---

[13] Durch eine vertiefende operationale Konkretisierung der Strategiekonstrukte könnte stärker auf einzelne Maßnahmen zur Realisierung entsprechender Marketinghandlungsmuster eingegangen werden. Hierdurch werden die Strategieaspekte inhaltlich stärker durchdrungen und das Management erhält konkretere Hinweise zur Gestaltung von SM-Marketingstrategien.

durch wird sichergestellt, daß unterschiedliche Facetten des Erfolgs abgebildet werden und strategiebedingte Veränderungen zwischen den Erfolgsgrößen diskutierbar sind. Weitere empirische Studien könnten zusätzliche Erkenntnisse aus einer Erweiterung der untersuchten Erfolgsgrößen gewinnen. Neue Erfolgsfacetten könnten sowohl parallel in zusätzlichen Erfolgsmaßen als auch integriert in einem breiteren, mehrere Erfolgsindikatoren umfassenden Erfolgsmaß betrachtet werden. Dabei sind insbesondere zeitlich anders strukturierte Erfolgskriterien denkbar, die von einem anderen (kürzeren) Betrachtungszeitraum oder einer zeitpunktbezogenen Jahresbetrachtung ausgehen. Die Erweiterung der Erfolgsmessung durch neue oder zusätzliche Erfolgsmaße sollte zu einem besseren, weil detaillierteren Verständnis der Erfolgswirkungen von strategischen Marketingentscheidungen beitragen können.

(9) *Analyse der Erfolgswirkungen von Marketingstrategien nach Neutralisierung möglicher Erfolgseffekte von Situationsvariablen:* Im Mittelpunkt des Forschungsinteresses der vorliegenden Arbeit steht u.a. die Klärung von (bivariaten) Zusammenhängen zwischen Marketingstrategieausprägungen und dem SMU-Erfolg, ohne daß Situationsfaktoren berücksichtigt werden.[14] Erkenntnisse, ob und inwieweit Situationsvariablen auch unmittelbar zur Erklärung des SMU-Erfolges beizutragen vermögen bzw. neben den Strategieausprägungen einen zusätzlichen Erklärungsbeitrag zu SMU-Erfolgsunterschieden leisten können, wurden in vorliegender Arbeit nicht transparent gemacht. Hinzu kommt, daß durch ein derartiges Analysevorgehen ein Vergleich der Stärke der Erfolgswirkung zwischen Situationsvariablen und Marketingstrategien geleistet werden könnte. Eine Untersuchung derartiger Beziehungszusammenhänge sollte Gegenstand zukünftiger Forschungen sein.

(10) *Kausale Analyse von Marketingstrategie- und Erfolgsbeziehungen:* Angesichts der zu geringen Stichprobengröße und dem teilweise unzureichenden Datenniveau der untersuchten Variablen basieren die vorliegenden Befunde auf den Einsatz von Varianz-, Korrelations- sowie multiplen Regressionsanalysen. Wo inhaltlich sinnvoll und statistisch möglich, wurden zudem auch Faktorenanalysen herangezogen. Zukünftige Untersuchungen sollten bei Vorliegen einer hinreichend großen Stichprobe und einem geeigneten Skalenniveau nach Möglichkeit auch kausale Abhängigkeiten zwischen Marketingstrategien und dem SMU-Erfolg untersuchen. Durch den Einsatz *kausalanalytischer Verfahren* (z.B. LISREL-An-

---

[14] S. Kap. 4.1.

satz)[15] wäre es dann z.B. möglich, etwaige bivariate Erfolgszusammenhänge multivariat auf Erkenntnisse zu kausalen Abhängigkeiten zu untersuchen.

Abschließend bleibt festzuhalten, daß mit der vorliegenden Untersuchung eine Fülle von Erkenntnissen für das Management zur erfolgsfördernden Gestaltung von Marketingstrategien im deutschen SM-Markt aufgezeigt und vielfältige Anhaltspunkte für weitere Forschungsprojekte offengelegt wurden. Nun liegt es in den Händen von Wissenschaft und Praxis die hervorgebrachten Erkenntnisse und Anhaltspunkte aufzugreifen und umzusetzen.

---

[15] LISREL = LInear Structural RELationships.

Anhang 1:

Ausgewählte Freistellungen von Substanzen
aus der Verschreibungspflicht
in Deutschland seit 1983

Tab. A 1-1:
Ausgewählte Freistellungen von Substanzen
aus der Verschreibungspflicht in Deutschland seit 1983

Jahr der Entlassung aus der Verschreibungspflicht	Wirksubstanz	Anwendungsgebiet
1983	Isoconazol	Pilzerkrankungen (äußerlich)
1984	Ambroxol	Hustenmittel
1986	Terfenadin	Heuschnupfen/Antiallergikum
	Ciclopirox	Pilzerkrankunge (äußerlich)
	Lösliche Fluoride	Zur lokalen Anwendung als Kariesprophylaxe
1987	Ketoconazol	Pilzerkrankungen (äußerlich)
1988	Bifonazol	Pilzerkrankungen (äußerlich)
	Benproperin	Hustenmittel
1989	Ibuprofen	Rheumamittel (äußerlich)
	Oxiconazol	Pilzerkrankungen (äußerlich)
1990	Naftifin	Pilzerkrankungen (äußerlich)
1992	Ticonazol	Pilzerkrankungen (äußerlich)
	Aciclovir	Herpes (Lippenbläschen)
	Selen-(IV)-Sulfid	Schuppenbehandlung (äußerlich)
1993	Loperamid	Durchfall (Erwachsene u. Kinder ab 12 Jahren)
1994	Nicotin (Pflaster u. Kaugummi)	Raucherentwöhnung
	Acetylcystein	Husten bei Erkältungskrankheiten
	Clotrimazol	Vaginale Pilzinfektion
	Etofenamat	Rheumamittel (äußerlich)
	Piroxicam	Rheumamittel (äußerlich)

Tab. A 1-1:
Ausgewählte Freistellungen von Substanzen
aus der Verschreibungspflicht in Deutschland seit 1983 (Fortsetzung)

Jahr der Entlassung aus der Verschreibungspflicht	Wirksubstanz	Anwendungsgebiet
	Loratadin	Heuschnupfen/Antiallergikum
1995	Lactitol	Verstopfung/Abführmittel
	Felbinac	Rheumamittel (äußerlich)
	Flufenaminsäure	Rheumamittel (äußerlich)
	Dimethylsulfoxid	Prellungen, Verstauchungen
	Cetririzin	Heuschnupfen/Antiallergikum
1996	Indometazin	Rheumamittel (äußerlich)
	Hydrocortison	Verschiedene Anwendungsgebiete (äußerlich)
	Miconazol	Vaginale Pilzinfektion
	Ibuprofen	Analgetikum (flüssige Formen)
	Fenticonazol	Pilzerkrankungen (äußerlich)
1997	Azelastin	Antiallergisches Nasenspray (Heuschnupfen)
	Beclometason	Antiallergisches Nasenspray (Heuschnupfen)
1.1.1998	Levocabastin	Antiallergikum (lokal)
	Loperamid	Durchfall (für Kinder von 6-11 Jahren)
	Amorolfin	Pilzerkrankungen (äußerlich)
	Croconazol	Pilzerkrankungen (äußerlich)

Quelle: Bundesfachverband der Arzneimittelhersteller 1997b: 109f.

Anhang 2:

Empirische Untersuchung

256

Fachgebiet Planung & Organisation
FB 5 Wirtschaftswissenschaften
Univ.-Prof. Dr. Torsten J. Gerpott
Lotharstr. 65
D-47057 Duisburg

Gerhard Mercator

Universität Duisburg

Gesamthochschule

Erfolgreiche Strategien im deutschen Selbstmedikationsmarkt

- Befragung von Marketingexperten -

Sehr geehrte Damen und Herren,

die Selbstmedikation (SM) boomt. Viele Pharmaunternehmen sehen ein Wachstumsfeld in der ansonsten trüben „Pharmalandschaft".

Um Marktchancen erfolgreich wahrnehmen zu können, sind grundlegende Änderungen im Marktverhalten, wie z.B. in der Art der Marktbearbeitung oder im Verhalten gegenüber Ärzten, Apothekern und Endverbrauchern, erforderlich.

Ziel dieser Untersuchung ist es, der Praxis Lösungsansätze für erfolgreiche Strategien im Markt aufzuzeigen. Hierzu dient diese - mit freundlicher Unterstützung des Bundesfachverbandes der Arzneimittel-Hersteller e.V. (BAH) - durchgeführte Primärerhebung.

Die Ableitung aussagekräftiger Handlungsempfehlungen setzt Informationen aus möglichst vielen Pharmaunternehmen voraus. Deshalb bitten wir Sie um Ihre Unterstützung.

Als Dank und Gegenleistung für Ihre Mitarbeit finden Sie auf der Rückseite des Fragebogens einen Gutschein, mit dem Sie nachfolgende Informationen anfordern können:

> ● Analyse Ihrer Marktposition in der Selbstmedikation
>
> ● Ergebnisbericht über erfolgreiche Strategien im SM-Markt

Alle Daten werden anonym und streng vertraulich behandelt !

Beiliegend erhalten Sie einen Anleitungsbogen, der wichtige Hinweise zur Bearbeitung dieses Fragebogens enthält. Falls Sie Rückfragen haben, stehen Ihnen die Unterzeichner als Ansprechpartner telefonisch zur Verfügung (Telefon: (0221) 4 84 40 08 oder (0203) 379-2655).

Für Ihre Mitarbeit vielen Dank.

Dipl.-Kfm. Robert Breuer   Prof. Dr. Torsten J. Gerpott
(Projektleiter)   (Leiter Lehrstuhl P & O Duisburg)

I. Wettbewerbssituation im SM-Markt

Beantworten Sie bitte die Fragen I.1 bis III.3 unter Rückgriff auf Ihren
umsatzstärksten SM-Indikationsbereich in der Apotheke

(Bitte nur **einen SM-Indikationsbereich** ankreuzen)

▢ Erkältungen und Erkrankungen des Abwehrsystems   ▢ Anwendung an Auge/Ohr/ Mund   ▢ Dermatika

▢ Herz- und Kreislaufbeschwerden   ▢ Beruhigung und Stimmungs- aufhellung   ▢ Immunstimulatien

▢ Magen-Darm-Beschwerden   ▢ Niere, Blase, Urogenitalbereich   ▢ Schmerzmittel/Antirheumatika

▢ Venenleiden/Hämorroiden   ▢ Stärkung, Vitalisierung und Prävention   ▢ Vitamine/Mineralstoffe/ Spurenelemente

1. **Mit wievielen anderen Pharmaunternehmen stehen Sie im o.a. SM-Indikationsbereich in einem direkten Wettbewerbsverhältnis?** *(Bitte zutreffende Anzahl direkter Wettbewerber ankreuzen.)*

Anzahl direkter Wettbewerber	1 Wettbewerber	2 bis 3 Wettbewerber	4 bis 6 Wettbewerber	7 bis 10 Wettbewerber	mehr als 10 Wettbewerber
	▢	▢	▢	▢	▢

2. **Wie groß ist der Wettbewerbsdruck, den Ihr(e) Hauptwettbewerber in der Regel auf Ihr Unternehmen im o.a. SM-Indikationsbereich ausübt/ausüben?** *(Bitte zutreffende Antwort ankreuzen.)*

Wettbewerbsdruck der Hauptwettbewerber	sehr niedrig	niedrig	durchschnittlich	hoch	sehr hoch
	▢	▢	▢	▢	▢

3. **Wie beurteilen Sie die Wettbewerbsposition Ihres Unternehmens in dem o.a. Indikationsbereich im Vergleich zu Ihren Hauptwettbewerbern?**
(Bitte zutreffende Antworten kennzeichnen.)

Aspekte der eigenen Wettbewerbsposition	deutlich schwächer	schwächer	kein Unterschied	besser	deutlich besser
Innovationskraft	▢	▢	▢	▢	▢
Produktqualität	▢	▢	▢	▢	▢
Kundenorientierung	▢	▢	▢	▢	▢
Markenstärke	▢	▢	▢	▢	▢
Größe der Außendienstorganisation	▢	▢	▢	▢	▢
Kommunikationsintensität	▢	▢	▢	▢	▢
After-Sales-Service	▢	▢	▢	▢	▢
Finanzielle Ressourcen	▢	▢	▢	▢	▢
Kostenvorteile (tendenziell)	▢	▢	▢	▢	▢
Bekanntheitsgrad im SM-Markt	▢	▢	▢	▢	▢

258

II. Verhalten im SM-Markt

1. **Wieviel Produkt*gruppen* bzw. Marken bieten Sie zur Zeit im o.a. SM-Indikationsbereich an?**
   (Bitte zutreffende Antwort ankreuzen).

Anzahl angebotener Produktgruppen/Marken	1 Produktgruppe bzw. Marke	2 Produktgruppe bzw. Marke	3 Produktgruppe bzw. Marke	4 Produktgruppe bzw. Marke	5 und mehr Produktgruppen bzw. Marken
	☐	☐	☐	☐	☐

2. **Wieviele Produkt*varianten* (z.B. verschiedene Darreichungsformen, Wirkstärken) bieten Sie derzeit durchschnittlich je angebotener Produktgruppe im o.a. SM-Indikationsbereich an?**
   (Bitte zutreffende Antwort ankreuzen).

Anzahl Produktvarianten je Produktgruppe	1 Produktvariante	2-3 Produktvarianten	4-5 Produktvarianten	6-7 Produktvarianten	8 und mehr Produktvarianten
	☐	☐	☐	☐	☐

3. **Wie lassen sich die von Ihrem Unternehmen in den vergangenen 3 Jahren *neu eingeführten SM-Produkte im o.a. Indikationsbereich* hinsichtlich der folgenden Aspekte am ehesten charakterisieren?**
   (Bitte jeweils zutreffende Antworten ankreuzen. Keine Mehrfachnennungen je Teilaspekt.)

Angesprochene Endverbraucher-Zielgruppen bei SM-Neueinführungen		Angebotene Wirkstoffe bei SM-Neueinführungen		Angebotene Darreichungsformen bei SM-Neueinführungen	
bisherige	zusätzliche	bereits angeboten	zusätzliche zu den bereits angebotenen	bereits angeboten	zusätzliche zu den bereits angebotenen
☐	☐	☐	☐	☐	☐

   ☐ Keine Neueinführungen von SM-Produkten im o.a. Indikationsbereich in den letzten 3 Jahren

4. **Welche grundsätzliche Positionierungsstrategie verfolgen Sie im o.a. Indikationsbereich bezüglich Ihres SM-Produktprogramms?** *(Bitte zutreffende Antwort ankreuzen.)*

Konsequente Positionierung beim Endverbraucher	Konsequente Positionierung beim Arzt bzw. Heilpraktiker	Positionierung beim Arzt bzw. Heilpraktiker *und* beim Endverbraucher	Andere Strategie *(bitte angeben)*
☐	☐	☐	☐

   Andere Strategie: _____

5. **Mit welcher Markenstrategie versuchen Sie Ihr SM-Produktprogramm vorwiegend im o.a. Indikationsbereich zu profilieren?** *(Bitte zutreffende Antwort ankreuzen)*

Einzelmarke Eine Marke für ein spezifisches Produkt	Programmarke Eine Marke für verschiedene Produkte eines spezifischen Indikationsbereiches	Dachmarke Eine Marke für das gesamte SM-Sortiment	Parallelmarke Verschiedne Marken im SM- und semi-ethischen Bereich für ein Produkt	Keine Marke im o.a. Indikationsbereich
☐	☐	☐	☐	☐

II. Verhalten im SM-Markt

6. Wie schätzen Sie das Niveau Ihrer Herstellerabgabepreise im Vergleich zu Ihrem/Ihren Hauptwettbewerber(n) im o.a. Indikationsbereich ein? *(Bitte zutreffende Antwort ankreuzen)*

Niveau Ihrer Hersteller-abgabepreise	deutlich höher	höher	kein Unterschied	niedriger	deutlich niedriger
	☐	☐	☐	☐	☐

7. In welchem Maße nutzen Sie Differenzierungsmaßnahmen zur Erzielung von Wettbewerbsvorteilen im o.a. Indikationsbereich? *(Bitte das Nutzungsausmaß der Differenzierungsmaßnahmen angeben.)*

Maßnahmen zur Differenzierung gegenüber Wettbewerbern	gar nicht	in sehr geringem Maße	in geringem Maße	in hohem Maße	in sehr hohem Maße
Therapeutische Qualität	☐	☐	☐	☐	☐
Darreichungsformen	☐	☐	☐	☐	☐
Handhabungsbequemlichkeit	☐	☐	☐	☐	☐
Verpackungsdesign	☐	☐	☐	☐	☐
Produktbegleitende Dienstleistungen	☐	☐	☐	☐	☐
Markenbildung	☐	☐	☐	☐	☐
After-Sales-Service	☐	☐	☐	☐	☐
Innovatives Marketing-Verhalten	☐	☐	☐	☐	☐
Sonstige Maßnahmen *(Bitte angeben)*	☐	☐	☐	☐	☐

Sonstige Differenzierungsmaßnahmen: _____

8. Wie beurteilen Sie Ihr grundsätzliches Verhalten gegenüber Ihren Hauptwettbewerbern im o.a. Indikationsbereich? *(Bitte zutreffendes Wettbewerbsverhalten ankreuzen.)*

Wettbewerbsverhalten	sehr defensiv	defensiv	weder offensiv noch defensiv	offensiv	sehr offensiv
	☐	☐	☐	☐	☐

9. Welches grundsätzliche strategische Verhalten haben Sie in den letzten 3 Jahren gegenüber Ihren Wettbewerbern im o.a. Indikationsbereich verfolgt? *(Bitte zutreffende Antwort ankreuzen.)*

Konsequente Kostenführerstrategie	Konsequente Differenzierungsstrategie	Kostenführer- und Differenzierungsstrategie	Wechsel zwischen Kostenführer- und Differenzierungsstrategie	Andere Strategie *(Bitte angeben)*
☐	☐	☐	☐	☐

Andere Strategie: _____

10. Wie beurteilen Sie die Intesität Ihrer Zusammenarbeit mit dem Pharmagroßhandel (Pharma-GH) hinsichtlich der Vermarktung Ihrer(s) SM-Produkte(s) im o.a. Indikationsbereich im Vergleich zu Ihren Hauptwettbewerbern? *(Bitte zutreffende Antwort ankreuzen.)*

Zusammenarbeit mit dem Pharma-GH	deutlich schwächer	schwächer	kein Unterschied	intensiver	deutlich intensiver
	☐	☐	☐	☐	☐

II. Verhalten im SM-Markt

11. Welche grundsätzliche Bedeutung haben die folgenden Zielgruppen für Ihre SM-Marktbearbeitung **im o.a. Indikationsbereich**? *(Bitte zutreffende Antworten ankreuzen.)*

Bedeutung der Zielgruppen für die SM-Marktbearbeitung	gar keine Bedeutung	sehr geringe Bedeutung	geringe Bedeutung	hohe Bedeutung	sehr hohe Bedeutung
Endverbraucher	☐	☐	☐	☐	☐
Ärzte	☐	☐	☐	☐	☐
Heilpraktiker	☐	☐	☐	☐	☐
Apotheker	☐	☐	☐	☐	☐
Pharmagroßhandel	☐	☐	☐	☐	☐
Sonstige Zielgruppen *(Bitte angeben)*	☐	☐	☐	☐	☐

Sonstige Zielgruppen: _____

12. In welchem Maße nutzen Sie folgende Maßnahmen für Ihren „Nachschub" an SM-Produkten **im o.a. Indikationsbereich**? *(Bitte zutreffende Antworten ankreuzen.)*

Maßnahmen für den Produktnachschub	gar nicht genutzt	sehr wenig genutzt	wenig genutzt	intensiv genutzt	sehr intensiv genutzt
Interne Entwicklung	☐	☐	☐	☐	☐
F&E Kooperationen	☐	☐	☐	☐	☐
Produktlizenzen	☐	☐	☐	☐	☐
Patentkäufe	☐	☐	☐	☐	☐
Produkt-Switching	☐	☐	☐	☐	☐
Co-Marketing	☐	☐	☐	☐	☐
Co-Promotion	☐	☐	☐	☐	☐

13. In welchem Maße nutzt Ihr Unternehmen **im o.a. Indikationsbereich** folgende Vertriebsformen für SM-Produkte? *(Bitte Nutzungsausmaß der Vertriebsformen angeben. AD = Außendienst)*

Vertriebsformen Selbstmedikation	gar nicht genutzt	sehr wenig genutzt	wenig genutzt	intensiv genutzt	sehr intensiv genutzt
• *Direktvertrieb über* - eigenen wissenschaftlichen AD	☐	☐	☐	☐	☐
- eigenen Apotheken-AD	☐	☐	☐	☐	☐
- Leihaußendienst	☐	☐	☐	☐	☐
- Außendienstkooperation(en)	☐	☐	☐	☐	☐
- pharmazeut. Handelsvertretung	☐	☐	☐	☐	☐
- Telefon, Fax u.ä.	☐	☐	☐	☐	☐
- Sonstige: _____ • *Vertrieb über Großhandel*	☐	☐	☐	☐	☐
- Streckengeschäft	☐	☐	☐	☐	☐
- Überweisungsgeschäft	☐	☐	☐	☐	☐
- Reiner Vertrieb über Pharma-GH	☐	☐	☐	☐	☐

II. Verhalten im SM-Markt

14. In welchem Maße nutzen Sie regelmäßig konditionenpolitische Instrumente zur Modifikation Ihrer Hersteller-Abgabepreise im o.a. SM-Indikationsbereich?
(Bitte zutreffendes Nutzungsausmaß der konditionenpolitischen Instrumente ankreuzen.)

Konditionenpolitische Instrumente	gar nicht genutzt	sehr wenig genutzt	wenig genutzt	intensiv genutzt	sehr intensiv genutzt
Skonti	☐	☐	☐	☐	☐
Zahlungsziele	☐	☐	☐	☐	☐
Mengenbezogene Rabatte	☐	☐	☐	☐	☐
Umsatzbezogene Rabatte	☐	☐	☐	☐	☐
Marketingvergütung	☐	☐	☐	☐	☐
Bar-Rabatte	☐	☐	☐	☐	☐
Natural-Rabatte	☐	☐	☐	☐	☐

15. In welchem Maße nutzen Sie zur Absprache der *Apotheker* regelmäßig die folgenden Formen der Pharma-Kommunikation im o.a. SM-Indikationsbereich?
(Bitte zutreffendes Nutzungsausmaß der Kommunikationsformen ankreuzen.)

Kommunikationsformen	gar nicht genutzt	sehr wenig genutzt	wenig genutzt	intensiv genutzt	sehr intensiv genutzt
Klassische Werbung	☐	☐	☐	☐	☐
Verkaufsförderung am Point of Sale	☐	☐	☐	☐	☐
Wissenschaftliche Information	☐	☐	☐	☐	☐
Öffentlichkeitsarbeit	☐	☐	☐	☐	☐

16. Wie beurteilen Sie grundsätzlich *Ihre Endverbraucher-Werbung* für Ihr SM-Produktprogramm im Fernsehen und in Printmedien in dem o.a. Indikationsbereich?
(Bitte zutreffende Antworten ankreuzen. Nicht genutzte Medien bitte durchstreichen.)

Fernsehen					Beurteilungskriterien	Printmedien				
gar nicht	sehr wenig	wenig	stark	sehr stark		gar nicht	sehr wenig	wenig	stark	sehr stark
☐	☐	☐	☐	☐	informativ	☐	☐	☐	☐	☐
☐	☐	☐	☐	☐	unterhaltend	☐	☐	☐	☐	☐
☐	☐	☐	☐	☐	glaubwürdig	☐	☐	☐	☐	☐
☐	☐	☐	☐	☐	einprägsam	☐	☐	☐	☐	☐
☐	☐	☐	☐	☐	kaufanregend	☐	☐	☐	☐	☐
☐	☐	☐	☐	☐	auffallend	☐	☐	☐	☐	☐
☐	☐	☐	☐	☐	emotional	☐	☐	☐	☐	☐
☐	☐	☐	☐	☐	erlebnisbetont	☐	☐	☐	☐	☐

262

II. Verhalten im SM-Markt

17. **Welche Kommunikationsinstrumente nutzen Sie im o.a. Indikationsbereich** *regelmäßig* **zur Ansprache Ihrer Hauptzielgruppen?** *(Bitte zutreffende Antworten je relevanter Hauptzielgruppe ankreuzen.)*

Kommunikationsinstrumente	Endverbraucher	Apotheker	Arzt	Pharma-Großhandel
Anzeigen	☐	☐	☐	☐
Seminare, Fortbildungsveranstaltungen	☐	☐	☐	☐
Messen, Ausstellungen	☐	☐	☐	☐
Broschüren, Handzettel	☐	☐	☐	☐
Werbegeschenke	☐	☐	☐	☐
Personal-Schulungen	☐	☐	☐	☐
Muster	☐	☐	☐	☐
Fachinformationen	☐	☐	☐	☐
Mailings	☐	☐	☐	☐
Werbekostenzuschüsse	☐	☐	☐	☐
Aktionswochen	☐	☐	☐	☐
Dekorationsunterstützung	☐	☐	☐	☐
Telefonberatung	☐	☐	☐	☐
Werbehilfen (Display)	☐	☐	☐	☐
Betriebswirtschaftliche Beratung	☐	☐	☐	☐
Sonstiges *(bitte angeben)*	☐	☐	☐	☐

18. **Welche grundsätzliche Bedeutung haben die jeweiligen Marketing-Instrumentalstrategien im Rahmen Ihres SM-Marketing im o.a. Indikationsbereich?**
(Bitte die Instrumentalstrategien entsprechend ihrer Relevanz in eine Rangfolge bringen. Keine Mehrfachnennungen von Rangplätzen möglich. Tragen Sie bitte die zutreffende Bewertungskennziffer ein: 1 = am wichtigsten ... 7 = am unwichtigsten.)

☐ Produkt-/Programmstrategie

☐ Markenstrategie

☐ Preisstrategie

☐ Konditionenstrategie

☐ Distributionsstrategie

☐ Kommunikationsstrategie

☐ After-Sales-Service

III. Erfolg im SM-Markt

1. Welche Bedeutung haben die folgenden Zielvorstellungen für Ihr marktstrategisches Verhalten im o.a. Indikationsbereich und in welchem Maße ist es Ihrem Unternehmen in den letzten 3 Geschäftsjahren gelungen, diese Ziele tatsächlich zu erreichen? *(Bitte zutreffende Antworten ankreuzen.)*

Bedeutung des Marktzieles					Marktziele	Erreichungsgrad der Marktziele				
gar keine	sehr gering	gering	hoch	sehr hoch		gar nicht	in sehr geringem Maße	wenig	stark	sehr stark
☐	☐	☐	☐	☐	Ausbau des Marktanteils	☐	☐	☐	☐	☐
☐	☐	☐	☐	☐	Erhöhung der Markenpräferenz	☐	☐	☐	☐	☐
☐	☐	☐	☐	☐	Aufbau hoher Markenbekanntheit	☐	☐	☐	☐	☐
☐	☐	☐	☐	☐	Verstärkung der Kundenbindung	☐	☐	☐	☐	☐
☐	☐	☐	☐	☐	Steigerung der Produktqualität	☐	☐	☐	☐	☐
☐	☐	☐	☐	☐	Steigerung des Umsatzes	☐	☐	☐	☐	☐
☐	☐	☐	☐	☐	Erhöhung des Deckungsbeitrages	☐	☐	☐	☐	☐
☐	☐	☐	☐	☐	Verbesserung der Umsatzrentabilität	☐	☐	☐	☐	☐
☐	☐	☐	☐	☐	Steigerung der Eigen-kapitalrentabilität	☐	☐	☐	☐	☐

2. Wie hat sich *durchschnittlich* der Umsatz *und* Absatz Ihres Unternehmens in den letzten 3 Jahren im o.a. SM-Indikationsbereich verändert? *(Bitte Durchschnittswerte bezogen auf den o.a. Indikationsbereich der letzten 3 Geschäftsjahre angeben.)*

	> -10%	-10 bis -1%	0 bis 4%	5 bis 9%	10 bis 14 %	15 bis 19%	≥ 20 %
Ø Veränderung des Umsatzes 1993-1995	☐	☐	☐	☐	☐	☐	☐
Ø Veränderung des Absatzes 1993-1995	☐	☐	☐	☐	☐	☐	☐

3. Welche *durchschnittliche* Umsatzrentabilität (UR) vor Steuern hat Ihr Unternehmen in den letzten 3 Jahren im o.a. SM-Indikationsbereich erzielt? *(Bitte Durchschnittswerte der letzten 3 Geschäftsjahre (1993 - 1995) ankreuzen. Berechnung UR gemäß Anleitungsbogen. Falls kein Zahlenmaterial vorliegt, bitte auf der Basis eines Schätzwertes antworten.)*

	> -0%	0 bis 5%	6 bis 10%	11 bis 15%	16 bis 20 %	21 bis 25%	> 25 %
Durchschnittliche Umsatzrentabilität 1993-1995 (vor Steuern)	☐	☐	☐	☐	☐	☐	☐

IV. Allgemeine Angaben zum Unternehmen

1. Seit wann ist Ihr Pharmaunternehmen im Bereich der Selbstmedikation tätig?
(Bitte das Jahr eintragen, seit dem Sie im deutschen SM-Markt als Anbieter vertreten ist.)

Tätig im deutschen SM-Markt seit	

2. Welche Größe hat Ihr Pharmaunternehmen 1995 erreicht?
(Bitte Angaben bezogen auf Deutschland (ohne Tochtergesellschaften) zum Ende des letzten Geschäftsjahres eintragen. Bei Umsatzangaben bitte Nettoumsätze angeben.)

Umsatz Pharma gesamt	OTC-Umsatz (= Verordnungs- *und* Endverbraucher-Umsatz rezeptfreier Arzneimittel)	SM-Umsatz (= Endverbraucher-Umsatz rezeptfreier Arzneimittel)	Anzahl Außendienst Mitarbeiter gesamt (ohne Gebietsleiter)	davon Anzahl Apothekenbesucher (ohne Gebietsleiter)
(in TDM)	(in TDM)	(in TDM)		

3. Welche SM-relevanten Wertschöpfungsstufen deckt Ihr Pharmaunternehmen ab?
(Bitte zutreffende Wertschöpfungsstufen mit Relevanz für die Selbstmedikation ankreuzen.)

Forschung	Entwicklung	Herstellung	Konfektionierung	Logistik	Vertrieb	Marketing
☐	☐	☐	☐	☐	☐	☐

4. Gehört Ihr Pharmaunternehmen einem Konzernverbund an?
(Bitte zutreffende Antwort ankreuzen.)

Nein	Ja, nur alsTochtergesellschaft	Ja, als Mutter- wie auch als Tochtergesellschaft	Ja, nur als Muttergesellschaft
☐	☐	☐	☐

5. Sofern Ihr Pharmaunternhmen einem Konzern/anderen Unternehmen als Tochtergesellschaft angehört, in welchem Land liegt der Sitz der Muttergesellschaft?
(Bitte zutreffende Antwort ankreuzen. Falls die Muttergesellschaft im Ausland ansässig ist, bitte entsprechendes Land angeben.)

im Inland (Deutschland)	im Ausland (Land: _____)
☐	☐

6. Sofern Ihr Pharmaunternehmen einem Konzern/anderen Unternehmen angehört, in welchem Maße nimmt die Muttergesellschaft Einfluß auf die strategische Marktplanung im Bereich der Selbstmedikation? *(Bitte zutreffende Antwort ankreuzen.)*

Einfluß der Muttergesellschaft auf die strategische Marktplanung	kein Einfluß	sehr geringer Einfluß	geringer Einfluß	starker Einfluß	sehr starker Einfluß
	☐	☐	☐	☐	☐

IV. Allgemeine Angaben zum Unternehmen

7. In welchen der *vorgegebenen* Indikationsbereichen sind Sie mit Ihren SM-Produkten vertreten? *(Bitte ungefähren OTC-Umsatz (= Verordnungs- und Endverbraucher-Umsatz rezeptfreier Arzneimittel) 1995 (in ca. TDM) je Indikationsbereich und den SM -Umsatz (= Endverbraucher-Umsatz repeptfreier Arzneimittel) (in ca. TDM) je Indikationsbereich eintragen.)*

Indikationsbereiche	Erkältungen/ Abwehrsyst.	Herz/ Kreislauf	Magen/ Darm	Venen/Hä- morrhoiden	Auge/Ohr/ Mund	Beruhigung/ Stimmung
OTC-Umsatz (in ca. TDM)						
SM-Umsatz (in ca. TDM)						

Indikationsbereiche	Niere/Blase Urogenitalb.	Stärkung/Vi- talität/Präv.	Dermatika	Immun- stimulatien	Schmerz/ Rheuma	Vitamine/ Mineralstoffe
OTC-Umsatz (in ca. TDM)						
SM-Umsatz (in ca. TDM)						

8. Wie läßt sich Ihr SM-Produktprogramm in bezug auf die eingesetzten Wirkstoffe kennzeichnen? *(Bitte ungefähren Umsatzanteil der jeweiligen Wirkstoffgruppen am SM-Umsatz im Jahre 1995 ankreuzen.)*

	0%	bis 10 %	11 - 25%	26-50%	51-75%	> 75%	100%
Chemisch definierte Wirkstoffe	☐	☐	☐	☐	☐	☐	☐
Pflanzliche Wirkstoffe	☐	☐	☐	☐	☐	☐	☐
Homöopathika	☐	☐	☐	☐	☐	☐	☐

9. Wie lassen sich Ihre SM-Produkte nach der Stellung im Produktlebenszyklus kennzeichnen? *(Bitte unge- fähren Umsatzanteil der jeweiligen Produktlebenszyklus-Phasen am Gesamtumsatz im SM-Markt im Jahre 1995 ankreuzen.)*

	0%	bis 10 %	11 - 25%	26-50%	51-75%	> 75%	100%
SM-Neueinführung (< 1 Jahr im Markt)	☐	☐	☐	☐	☐	☐	☐
SM-Produkte mit steigendem Umsatz	☐	☐	☐	☐	☐	☐	☐
SM-Produkte mit stagnierendem Umsatz	☐	☐	☐	☐	☐	☐	☐
SM-Produkte mit sinkendem Umsatz	☐	☐	☐	☐	☐	☐	☐

10. Wie ist die Selbstmedikation in Ihrem Pharmaunternehmen organisatorisch angebunden? *(Bitte zutreffende Antwort ankreuzen.)*

Selbständige Geschäftseinheit/ einziges Geschäft	Anbindung an das übrige OTC-Geschäft	Anbindung an das Pharmageschäft insgesamt
☐	☐	☐

V. Statistische Angaben zur Person

1. **Welches war Ihre Studienfachrichtung?**
   (Bitte die Studienfachrichtung ankreuzen, in der Sie Ihren höchsten Abschluß erworben haben.)

Biologie	Chemie	Pharmazie	Medizin	Betriebs-wirtschaft	Sonstiges *(Bitte angeben)*	Kein Studium absolviert
☐	☐	☐	☐	☐	☐	☐

Sonstige Studienfachrichtung: _____

2. **Seit wievielen Jahren sind Sie schwerpunktmäßig im Bereich der Selbstmedikation tätig?**
   (Bitte Anzahl der Berufsjahre im Bereich der Selbstmedikation eintragen.)

   Tätig im Bereich der Selbstmedikation seit [   ] Jahr(en)

3. **Wie lange sind Sie in Ihrem jetzigen Pharmaunternehmen beschäftigt?**
   (Bitte Dauer der Unternehmenszugehörigkeit in Jahren angeben.)

   Dauer der Unternehmenszugehörigkeit: [   ] Jahr(en)

4. **Welche Position haben Sie in Ihrem Pharmaunternehmen?**
   (Bitte zutreffende Antwort ankreuzen.)

Geschäftsführer	Markting-Leiter Pharma	Marketing-Leiter OTC/SM	Produkt-Manager	Sonstige Position *(Bitte angeben)*
☐	☐	☐	☐	☐

Sonstige Position: _____

Vielen Dank für Ihre Mitarbeit!

Bitte vergessen Sie nicht, Ihren Informations-Gutschein auszufüllen

Prof. Dr. Torsten J. Gerpott/
Dipl.-Kfm. Robert Breuer
Lehrstuhl Planung & Organisation
Gerhard-Mercator-Universität Duisburg
Lotharstr. 65

D-47057 Duisburg

INFORMATIONS-GUTSCHEIN

Erfolgreiche Strategien im deutschen Selbstmedikationsmarkt

Ich habe an Ihrer Studie teilgenommen und möchte
(Zutreffendes bitte ankreuzen.)

○ **einen individuellen Bericht über die Marktposition meines Unternehmens im SM-Markt**

○ **einen Ergebnisbericht über erfolgreiche Strategien im SM-Markt**

Bitte senden Sie die Unterlagen an folgende Anschrift:

Name: _____

Unternehmen: _____

Adresse: _____

Telefon-Nr.: _____

Dieser Informationsgutschein wird nach Eingang vom Lehrstuhl Planung & Organisation der Universität Duisburg abgetrennt und sicher aufbewahrt. Ihre Anschrift wird nicht an Dritte weitergegeben.

268

Erfolgreiche Strategien im deutschen Selbstmedikationsmarkt

Allgemeine Bearbeitungshinweise:

● **Abgrenzung "Selbstmedikation":**

> Der SM-Markt umfaßt die Gesamtheit aller **nicht verschreibungspflichtigen Arzneimittel**, die **in der Apotheke** vom **Verbraucher** zum Zwecke der Vorbeugung und zur Behandlung von Befindlichkeitsstörungen **selbst gekauft und bezahlt** werden.

● In den **Fragen I.1. und III.3** bitte Informationen zu Ihrem **umsatzstärksten SM-Indikationsbereich in der Apotheke** angeben.

● Soweit keine abweichenden Angaben gemacht werden, beziehen sich **alle Fragestellungen auf das Jahr 1995.**

● Bei Fragen, in denen Umsatzangaben erbeten werden, bitte **Nettoumsätze** angeben.

● Der Aussagewert Ihrer Antworten hängt oftmals nicht von der numerischen Präzision der Daten ab. Scheuen Sie sich daher nicht vor der Angabe von **Schätzwerten.**

● **Bitte schicken Sie uns den Fragebogen auch unvollständig ausgefüllt zurück**, wenn Sie einzelne Fragen nicht beantworten können oder wollen. Lediglich die Fragen zum Erfolg Ihres Unternehmens (**Fragen III.1 bis III.3**) sollten Sie vollständig beantworten, da wir sonst eine Erfolgsbestimmung nicht vornehmen können. Weitere Erklärungen zur Bestimmung des SM-Markterfolges finden Sie umseitig.

● Je zutreffender und sorgfältiger Sie die Fragen beantworten, desto besser und praxisnäher werden auch die Aussagen in der für Sie individuell angefertigten Rückmeldung sein.

● Nach Bearbeitung schicken Sie den Fragebogen bitte bis zum **14. Juni 1996** an den Lehrstuhl für Planung & Organisation der Universität Duisburg zurück. Ein entsprechender Adreßaufkleber liegt diesem Fragebogen bei.

Bitte wenden!

Erfolgreiche Strategien im deutschen Selbstmedikationsmarkt

Berechnung der Umsatzrentabilität(Frage III.3)

- Der Erfolg Ihres Unternehmens in Ihrem umsatzstärksten SM-Indikationsbereich anhand der ø **Umsatzrentabilität der letzten 3 Geschäftsjahre** (1993-1995) ge-messen. Die unterschiedliche Ermittlung dieser Kennzahl in der Praxis macht es derlich, ein einheitliches Berechnungsschema

- Die Umsatzrentabilität spiegelt das Verhältnis von Gewinn (vor Steuern) und (Netto)Umsatz bezogen auf Ihren umsatzstärksten SM-Indikationsbereich

- Der (**Netto)Umsatz** bezieht sich auf die auf dem Wege der Selbstmedikation in Apotheke abgesetzten nicht verschreibungspflichtigen Arzneimittel in Ihrem stärksten SM-Indikationsbereich im deutschen Markt (ohne

- Der **Gewinn** (vor Steuern) entspricht in der vorliegenden Untersuchung (**Netto)Umsatz abzüglich** der indikationsbezogenen Aufwendungen für **Forschung & Entwicklung**(inklusive Lizenz- und Patentkäufe), **Herstellung** und (3) **Marketing und Vertrieb**(inklusive Aufwendungen für den

- Stellt man eine Zeitreihe (1993-1995) der nach diesen Regeln ermittelten Umsatzrentabilitäten dar, läßt sich die ø Umsatzrentabilität der letzten 3 jahre errechnen.

Bitte den Fragebogen bis zum **14. Juni 1996** zurücksenden an:

Prof. Dr. Torsten J. Gerpott/
Dipl.-Kfm. Robert Breuer
Lehrstuhl Planung & Organisation
Gerhard-Mercator-Universität Duisburg
Lotharstr. 65

D- 47057 Duisburg

**BUNDESFACHVERBAND DER
ARZNEIMITTEL-HERSTELLER e.V.**

Bonn, im April 1996

Sehr geehrte Damen und Herren,

im Rahmen der Dissertation von Herrn Dipl.Kfm. Robert Breuer wird zur Zeit eine wissenschaftliche Untersuchung über erfolgreiche Strategien im deutschen Selbstmedikationsmarkt durchgeführt.

Zur Erstellung des beiliegenden Fragebogens hat es einen intensiven Informationsaustausch zwischen Herrn Breuer und dem BAH gegeben, weil der Verband grundsätzlich wissenschaftliche Arbeiten wie diese für sinnvoll hält.

Der BAH wäre Ihnen sehr verbunden, wenn Sie durch die Bearbeitung des Fragebogens diese Studie unterstützen würden.

Bundesfachverband der Arzneimittel-Hersteller e.V.

Geschäftsführung

Univ.-Prof. Dr. Torsten J. Gerpott

Gerhard
Mercator
Universität
Gesamthochschule
Duisburg

Gerhard-Mercator-Universität - GH Duisburg - D-47048 Duisburg

Herrn
Carsten Fricke
Asche AG
Fischers Allee 49-59

22763 Hamburg

Fachbereich 5 Wirtschaftswissenschaft
Betriebswirtschaftslehre
Fachgebiet Planung und Organisation
Schwerpunkt Telekommunikationswirtschaft
Tel. 379-3109
Fax. 379-2656

9. Mai 1996

Fragebogen für das Forschungsprojekt „Erfolgreiche Strategien im deutschen Selbstmedikationsmarkt"

Sehr geehrter Herr Fricke,

vor kurzem haben wir Ihnen einen Fragebogen zum Thema „Erfolgreiche Strategien im deutschen Selbstmedikationsmarkt" mit der Bitte übersandt, diesen Fragebogen auszufüllen. Vielleicht haben Tagesgeschäfte Sie daran gehindert, unserer Bitte nachzukommen.

Für eine fundierte Ableitung erfolgreicher Strategien im Selbstmedikationsmarkt sind auch Informationen aus Ihrem Pharmaunternehmen von Bedeutung. Deshalb würden wir uns sehr freuen, wenn Sie dennoch die Zeit finden, den Ihnen zugegangenen Fragebogen zu bearbeiten und möglichst bis zum 24. Mai 1996 an uns zurückzusenden.

Als Gegenleistung für Ihre Mitarbeit erhalten Sie eine Analyse Ihrer Marktposition im Selbstmedikationsmarkt und/oder eine Dokumentation der wichtigsten Untersuchungsergebnisse.

Für Ihre wertvolle Unterstützung danken wir Ihnen im voraus.

Mit freundlichen Grüßen

Prof. Dr. Torsten J. Gerpott
(Leiter Lehrstuhl P & O Duisburg)

Dipl.-Kfm. Robert Breuer
(Projektleiter)

Univ.-Prof. Dr. Torsten J. Gerpott

Gerhard Mercator Universität Gesamthochschule Duisburg

Gerhard-Mercator-Universität · GH Duisburg · D-47048 Duisburg

Herrn
Carsten Fricke
Asche AG
Fischers Allee 49-59

22763 Hamburg

Fachbereich 5 Wirtschaftswissenschaft
Betriebswirtschaftslehre
Fachgebiet Planung und Organisation
Schwerpunkt Telekommunikationswirtschaft
Tel. 379-3109
Fax. 379-2856

29. Mai 1996

Fragebogen für das Forschungsprojekt „Erfolgreiche Strategien im deutschen Selbstmedikationsmarkt"
Unser Schreiben vom 9. Mai 1996

Sehr geehrter Herr Fricke,

vor einiger Zeit haben wir Ihnen einen Fragebogen zum Thema „Erfolgreiche Strategien im deutschen Selbstmedikationsmarkt" mit der Bitte um Bearbeitung zugeschickt. Da der Fragebogen bis heute leider noch nicht wieder bei uns eingegangen ist, vermuten wir, daß Sie bislang noch keine Gelegenheit gefunden haben, sich mit der Untersuchung zu beschäftigen.

Für unser Forschungsprojekt ist es von großer Wichtigkeit, von möglichst jedem der angeschriebenen Pharmaunternehmen Informationen zu erhalten. Daher würden wir uns sehr freuen, wenn Sie trotz Ihres knappen Zeitbudgets den Fragebogen bearbeiten und bis zum 14. Juni 1996 an uns zurücksenden.

Für den Fall, daß Sie keinen Fragebogen mehr vorliegen haben, schicken wir Ihnen anliegend einen weiteren Fragebogen zu.

Selbstverständlich werden Ihre Angaben anonym und streng vertraulich behandelt. Als Dank für Ihre Unterstützung erhalten Sie eine Analyse Ihrer Marktposition im Selbstmedikationsmarkt und/oder eine Dokumentation der wichtigsten Forschungsergebnisse.

Für Ihre Mitarbeit herzlichen Dank im voraus.

Mit freundlichen Grüßen

Prof. Dr. Torsten J. Gerpott
(Leiter Lehrstuhl P & O Duisburg)

Dipl.-Kfm. Robert Breuer
(Projektleiter)

Anhang 3:

Interkorrelationen
relevanter Variablen

Tabelle A 3-1:
Interkorrelationen der Kommunikationsformen

Kommunikationsformen	Pearson's r/Kendall's τ [a]			
	1.	2.	3.	4.
1. Klassische Werbung	–	0,28**	0,27**	0,19*
2. Verkaufsförderung	0,33**	–	0,19*	0,08
3. Öffentlichkeitsarbeit	0,35**	0,23*	–	0,43***
4. Wissenschaftliche Information	0,24*	0,07	0,51***	–

a) Werte oberhalb der Hauptdiagonalen = Kendall'sche Rangkorrelationen. Werte unterhalb der Hauptdiagonalen = Pearson'sche Produkt-Moment-Korrelation. Für alle Koeffizienten gilt N = 84.

* p < 0,05   ** p < 0,01   *** p < 0,001   (zweiseitiger Test).

Tabelle A 3-2:

Interkorrelationen der Verkaufsförderungsparameter

Pearson's r/Kendall's τ [a]

	1.	2.	3.	4.	5.	6.	7.	8.	9.	10.
1. Mündliche Verwenderinformationen	–	0,11	0,03	0,18*	-0,15+	0,25**	0,23**	0,04	0,10	0,06
2. Schriftliche Verwenderinformationen	0,26*	–	0,21**	0,07	0,14+	0,03	-0,05	0,02	0,23**	-0,04
3. Allgemeine Apothekeninformationen	0,03	0,26*	–	0,01	-0,04	0,16*	-0,01	0,12	0,26**	-0,02
4. Apothekerschulungen	0,21+	0,19+	0,11	–	-0,21**	0,12	-0,06	-0,10	0,02	0,03
5. Marketingunterstützung Apotheke	-0,24*	0,29**	0,11	0,05	–	-0,25**	-0,16*	0,03	-0,08	-0,07
6. Allgemeine Arztinformationen	0,34**	0,04	0,20+	0,14	-0,28**	–	0,56***	-0,06	0,12	-0,08
7. Ärztliche Fachinformationen	0,33**	-0,09	0,03	0,09	-0,27*	0,84****	–	-0,17*	-0,04	-0,08
8. Marketingunterstützung PH-GH [b]	-0,03	0,07	0,21+	-0,01	0,03	-0,03	-0,14*	–	-0,11	-0,21*
9. Fachinformationen für PH-GH	0,25*	0,30**	0,29**	0,16	0,13	-0,11	-0,10	0,00	–	-0,16+
10. Allgemeine Information für PH-GH	0,22*	0,03	0,11	0,15	-0,29**	0,00	-0,02	0,00	0,00	–

a) Werte oberhalb der Hauptdiagonalen = Kendall'sche Rangkorrelation. Werte unterhalb der Hauptdiagonalen = Pearson'sche Produkt-Moment-Korrelation. Für alle Koeffizienten gilt N = 84.

b) PH-GH = Pharma-Großhandel.

+ p < 0,1   * p < 0,05   ** p < 0,01   *** p < 0,001   (zweiseitiger Test).

Tabelle A 3-3:

Interkorrelationen der Marketingziel-Erreichungsgrade

	Pearson's r/Kendall's τ								
	1.	2.	3.	4.	5.	6.	7.	8.	9.
1. Ausbau des Marktanteils	–	0,65***	0,44***	0,23*	0,12	0,63***	0,51***	0,42***	0,40***
2. Erhöhung der Markenpräferenz	0,73***	–	0,49***	0,39***	0,20*	0,57***	0,44***	0,38***	0,34***
3. Aufbau hoher Markenbekanntheit	0,53***	0,59***	–	0,37***	0,19*	0,41***	0,36***	0,37***	0,29*
4. Verstärkung der Kundenbindung	0,35**	0,50***	0,43***	–	0,38***	0,25**	0,31**	0,26**	0,15
5. Steigerung der Produktqualität	0,24*	0,31**	0,26*	0,46***	–	0,13	0,19*	0,11	0,02
6. Steigerung des Umsatzes	0,73***	0,65***	0,47***	0,31**	0,20*	–	0,51***	0,48***	0,35***
7. Erhöhung des Deckungsbeitrages	0,61***	0,55***	0,44***	0,44***	0,27*	0,60***	–	0,65***	0,45***
8. Verbesserung der Umsatzrentabilität	0,53***	0,49***	0,45***	0,32*	0,18*	0,57***	0,72***	–	0,66***
9. Steigerung der Eignkapitalrentabilität	0,47***	0,45***	0,37*	0,20*	0,06	0,46***	0,55***	0,75***	–

a) Werte oberhalb der Hauptdiagonalen = Kendall'sche Rangkorrelation. Werte unterhalb der Hauptdiagonalen = Pearson'sche Produkt-Moment-Korrelation. Für alle Koeffizienten gilt N = 84.

$^+$p < 0,1   *p < 0,05   **p < 0,01   ***p < 0,001   (zweiseitiger Test).

Anhang 4:

Erfolgszusammenhänge von zielgruppenspezifischen Kommunikationsinstrumenten

Tabelle A 4-1:
Erfolgszusammenhänge zielgruppenspezifischer Kommunikationsinstrumente

Zielgruppenspezifische Kommunikationsinstrumente^c	Pearson's r/Kendall's τ'		
	WE^b	RE	ESM
Verwender:			
1. Nutzung von Quellen zur mündlichen Verwenderinformationen	-0,03 (0,03)	-0,32** (-0,26**)	0,08 (0,09)
2. Nutzung von Quellen zur schriftlichen Verwenderinformationen	0,05 (0,04)	-0,09 (-0,09)	-0,01 (-0,02)
Apotheker:			
3. Nutzung von Quellen zur allgemeinen Apothekerinformation	0,11 (0,09)	-0,01 (0,01)	0,01 (0,01)
4. Apothekenschulungen	0,06 (0,01)	-0,07 (-0,09)	0,11 (0,07)
5. Marketingunterstützung Apotheke	0,04 (0,01)	0,08 (0,03)	0,11 (0,08)
Arzt:			
6. Nutzung von Quellen zur allgemeinen Arztinformation	0,07 (0,06)	-0,01 (-0,04)	-0,18* (-0,12)
7. Nutzung von Quellen zur ärztlichen Fachinformation	0,02 (0,00)	0,06 (-0,01)	-0,17 (-0,09)
Pharma-Großhandel:			
8. Marketingunterstützung Pharma-Großhandel	0,10 (0,11)	-0,09 (-0,01)	0,07 (0,04)
9. Nutzung von Quellen zur Fachinformationen für Pharma-Großhandel	-0,22* (-0,06)	-0,17 (-0,08)	-0,06 (0,01)
10. Nutzung von Quellen zur allgemeinen Information des Pharma-Großhandels	0,04 (-0,06)	-0,19* (-0,05)	0,10 (0,13)

a) Werte ohne Klammern = Pearson'sche Produkt-Moment-Korrelation; Werte in Klammern = Kendall'sche Rangkorrelation.
b) Abkürzung: WE = Wachstumserfolg; RE = Rentabilitätserfolg; ESM = (subjektiver) Erfolgsindex „Selbstmedikation". Fallzahl: $71 \leq N \leq 81$.
c) Faktoranalytische Konstrukte durch Verdichtung relevanter zielgruppenspezifischer Kommunikationsinstrumente (s. Kap. 6.2.4).

˙ p < 0,10   * p < 0,05   **p < 0,01   *** p < 0,001   (zweiseitiger Test).

279

Literaturverzeichnis

Aaker, D.A. (1989): Strategic Market Management, 2. Aufl. New York: Wiley.

Aaker, D.A. (1995): Developing Business Strategies, 3. Aufl. New York: Wiley.

ABDA (1998): Die Apotheke. Zahlen, Daten, Fakten 1997. Eschborn.

AESGP (1993): Self-Medication and the Pharmacist. Brüssel.

AESGP (1994): The Individual and Health Care: Added Value through Self-Medication. Brüssel.

AESGP (1996): The Value of the Same Trademark for Medicines with a Different Legal Status. Brüssel.

Ahlert, D. (1996): Distributionspolitik, 3. Aufl. Stuttgart: Fischer.

Aiken, L.S./West, S.G. (1991): Multiple Regression: Testing and Interpreting Interactions. London: Sage.

Albers, S./Eggert, K. (1988): Kundennähe – Strategie oder Schlagwort? In: *Marketing – Zeitschrift für Forschung und Praxis*, 10: 5-16.

Allerbeck, K.R. (1978): Meßniveau und Analyseverfahren – Das Problem „strittiger Intervallskalen". In: *Zeitschrift für Soziologie*, 7: 199-214.

Alt, J.A. (1988): Die Evolutionstheorie im Werk Karl Raimund Poppers. In: Sievering, U.O. (Hrsg.), Kritischer Rationalismus heute. Frankfurt am Main: Haag + Herchen: 63-82.

Ansoff, H.I. (1966): Management-Strategie. München: Moderne Industrie.

Arenz, T./Sprandel, U. (1995): Erfolgreiche Markenführung im Pharma-Marketing. In: *Pharma Marketing Journal*, 20: 126-131.

Arnold, E. (1995): Wachsen im Markt der Selbstmedikation. In: *Pharmazeutische Zeitung*, 140 (18): 63-65.

Arzneimittelgesetz (1976): Gesetz zur Neuordnung des Arzneimittelrechts. Veröffentlichung am 24.8.1976 im Bundesgesetzblatt, Teil I: 2445-2448.

Arzneimittelgesetz (1998): Siebtes Gesetz zur Änderung des Arzneimittelgesetzes. Veröffentlichung am 4.3.1998 im Bundesgesetzblatt, Teil I: 2084.

Arzneimittel-Zeitung (1994a): Marketing braucht PR. Sonderbeilage Pharma-Marketing.

Arzneimittel-Zeitung (1994b): Switching. Sonderbeilage Pharma-Marketing.

280

Arzneimittel-Zeitung (1995): OTC-Werbung im Rampenlicht. Sonderbeilage Werbung.

Arzneimittel-Zeitung (1996): Pharma-PR gut geworben. Sonderbeilage Pharma-Marketing.

Assenmacher, W. (1996): Deskriptive Statistik. Berlin: Springer.

Axel Springer Verlag (1993): Märkte: Rezeptfreie Medikamente. Hamburg.

Backhaus, K./Erichson, B./Plinke, W./Weiber, R. (1996): Multivariate Analysemethoden, 8. Aufl. Berlin: Springer.

Bamberger, I./Wrona, T. (1993): Umwelt, Wettbewerbsstrategien und Unternehmenserfolg – Eine Überprüfung kontingenztheoretischer Hypothesen, Arbeitspapier des Lehrstuhls für Organisation und Planung der Universität Essen.

Bänsch, A. (1993): Charakterisierung und Arten von Sales Promotion. In: Berndt, R./ Hermanns, A. (Hrsg.), Handbuch Marketing-Kommunikation. Wiesbaden: Gabler: 563-576.

Bänsch, A. (1995): Kommunikationspolitik. In: Tietz, B./Köhler, R./Zentes, J. (Hrsg.), Handwörterbuch des Marketing, 2. Aufl. Stuttgart: Schäffer-Poeschel: 1186-1200.

Basilevsky, A. (1994): Statistical Factor Analysis and Related Methods. New York: Wiley.

Bauer, F. (1984): Datenanalyse mit SPSS. Berlin: Springer.

Bea, F.X./Haas, J. (1997): Strategisches Management, 2. Aufl. Stuttgart: Lucius & Lucius.

Becker, H.E. (1992): Kommunikations-Strategien im Pharma-Markt: Verhaltenswissenschaftliche Ansätze zur Ärzte- und Patienten-Ansprache im Markt für verschreibungspflichtige Präparate. Heidelberg: Physica.

Becker, J. (1993): Marketing-Konzeption: Grundlagen des strategischen Marketing-Managements, 5. Aufl. München: Vahlen.

Becker, J. (1994): Typen von Markenstrategien. In: Bruhn, M. (Hrsg.), Handbuch Markenartikel, Band 1. Stuttgart: Schäffer-Poeschel: 463-498.

Becker, J. (1995): Strategisches Marketing. In: Tietz, B./Köhler, R./Zentes, J. (Hrsg.), Handwörterbuch des Marketing, 2. Aufl. Stuttgart: Schäffer-Poeschel: 2411-2425.

Benatzky, D. (1995): Vertikale Integration – Herstellung, Großhandel und Apotheke in einer Hand? In: Lonsert, M./Preuß, K.-J./Kucher, E. (Hrsg.), Handbuch Pharma-Management, Band 1. Wiesbaden: Gabler: 103-118.

Berekoven, L./Eckert, W./Ellenrieder, P. (1996): Marktforschung: Methodische Grundlagen und praktische Anwendung, 7. Aufl. Wiesbaden: Gabler.

281

Berndt, R. (1993): Marketing und Kommunikationspolitik. In: Berndt, R./Hermanns, A. (Hrsg.), Handbuch Marketing-Kommunikation. Wiesbaden: Gabler: 3-18.

Bharadwaj, S.G./Varadarajan, P.R./Fahy, J. (1993): Sustainable competitive advantage in service industries: A conceptual model and research propositions. In: *Journal of Marketing*, 57 (4): 83-99.

Blasius, H. (1998a): Marktzugangsregelungen. In: Blasius, H./Müller-Römer, D./Fischer, J. (Hrsg.), Arzneimittel und Recht in Deutschland. Stuttgart: Wissenschaftliche Verlagsgesellschaft: 104-154.

Blasius, H. (1998b): Vertrieb von Arzneimitteln und Arzneimittelabgrenzung. In: Blasius, H./Müller-Römer, D./Fischer, J. (Hrsg.), Arzneimittel und Recht in Deutschland. Stuttgart: Wissenschaftliche Verlagsgesellschaft: 188-208.

Blesel, R.D. (1994): Die neue Rolle der Apotheken. In: *Pharma Marketing Jounal*, 19: 48-49.

Boroch, W. (1994): Internationale Wettbewerbsfähigkeit der EU-Arzneimittelindustrie. Hamburg: S + W.

Bortz, J. (1993): Statistik für Sozialwissenschaftler, 4. Aufl. Berlin: Springer.

Bradley, F. (1995): Marketing Management. London: Prentice Hall.

Brassington, F./Pettitt, S. (1997): Principles of Marketing. London: Pitman.

Brealey, R.A./Myers, S.C. (1991): Principles of Corporate Finance, 4. Aufl. New York: McGraw-Hill.

Brockhoff, K. (1993): Produktpolitik. Stuttgart: Fischer.

Brown, D.M./Laverick, S. (1994): Measuring corporate performance. In: *Long Range Planning*, 27 (4): 89-98.

Brown, P. (1996): Overcoming the pharmacy barrier in the OTC-market. In: *Scrip Magazine*, o.Jg., 1: 3-4.

Bruhn, B. (1997a): Mythos und Wirklichkeit der Selbstmedikation, Teil 1. In: *Pharma Marketing Journal*, 22: 44-47.

Bruhn, B. (1997b): Mythos und Wirklichkeit der Selbstmedikation, Teil 2. In: *Pharma Marketing Jounal*, 22: 107-109.

Bruhn, M. (1995): Markenstrategien. In: Tietz, B./Köhler, R./Zentes, J. (Hrsg.), Handwörterbuch des Marketing, 2. Aufl. Stuttgart: Schäffer-Poeschel: 1445-1459.

Bundesanzeiger (1993): Bekanntmachung der Neufassung der Richtlinien über die Verordnung von Arzneimitteln in der vertragsärztlichen Versorgung (Arzneimittel-Richtlinien) vom 31.12.1993, 249: 11 155-11 158.

Bundesärztekammer (1998): Entwicklung der Arztzahlen nach ärztlichen Tätigkeitsbereichen seit 1955. Köln: Bundesärztekammer.

Bundesfachverband der Arzneimittel-Hersteller (1989): Der Selbstmedikationsmarkt in der Bundesrepublik Deutschland in Zahlen 1988. Bonn.

Bundesfachverband der Arzneimittel-Hersteller (1990): Der Selbstmedikationsmarkt in der Bundesrepublik Deutschland in Zahlen 1989. Bonn.

Bundesfachverband der Arzneimittel-Hersteller (1991): Der Selbstmedikationsmarkt in der Bundesrepublik Deutschland in Zahlen 1990. Bonn.

Bundesfachverband der Arzneimittel-Hersteller (1992): Der Selbstmedikationsmarkt in der Bundesrepublik Deutschland in Zahlen 1991. Bonn.

Bundesfachverband der Arzneimittel-Hersteller (1993): Der Selbstmedikationsmarkt in der Bundesrepublik Deutschland in Zahlen 1992. Bonn.

Bundesfachverband der Arzneimittel-Hersteller (1994): Der Selbstmedikationsmarkt in der Bundesrepublik Deutschland in Zahlen 1993. Bonn.

Bundesfachverband der Arzneimittel-Hersteller (1995a): Der Selbstmedikationsmarkt in der Bundesrepublik Deutschland in Zahlen 1994. Bonn.

Bundesfachverband der Arzneimittel-Hersteller (1995b): Geschäftsbericht 1994/95. Bonn.

Bundesfachverband der Arzneimittel-Hersteller (1995c): Selbstmedikations-Liste. Stuttgart: Deutscher Apotheker Verlag.

Bundesfachverband der Arzneimittel-Hersteller (1995d): Selbstmedikation in der Bundesrepublik Deutschland. Ergebnisse einer Bevölkerungsumfrage. Bonn.

Bundesfachverband der Arzneimittel-Hersteller (1996): Der Selbstmedikationsmarkt in der Bundesrepublik Deutschland in Zahlen 1995. Bonn.

Bundesfachverband der Arzneimittel-Hersteller (1997a): Der Selbstmedikationsmarkt in der Bundesrepublik Deutschland in Zahlen 1996. Bonn.

Bundesfachverband der Arzneimittel-Hersteller (1997b): Geschäftsbericht 1996/97. Bonn.

Bundesfachverband der Arzneimittel-Hersteller (1998): Der Selbstmedikationsmarkt in der Bundesrepublik Deutschland in Zahlen 1997. Bonn.

Bundesministerium des Innern (1997): Modellrechnungen zur Bevölkerungsentwicklung in der Bundesrepublik Deutschland bis zum Jahr 2040. Bonn.

Bundesverband der Pharmazeutischen Industrie (1996a): Pharma-Kodex. Richtlinien, Gesetze und Empfehlungen. Band 1. Frankfurt am Main: Eltville.

Bundesverband der Pharmazeutischen Industrie (1996b): Pharma-Kodex. Richtlinien, Gesetze und Empfehlungen. Band 2. Frankfurt am Main: Eltville.

Bundesverband der Pharmazeutischen Industrie (1996c): Pharma Daten 96. Frankfurt: Bundesverband der Pharmazeutischen Industrie.

Burstein, A.N. (1994): Anatomy of a successful Rx-to-OTC switch. In: Medical Marketing & Media, 23 (6): 10-14.

Buttiglione, R. (1991): Über Popper, Adorno und die Methode der Sozialwissenschaften. In: Leser, N./Seifert, J./Plitzner, K. (Hrsg.), Die Gedankenwelt des Sir Karl Popper. Heidelberg: Winter: 178-194.

Chakravarthy, B.S. (1986): Measuring strategic performance. In: Strategic Management Journal, 7: 437-458.

Churchill, G.A. (1979): A paradigm for developing better measures of marketing constructs. In: Journal of Marketing Research, 16: 64-73.

Coase, R.H. (1960): The problem of social cost. In: Journal of Law and Economics, 3: 1-44.

Coenenberg, A.G. (1997): Jahresabschluß und Jahresabschlußanalyse, 16. Aufl. Landsberg am Lech: Moderne Industrie.

Cohen, J./Cohen, P. (1983): Applied Multiple Regression/Correlation Analysis for the Behavioral Sciences, 2. Aufl. Hilsdale: Erlbaum.

Collis, D.J./Montgomery, C.A. (1997): Corporate Strategy. Chicago: Irwin.

Corsten H./Will, T. (1992): Das Konzept generischer Wettbewerbsstrategien – Kennzeichen und kritische Analyse. In: Das Wirtschaftsstudium, 21: 185-191.

Corstjens, M. (1991): Marketing Strategy in the Pharmaceutical Industry. London: Chapman & Hall.

Cranz, H. (1985): Situationsanalyse, Beurteilung, Determinanten und Entwicklungstendenzen der Selbstmedikation. Kiel: Schmidt & Klaunig.

Cranz, H. (1986): Nutzen und Risiken der Selbstbedienung bei freiverkäuflichen Arzneimitteln. Kiel: Institut für Gesundheits-System-Forschung.

Cranz, H. (1987): Selbstmedikation. Analysen und Perspektiven. Stuttgart: Wissenschaftliche Verlagsgesellschaft.

Cranz, H./Czech-Steinborn, S./Frey, H./Reese, K.-H. (1982): Selbstmedikation. Eine Standortbestimmung. Kiel: Institut für Gesundheits-System-Forschung.

Crisand, M. (1996): Pharma-Trends und innovatives Pharma-Marketingmanagement. Wiesbaden: Gabler.

Crisand, M./Bungert, M. (1995): „RX to OTC"-Switch-Strategie. In: *Pharma Marketing Jounal*, 20: 98-102.

Cristofolini, P.M. (1995): Verkaufsförderung. In: Tietz, B./Köhler, R./Zentes, J. (Hrsg.), Handwörterbuch des Marketing, 2. Aufl. Stuttgart: Schäffer-Poeschel: 2565-2574.

Czech-Steinborn, S. (1982): Der Markt für Selbstmedikationsmittel als Gegenstand absatzpolitischer Bemühungen der Hersteller von Selbstmedikationsmitteln. Diss. Mainz.

Dalrymple, D.J./Parsons, L.J. (1995): Marketing Management. New York: Wiley.

Dambacher, E. (1997): Der Vertriebszuschlag, bezogen auf den Hersteller-Abgabepreis, beträgt 38,3 Prozent. In: *Pharma Marketing Jounal*, 22: 131-133.

Dess, G.G./Miller, A. (1993): Assessing Porter's model in term of its generalizability, accuracy and simplicity. In: *Journal of Marketing Science*, 4: 553-585.

Diamantopoulos, A./Mathews, B. (1995): Making Pricing Descisions. London: Chapman & Hall.

Diller, H. (1991): Preispolitik, 2. Aufl. Stuttgart: Kohlhammer.

Draxler, J. (1996): In erster Linie vom Arzt beraten lassen. In: *Hartmannbund*, o. Jg., 10: 8-9.

Ebers, M. (1992): Organisationstheorie, situative. In: Frese, E. (Hrsg.), Handwörterbuch der Organisation, 3. Aufl. Stuttgart: Schäffer-Poeschel: 1817-1838.

Ebers, M./Gosch, W. (1995): Institutionenökonomische Theorien der Organisation. In: Kieser, A. (Hrsg.), Organisationstheorien, 2. Aufl. Stuttgart: Kohlhammer: 208-235.

Emnid (1994): Arztgestützte Selbstmedikation. Befragung bei niedergelassenen Praktikern/Allgemeinärzten und Internisten. Bielefeld.

Erbsland, M./Wille, E. (1994a): Zu den Effekten von Gesundheitsreform- und Gesundheitsstrukturgesetz auf den Arzneimittelmarkt. Teil 1. In: *Die pharmazeutische Industrie*, 56: 847-853.

Erbsland, M./Wille. E. (1994b): Zu den Effekten von Gesundheitsreform- und Gesundheitsstrukturgesetz auf den Arzneimittelmarkt. Teil 2. In: *Die pharmazeutische Industrie*, 56: 941-948.

Ernst, E. (1997): Nachzulassung – ja oder nein. In: *Die pharmazeutische Industrie*, 59: 13-17.

Eschenbach, D. (1996): Erinnerung steht für Markenerfolg. In: *Arzneimittel-Zeitung*, o. Jg., 3: 3.

Fasnacht, R. (1993): Der strategische Spielraum im Marketing. Bern: Haupt.

Faulkner, D./Bowman, C. (1992): Generic strategies and congruent organizational structures: Some suggestions. In: *European Marketing Journal*, 26: 494-499.

Feld, C. (1996): Category Management im Handel. Arbeitspapier des Lehrstuhls für Allgemeine Betriebswirtschaftslehre, Handel und Distribution der Universität Köln.

Fink-Anthe, C. (1995): Arzneimitteldistribution im Wandel. In: *Die pharmazeutische Industrie*, 57: 43-45.

Fink-Anthe, C. (1996): Vorzüge der Selbstmedikation. In: *Die pharmazeutische Industrie*, 58: 99-101.

Fink-Anthe, C. (1998): Bedeutung der Selbstmedikation im Gesundheitsmarkt wächst. In: *Die pharmazeutische Industrie*, 60: 143-144.

Fleck, A. (1995): Hybride Wettbewerbsstrategien. Zur Synthese von Kosten- und Differenzierungsvorteilen. Wiesbaden: Gabler.

Franzen, O. (1995): OTC-Produkte auf dem „Markt"-Prüfstand. In: *Arzneimittel-Zeitung*, o. Jg., 3: 10.

Frau im Spiegel (1997): Selbstmedikation. Konsumenten, Marken, Medien. Hamburg.

Freter, H. (1995): Marktsegmentierung. In: Tietz, B./Köhler, R./Zentes, J. (Hrsg.), Handwörterbuch des Marketing, 2. Aufl. Stuttgart: Schäffer-Poeschel: 1802-1814.

Frey, U. (1980): Wenn Sie Vertriebskapazitäten zukaufen wollen. In: *Marketing-Journal* 13: 243-246.

Friedrich, S. (1995): Mit Kernkompetenzen im Wettbewerb gewinnen. In: *IO Management-Zeitschrift*, 64 (4): 87-91.

Friesewinkel, H./Schneider, E. (1982): Das Pharmazeutische Marketing, Band 2. Kulmbach: Pharma-Team.

Friesewinkel, H./Schneider, E. (1988): Das Pharma-Marketing Buch. Kulmbach: Pharma-Team.

Fritz, W. (1995a): Erfolgsfaktoren im Marketing. In: Tietz, B./Köhler, R./Zentes, J. (Hrsg.), Handwörterbuch des Marketing, 2. Aufl. Stuttgart: Schäffer-Poeschel: 594-607.

Fritz, W. (1995b): Marketing-Management und Unternehmenserfolg, 2. Aufl. Stuttgart: Schäffer-Poeschel.

286

Fritz, W./Oelsnitz, D. v.d. (1996): Marketing. Stuttgart: Kohlhammer.

Fronhoff, B. (1986): Die Gestaltung von Marketingstrategien. Bergisch Gladbach: Eul.

Gaitanides, M./Westphal, J. (1991): Strategische Gruppen und Unternehmenserfolg. In: *Zeitschrift für Planung*, 2: 247-265.

Galbraith, C./Schendel, D. (1983): An empirical analysis of strategic types. In: *Strategic Management Journal*, 4: 153-173.

Gehrig, W. (1992): Pharma-Marketing, 2. Aufl. Zürich: Moderne Industrie.

Gerpott, T.J. (1988): Karriereentwicklung von Industrieforschern. Berlin: De Gruyter.

Gerpott, T.J. (1993): Integrationsgestaltung und Erfolg von Unternehmensakquisitionen. Stuttgart: Schäffer-Poeschel.

Gerpott, T.J. (1996): Simultaneous Engineering. In: Kern, W./Schröder, H.-H./ Weber, J. (Hrsg.), Handwörterbuch der Produktionswirtschaft, 2. Aufl. Stuttgart: Schäffer-Poeschel: 1852-1861.

Gerpott, T.J. (1998): Wettbewerbsstrategien im Telekommunikationsmarkt, 3. Aufl. Stuttgart: Schäffer-Poeschel.

Gerpott, T.J./Breuer, R. (1998a): Wettbewerbsstrategien und -erfolg im deutschen Markt für Selbstmedikation. In: *Zeitschrift für Planung*, im Druck.

Gerpott, T.J./Breuer, R. (1998b): Marketingverhaltensweisen und Erfolg von Selbstmedikationsprodukten. In: *Pharma Marketing Jounal*, im Druck.

Ghemawat, P. (1986): Sustainable advantage. In: *Harvard Business Review*, 64 (4): 53-58.

Gilbert, X./Strebel, P.J. (1987): Outpacing strategies. In: *Journal of Business Strategy*, 7 (1): 28-36.

Glück, H. (1994): Rent a salesforce. In: *Marketing Journal*, 27: 140-142.

Gordon, D. (1995): Marketing Strategy. In: Littler, D. (Hrsg.), Marketing Strategy. Oxford: Butterworth-Heinemann: 40-52.

Gottschlich, W. (1989): Strategische Führung in mittleren Unternehmen: Konzepte, Operationalisierung und Messung. Frankfurt am Main: Lang.

Grabner-Kräuter, S. (1993): Diskussionsansätze zur Erforschung von Erfolgsfaktoren. In: *Journal für Betriebswirtschaft*, 43: 278-300.

Gruner+Jahr (1997): Selbstmedikation 97: Konsumenten, Märkte, Medien: Hamburg.

Grünig, R./Heckner, F./Zeus, A. (1996): Methoden zur Identifikation strategischer Erfolgsfaktoren. In: *Die Unternehmung*, 50: 3-12.

Gussek, F. (1992): Erfolg der strategischen Markenführung. Wiesbaden: DUV.

Gutzler, E.H. (1992): Optimierung der Programmbreite in Pharma-Unternehmen. In: *Die pharmazeutische Industrie*, 54: 666-670.

Hachmeister, D. (1996): Der Discounted Cash-Flow als Unternehmenswert. In: *Das Wirtschaftsstudium*, 25: 357-366.

Hachmeister, D. (1997): Shareholder Value. In: *Die Betriebswirtschaft*, 57: 823-839.

Haedrich, G./Tomczak, T. (1996a): Strategische Markenführung, 2. Aufl. Bern: Haupt.

Haedrich, G./Tomczak, T. (1996b): Produktpolitik. Stuttgart: Kohlhammer.

Hamann, P./Erichson, B. (1994): Marktforschung, 3. Aufl. Stuttgart: Fischer.

Hamel, G./Prahalad, C.K. (1994): Competing for the Future. Boston: Harvard Business School.

Haring, W. (1996): Marken haben im Arzneimittelmarkt eine zentrale Rolle. In: *Arzneimittel-Zeitung*, o. Jg., 13: 7.

Harms, G./Beske, F. (1995): Bagatellmedizin. Sachstandsbericht. Kiel: Institut für Gesundheits-System-Forschung.

Hartung, J. (1997): Statistik, 11. Aufl. München: Oldenbourg.

Hartung, J./Elpelt, B. (1992): Multivariate Statistik, 4. Aufl. München: Oldenbourg.

Hax, A.C./Majluf, N.S. (1991): Strategisches Management, 2. Aufl. Frankfurt am Main: Campus.

Heckner, F. (1998): Identifikation marktspezifischer Erfolgsfaktoren. Ein heuristisches Verfahren angewendet am Beispiel eines pharmazeutischen Teilmarktes. Frankfurt am Main: Lang.

Heilmittelwerbegesetz (1965): Gesetz über die Werbung auf dem Gebiete des Heilwesens. Veröffentlichung am 11.7.1965 im Bundesgesetzblatt, Teil I: 604.

Heilmittelwerbegesetz (1994): Gesetz über die Werbung auf dem Gebiete des Heilwesens in der Fassung der Bekanntmachung vom 18.10.1994 im Bundesgesetzblatt, Teil I: 3068.

Herder-Dorneich, P. (1977): Zur Ökonomik der Selbstmedikation. Köln. Bundesfachverband der Heilmittelindustrie.

288

Heydt, A. v.d. (1998): Efficient Consumer Response (ECR), 3. Aufl. Frankfurt am Main: Lang.

Hilleke-Daniel, K. (1989): Wettbewerbsdynamik und Marketing im Pharmamarkt. Wiesbaden: DUV.

Hinterhuber, H.H. (1996): Strategische Unternehmungsführung, 6. Aufl. Band 1. Berlin: De Gruyter.

Ho, F.N./Mursch, J.D./Ong, B.S./Perttula, B. (1997): Consumer satisfaction with OTC-drugs. In: *Health Marketing Quarterly*, 14 (1): 103-117.

Hochstädter, D. (1996): Statistische Methodenlehre, 8. Aufl. Frankfurt am Main: Deutsch.

Hofer, C.W. (1975): Toward a contingency theory of business strategy. In: *Academy of Management Journal*, 18: 784-810.

Hoffmann, K./Wolff, K. (1977): Zur Systematik von Absatzstrategien als Grundlage langfristig wirkender Entscheidungen im Absatzbereich. In: *Jahrbuch der Absatz- und Verbrauchsforschung*, 23: 161-175.

Höft, U. (1992): Lebenszykluskonzepte. Berlin: Schmidt.

Hohensohn, H. (1998): Patientenorientiertes Pharma-Marketing. Wiesbaden: Gabler.

Holdermann, M./Thies, M. (1986): Noch weniger Pharma-Großhändler. Noch weniger Markt-Macht der Pharma-Industrie. Kooperationsmöglichkeiten des pharmazeutischen Großhandels. In: *Pharma-Marketing-Jounal*, 11: 180-186.

Horn, R. (1995): Die strategische Bestimmung von Zielgruppen im Rahmen der Positionierung mit Hilfe der Kohortenanalyse – dargestellt an einem Beispiel aus dem Pharmamarkt. Diss. Köln.

Irrgang, W. (1993): Strategien im vertikalen Marketing. München: Vahlen.

Jacobson, R. (1987): The validity of ROI as a measure of business performance. In: *American Economic Review*, 77: 470-478.

Jain, S.C. (1993): Marketing Planning and Strategy, 4. Aufl. Cincinnati: South-Western.

Javidan, M. (1998): Core competence: What does it mean in practice? In: *Long Range Planning*, 31: 60-71.

Johnston, J. (1972): Econometric Models, 2. Aufl. New York: McGraw-Hill.

Jung, H. (1997): Grundlagen zur Messung von Kundenzufriedenheit. In: Simon, H./Homburg, C. (Hrsg.), Kundenzufriedenheit, 2. Aufl. Wiesbaden: Gabler: 141-161.

Kapferer, J.N. (1997): Strategic brand management. London: Kogan Page.

Kapp, W. (1995): Der Pharmamarkt im Umbruch – vom freien zum reglementierten Markt? In: Oberender, P. (Hrsg.), Branchen im Umbruch. Berlin: Duncker & Humblot: 79-89.

Karnani, A. (1984): Generic competitive strategy. In: *Strategic Management Journal*, 5: 367-380.

Kassenärztliche Bundesvereinigung (1998): Statistik über zugelassene Vertragsärzte. Köln: Kassenärztliche Bundesvereinigung.

Keller, C. (1995): Marketing-Controlling in der pharmazeutischen Industrie. Bamberg: Difo.

Kieser, A. (1995): Organisationstheorien, 2. Aufl. Stuttgart: Kohlhammer.

Kieser, A./Kubicek, H. (1992): Organisation, 3. Aufl. Berlin: De Gruyter.

Kinzler, S. (1997): Wettbewerbsstrategische Reaktionen der pharmazeutischen Industrie auf das Gesundheitsstrukturgesetz. München: Urban & Vogel.

Kirsch, H.-J./Krause, C. (1996): Kritische Überlegungen zur Discounted Cash-Flow-Methode. In: *Zeitschrift für Betriebswirtschaft*, 66: 793-812.

Kleinaltenkamp, M. (1987): Die Dynamisierung strategischer Marketing-Konzepte. In: *Schmalenbachs Zeitschrift für betriebswirtschaftliche Forschung*, 39: 31-52.

Kohout, S. (1998): Das Beste aus beiden Welten: OTC-Management als Gradwanderung zwischen Markt und Medizin. In: *Pharma Marketing Journal*, 23: 94-98.

Koppelmann, U. (1997): Produktmarketing. Berlin: Springer:

Kortland, H. (1995): Die Arzneimittelpreisverordnung. Vortrag gehalten anläßlich des Seminars des Wissenschafts- und Wirtschaftsdienstes des Bundesfachverbandes der Arzneimittel-Hersteller „Selbstmedikation: Tragende Säule im Gesundheitssystem", 11. Oktober 1995, Bonn.

Kortland, H. (1996): Der Binnenmarkt ohne Grenzen – eine besondere Chance für Arzneimittel zur Selbstmedikation. In: *Die pharmazeutische Industrie*, 58: 761-764.

Kotler, P./Bliemel, F. (1995): Marketing-Management, 8. Aufl. Stuttgart: Schäffer-Poeschel.

Kreilkamp, E. (1987): Strategisches Management und Marketing. Berlin: De Gruyter.

Kühn, R. (1995): Marketing. Analyse und Strategie, 2. Aufl. Bern: TA Media.

290

Kühnel, S. (1996): Gruppenvergleiche in linearen und logistischen Regressionsmodellen. In: ZA-Information, 39: 130-160.

Küpper, K. (1989): Die beratungsaktive Apotheke. Frankfurt am Main: Govi Verlag.

Küpper, J. (1998): Der Marketing-Switch pharmazeutischer Produkte. Wiesbaden: Gabler.

Laschet, H. (1994): Der OTC-Switch darf nicht am Arzt vorbei realisiert werden. In: Arzneimittel-Zeitung, o. Jg., 13: 4.

Lidstone, J. (1987): Marketing-Planning in the Pharmaceutical Industry. Aldershot: Gower.

Lingnau, V. (1995): Kritischer Rationalismus und Betriebswirtschaftslehre. In: Wirtschaftswissenschaftliches Studium, 24: 124-129.

Low, G.S./Fullerton, R.A. (1994): Brands, brand management and the brand manager system. In: Journal of Marketing Research, 31: 173-190.

Lumpkin, J.R./Lowrey, S.J./Strutton, H.D./Kouzi, C.L. (1991): Catalysts for OTC drug communication strategies. Perceptions of information source characteristics by the elderly. In: Health Marketing Quarterly, 8 (1/2): 155-179.

Lumpkin, J.R./Strutton, H.D./Lim, Ch./Lowrey, S.J. (1990): A shopping orientation based prescription for the treatment of OTC medication misuse among the elderly. In: Health Marketing Quarterly, 7 (3/4): 95-114.

Macarthur, D. (1994): RX to OTC. A switch in the right direction? In: Scrip Reports, o. Jg., 1: 14-21.

MacDonald, M./Dunbar, I. (1995): Market Segmentation. London: MacMillan.

MacGrath, M. (1997): A Guide to Category Management. Watford: IGD Business Publishing.

Madhavan, S./Gore, P.R. (1994): Influence of physicians' attitudes toward Rx-to-OTC switches on their prescribing behavior and overall judgment of switch appropriateness. In: Journal of Pharmaceutical Marketing & Management, 8: 55-84.

Marx, P. (1994): Auswirkungen des Gesundheitsstrukturgesetzes auf die pharmazeutische Industrie: Folgen, Reaktionen, Trends. In: Die pharmazeutische Industrie, 56: 224-234.

May, U. (1996a): Der Selbstmedikationsmarkt bis zum Jahr 2000. Fakten, Trends und Perspektiven. Vortrag gehalten anläßlich des Presseseminars des Bundesfachverbandes der Arzneimittel-Hersteller. Bonn.

May, U. (1996b): Die volkswirtschaftliche Bedeutung der Selbstmedikation in Deutschland. In: *Die pharmazeutische Industrie*, 58: 449-459.

McCarren, E. (1991): Rx to OTC switches. In: *Medical Marketing & Media*, 20 (2): 28-33.

McGuire, J./Schneeweis, T./Hill, J. (1986): An analysis of alternative measures of strategic performance. In: *Advances in Strategic Management*, 4: 127-154.

Meffert, H. (1986): Marketing. Grundlagen der Absatzpolitik, 7. Aufl. Wiesbaden: Gabler.

Meffert, H. (1994): Marketing Management: Analyse, Strategie, Implementierung. Wiesbaden: Gabler.

Müller-Römer, D./Fischer, J. (1998): Entwicklung des Rechts für Arzneimittel in Deutschland. In: Blasius, H./Müller-Römer, D./Fischer, J. (Hrsg.), Arzneimittel und Recht in Deutschland. Stuttgart: Wissenschaftliche Verlagsgesellschaft: 21-28.

Murphy, M.N./Smith, M.C./Barnes, J.H./Szeinbach, S.L. (1995): Competitive dynamics in pharmaceuticals. In: *Journal of Health Care Marketing*, 15 (2): 24-33.

Nagle, T.T./Holden, R.K. (1995): The Strategy and Tactics of Pricing. London: Prentice Hall.

Näther, C. (1993): Erfolgsmaßstäbe der strategischen Unternehmensführung. München: Kirsch.

Naundorf, S. (1993): Charakterisierung und Arten von Public Relations. In: Berndt, R./Hermanns, A. (Hrsg.), Handbuch Marketing-Kommunikation. Wiesbaden: Gabler: 595-616.

Nieschlag, R./Dichtl, E./Hörschgen, H. (1997): Marketing, 18. Aufl. Berlin: Duncker & Humblot.

Nunnally, J.C. (1967): Psychometric Theory. New York: McGraw-Hill.

o.V. (1994a): KBV für arztinduzierte Selbstmedikation. In: *Das freie Medikament*, o. Jg., 4: 2.

o.V. (1994b): Kontakte zwischen Industrie und Apotheke werden intensiv gefördert. In: *Arzneimittel-Zeitung*, o. Jg., 21: 9.

o.V. (1994c): Service für die Apotheke ist auch Service für die Industrie. In: *Arzneimittel-Zeitung*, o. Jg., 21: 6.

o.V. (1994d): Von der Informationspolitik der ANZAG kann die Industrie ebenfalls profitieren. In: *Arzneimittel-Zeitung*, o. Jg., 21: 9.

o.V. (1994e): Der deutsche Pharma-Großhandel kommt immer noch an. In: *Arzneimittel-Zeitung*, o. Jg., 21: 7.

o.V. (1998a): Die wichtigsten Regelungen der achten AMG-Novelle. In: *Arzneimittel-Zeitung*, o.Jg., 8: 5.

o.V. (1998b): WHO: Steigende Zahl alter Menschen erfordert eine adäquate Gesundheitspolitik. In: *Arzneimittel-Zeitung*, o.Jg., 10: 11.

O'Shaughnessy, J. (1995): Competitive Marketing, 3. Aufl. London: Routledge.

Pepels, W. (1997): Marketing. München: Oldenbourg.

Perridon, L./Steiner, M. (1997): Finanzwirtschaft der Unternehmung, 9. Aufl. München: Vahlen.

Peter, S. (1997): Kundenbindung als Marketingziel. Identifikation und Analyse zentraler Determinanten. Wiesbaden: Gabler.

Peterson, R./Wilson, W. (1992): Measuring customer satisfaction. In: *Journal of the Academy of Marketing Sciences* 20 (1): 61-71.

Petts, N. (1997): Building growth on core competences – a practical approach. In: *Long Range Planning*, 30: 551-561.

Pflanz, M. (1975): Selbstmedikation. In: Lüth, P. v./Pflanz, M. (Hrsg.), Die soziale Dimension in der Medizin. Stuttgart: Hippokrates: 16-24.

Picot, A./Dietl, H. (1990): Transaktionskostentheorie. In: *Das Wirtschaftsstudium*, 4: 178-184.

Platford, R. (1995): The changing competitive pressures in the distribution channels for prescription and OTC-products in Europe. In: Lonsert, M./Preuß, K.-J./Kucher, E. (Hrsg.), Handbuch Pharma-Management, Band 1. Wiesbaden: Gabler: 81-102.

Porter, M.E. (1980): Competitive Strategy. New York: Free Press.

Porter, M.E. (1985): Competitive Advantage. New York: Free Press.

Prahalad, C.K./Hamel, G. (1991): Nur Kernkompetenzen sichern das Überleben. In: *Harvard Business Review*, 68 (2): 66-78.

Prescott J.E. (1986): Enviroments as moderators of the relationship between strategy and performance. In: *Academy of Management Journal*, 29: 329-346.

Prillmann, M. (1996): Management der Variantenvielfalt. Frankfurt am Main: Lang.

Raffée, H. (1995): Grundprobleme der Betriebswirtschaftslehre. Göttingen: Vandenhoeck & Ruprecht.

Rahner, E. (1994): Selbstmedikation der Gewinner auf dem Arzneimittelmarkt. Arztgestützte Selbstmedikation bringt kontinuierliches Wachstum. In: *Die pharmazeutische Industrie*, 56: 161-162.

Randall, G. (1997): Branding. London: Kogan Page.

Rasche, C./Wolfrum, B. (1994): Ressourcenorientierte Unternehmensführung. In: *Die Betriebswirtschaft*, 54: 501-517.

Rassat, J. (1991): Ein Ausblick auf das Jahr 2003. In: *Pharma Marketing Jounal*, 16: 172-176.

Rassat, J. (1992a): „Finetuning" im OTC-Marketing. In: *Pharma Marketing Journal*, 17: 164-167.

Rassat, J. (1992b): Die sechs entscheidenden Erfolgsfaktoren im SM-Markt. In: *Pharma Marketing Journal*, 17: 8-11.

Rassat, J. (1995): OTC/SM-Switch von ethischen und semi-ethischen Produkten als Antwort auf gesetzliche Restriktionen. In: Lonsert, M./Preuß, K.-J./Kucher, E. (Hrsg.), Handbuch Pharma-Management, Band 1. Wiesbaden: Gabler: 363-386.

Rassat, J. (1996): OTC-Marketing sollte Problemlösungen anstelle von Einzelprodukten anbieten. In: *Arzneimittel-Zeitung*, o. Jg., 14: 4.

Reichelt, H. (1994): Steuerungswirkungen der Selbstbeteiligung im Arzneimittelmarkt. Stuttgart: Fischer.

Reinstein, J.A. (1996): Marketing medicines for self-medication. In: *Journal of Pharmaceutical Marketing & Management*, 10 (2/3): 31-38.

Reisenwitz, T.H./Wimbish, G.J. (1996): Over-the-counter pharmaceuticals: Exploraty research of consumer preference toward solid oral dosage forms. In: *Health Marketing Quarterly*, 13 (4): 47-61.

Remitschka, R. (1992): Erhebungstechniken. In: Frese, E. (Hrsg.), Handwörterbuch der Organisation, 3. Aufl. Stuttgart: Schäffer-Poeschel: 599-611.

Riekhof, H.C. (1993): Herausforderungen für die strategische Planung: Visionäre Konzepte, konsequenter Zeitwettbewerb und professionelle Implementierung. In: *Zeitschrift Führung + Organisation*, 62: 292-298.

Ropella, W. (1989): Synergie als strategisches Ziel der Unternehmung. Berlin: De Gruyter.

Rosenbloom, B. (1991): Marketing Channels. Fort Worth: Dryden.

Sandler, G. (1989): Bedingungen für erfolgreiche Markenstrategien im Verbrauchsgüterbereich. In: Bruhn, M. (Hrsg.), Handbuch des Marketing, München: Beck: 326-342.

Sansgiry, S.S./Cady, P.S. (1996): How the elderly and young adults differ in the descision making process of nonprescription medication purchases. In: *Health Marketing Quarterly*, 13 (1): 3-21.

Sansgiry, S.S./Cady, P.S./Sansgiry, S. (1997): The effect of pictures on vividness of OTC medication packages. In: *Health Marketing Quarterly*, 14 (2): 101-108.

Schanz, G. (1997): Wissenschaftsprogramme der Betriebswirtschaftslehre. In: Bea, F.X./ Dichtl, E./Schweitzer, M. (Hrsg.), Allgemeine Betriebswirtschaftslehre, Band 1, 7. Aufl. Stuttgart: UTB: 81-202.

Schmidt, G. (1989): Methoden und Techniken der Organisation, 8. Aufl. Gießen: Schmidt.

Schoonhoven, C.B. (1981): Problems with contingency theory. In: *Administrative Science Quarterly*, 26: 349-377.

Schulz, U./Scholl, M.R. (1997): Übergreifende Portfolio-Optimierung als Erfolgsinstrument im künftigen Pharma-Markt. In: *Die pharmazeutische Industrie*, 59: 280-288.

Schulz, U.E/Tiby, C. (1995): Vom Pharmaproduzenten zur Health Care Company – Irrweg oder Ausweg? In: Lonsert, M./Preuß, K.-J./Kucher, E. (Hrsg.), Handbuch Pharma-Management, Band 1. Wiesbaden: Gabler: 477-505.

Seemann, N., v. (1995): Planung des persönlichen Vertriebs im Pharmamarketing. Bern: Lang.

Siecker, B.R. (1996): Trends in drug distribution channels and practices. In: *Journal of Pharmaceutical Marketing & Management*, 10 (4): 207-221.

Siegwart, H./Senti, R. (1995): Product Life Cycle Management. Stuttgart: Schäffer-Poeschel.

Simon, H. (1988): Management strategischer Wettbewerbsvorteile. In: *Zeitschrift für Betriebswirtschaft*, 58: 461-480.

Simon, H. (1989): Strategie als Herausforderung für Pharma-Unternehmen. In: Simon, H./Kucher, E./Hilleke-Daniel, K. (Hrsg.), Wettbewerbsstrategien im Pharmamarkt. Stuttgart: Schäffer Verlag: 1-15.

Simon, H. (1992): Preismanagement, 2. Aufl. Wiesbaden: Gabler.

Smith, M.C. (1991): Pharmaceutical Marketing. New York: Pharmaceutical Products Press.

Smith, P./Berry, C./Pulford, A. (1997): Strategic Marketing Communications. London: Kogan Page.

Sozialgesetzbuch (1994): Fünftes Buch. Gesetzliche Krankenversicherung. Veröffentlicht in der Fassung vom 29.7.1994, BGBl., Teil I: 1890.

Specht, G. (1992): Distributionsmanagement, 2. Aufl. Stuttgart: Kohlhammer.

Stada AG (1996): Gesundheit in der eigenen Hand. Eine Studie zur Selbstmedikation. Bad Vilbel.

Staehle, W.H. (1995): Management: Eine verhaltenswissenschaftliche Perspektive, 7. Aufl. München: Vahlen.

Statistisches Bundesamt (1998): Preisindizes für die Lebenshaltung. Fachserie 17. Reihe 7. Stuttgart: Metzler-Poeschel.

Steffenhagen, H. (1982): Der Strategiebegriff in der Marketingplanung. Arbeitspapier Nr. 82/03 des Lehrstuhls für Betriebswirtschaft und Marketing der RWTH Aachen.

Steffenhagen, H. (1994): Marketing, 3. Aufl. Stuttgart: Kohlhammer.

Steffenhagen, H. (1995): Konditionengestaltung zwischen Industrie und Handel. Wien: Ueberreuther.

Teece, D.J. (1980): Economies of scope and the scope of the enterprise. In: *Journal of Economic Behavior and Organization*, 1: 223-247.

Theimann, B. (1997): Selbstmedikation nicht ohne Rat des Apothekers. In: *Pharmazeutische Zeitung*, 142 (25): 24-25.

Tomczak, T. (1989): Situative Marketing-Strategien. Berlin: De Gruyter.

Tuckermann, M. (1996): Concentration of Europe's Pharmaceutical Wholesale Business. Frankfurt: Dresdner Bank.

Uhlmann, B. (1989): Marketing für ethische Pharmazeutika im deutschen Gesundheitsmarkt der 90er Jahre. Diss. Frankfurt am Main.

Venkatraman, N. (1989): The concept of fit in strategy research: Toward verbal and statistical correspondence. In: *Academy of Management Review*, 14: 423-444.

Verlagsgruppe Bauer (1993): Typologie der OTC-Verwender. Auswertung der Verbraucheranalyse 1992. Hamburg.

Verlagsgruppe Bauer (1995): Verbraucher, Selbstmedikation und Medien. Hamburg.

296

Wallner, F. (1991): Wittgenstein und Popper: eine Alternative? In: Leser, N./Seifert, J./Plitzner, K. (Hrsg.), Die Gedankenwelt des Sir Karl Popper. Heidelberg: Winter: 39-62.

Walluf-Blume, D. (1991): Die Bedeutung der Selbstmedikation. In: *Die pharmazeutische Industrie,* 53: 178.

Walluf-Blume, D. (1995a): Zur Bedeutung der Selbstmedikation. In: *Die pharmazeutische Industrie,* 57: 114-115.

Walluf-Blume, D. (1995b): Rahmenbedingungen für die Selbstmedikation. In: *Die pharmazeutische Industrie,* 57: 356-358.

Walluf-Blume, D. (1996): Stärkung der Selbstmedikation. In: *Die pharmazeutische Industrie,* 58: 472-474.

Walluf-Blume, D. (1997a): Bedeutung der Selbstmedikation gefestigt. In: *Die pharmazeutische Industrie,* 59: 277-279.

Walluf-Blume, D. (1997b): Selbstmedikation. Sonderdruck der Pharmazeutischen Zeitung. Eschborn: Govi Verlag.

Walluf-Blume, D. (1998a): Selbstmedikation im Spannungsfeld. In: *Die pharmazeutische Industrie,* 60: 567-570.

Walluf-Blume, D. (1998b): Selbstmedikation: Entwicklung der EU-Märkte. In: *Die pharmazeutische Industrie,* 60: 28-31.

Walther, H.P. (1989): Strategisches Pharma-Marketing: Eine theoriegeleitete empirische Studie auf der Grundlage des situativen Ansatzes. Frankfurt am Main: Lang.

Welge, M.K. (1980): Management in deutschen multinationalen Unternehmungen. Stuttgart: Poeschel.

Welge, M.K./Al-Laham, A. (1992): Planung: Prozesse, Strategien, Maßnahmen. Wiesbaden: Gabler.

WestLB Research (1998): Markt- und Unternehmensanalyse: Europäische Pharma-Unternehmen. Düsseldorf.

White, R.E. (1986): Generic business strategies, organizational context and performance. In: *Strategic Management Journal,* 7: 217-231.

Wilkes, M. (1996): Auf der Suche nach der „werbungslosen" Werbung. In: *Pharma Marketing Journal,* 21: 41-46.

Williamson, O.E. (1985): The Economic Institution of Capitalism. New York: Free Press.

Wilson, R.M./Gilligan, C. (1997): Strategic Marketing Management. Oxford: Butter-worth-Heinemann.

Zeiner, R./Franzen, O. (1996): Millionengrab OTC-Werbung. In: *Pharma Marketing Jounal,* 21: 143-148.

Zeiner, R./Franzen, O. (1997): SM: Erfolgsbeispiel Fenistil von Zyma. In: *Pharma Marketing Journal,* 22: 48-52.

Zeiner, R./Harsch, M./Merz, J. (1996): Pharmawerbung in der Kritik: Viel Masse wenig Klasse in der OTC-Publikumswerbung. In: *Die pharmazeutische Industrie,* 58: 480-488.

Zipperer, M. (1994): Auswirkungen aktueller Kostendämpfungsmaßnahmen des deutschen Gesetzgebers auf das Nachfrageverhalten der Beteiligten. In: *Die pharmazeutische Industrie,* 56: 411-414.

Deutscher Universitäts Verlag
GABLER·VIEWEG·WESTDEUTSCHER VERLAG

Aus unserem Programm

Silke Bletzer
Pharma-Unternehmen und Gesundheitsmanagement
Strategische Diversifizierung durch Dienstleistungen
1998. XVIII, 281 Seiten, 17 Abb., 10 Tab., Broschur DM 98,-/ ÖS 715,-/ SFr 89,-
GABLER EDITION WISSENSCHAFT
ISBN 3-8244-6766-6
Statt ihr spezielles Know-how zum Angebot von Gesundheitsmanagement-Dienstleistungen zu nutzen, reagieren Pharma-Unternehmen auf die Veränderungen des Arbeitsumfeldes defensiv mit kosten- und preisorientierten Aktionen.

Arnim Jost
Computer Aided Selling im Pharma-Kundenmanagement
Prozeßorientierte Analyse und Gestaltung eines integrierten CAS-Systems
1998. XXIV, 343 Seiten, 51 Abb., 14 Tab.,
Broschur DM 118,-/ ÖS 861,-/ SFr 105,-
GABLER EDITION WISSENSCHAFT
ISBN 3-8244-6761-5
Arnim Jost analysiert das Spektrum informatorischer und funktionaler Anforderungen an eine umfassende EDV-Unterstützung des Pharma-Kundenmanagements und entwickelt ein prozeßorientiertes Gestaltungskonzept für ein integriertes Computer Aided Selling-System.

Jörn Küpper
Der Marketing-Switch pharmazeutischer Produkte
Chancen für forschende Unternehmen
1998. XIX, 295 Seiten, 62 Abb., 18 Tab., Broschur DM 108,-/ ÖS 788,-/ SFr 96,-
GABLER EDITION WISSENSCHAFT
ISBN 3-8244-6699-6
Jörn Küpper stellt Chancen und Risiken für den Wechsel von verordneten Produkten zur Selbstmedikation dar und gibt Handlungsempfehlungen für die Umsetzung des Marketing-Switch auf normativer, strategischer und operativer Ebene.

Die Bücher erhalten Sie in Ihrer Buchhandlung!
Unser Verlagsverzeichnis können Sie anfordern bei:

Deutscher Universitäts-Verlag
Postfach 30 09 44
51338 Leverkusen